Das System der Reichs-Gewerbeordnung.

Für den akademischen und praktischen Gebrauch

dargestellt

von

Dr. R. Beyendorff,

Dozent der Staatswissenschaften am Höheren Technischen Institut zu Cöthen.

Berlin 1902.

J. Guttentag, Verlagsbuchhandlung,

G. m. b. H.

Vorwort.

Meine vorwiegend propädeutische Ziele verfolgende „Geschichte der Reichs-Gewerbeordnung“ bedurfte notwendig der Ergänzung durch eine systematische Darstellung der Vorschriften der Gewerbeordnung. Dieses „System der Reichs-Gewerbeordnung“, das vor allem auch die volkswirtschaftliche Seite der Materie gebührend berücksichtigt, soll dem Praktiker und dem Studierenden, namentlich auch dem der technischen Hochschulen und der modernen Handelsakademieen, den Inhalt des Gesetzes vertraut machen. Insonderheit wollte ich auch meinen eigenen Hörern einen zweckdienlichen Grundriß zu den Vorlesungen über Gewerberecht und den diesbezüglichen Teil der praktischen Nationalökonomik bieten.

Der im Anhang gegebene Gesetzestext soll zunächst die systematische Darstellung in einigen wenigen Einzelheiten ergänzen, sodann aber den systematisch bereits unterwiesenen Leser veranlassen, auf den Text des Gesetzes selbst zurückzugehen und sich mit der Sprache des Gesetzgebers vertraut zu machen.

Staßfurt, im Herbst 1901.

Dr. Beyendorff.

Inhaltsverzeichnis.

Erstes Buch:

Einführung in das deutsche Gewerberecht.

Zweites Buch:

Das System der Reichs-Gewerbeordnung.

Erstes Buch.

Einführung in das deutsche Gewerberecht.

Erster Abschnitt.

Das Gewerbe in volkswirtschaftlicher Beziehung.[1])

§ 1.

Die Stufen wirtschaftlicher Bethätigung.

Jener Urzustand, wo der Mensch sich garnicht oder doch nur wenig vom Tiere unterscheidet, wo er planlos, wie dieses, die ihm von der Natur gebotene, wohl überwiegend vegetabilische Nahrung zu sich nimmt, muß zwar den Ausgangspunkt jedes volkswirtschaftlichen Systems bilden, bedarf hier aber keiner weiteren Erörterung. Hier interessiert der Mensch erst von dem Augenblick, wo er wirklich Mensch ist, wo er sich durch planmäßiges Handeln über das Tier erhebt. Erst von diesem Moment an führt der Mensch eine „Wirtschaft", d. h. beschafft er planmäßig die materiellen Mittel zur Befriedigung seiner Bedürfnisse. Diese wirtschaftliche Thätigkeit ist anfangs eine rein okkupatorische, der Mensch nimmt Pflanzen und Tiere, wie sie die Natur ihm darbietet, er führt das unstete Leben des Jäger- und Fischerstammes. Allmählich lernt er in den Produktionsprozeß der Natur einzugreifen, sich die Herrschaft über

[1]) Im Rahmen dieser Abhandlung kann selbstverständlich nur eine rein cursorische Betrachtung geboten werden. Dem zur Verfolgung von Einzelheiten geneigten Leser sei daher ganz besonders das vorzügliche Buch von Karl Bücher „Die Entstehung der Volkswirtschaft" Tübingen 1898 empfohlen.

diesen zu gewinnen und die produktiven Kräfte der Natur nach seinem Willen zu leiten: er okkupiert nicht nur mehr, sondern er arbeitet jetzt an und mit der Natur, er reguliert — soweit ihm in seiner beschränkten Einsicht möglich — deren Tier- und Pflanzenproduktion, indem er zunächst Viehzucht und später Ackerbau treibt. Der Jägerstamm wird zum Hirtenvolk, das Hirtenvolk zum Ackerbauvolk. Der Ackerbau aber bedingt wieder den Gebrauch von Gerätschaften, die anfangs jeder selbst sich anfertigt, deren Herstellung in späterer Zeit jedoch von dazu besonders geschickten Leuten besorgt wird. So entwickelt sich die stoffumformende Thätigkeit im Laufe der Zeit zu einem besonderen Berufe, der als „Gewerbe“ neben Jagd, Viehzucht und Ackerbau eine selbständige Art wirtschaftlicher Bethätigung bildet. Als besonderer zur Gewinnung der materiellen Existenzmittel betriebener Beruf wird zwar die gewerbliche Bethätigung erst für eine Zeit angenommen werden dürfen, in der Jagd und Ackerbau längst bekannte Dinge waren. Aber eine stoffumformende Thätigkeit ist — allerdings nicht berufsmäßig — offenbar schon lange vorher verrichtet worden, denn weder Ackerbau, noch eine intensive Jagd sind ohne Gerätschaften denkbar. Insofern fällt daher eine gewerbliche, d. h. eine stoffumformende Thätigkeit in eine verhältnismäßig frühe Periode der Menschheitsgeschichte.

Diese vier Arten menschlicher Lebensbethätigung (Jagd einschl. Fischerei, Viehzucht, Ackerbau, Gewerbe) sind von jeher die Quelle gewesen und sind noch heute der Born, aus dem der Mensch die Mittel zur thatsächlichen Befriedigung seiner Bedürfnisse — sei es direkt oder indirekt — gewinnt. Die Art und Weise dieser Bethätigung freilich ist dem Wechsel unterworfen, sie ist heute eine wesentlich andere als in früheren Zeiten. Insbesondere ist eine zunehmende Beruftsteilung zu konstatieren, die allein die Ausbildung der menschlichen Fähigkeiten bis zur höchsten Stufe ermöglichte, die andererseits aber den Menschen zu einer gewissen Einseitigkeit führte, vor allen Dingen aber alle Menschen mit einander verknüpfte, indem nun jeder von dem andern das zu entnehmen genötigt ist, was er zur Befriedigung seiner Bedürfnisse bedarf und was er sich eben wegen jener Arbeitsteilung selbst zu gewinnen nicht in der Lage ist.

So stehen besonders Ackerbau und Gewerbe als zwei große Berufszweige einander gegenüber — beide bald im kleinen, bald im großen betrieben.

An diese durch jene Berufsteilung gegebenen Verhältnisse anknüpfend, kann man nun je nach dem Grade, in dem eine solche Arbeitsteilung durchgeführt ist, also nach dem Maße der Abhängigkeit der einen Wirtschaft von der anderen, nach der Länge des Weges, den das Produkt vom Produzenten bis zum schließlichen Konsumenten zurückzulegen hat, gewisse Stufen wirtschaftlicher Bethätigung konstruieren, deren typische Formen mit Bücher[1]) bezeichnet werden mögen als

1. Die geschlossene Hauswirtschaft: Der gesamte Bedarf wird im Hause selbst gedeckt, Produzent und Konsument sind ein und dieselbe Person, es wird lediglich für den dem Umfange nach genau bekannten Bedarf produziert. Unter den Hausgenossen, deren Zahl durch Sklaven und andere Bedienstete bedeutend erweitert ist, findet eine gewisse Arbeitsteilung statt, bei deren Durchführung auch auf die verschiedenen Anlagen und Fähigkeiten der Geschlechter Rücksicht genommen wird. Diejenigen Hausgenossen, denen die stoffumformende Thätigkeit zufällt, bilden den Stamm, aus dem allmählich ein besonderer Handwerkerstand hervorsprießt. Diese Wirtschaftsstufe findet sich vornehmlich in der Sklavenwirtschaft der Alten („Oikenwirtschaft") und in der Gutswirtschaft des früheren Mittelalters.

2. Die Stadtwirtschaft: Die in der Hauswirtschaft bereits begonnene Differenzierung in der Bethätigung der persönlichen Arbeitskraft setzt sich fort, bis schließlich ackerbauende und stoffumformende Personen einander als die Vertreter zweier verschiedener Berufe — wenn auch nicht scharf getrennt — gegenüberstehen. Die mit der Stoffumformung Beschäftigten konzentrieren sich allmählich an bestimmten Orten, die als Städte bald zum Mittelpunkt des gesamten, nur wenig entwickelten wirtschaftlichen Lebens werden. Die Handwerker produzieren in den Städten für ihren eigenen Bedarf, aber auch für den Austausch mit den umliegenden Landbewohnern, von denen sie gegen Hergabe ihrer Waren insbesondere die zur Lebensunterhaltung

[1]) a. a. O. S. 58ff.

erforderlichen Naturalien beziehen. Der produzierende Handwerker ist noch der alleinige Vertreter des „Gewerbes“, er besorgt noch selbst den Umsatz seiner Produkte, er ist Produzent und Händler in einer Person und bedarf noch nicht des die fertigen Produkte verschleißenden Kaufmannes.

Als typisch für diesen Zustand ist die Stadtwirtschaft des Mittelalters anzusehen.

3. Die Volkswirtschaft: Mit den großen Ereignissen, die den Übergang vom Mittelalter zur Neuzeit charakterisieren, erwacht die Idee des modernen Staates, die bisherigen engen Verhältnisse der Stadtwirtschaft werden abgestreift und in langsamer, aber stetiger Entwickelung entsteht aus den vielen Stadtstaaten des Mittelalters der moderne Staat, die Großmacht der Neuzeit. Die intensive Vermehrung der Bevölkerung ruft einen Bedarf hervor, der nicht mehr von Stadt zu Land befriedigt werden kann, sondern der nur zu decken ist, wenn die in der gesamten Bevölkerung vorhandenen wirtschaftlichen Kräfte sich entfalten und in vielseitigen Konnex zu einander treten. Begünstigt durch eine gute Kommunikation wird allmählich ein Tauschverkehr innerhalb des ganzen Landes angebahnt, die verschiedensten Haushaltungen in den verschiedensten Gegenden treten miteinander in Verbindung, der bisherige lokale Verkehr wird zum nationalen, die enge Stadtwirtschaft zur ausgedehnten, komplizierten Volkswirtschaft. Der Produzent arbeitet nicht mehr in unmittelbarer Anpassung an den Bedarf, er arbeitet auf Vorrat, d. h. für den Markt; an die Stelle der Kleinproduktion tritt — eine naturgemäße Folge der Bedarfssteigerung — die Massenproduktion, deren Vertrieb nunmehr durch besondere Kaufleute erfolgt, die bestrebt sind, die Produkte zur rechten Zeit am rechten Orte für das Publikum bereit zu halten.

4. Die Weltwirtschaft: Die der Volkswirtschaft charakteristischen Verhältnisse erleiden eine weitere Steigerung, immer mehr wird die wirtschaftliche Thätigkeit der gesamten Bevölkerung zu einer Einheit zusammengefaßt, es findet ein regelmäßiger und bald nicht zu entbehrender Güteraustausch zwischen den einzelnen Nationen statt, es entsteht analog der Konstruktion der früheren Volkswirtschaft eine internationale Gesamtwirtschaft, in der die als Einheit gedachten Nationen als die subjektiven Wirtschafts-

faktoren angesehen werden müssen. Die bisher nur im geschlossenen Kreise des eigenen Volkes vorgenommene Berufs- und Arbeitsteilung dehnt sich — wenn auch naturgemäß nicht ganz konsequent — unter Berücksichtigung der für die einzelnen Länder verschiedenen natürlichen Produktionsbedingungen auf die internationale Gesamtwirtschaft aus und ermöglicht so eine weitere Potenziernng menschlicher Produktionsfähigkeit — freilich nicht, ohne gleichzeitig zu gewissen Einseitigkeiten zu führen. Nach dieser Richtung hin pflegt man heute die Staaten einzuteilen in Agrar- und Industriestaaten und versteht darunter Staatsgebiete, die vorwiegend — nicht etwa ausschließlich — für den Betrieb des Ackerbaues bezw. für industrielle Bethätigung prädestiniert sind.

Namentlich Großhandel und Schiffahrt sind es, die die Weltwirtschaft charakterisieren.

Gegenwärtig nun befinden wir uns in einer Übergangsphase von der Volkswirtschaft zur Weltwirtschaft mit noch überwiegend volkswirtschaftlichen Zuständen. Bücher freilich negiert die Weltwirtschaft,[1]) setzt sich dabei jedoch mit seinem eigenen, zur Abgrenzung der Wirtschaftsstufen aufgestellten Unterscheidungsmerkmal, „das Verhältnis, in welchem die Produktion der Güter zur Konsumtion derselben steht, oder genauer: die Länge des Weges, welche die Güter vom Produzenten bis zum Konsumenten zurücklegen,“[2]) in Widerspruch. Nimmt man, was auch Bücher nicht bestreiten wird, einen internationalen Güteraustausch — wenn auch einstweilen noch in beschränktem Umfange — als vorhanden an, dann muß man unter Anlehnung an jenen zur Differenzierung gewiß geeigneten Unterscheidungsmaßstab auch zur Anerkennung der Existenz einer Weltwirtschaft gelangen — wenn anders man nicht mit den Gesetzen der Logik in Widerspruch geraten will. Selbstverständlich ist heute die Weltwirtschaft noch nicht eine gleich intensive wie die Volkswirtschaft, es erscheint auch zum mindesten fraglich, ob sie je einen Grad derartiger Intensität wird erreichen können, vollständig von der Hand gewiesen kann ihre Existenz darum jedoch unter keinen Umständen werden. —

[1]) a. a. O. S. 115.

[2]) a. a. O. S. 57.

Jede dieser Wirtschaftsstufen hat ihre vorherrschende, aber nicht ihre ausschließliche Zeit. Die niedere Stufe verschwindet nicht, sobald die höhere die Herrschaft erlangt, sondern erhält sich unter dieser in den mannigfachsten Formen. Auch heute noch finden wir z. B. die Wirtschaftsform der geschlossenen Hauswirtschaft, wenn auch nicht in ihrer scharfen ursprünglichen Gestaltung. Ein gutes Spiegelbild giebt uns die auch heute noch ihren Bedarf vorwiegend selbst deckende bäuerliche Haushaltung, die ihre Nahrung selbst gewinnt und in der der Mann auch die nötigen gewerblichen Arbeiten (Reparaturen an Ackergeräten, Errichtung kleiner Stallungen u. s. w.) selbst besorgt — eingedenk des alten Sprichwortes: „die Axt im Hause erspart den Zimmermann".

§ 2.

Gewerbliche Betriebsformen.

Wie im allgemeinen die wirtschaftliche Bethätigung der Entwickelung unterworfen ist, so auch die gewerbliche als ein Teil jener. Anfangs nicht als selbständiger Beruf hervortretend, sondern nur eine Seite jener universellen Lebensbethätigung bildend, entsteht bereits innerhalb der geschlossenen Hauswirtschaft ein besonderes „Gewerbe", dessen Vertreter die der Natur abgewonnenen Stoffe verarbeiten, für den menschlichen Bedarf brauchbar machen. Auch hier der von Bücher gegebenen, in der Wissenschaft allgemein acceptierten Nomenklatur folgend, können wir diese erste Form gewerblichen Betriebes bezeichnen als

1. den Hausfleiß: Hausgenossen betreiben innerhalb des Hauses und lediglich zu seiner Bedarfsdeckung eine wenig umfangreiche gewerbliche Produktion, wie noch heute der sparsame Haushalter kleinere gewerbliche Verrichtungen selbst vornimmt. Später emanzipieren die Gewerbskundigen sich vom Hause und nehmen ihre gewerbliche Thätigkeit zur Grundlage einer besonderen selbständigen Existenz. Die gewerbliche Produktion spielt sich zunächst noch im Rahmen der Hauswirtschaft ab, die Produzenten selbst jedoch sind nicht mehr Mitglieder derselben, sie sind persönlich dem Hause fremd und stellen lediglich ihre Arbeits-

kraft gegen Lohn in die Dienste des Hauses. Daher nennt man diese Betriebsform

2. das Lohnwerk: es wird auf Bestellung eines andern gearbeitet, dieser andere liefert für die Regel das Arbeitsmaterial, lediglich zu dessen Verarbeitung er die persönliche Geschicklichkeit des Lohnwerkers in Anspruch nimmt, ohne jedoch ein eigentliches Autoritätsverhältnis ihm gegenüber zu erlangen. Der Lohnwerker nun tritt für die Dauer seiner Arbeit entweder in die Haushaltung seines Auftraggebers ein, wird von diesem — natürlich unter Verrechnung auf den späteren Arbeitslohn — beköstigt wie jedes andere Mitglied des Hauses und heißt dann „Störer" oder „Bönhase", die Form seines Gewerbebetriebes aber die „Stör" — eine Betriebsform, die sich z. B. in der Damenschneiderei im eigenen Hause, in der Hauswäscherei und -Plätterei u. s. w. bis auf den heutigen Tag erhalten hat, oder der Lohnwerker bleibt in seiner eigenen Wirtschaft, in die ihm das zu verarbeitende Material geliefert wird, wie noch heute dem Schneider der Stoff zum Anzuge, dem Bäcker der Teig zu Brot und Kuchen, dem Müller das Getreide zum Mahlen. Diese Betriebsform heißt, da die Produktion daheim beim Meister verrichtet wird, „Heimwerk". Der in dieser Form arbeitende Lohnwerker ist von der Haushaltung seines Auftraggebers gänzlich losgelöst.

Hausfleiß wie Lohnwerk herrschen vor auf der Stufe der geschlossenen Hauswirtschaft, sie haben sich jedoch, wie vorhin gezeigt, bis in die Gegenwart erhalten.

3. Das Handwerk ist die Betriebsform für die Stadtwirtschaft. Selbständige Gewerbetreibende verarbeiten in eigenen „Werkstätten" den selbst beschafften Stoff und verkaufen das fertige Produkt, sie bekommen nicht mehr einen Lohn, sondern einen Preis gezahlt, sie arbeiten in späterer Zeit nicht mehr zur unmittelbaren Bedarfsdeckung, sondern auf Vorrat — allerdings, da das Handwerk vorwiegend zur Kleinproduktion berufen ist, nur in bescheidenem Umfange. Der Leiter der Produktion ist der persönlich mitarbeitende Meister, der Gesellen und Lehrlinge unter Eingliederung in seinen Haushalt als gewerbliches Hilfspersonal in seiner Werkstatt beschäftigt. Alle selbständigen Gewerbetreibenden sind zu Zünften (Innungen, Gilden) zusammen-

geschlossen, die als Standesvertretung die Interessen ihrer Angehörigen, zugleich aber auch die des kaufenden Publikums, im weitesten Maße wahren, indem z. B. auch der schlecht arbeitende oder die Käufer sonst übervorteilende Meister zur Verantwortung gezogen wird. Außerhalb der Zunft giebt es keinen Meister. Die Handwerker bilden den Kern und in der Blütezeit auch die vornehmste Klasse der Stadtbevölkerung.

4. Das Verlagssystem. Mit dem Steigen des Bedarfes macht sich eine Organisation des Warenabsatzes nötig, die das für die Kleinproduktion bestimmte Handwerk nicht zu leisten vermag. Kaufmännische Spekulation, wohl ausgerüstet mit Geldmitteln, setzt hier ein, übernimmt die Leitung der Produktion, indem sie nach ihren Kalkulationen einzelnen Handwerkern Aufträge erteilt, diesen gegen sofortige Zahlungsleistung die gefertigten Produkte abnimmt und dann ihrerseits den Absatz der Waren besorgt.

In größeren Verkaufsstellen, Magazinen, die im Laufe der Zeit die moderne Institution der Warenhäuser zeitigten, werden dem kauflustigen Publikum die Waren angeboten. Der Produzent tritt gänzlich zurück, er verkehrt nicht mehr mit dem Konsumenten, sondern nur noch mit seinem unmittelbaren Auftraggeber, seinem „Verleger". „Verleger kommt von Verlag gleich Vorlage, Vorschuß. Der Verleger schießt den kleinen Produzenten, die anfangs noch eine ziemlich selbständige Stellung haben, bald bloß den Kaufpreis ihrer Produkte vor, bald liefert er ihnen auch den Rohstoff und zahlt dann Stücklohn, bald gehört ihm sogar das Hauptwerkzeug (der Webstuhl, die Stickmaschine u.s.w.). Nach und nach sinken die kleinen Produzenten, da sie nur einen Abnehmer haben, in immer tiefere Abhängigkeit herunter; der Verleger wird ihr Arbeitgeber und sie sind Arbeiter, auch wenn sie formell den Rohstoff selbst liefern." [1]) Da die produzierende Thätigkeit im Hause der vom Verleger beschäftigten Personen ausgeübt wird, nennt man diese Form gewerblichen Betriebes außer Verlagssystem auch „Hausindustrie" und die geleistete Arbeit „Heimarbeit" — nicht zu verwechseln jedoch mit dem unter Ziffer 2 erörterten „Heimwerk". Denn

[1]) Bücher a. a. O. S. 152.

der Heimwerker verrichtet als rechtlich und wirtschaftlich selbständiger Gewerbetreibender unmittelbare Kundenproduktion, während der zwar rechtlich selbständige, wirtschaftlich aber abhängige Heimarbeiter nicht für seinen Kunden, sondern für den Verleger produziert. Vom Fabrikarbeiter unterscheidet sich der Heimarbeiter im wesentlichen dadurch, daß er nicht wie dieser in einem dem Unternehmer gehörigen Produktionslokale, der Fabrik, thätig ist, sondern daß er die Arbeit, zu der er häufig auch das Material, regelmäßig aber gewisse Zuthaten liefert, in seiner eigenen Häuslichkeit verrichtet. Gerade wegen dieser Eigentümlichkeit hat, wie gleich hier zu bemerken, eine Arbeiterschutzgesetzgebung mit ungeheuren Schwierigkeiten zu kämpfen, wenn sie ihre Fürsorge auch auf die derselben gewiß am dringendsten benötigenden Heimarbeiter ausdehnen will.[1]) Häufig verrichten auch Fabrikarbeiter, namentlich aber Arbeiterinnen, neben ihrer Arbeit in der Fabrik noch Heimarbeit, indem sie nach Beendigung der Fabrik- oder Werkstattarbeit — wie das namentlich für die Konfektionsindustrie festgestellt wurde — noch Arbeit mit nach Hause bekommen — ein Verfahren, durch das z. B. der für weibliche Arbeiter vom Gesetz vorgeschriebene elfstündige Maximalarbeitstag leider sehr leicht zu umgehen ist.

5. Die Fabrik. Ist das Handwerk mit seinem Werkstattsbetriebe die gewiesene Betriebsform für die Kleinproduktion, so ist dies für die Massenproduktion die Fabrik, der in räumlicher und geschäftlicher Hinsicht eine Einheit bildende Großbetrieb. Der Stufe der Volkswirtschaft eigentümlich ist der Massenbedarf, das dieser Periode charakteristische gewerbliche Betriebssystem daher die Fabrik, mit der Entwickelung zur Volkswirtschaft entsteht auch die Fabrik; denn das in seiner Ausdehnung beschränkte Handwerk vermag den Bedarf nicht mehr zu decken. Maschinen werden teils zur Ergänzung, teils als Ersatz für Menschenarbeit verwendet, an die Stelle der von des Meisters individuell differenzierender Hand gefertigten Produkte tritt das uniforme Erzeugnis der Maschinenarbeit. Der im Besitze des Kapitals befindliche Unternehmer ist, unterstützt

[1]) Vergl. hierüber Beyendorff „Die Geschichte der Reichs-Gewerbeordnung" S. 82 f.

durch technisch und kaufmännisch besonders vorgebildetes Personal, der Leiter der Produktion, die nunmehr in weitgehender Arbeitszerlegung rein kaufmännisch betrieben wird. Der Unternehmer selbst verrichtet nur Leitungsarbeit, während er die unmittelbar stoffumformende Thätigkeit von seinem gewerblichen Hilfspersonal, den rechtlich und wirtschaftlich von ihm abhängigen „Arbeitern" vornehmen läßt. Diese Arbeiter vermieten ihre Arbeitskraft an den Unternehmer, sie werden von ihm im „Lohn" mit ihrem Anspruch auf das Arbeitserzeugnis bezw. den dafür erzielten Gewinn abgefunden, an dem thatsächlichen Ertrage der in ihrem Erfolge wesentlich von den Marktverhältnissen beeinflußten Produktion haben sie — wenigstens für die Regel — keinen Anteil. Der Großbetrieb erfordert ein großes Betriebskapital, das häufig nur auf dem Wege der Assoziation zusammengebracht werden kann. Gesellschaften der verschiedensten Rechtskonstruktion (offene Handelsgesellschaft, Kommanditgesellschaft, Kommanditgesellschaft auf Aktien, Aktiengesellschaft, Gesellschaft mit beschränkter Haftung, Produktivgenossenschaften mit verschieden abgestufter Haftpflicht ihrer Mitglieder) sind dann die eigentlichen Unternehmer, das frühere persönliche Moment verschwindet hier, vornehmlich bei den größten Unternehmungen, den Aktiengesellschaften.

Hat für die heutige Bedarfsbefriedigung auch die Fabrik eine überwiegende Bedeutung, so haben sich doch auch die anderen gewerblichen Betriebsformen erhalten — allerdings nicht in dem Umfange, den sie zur Zeit ihrer Vorherrschaft behaupteten; denn die Existenzbedingungen sind eben andere geworden.

§ 3.

Die Handwerkerfrage.

Die Blütezeit des Handwerks fällt in die Periode der Stadtwirtschaft. Die Zunft, mit obrigkeitlichen Befugnissen ausgestattet, regelt alle einschlägigen Verhältnisse, sie sorgt nicht zuletzt für gehörige Ausbildung des gewerblichen Nachwuchses, indem sie eine durch die Gesellenprüfung abzuschließende Lehrzeit, daran anschließend Wanderjahre vorschreibt und nur diejenigen als Meister in ihren Kreis aufnimmt — von der Zugehörigkeit zur Zunft hängt aber der selbständige Betrieb des Gewerbes ab —, die in der vorgeschriebenen Weise ihre Befähigung dargethan haben. Jeder, der die Qualifikation nachweist, wird aber auch Meister, so daß für jeden neu in das Gewerbe Eintretenden die Lehr- und Gesellenjahre von vornherein nur eine Übergangszeit sind, der in absehbarer Zeit die Selbständigkeit folgt. Auch in die Produktion selbst greift die Zunft in mannigfacher Weise ein: sie stellt Betriebsvorschriften auf, veranstaltet gemeinsame Einrichtungen zur Produktion und zum Verkaufe der Waren; sie bestimmt häufig auch den Umfang der Produktion, verteilt die Arbeit auf ihre Angehörigen und verhindert so eine Überproduktion.

In der Zunft lag die Stärke des Handwerks, mit dem sittlichen und technischen Verfall der Zünfte verfiel auch das Handwerk. Zudem verlangten die veränderten Bedarfsverhältnisse eine Massenproduktion, die das Handwerk nicht zu leisten vermochte. Kurz, wie das Handwerk seinerseits in früherer Zeit die vor ihm liegenden gewerblichen Betriebsformen als nicht mehr ausreichend verdrängt hatte, so wird nun das Handwerk von der Fabrik in der Beherrschung der gewerblichen Produktion abgelöst. Diese Bedrückung des Handwerks durch die Fabrik bildet den Kern der modernen Handwerkerfrage, deren Problem darin gipfelt, wie die Erhaltung eines kräftigen Handwerkerstandes gegenüber der von den Fabriken ausgehenden Konkurrenz zu ermöglichen sei. Heißspornige Mittelstandspolitiker haben zu dem Ende häufig recht sonderbare Maßnahmen von der Regierung fordern zu müssen geglaubt; dem Realpolitiker aber frommt es, zunächst die thatsächlichen Verhältnisse festzustellen und erst von hier aus sich ein Urteil zu bilden.

Da bedarf in erster Linie ausdrücklicher Konstatierung, daß die Fabrik das Handwerk durchaus nicht vernichtet, es findet lediglich eine zeitgemäße Verschiebung in der Produktion statt, derart daß die Fabrik die Gebiete an sich zieht, für die das Handwerk als ausreichende Betriebsform nicht mehr erachtet werden kann, im übrigen aber den Handwerkern einen großen Spielraum zurückläßt, auf dem sie — teils in Angliederung an die Fabrik, teils unabhängig von ihr — ihre Produktionsthätigkeit zu entfalten vermögen.[1]) Diese Produktionszweige müssen die Handwerker, die sich wie jeder andere Mensch eben an die veränderten Zeitverhältnisse anpassen müssen, nun an sich ziehen und durch sorgfältige Ausführung der ihnen übertragenen Arbeiten zu behaupten suchen. Dazu ist freilich unerläßlich, daß auf die Ausbildung des gewerblichen Nachwuchses eine größere Sorgfalt verwendet wird, als bisher, daß die Handwerker, wo die Kräfte des einzelnen nicht ausreichen, sich zusammenschließen, um gemeinschaftliche Einrichtungen herzustellen und zu unterhalten, die ihre persönliche Leistungsfähigkeit zu erhöhen geeignet sind. Eine vorzügliche Handhabe zur Sanierung des Handwerks würde in der Rekonstruktion der Innungen zu sehen sein.

Die praktische Handwerkergesetzgebung bewegt sich denn auch in dieser Richtung: durch Vereinigung der Kräfte sucht sie das Interesse der Beteiligten zu fördern, sie beruht also im wesentlichen auf dem Prinzip der Selbsthilfe. Der naturgemäßen Entwickelung zum Großbetriebe künstliche Fesseln anzulegen, kann nicht Aufgabe der Staatsregierung sein. Mag auch für den einzelnen von jener Entwickeluug betroffenen Handwerker die durch die Fabrik hervorgerufene Produktionsverschiebung recht unangenehme Folgen zeitigen, das Interesse der Gesamtheit wird dadurch nicht nur nicht beeinträchtigt, sondern im Gegenteil gefördert. Das Handwerk ist eben nicht mehr die zeitgemäße Betriebsform für diejenigen Produktionszweige, die ihm von der Fabrik entrissen sind. Allerdings ist es vom allgemein politischen Standpunkte aus für ein Staatswesen besser, unter der Zahl seiner Unterthanen eine größere Anzahl selbständiger Handwerker zu besitzen; wo aber die Entwickelung der thatsächlichen Verhältnisse eine derartige Gliederung der Bevölkerung nicht zuläßt, da wäre es thöricht, politischen Schwärmereien nachzugehen und einem Berufsstande künstlich Lebensbedingungen zu schaffen, die den thatsächlich gegebenen diametral gegenüberstehen.

---

[1]) Näheres hierüber bei Bücher a. a. O. S. 167ff.

§ 4.

Die industrielle Arbeiterfrage.

Wie die Handwerkerfrage, so entsteht auch die industrielle Arbeiterfrage, jener Unterbegriff der „sozialen Frage“, mit der Verdrängung des Handwerks durch die Fabrik, mit der Ersetzung des Kleinbetriebes durch den Großbetrieb. Der Großbetrieb verlangt ein Heer von abhängigen Arbeitern, die unter wesentlich anderen Verhältnissen leben, als das Hilfspersonal des Handwerks. Sie haben keine Aussicht auf spätere Selbständigkeit, der Tagelöhner bleibt Tagelöhner, so lange er lebt; die Arbeiter verbindet keine persönliche Beziehung mit ihrem Arbeitgeber, sie leben nicht wie Gesellen und Lehrlinge in seinem Haushalte, sie stehen auf einer niedereren sozialen Stufe. Für den Arbeitgeber sind sie nur die persönlichen Träger der Arbeitskraft, ihre Arbeitsfähigkeit ist eine Ware, die der Unternehmer annimmt, so lange er für sie Verwendung hat, die er aber wieder abstößt, sobald er sie nicht mehr gebrauchen kann. Für alte und kranke Leute hat er regelmäßig keine Verwendung, sie werden daher ihrem eigenen Schicksale überlassen, selbst wenn sie in gesunden Tagen lange Zeit bei ihm gearbeitet haben. Rechtlich sind die Arbeiter frei, thatsächlich aber abhängiger, als je eine gewerbliche Hilfsperson gewesen. Die Lohnhöhe unterliegt freier Vereinbarung, wirkliche Willensfreiheit hat jedoch nur der Arbeitgeber, nicht auch der wirtschaftlich schwache Arbeitnehmer. Die Arbeitskraft ist zwar eine „Ware“ und unterliegt als solche hinsichtlich der Bestimmung ihres Preises, des Lohnes, auch der Einwirkung des Gesetzes von Angebot und Nachfrage, aber Angebot und Nachfrage haben in diesem Falle nicht die gleiche wirtschaftliche Kraft: das Angebot ist intensiver, die Arbeiter müssen, um ihr Leben fristen zu können, Arbeitsbedingungen acceptieren, die sie, hätten sie die gleiche Bewegungsfreiheit wie der Unternehmer, in vielen Fällen jedenfalls nicht annehmen würden. Die Fabrik beschäftigt als Arbeiter auch nicht nur männliche Erwachsene, sondern die weit durchgeführte Arbeitsteilung ermöglicht auch die Verwendung körperlich schwächerer Kräfte, die Einstellung von Frauen und selbst von Kindern.

Beider Gesundheit aber kann durch Fabrikbeschäftigung leicht Einbuße erleiden.

So zeitigt der Fabrikbetrieb Zustände, die ihn in eigentümlicher Weise vom Handwerk unterscheiden — Zustände, die zunächst zwar nur die Arbeiter berühren, die aber, da gerade die Arbeiter eine wesentliche Quote der gesamten Bevölkerung darstellen, auch die nicht unmittelbar Beteiligten nicht unberührt lassen können. Denn das bedarf keiner näheren Beweisführung, daß ein Staat in seiner einmal gegebenen Organisation sich auf die Dauer nur behaupten kann, wenn auch die großen Massen der Bevölkerung ihre Zugehörigkeit zu diesem Staate fühlen. Dazu ist aber erforderlich, daß die Staatsgesetzgebung für die wirtschaftlich Schwachen eintritt, daß diese gewahr werden, daß der Staat auch für sie da ist, daß der Staat, gleichmäßig für alle Klassen seiner Unterthanen eintretend, bemüht ist, durch autoritäre Maßnahmen die vorhandenen Gegensätze auszugleichen, die durchaus erforderliche Interessenharmonie herzustellen und zu erhalten. Die hierauf gerichtete Thätigkeit des Staates ist seine „soziale Gesetzgebung".

Die von den Arbeitern selbst aufgestellten Forderungen bewegen sich nach drei Seiten: die Arbeiter wollen eine Erhöhung ihres Gewinnanteils mit Rücksicht darauf, daß gerade ihre Arbeit für die Fertigung des Produktes wesentlich sei, wobei sie dann allerdings den wirtschaftlichen Wert der Leitungsarbeit des Unternehmers erheblich unterschätzen — sie wünschen ferner eine Beschränkung der Arbeitszeit, die vordem auch thatsächlich in vielen Fällen, namentlich auch für Kinder und Frauen, eine unangemessene Höhe erreicht hatte — sie verlangen endlich eine Beschränkung der Gefahren, denen sie an sich ja zweifellos in hohem Maße ausgesetzt sind. Im einzelnen zu diesen Forderungen Stellung zu nehmen, geht über den Rahmen dieser Abhandlung hinaus. Konstatiert sei nur, daß die Forderungen prinzipiell berechtigt sind, strittig ist allein das Maß, in dem ihnen stattgegeben werden kann, ohne die Konkurrenzfähigkeit der heimischen Industrie zu gefährden.

Dementsprechend greift auch die „sozialpolitische Gesetzgebung" ein, indem sie einmal im Interesse der Arbeiter gewisse zwingende Vorschriften über Art und Dauer der Beschäftigung,

Einrichtung des Betriebes, Entlassung u. s. w. aufstellt („Arbeiterschutz"), sodann aber Vorkehrungen trifft, die Arbeiter gegen die Gefahren und Nachteile zu schützen, die sie mit Rücksicht auf die geringe Höhe ihres Arbeitsverdienstes und wegen der Unstetigkeit ihres Arbeitsverhältnisses durch Krankheit, Alter oder Erwerbsunfähigkeit sowie durch Betriebsunfälle aller Art erleiden können („Arbeiterversicherung"). Die Arbeiterschutzgesetzgebung des Deutschen Reiches ist im Folgenden ausführlich zu erörtern, da sie im wesentlichen auf den Vorschriften der Gewerbeordnung beruht. Außerhalb der Gewerbeordnung dagegen steht das Arbeiterversicherungsrecht, das daher in großen Zügen an dieser Stelle skizziert sein mag.

Die Grundsätze, von denen unsere Gesetzgebung sich bei Verfolgung dieses Zieles leiten läßt, sind niedergelegt in der Kaiserlichen Botschaft vom 17. November 1881, woselbst es u. a. heißt: „Schon im Februar dieses Jahres haben Wir Unsere Überzeugung aussprechen lassen daß die Heilung der sozialen Schäden nicht ausschließlich im Wege der Repression sozialdemokratischer Ausschreitungen,[1]) sondern gleichmäßig auf dem der positiven Förderung des Wohles der Arbeiter zu suchen sein werde. Wir halten es für Unsere Kaiserliche Pflicht, dem Reichstage diese Aufgabe von neuem ans Herz zu legen, und Wir würden mit um so größerer Befriedigung auf alle Erfolge, mit denen Gott unsere Regierung sichtlich gesegnet hat, zurückblicken, wenn es Uns gelänge, dereinst das Bewußtsein mitzunehmen, dem Vaterlande neue und dauernde Bürgschaften seines inneren Friedens und den Hilfsbedürftigen größere Sicherheit und Ergiebigkeit des Beistandes, auf den sie Anspruch haben, zu hinterlassen. In Unseren darauf gerichteten Bestrebungen sind Wir der Zustimmung aller verbündeten Regierungen gewiß und vertrauen auf die Unterstützung des Reichstages ohne Unterschied der Parteistellung. In diesem Sinne wird zunächst der von den verbündeten Regierungen in der vorigen Session vorgelegte Entwurf eines Gesetzes über die Versicherung der Arbeiter gegen Betriebsunfälle mit Rücksicht auf die im Reichstage stattgehabten

[1]) Vergl. das Sozialistengesetz vom 21. Oktober 1878, das mit dem 1. Oktober 1890 außer Kraft trat.

Verhandlungen über denselben einer Umarbeitung unterzogen, um die erneute Beratung desselben vorzubereiten. Ergänzend wird ihm eine Vorlage zur Seite treten, welche sich eine gleichmäßige Organisation des gewerblichen Krankenkassenwesens zur Aufgabe stellt. Aber auch diejenigen, welche durch Alter oder Invalidität erwerbsunfähig werden, haben der Gesamtheit gegenüber einen begründeten Anspruch auf ein höheres Maß staatlicher Fürsorge, als ihnen bisher hat zuteil werden können. Für diese Fürsorge die rechten Mittel und Wege zu finden, ist eine schwierige, aber auch eine der höchsten Aufgaben jedes Gemeinwesens, welches auf den sittlichen Fundamenten des christlichen Volkslebens steht. ..." Dieser Schutz gegen Unfall, Krankheit, Alter und Invalidität wird gewährt durch Versicherungen, die der Staat als „Zwangsversicherung" anordnet, und deren genaue Durchführung er scharf kontrolliert.

1. Die Unfallversicherung gewährt während der Dauer einer durch einen Betriebsunfall verursachten Erwerbsunfähigkeit eine Rente sowie freie ärztliche Behandlung u. s. w., jedoch erst von der 14. Woche ab; bis dahin hat die Krankenversicherung (2.) einzutreten Für den Todesfall gewährt sie Beerdigungskosten und den Hinterbliebenen eine Rente. Die Mittel werden von den Unternehmern allein aufgebracht; diese werden für einen bestimmten Bezirk und für ein bestimmtes Gewerbe zu „Berufsgenossenschaften" vereinigt, die nun die Renten auszahlen und die erforderlichen Beträge gleichmäßig auf ihre Mitglieder verteilen. R.Ges. 6. Juli 1884 bezw. 30. Juni 1900.

2. Die Krankenversicherung schützt den Kranken und dessen Familie vor Not, gewährt deshalb während der Dauer der Erwerbsunfähigkeit ein bestimmtes Krankengeld, außerdem aber freie ärztliche Behandlung, freie Medizin, event. Beerdigungskosten u. s. w. Die Mittel werden aufgebracht durch Beiträge, die der Arbeiter zu $^2/_3$, der Arbeitgeber zu $^1/_3$ zu leisten hat, und die durch besondere „Krankenkassen" verwaltet werden. R.Ges. 15. Juni 1883 bezw. 10. April 1892.

3. Die Invalidenversicherung schützt die Versicherten gegen Not, welche die verminderte Erwerbsfähigkeit des Alters mit sich bringt (vom 70. Jahre ab), oder die durch Erwerbsunfähigkeit verursacht wird, die nicht durch Betriebs-

unfälle (s. Nr. 1), sondern durch andere Ursache (Gebrechlichkeit u. s. w.) veranlaßt ist; ihre Segnungen kommen also den „Arbeitsinvaliden" zugute. Dieser Schutz gegen die sonst unvermeidlich eintretende Not wird durch Zahlung von Alters- bezw. Invalidenrenten gewährt, die eine verschiedene Höhe haben, je nach der Höhe der für den Versicherten geleisteten Beiträge und der Zahl der Beitragsjahre. Die Mittel werden aufgebracht durch Zuschüsse des Reichs zu jeder Rente und durch Beiträge, deren Höhe sich nach dem Arbeitsverdienst richtet, die vom Arbeitgeber und Arbeitnehmer zu gleichen Teilen zu tragen und durch Kleben von je einer Versicherungsmarke für jede Woche bei der jedesmaligen Lohnzahlung zu entrichten sind. — Die Geschäfte sind von den für jede Provinz gebildeten „Versicherungsanstalten" zu führen. R.Ges. 22. Juni 1889 bezw. 13. Juli 1899.[1])

Zweiter Abschnitt.

Die Geschichte der Reichs-Gewerbeordnung.[2])

§ 5.

Die Entstehung gemeinen deutschen Gewerberechtes.

Gemeines deutsches Gewerberecht konnte — wenn man von einer zwar möglichen, immerhin aber schwerfälligen Entstehung ex consuetudine absieht — sich nur bilden, sofern eine Centralgewalt vorhanden war, die eine durchgreifende legislative Thätigkeit zu entfalten vermochte. Zu dieser juristischen Voraussetzung mußte weiter ein legislativ-politisches Moment hinzutreten, eine causa efficiens, die den Gesetzgebungsapparat nun auch thatsächlich in Bewegung setzte: das wirtschaftliche Bedürfnis

---

[1]) Beyendorff, der Polizeibeamte, seine Rechte und Pflichten in populär-staatsrechtlicher Darstellung. Berlin 1900. S. 6.

[2]) Näheres siehe Beyendorff, die Geschichte der Reichsgewerbeordnung. Leipzig 1901.

nach einem gemeinen deutschen Gewerberechte. Beiden Voraussetzungen genügten erst die Verhältnisse des 1866 gegründeten Norddeutschen Bundes, des Rechtsvorgängers des 1871 erstandenen neuen Deutschen Reiches.

Die Reichsgründung ist nicht, wie heute so gerne glauben zu machen versucht wird, als Resultat patriotischer Begeisterung der damals maßgebenden Kreise anzusehen, sondern sie ist auf sehr materielle Ursachen zurückzuführen. Wie meist geschichtliche und politische Ereignisse als das Produkt jeweils gegebener wirtschaftlicher Verhältnisse sich bei näherer Betrachtung darstellen, so auch die Errichtung des Deutschen Reiches. Das geschichtliche, politisch so arg zerrissene Deutschland hatte seit Anfang des 19. Jahrhunderts einen wirtschaftlichen Aufschwung genommen, namentlich eine industrielle und kommerzielle Entwickelung durchgemacht, welche notwendigerweise das Land in größere politische Verhältnisse hineintreiben mußte. Das Land, dessen Söhne sich aktiv am Welthandel beteiligen wollten und bestimmenden Einfluß auf diesen zu erlangen suchten, mußte unter allen Umständen weltpolitische Bedeutung zu gewinnen trachten, mußte dahin streben, im Rate der Weltmächte eine als ebenbürtig anerkannte, eine achtunggebietende Position sich zu sichern. Das war für Kleinstaaten ein nicht zu erreichendes Ziel, nur ein auch politisch geeinigtes Volk hatte die Möglichkeit, weltpolitischen Einfluß zu gewinnen.

Wenn auch den damaligen Politikern die möglichen Folgen der politischen Einigung Deutschlands nicht in voller Klarheit vor Augen gestanden haben, so können wir doch heute, zurückblickend in die Vergangenheit, feststellen, daß die Motive, die zur Reichsgründung führten, die auch das Volk sich für ein neues Deutsches Reich begeistern ließen, wesentlich in mehr oder weniger dunkelen Erwägungen dieser Art zu suchen sind.

Der beste Beweis für diese Behauptung liegt vielleicht in der Thatsache, daß man sofort nach Erreichung der politischen Einheit daranging, auch die wirtschaftliche an den Punkten auszubauen, die in der schon lange vor der Erreichung des politischen Erfolges begonnenen Entwickelung zu wirtschaftlicher Einheit gerade wegen des Fehlens einer allgebietenden Centralinstanz sich einheitlicher Gestaltung hatten entziehen müssen.

Auch das Gewerberecht war eine Materie, die unter den verschiedensten Gesichtspunkten in den deutschen Partikularstaaten ihre gesetzliche Regelung erfahren hatte und auf die die Bundesgesetzgebung daher alsbald ihr Augenmerk richtete. Nachdem seitens der Bundesgewalt bereits im Freizügigkeitsgesetz vom 1. November 1867[1]) der Grundsatz aufgestellt war, daß alle Bundesangehörigen in den einzelnen Partikularstaaten hinsichtlich der Zulassung zum Gewerbebetriebe gleichmäßig zu behandeln seien, führte das zur provisorischen Regelung der Materie erlassene sog. Notgewerbegesetz[2]) vom 8. Juli 1868[3]) eine weitere Einheitlichkeit herbei, indem es einzelne der Beseitigung nach damaliger Ansicht am dringendsten bedürfende partikularrechtliche Sondervorschriften (Befähigungsnachweis, polizeiliche Einschränkungen u. s. w.) aufhob. Auf gleichem Boden erwuchs dann die endgültige Gewerbeordnung vom 21. Juni 1869,[4]) die fast alle bisherigen Schranken beseitigte und, vom Standpunkte damals blühender Manchesterlehre ausgehend, das gesamte Gewerbewesen in weitgehendster Weise mit liberalen Ideen und in deren Konsequenz mit hochgradig individueller Selbständigkeit durchsetzte.

Wie aber jeder Standpunkt — ins Extreme geführt — den Keim seines Falles in sich trägt, so auch dieser Ausgangspunkt des damaligen Gesetzgebers. Daher hat gerade die Gewerbeordnung ungewöhnlich zahlreiche Novellen über sich ergehen lassen müssen und wird noch manche weitere zu erdulden haben. Ist auch grundsätzlich das ursprüngliche Prinzip der „Gewerbefreiheit" aufrecht erhalten worden, so haben die Novellen — die einzelnen mehr oder weniger — doch die Konsequenzen dieses Grundsatzes in zahlreichen Fällen wesentlich abgeschwächt, vereinzelt auch gänzlich beseitigt, so daß die vom ökonomischen Liberalismus proklamierte Souveränität der Persönlichkeit, die in vielen Fällen auch in der Gewerbeordnung

[1]) B.G.Bl. 1867 S. 55 ff.

[2]) Die Gründe, die zum Erlaß dieses provisorischen Gesetzes führten, s. Beyendorff a. a. O. S. 3.

[3]) B.G.Bl. 1868 S. 406 ff.

[4]) B.G.Bl. 1869 S. 245 ff.

zur Anerkennung gelangt war, der Präponderanz des Gesamtwohles gewichen ist — ein Systemwechsel, der in seiner ganzen Tragweite nur zu erfassen ist, wenn man ihn im Rahmen der allgemeinen Wirtschaftsgeschichte betrachtet.

§ 6.

Die allgemeine wirtschaftspolitische Richtung um die Mitte des 19. Jahrhunderts.[1])

Die Folgen der ersten französischen Revolution lassen sich in Deutschland, wie auf zahlreichen anderen Gebieten, so auch im Wirtschaftsleben nicht verkennen. Die durch die Revolution unter Anlehnung an die Physiokraten und Adam Smith zu praktischer Geltung gelangten Grundsätze der Arbeits- und Gewerbefreiheit führten im Anfange des 19. Jahrhunderts auch in Deutschland zur Reformgesetzgebung, teils von der angestammten Regierung, teils auch noch von der französischen Fremdherrschaft vorgenommen. Man hob die Zünfte auf und führte die Gewerbefreiheit ein und selbst Staaten, die, wie Preußen, sich mit Erfolg gegen den politischen Liberalismus verschlossen, konnten dem ökonomischen nicht widerstehen. Unter Beseitigung des geteilten Eigentums am Grund und Boden, unter Konstituierung des unbeschränkten, freien Grundeigentums, unter Proklamierung der Gewerbefreiheit im Jahre 1810 und 1811, kurz in Verfolgung einer liberalen Tendenz ging das bisher von polizeistaatlichem Regime geleitete Preußen mit fliegenden Fahnen in das Lager des ökonomischen Liberalismus über, der fast alle Kulturvölker wie ein Taumel ergriffen hatte.

Der ökonomische Liberalismus beseitigt jede wirtschaftliche Schranke, verlangt für das Individuum die weitgehendste Dispositionsfähigkeit und weist dem Staate die kümmerliche Rolle des „Nachtwächters“ zu. Die Gesellschaft ist atomisiert, krasser Egoismus beherrscht die Individuen, die sich eine Herrenmoral konstruieren, indem sie unter Ableugnung jeder sozialen Ver-

[1]) Näheres s. Eisenhart, Geschichte der Nationalökonomik. Jena. 1891.

pflichtung nur das Recht des Stärkeren als den sittlichen Maßstab ihres Handels anerkennen. „Laissez-aller, laissez passer, le monde va de lui-même“, das war der Grundsatz, der die Wirtschaftspolitik seit Beginn des Jahrhunderts beherrschte, der zu um so unbestrittener Anerkennung gelangte, als die älteren wirtschaftlichen Einrichtungen sich ja in der That überlebt hatten. Man nahm für die Individuen eine Allmacht in Anspruch und verurteilte den Staat zur Impotenz; denn man war weit davon entfernt einzusehen, daß das Individuum, indem es seine eigenen Interessen wahrnimmt, selbst wenn diese richtig erkannt sind, bei freier Wirksamkeit absolut nicht immer die Interessen der Gesellschaft fördert. Man erkannte nicht die Notwendigkeit, daß, je höher die Gesamtlage des wirtschaftlichen Lebens in einem Staate steigt, auch eine ausgedehntere Staatsthätigkeit in Gesetzgebung und Administration erforderlich ist, um die unentbehrliche Interessenharmonie herbeizuführen und zu erhalten.

Eine Rückkehr zu besseren Verhältnissen macht sich dauernd erst in dem Zeitalter Bismarcks bemerkbar. „Zwar hatte bereits Friedrich Wilhelm IV. in dem dunkelen Drange seiner hochsinnigen Restaurationspolitik die bessernde Hand an die je länger je mehr hervortretende Verwilderung gelegt. Er hatte der gewerbsmäßigen Hofschlächterei das Handwerk gelegt, die Unteilbarkeit wohl arrondierten Grundbesitzes zwar nicht, mit Fr. List den Stier an den Hörnern fassend, ein für allemal verfügt, wohl aber dem ritterschaftlichen die fideikommissarische Substitution, ein law of entail also, zur Verfügung gestellt, dem bäuerlichen das Anerbenrecht. Er hatte dem Kleingewerbe die Innung zur fakultativen Benutzung zurückgegeben, ja den Befähigungsnachweis zur allgemeinen obligatorischen Bedingung des Meisterrechtes gesetzt. Er hatte, wie auch in der Form sich vergreifend, auf dem Boden der Großindustrie dem Aktienunwesen den Kappzaum obrigkeitlicher Konzession angelegt, ja in der Vorahnung kommender Dinge Arbeitgebern wie Arbeitnehmern das Koalieren verboten. Aber nicht sobald war der epigone, optimistische Liberalismus mit der Revolution von 1848 in Kammern und Ministerien wieder zur Herrschaft emporgestiegen, als er es seine Sorge sein ließ, der verhaßten

Reaktionspolitik seine Hemmung entgegenzusetzen und ihre verfehmten Spuren aus der Gesetzgebung wieder hinauszurevidieren, eine Reaktion, die sich bis tief in die Reichsperiode fortsetzen, ja steigern sollte. Sistiert bleibt die Landgüterordnung, manchesterlich revidiert wird die gesamte Handels- und Gewerbegesetzgebung. Mit dem Palladium der nationalen Arbeit beginnend, wird zur Inscenierung einer neuen glorreichen Freihandels-Ära die Herabminderung seiner Schutzzölle ein ganzes Jahrzehnt lang mit immer gesteigertem Eifer fortgesetzt, das Handwerk wird der obligatorischen Meisterprüfung wieder entledigt, die Innungen ihres Lehrlingsprivilegiums, der Aktiengesellschaft der bureaukratische Kappzaum wieder abgenommen, ja ihr durch das Freizügigkeitsgesetz die Arbeitskraft der ganzen Nation zur Verfügung gestellt, schließlich auch das Koalitionsrecht in gleicher Unbedingtheit auf beiden Seiten wiederhergestellt". Aus diesem Geiste wurde die Reichsgewerbeordnung vom 21. Juni 1869 geboren — ein, wenn auch nicht ganz ungetrübtes, Spiegelbild des ökonomischen Liberalismus, namentlich auf dem Gebiete der Handwerkerpolitik und in der Arbeiterfrage. So verdient sich der damalige Reichstag, in dem zu jener Zeit noch die nationalliberale Partei dominierte, vielleicht durch die konsequente Hineintragung des politischen Liberalismus in unser öffentliches Leben hätte machen können, so verkehrt war es den ökonomischen Liberalismus zum Ausgangspunkt der Wirtschaftspolitik zu nehmen. Die Folgen ließen denn auch nicht auf sich warten. „Nach einem solchen vermessenen Reaktivierungswerke des hundertmal gerichteten „Gehen- und Machenlassens" geradezu provoziert, konnte es selbst im Lande der sprüchwörtlichen Parsimonie und Besonnenheit nicht ausbleiben, daß sich jener unerhörte Gründungsschwindel einstellte, der die Nation wie ein Taumel ergriff, als sie mit gehobenem Selbstbewußtsein und mit den Schätzen ihrer Siege beladen zur friedlichen Arbeit zurückkehrte; der sie aber schließlich, wie von einem Gottesgerichte getroffen, mit jener schweren siebenjährigen Handels- und Gewerbekrise (1873—1879) gezüchtigt hat, als Preise und Löhne unter der Last der Überproduktion ebenso jäh zusammenstürzten, wie sie von schwindelnder Spekulation aufgeblasen waren, und nichts zurückblieb als ein

Hause bankerottierender Unternehmer, betrogener Hazardspieler aller Klassen und ein am Hungertuch nagender, die gesamte Gesellschaftsordnung verfluchender Arbeiterstand".[1]) Kann nun auch der Gewerbeordnung ausschließlich oder doch hauptsächlich die Verantwortung für diese Ereignisse kaum aufgebürdet werden, so wird man sich doch nicht verhehlen dürfen, daß namentlich die Stellung der Handwerker und der Arbeiter diesen Ereignissen gegenüber auf ihr Konto zu setzen sein wird. Nur muß man sich dabei gegenwärtig halten, daß die Gewerbeordnung nicht für sich allein betrachtet werden darf, sondern nur im Rahmen der gesamten Wirtschaftspolitik, daß diese sowohl, als auch ihr integrierender Bestandteil, die Gewerbepolitik, ein Kind der damaligen Zeitströmung, des so verwerflichen ökonomischen Liberalismus, war und daß daher in letzter Linie der ökonomische Liberalismus und seine Anhänger die Schuld an der Katastrophe tragen.

§ 7.

Die Ära des Protektionismus und der Sozialpolitik.

Nachdem so die thatsächlichen Ereignisse die Unzulänglichkeit des ökonomischen Liberalismus klar erwiesen hatten, konnte man sich der Notwendigkeit, mit diesem Prinzipe gänzlich zu brechen, nicht länger verschließen. Man war endlich zu der Überzeugung gelangt, daß die Anerkennung der Souveränität des Individuums eine sehr schlechte Garantie für das Gemeinwohl biete, daß eine Sanierung der gänzlich verfahrenen Verhältnisse nur durch einen Systemwechsel herbeizuführen sei. Zur polizeistaatlichen Bevormundung durfte und konnte man nicht zurückkehren und so entschloß man sich denn, im Protektionismus den goldenen Mittelweg zu gehen: die Freiheit der Disposition verblieb dem Individuum — aber nur insoweit, als es dem Vorteil der Gesamtheit entsprach oder nicht berechtigte Interessen anderer Bevölkerungsklassen verletzt wurden. Unter diesem Gesichtspunkt erfolgte 1879 die gewaltige

---

[1]) Eisenhart, a. a. O. S. 269—270.

Schwenkung der Bismarckschen Wirtschaftspolitik, der Übergang vom Manchestertum zum Protektionismus, vom Freihandel zum Schutzzoll. Es bedarf jedoch besonderer Beachtung, daß die Konsequenzen des Protektionismus auf dem Gebiete der Arbeiterfrage, in der Sozialpolitik, erst ein Dezennium später und nur gezogen werden konnten, nachdem der große Staatsmann, der selbst den Protektionismus uns gebracht hatte, sich von der Leitung der Geschäfte hatte zurückziehen müssen. Immerhin aber hat sein Regime eine erhebliche Besserung im übrigen Wirtschaftsleben herbeigeführt, indem Schritt für Schritt die Reorganisation der von langjähriger Interessenwirtschaft zerrütteten Volkswirtschaft angebahnt wurde. „Schon 1880—1884 wird die vom Liberalismus fallen gelassene Landgüterordnung wieder aufgenommen, und das zunächst für Westfalen verfügte Höferecht über die Provinzen Hannover, Lauenburg, Brandenburg, Schlesien weitergeführt, ja der Realpolitiker (Bismarck) scheut sich nicht, die heterodoxe, von Rodbertus empfohlene Form des Rentengutes, des Guts mit unkündbarer Kapitalanleihe, behufs Beförderung ihrer deutschen Besiedelung für die polnischen Provinzen sich anzueignen. Im Jahre 1883 folgt sodann die revidierte Gewerbeordnung.[1]) Den immerhin fakultativ belassenen Innungen wird die juristische Persönlichkeit beigelegt mit der Berechtigung zur zwangsweisen Erhebung von Beiträgen für legitime Innungszwecke, als da sind: das Herbergswesen, Arbeitsnachweisungsbureaus, Fachschulen, Schiedsgerichte, und zwar dieses selbst von den außerhalb der Innung gebliebenen Standesmitgliedern. Ja, selbst zur Bildung von Innungsverbänden erhalten sie die Berechtigung, nachdem sich gezeigt hat, daß die zur technischen und gesellschaftlichen Förderung des Kleingewerbes notwendigen Einrichtungen nur von größeren Körperschaften geleistet werden können. Des Weiteren wird durch eine Reihe von Spezialgesetzen dem wüsten Verfälschungssysteme von Nahrungsmitteln und anderen Gebrauchsartikeln, vor dem bei dem erschütterten und eingeschläferten Rechtsbewußtsein der Gerichtshöfe bald kein Schutz mehr zu erhalten war, entgegengetreten. Und während die Gewerbeordnung

[1]) Reichsgesetz vom 1. Juli 1883, R.G.Bl. 1883 S. 159 ff.

auffallenderweise, aber sehr begreiflich noch über eine analoge Reorganisation der bedeutungsvolleren, nach der Ansicht Vieler allein noch inbetracht kommenden Großindustrie schweigt, so wird doch ihre Kolossalform durch ein neues Aktiengesellschaftsgesetz gewissen strengen Normativbedingungen der Öffentlichkeit und Verantwortlichkeit unterworfen, sowohl inbezug auf ihre dunkelen zweideutigen Gründungsvorgänge als auch den ganzen nachmaligen Geschäftsbetrieb ... Schließlich gehören zu diesem Einrenkungswerke der entgleisten Gewerbsgesellschaft zum gemeinnützigen Zwecke die Verpflichtungen, welche der Gewaltige (gemeint ist Bismarck) ihr, wenn nicht zur Krönung, so doch zur Besiegelung desselben, im Interesse der von der entfesselten kapitalistischen Übermacht bedrängten und ausgenutzten arbeitenden Klassen auferlegt hat".[1])

Hier muß nun Eisenhart ganz entschieden widersprochen werden: so groß Bismarcks Verdienste um unser deutsches Vaterland sind und so freudig diese auch an dieser Stelle anerkannt werden, so wenig können wir uns doch mit seiner Arbeiterpolitik befreunden. Zwar werden die Arbeiterversicherungsgesetze mehr oder weniger noch auf sein Konto zu setzen sein, aber darüber hinaus darf man ihm, ohne mit den thatsächlichen Verhältnissen in Widerspruch zu geraten, das Verdienst nicht zuerkennen, in seiner nationalen Wirtschaftspolitik den berechtigten Ansprüchen der arbeitenden Klassen gerecht geworden zu sein.[2]) So bedauerlich auch die Ereignisse vom März 1890 sind, das darf nicht geleugnet werden: ohne den März 1890 auch kein Arbeiterschutzgesetz vom 1. Juni 1891.

War nun mit diesem Gesetze die Berechtigung des Protektionismus auch auf dem Gebiete der Arbeiterfrage rückhaltlos anerkannt, so brachten weitere Gesetze von 1890—1900 auch für andere Wirtschaftsgebiete eine weitere Unterstellung unter das protektionistische System: 1897 die Neuregelung des Lehrlingswesens, die Einführung der fakultativen Zwangsinnung und der Handwerkskammer, 1900 den 9 Uhr-Ladenschluß und die Einführung der Lohnbücher. So bewegt sich unsere Reichs-

---

[1]) Eisenhart a. a. O. S. 272—273.

[2]) Vergl. Beyendorff a. a. O. S. 49 ff., S. 57 ff.

gesetzgebung seit jenem Systemwechsel von 1879 und, wenn man will, von 1890 mit zunehmender Intensität in der Richtung des Protektionismus, die Omnipotenz des Staates nicht nur, sondern auch seine Pflicht zur Protektion des wirtschaftlich Schwachen sowohl, als auch der allgemeinen Nationalwirtschaft ist, wenigstens bei den Verständigen, zur vollen Anerkennung gelangt.

Zweites Buch.

Das System der Reichs-Gewerbeordnung.

Erster Abschnitt.

Die fundamentalen Grundlagen des deutschen Gewerberechts.

Anmerkung: Die im Text dieses zweiten Buches ohne nähere Angabe citierten Paragraphen sind Hinweise auf den Gesetzestext der im Anhang angeschlossenen Gewerbeordnung.

§ 1.

Örtliches und sachliches Geltungsgebiet der Reichs-Gewerbeordnung.

Ursprünglich als „Gewerbeordnung für den Norddeutschen Bund" erlassen, galt das Gesetz vom 21. Juni 1869 selbstverständlich nur in den deutschen Landesteilen, die infolge der Ereignisse von 1866 dem Norddeutschen Bunde beigetreten waren. Nach dessen Ausbau zum Deutschen Reiche wurde auch die norddeutsche Gewerbeordnung durch § 2 des Gesetzes, betr. die Verfassung des Deutschen Reiches, vom 16. April 1871 [1]) förmlich zum Reichsgesetz erhoben, indem zugleich die Bezeichnungen des bisherigen Gesetzes „Norddeutscher Bund" u. s. w. dahin interpretiert wurden, daß künftighin darunter das „Deutsche Reich" u. s. w. zu verstehen sei. Durch besondere Gesetze sodann in Württemberg und Baden (10. November 1871 [2]), sowie in Bayern (12. Juni 1872 [3]) eingeführt, galt die

[1]) B.G.Bl. 1871 S. 63 ff.
[2]) R.G.Bl. 1871 S. 392.
[3]) R.G.Bl. 1872 S. 170.

Reichs-Gewerbeordnung nunmehr mit voller Gesetzeskraft vom 1. Januar 1873 ab im ganzen Deutschen Reiche — mit alleiniger Ausnahme von Elsaß-Lothringen. Inzwischen ist sie jedoch auch hier durch Gesetz vom 27. Februar 1888 [1]) — allerdings in beschränktem Umfange — eingeführt worden, so daß sie heute als das Gewerbegrundgesetz für das gesamte Deutschland anzusehen ist. [2])

Die Grenze für die sachliche Geltung der Reichs-Gewerbeordnung ist generell dahin zu bestimmen, daß das Gesetz, wie der Name besagt, diejenige wirtschaftliche Thätigkeit gesetzlich zu regeln beabsichtigt, die man gemeiniglich unter dem Worte „Gewerbe" zu verstehen pflegt. Die Definition des Gewerbebegriffes selbst hat hier, wo es sich lediglich um seine Verwendung im Rahmen der Gewerbegesetzgebung handelt, naturgemäß nicht nach wirtschaftlichen, sondern nach juristischen Gesichtspunkten zu erfolgen. Um diese aber zu gewinnen, wird man sich erinnern müssen, daß unsere Gewerbegesetzgebung keineswegs ein novum ist, sondern sich zweifellos als eine — wenn auch von noch so veränderten Grundsätzen ausgehende — Weiterführung des bisherigen Gewerberechts darstellt. Dieses aber war in seinen Anfängen ausschließlich Gegenstand städtischer Wohlfahrtspflege und städtischer Gesetzgebung, und von diesem Ursprung des Gewerberechts hat man auszugehen, wenn eine Konstruktion des Gewerbebegriffes auch nur einigermaßen juristisch verwertbare Resultate ergeben soll. Geht man aber auf diese Quelle allen Gewerberechtes zurück, dann hat man einmal jegliche landwirtschaftliche Thätigkeit aus dem Begriff des Gewerbes zu eliminieren, andererseits aber wird man dann auch vermeiden, sich der juristisch zu engen Definition der Volkswirtschaftslehre anzuschließen, die — streng genommen — im Gewerbe nur „diejenige berufsmäßige Erwerbsthätigkeit erblickt, deren Gegenstand die Bearbeitung von Stoffen zur Herstellung neuer oder Verbesserung schon vorhandener Sachgüter ist"; [3]) man wird vielmehr auch die auf den Umsatz der Güter gerichtete Erwerbsthätigkeit, sowie das Anerbieten persönlicher Leistungen —

[1]) R.G.Bl. 1888 S. 57.
[2]) Beyendorff, Geschichte der R.G.O. S. 5.
[3]) Schönberg, Handbuch der politischen Ökonomie Bd. II, 1 S. 482.

beides allerdings nur in beschränktem Umfange — als geschichtlich überkommenen Bestandteil des Gewerbebegriffes und damit auch materiell als Gegenstand des Gewerberechtes anerkennen. Inwieweit die beiden zuletzt erwähnten Erwerbszweige Gegenstand gesetzlicher Regelung durch die deutsche Reichs-Gewerbeordnung geworden sind — das festzustellen, wird Aufgabe vergleichender Prüfung im Einzelfalle sein. Generell läßt sich nur sagen, daß der Umsatz der Güter, heute unter dem Kollektivbegriff „Handel" dem auf die eigentliche Produktion gerichteten „Gewerbe" vielfach gegenüber gestellt, so lange unter das Recht der Reichs-Gewerbeordnung fällt, als nicht eine Spezialgesetzgebung — Handelsgesetzgebung — Sondervorschriften aufgestellt hat. Was aber die Unterstellung der persönlichen Dienstleistungen unter die Herrschaft der Gewerbeordnung anbelangt, so ist zu bemerken, daß diese in Übereinstimmung mit der Gepflogenheit des bisherigen Gesetzgebers allgemein Dienstleistungen höherer Art, die operae liberales des römischen Rechtes, nicht in ihre Normierung einbezieht, wenngleich auch für diese vereinzelt allgemeine Vorschriften, namentlich über Beginn und Ende der Thätigkeit, aufgestellt werden (Ärzte § 29 R.G.O.), und daß sie in gleicher Weise die niedersten Dienste, wie den Gesindedienst und die Tagelöhnerarbeit, nicht zum „Gewerbe" rechnet und daher ihre Herrschaft auf diese, lediglich um ihrer selbst willen, nicht ausdehnt, so daß ihr im wesentlichen die persönlichen Dienstleistungen mittlerer Art, wie die Thätigkeit des Dienstmannes, des nicht künstlerisch veranlagten Schauspielers u. s. w., verbleiben. Zwar enthält die R.G.O. auch zahlreiche Vorschriften über die Tagelöhnerarbeit, jedoch nicht als eines selbständigen „Gewerbes", sondern als einer Hilfsthätigkeit innerhalb eines solchen.

Die deutsche Gewerbeordnung gilt mithin grundsätzlich für „diejenige der Güterproduktion durch Formveränderung der Rohstoffe oder dem Güterumsatze dienende auf Erwerb gerichtete berufsmäßige (und gesetzlich erlaubte) Thätigkeit, die nach ihrer historischen Entwickelung ursprünglich ausschließlich oder hauptsächlich in den Städten betrieben wurde." [1]) Auf andere Gebiete

[1]) Neukamp im Wörterbuch der Volkswirtschaft. Bd. I S. 871.

wirtschaftlicher Thätigkeit wird sie nur dann anzuwenden sein, wenn sie selbst weitergehende Bestimmungen trifft. Das gilt insbesondere auch für den Fall, daß bei der jeweilig als thätiges Subjekt auftretenden Person die Absicht berufsmäßigen Erwerbes nicht vorhanden ist. In solchen leicht denkbaren Fällen wird dann festzustellen sein, ob die Reichs-Gewerbeordnung eben nur die berufsmäßige Ausübung der betreffenden Thätigkeit hat treffen wollen — hierfür ist immer eine praesumtio juris gegeben — oder ob diese als solche in die Kompetenz des Reichs-Gewerberechtes hat gezogen werden sollen.

Die Gewerbeordnung selbst nun schränkt ihr sachliches Geltungsgebiet im § 6 ein; dadurch sollte aber keineswegs eine Abgrenzung des legalen Gewerbebegriffes gegeben werden, sondern es handelt sich lediglich um Vorbehalte, die entweder besser durch die Landesgesetzgebung oder im Rahmen einer allgemeinen Gewerbeordnung überhaupt nicht geregelt werden können. Mit Rücksicht hierauf sind auch im § 6 viele in anderen Gewerbegesetzen aufgestellte Ausnahmen (Ackerbau, Viehzucht u. s. w.) nicht erwähnt, da diese nach wissenschaftlichem Sprachgebrauche überhaupt nicht als „Gewerbe" anzusehen sind.[1])

Was endlich die Wirkung der Reichs-Gewerbeordnung gegenüber den Landesgesetzen der deutschen Einzelstaaten anbelangt, so geht sie diesen gemäß Artikel 2 der Reichsverfassung als Reichsgesetz vor, derart, daß sie zur Zeit ihres Erlasses bereits in Wirksamkeit befindliche widersprechende Landesgesetze ipso jure aufgehoben hat und etwa künftig noch ergehenden, soweit sie sich mit ihr in Widerspruch befinden — gleichfalls ipso jure — die Rechtsgültigkeit entzieht. Besonderer Beleuchtung bedarf daher hier die Frage, inwieweit überhaupt noch eine Landesgesetzgebung, namentlich auch in der Gestalt von Polizeiverordnungen, gewerbliche Materien rechtswirksam zum Gegenstand ihrer Normierung zu machen in der Lage ist. Dabei sind aber von vornherein auseinander zu halten die Aufstellung von Gewerberechtssätzen selbst und die nur indirekte Beeinflussung der Ausübung des Gewerbebetriebes durch Vorschriften, die an sich anderer Natur (z. B. polizeilicher) sind.

---

[1]) Beyendorff a. a. O. S. 6.

Für eine Landesgesetzgebung auf dem Gebiete des eigentlichen Gewerberechtes ist, da die Reichs-Gewerbeordnung unbedingt als Kodifikation zu gelten hat, nur ein sehr geringer Spielraum übrig geblieben; sie ist im wesentlichen auf Ausführungsbestimmungen zur Reichs-Gewerbeordnung und auf die Regelung einzelner Materien, die reichsrechtlich der Landesgesetzgebung vorbehalten sind (§ 6 R.G.O.), beschränkt.

Wesentlich anders gestaltet sich aber das Verhältnis für die Polizeigesetzgebung. Der § 1 R.G.O. proklamiert zwar das Prinzip der Gewerbefreiheit, faßt im übrigen jedoch weniger die materielle Seite des Gewerberechts, als vielmehr ausschließlich die persönliche ins Auge. Es wird nur jedermann die Befugnis eingeräumt, für seine Person einen Gewerbebetrieb zu beginnen, ohne daß aber auch dessen Ausübung lediglich seinem schrankenlosen Gutdünken überlassen bliebe. „Wenn es sich daher um die Ausübung eines Gewerbes handelt, so kann aus § 1 der Gewerbeordnung nicht ohne weiteres gefolgert werden, daß eine polizeiliche Beschränkung des Gewerbebetriebes aufgehoben oder zulässig sei, weil sie in der Gewerbeordnung selbst nicht ausdrücklich vorgeschrieben oder zugelassen ist. Ist die Beschränkung eine solche, die sich ihrem Wesen nach als ein Ausfluß der allgemeinen Polizei darstellt, so kann es nur darauf ankommen, ob dieselbe mit dem übrigen Inhalte der Gewerbeordnung oder mit den sonstigen Bundesgesetzen im Einklange steht oder nicht." [1]) Denn indem die Bestimmung des § 1 an die Person des Gewerbetreibenden anknüpft, also von der Zulässigkeit eines Gewerbebetriebes nur nach der persönlichen Seite hin spricht, hat sie die Absicht, von vornherein die irrige Annahme auszuschließen, als ob ein Gewerbebetrieb, nachdem sein Beginn für zulässig erklärt ist, nun von denjenigen örtlichen und allgemeinen Beschränkungen der Ausübung befreit sei, welche sich als Folge der Handhabung der allgemeinen bau-, feuer-, straßen- und gesundheitspolizeilichen Vorschriften darstellen, die für alle gelten, sie mögen Gewerbetreibende sein oder nicht. Bei der Ausübung der Gewerbe durch die nach der Gewerbe-

[1]) Nr. 201 R.A. des B.R. Marcinowski R.G.O. S. 10.

ordnung dazu verstatteten Personen sind daher die allgemeinen feuer-, sicherheits-, sitten-, preß- u. s. w. polizeilichen Bestimmungen in vollem Umfange und nicht etwa nur insoweit zu beachten, als dieselben in der Gewerbeordnung ausdrücklich aufrecht erhalten worden sind.[1])

§ 2.

Das Prinzip der Gewerbefreiheit.

Die rechtliche Ordnung des Gewerbewesens kann von zwei Grundgedanken beherrscht werden: entweder steht der Gesetzgeber auf dem Standpunkte, daß es für die Entwickelung des Gewerbes zweckmäßig sei, den Betrieb desselben möglichst weitgehend in das persönliche Ermessen der einzelnen Individuen zu stellen, oder aber er ist der Ansicht, daß eine gedeihliche Weiterführung der gewerblichen Entwickelung ohne staatliche Beeinflussung nicht zu dem erreichbaren Höhepunkt gelangen könne, daß der Staat fördernd oder hemmend eingreifen müsse, um seinen Gewerbestand lebensfähig zu machen und lebensfähig zu erhalten — selbst (wenn es sich als zweckmäßig erweise) bis zur völligen autoritären Leitung der Produktion, wie sie die Epoche des Merkantilismus uns vor Augen führt. Danach hat man das System der Gewerbefreiheit und das der Gewerbeunfreiheit zu unterscheiden.

Bei dem System der Gewerbefreiheit ist nach dem oben Gesagten „die Freiheit der Einzelnen in der Gründung und dem Betrieb der gewerblichen Unternehmungen das Grundprinzip der Rechtsordnung".[2]) Diese Freiheit kann, wie die Anhänger der extremen Manchesterlehre verlangen, eine unbeschränkte, eine absolute sein unter völliger gesetzlicher Anerkennung der Souveränität des Individuums im Gebiete des Gewerberechts oder sie ist nur eine beschränkte, die für die Regel dem persönlichen Ermessen der Gewerbetreibenden zwar freie Hand läßt, aber auch der suprema lex jeden Rechtes, der salus publica, vollste Geltung gegenüber den individuellen

---

[1]) Beyendorff a. a. O. S. 6.

[2]) Schönberg a. a. O. Bd. II, 1 S. 525.

Interessen der Einzelnen verschafft. Nur in dieser abgeschwächten Form findet sich die „Gewerbefreiheit" in den Rechtsordnungen der gegenwärtigen Kulturstaaten.

Im Gegensatz zu diesem System ist bei dem der Gewerbe-unfreiheit „nicht die Freiheit des Einzelnen, sondern die obrigkeitliche Regelung und Bevormundung mit weitgehender Beschränkung der individuellen Freiheit das Grundprinzip der Rechtsordnung".[1]) Beginn und Ausübung des Gewerbebetriebes unterliegen in erster Linie der Einwirkung der Obrigkeit oder der von ihr etwa geschaffenen und mit obrigkeitlicher Autorität ausgestatteten Organen gewerblicher Selbstverwaltung (Innungen, Zünfte, Gilden.) Die historischen Formen für dieses System sind das mittelalterliche Zunftsystem und das der polizeistaatlichen obrigkeitlichen Konzessionierung. Ihre besonders charakteristischen Beschränkungen waren:[2])

1. Der selbständige Betrieb eines Gewerbes war in der Regel abhängig von der Zugehörigkeit zu einer gewerblichen Korporation (Zunft, Innung) oder von besonderer obrigkeitlicher Konzession. Der Eintritt in die Korporation stand aber nicht jedem frei, sondern war von Bedingungen abhängig, deren Erfüllung nicht immer in der Macht des Bewerbers lag. Er hing nicht selten von dem Willen der Korporationsmitglieder ab, die ihnen unbequeme oder sonst unliebsame Personen, auch wenn diese an sich zum Gewerbebetriebe völlig qualifiziert waren, an dem Eintritt verhindern konnten. — Wo aber ausdrücklich obrigkeitliche Konzession gefordert wurde, hatte die Willkür der Beamten in der Regel auch einen großen Spielraum; Rücksicht auf die Sicherung der Existenz der bisherigen Gewerbetreibenden konnte auch bei ihren Entscheidungen maßgebend sein;

2. Voraussetzung für den Betrieb eines zünftigen Gewerbes war in allen Fällen eine bestimmte Art der technischen Ausbildung, gewöhnlich eine bestimmte Lehrlingszeit, Gesellenprüfung, Gesellen- und Wanderzeit;

3. in den meisten Handwerksgewerben existierte die — obligatorische — Meisterprüfung;

---

[1]) Schönberg a. a. O. Bd. II, 1 S. 526.

[2]) Schönberg a. a. O. Bd. II, 1 S. 526.

4. zahlreiche Bann- und Zwangsrechte und gewerbliche Privilegien bestanden, ebenso

5. Betriebsbeschränkungen der Gewerbetreibenden mannigfachster Art inbezug auf die Art ihrer Produkte und den Umfang ihres Betriebes, die Zahl und Art ihrer Hilfspersonen, endlich

6. hier und da auch noch obrigkeitliche Preistaxen für gewerbliche Produkte. —

Die Reichs-Gewerbeordnung nahm von Anfang an das System der Gewerbefreiheit in sich auf, indem sie die Bestimmung an ihre Spitze stellte: „Der Betrieb eines Gewerbes ist jedermann gestattet, soweit nicht durch dieses Gesetz Ausnahmen oder Beschränkungen vorgeschrieben oder zugelassen sind" (§ 1), wobei denn namentlich aufrecht erhalten sind die auf den Zoll-, Steuer- und Postgesetzen (Postregal und Postzwang!) beruhenden Beschränkungen (§ 5). Sie beseitigte, um die nicht mehr zeitgemäßen Auswüchse der früheren Zunftverfassung zu entfernen, alle Unterschiede zwischen Stadt und Land (§ 2), hob die Beschränkungen des Umfanges und der Ausdehnung der einzelnen Betriebe auf, namentlich auch bezüglich der Zweigniederlassungen (§ 3), räumte die Ausschließungsrechte der Zünfte und kaufmännischen Korporationen (§ 4), überhaupt deren präponderierende Stellung, sowie die Zwangs- und Bannrechte und ähnliche Vergünstigungen für Einzelne beiseite oder erklärte sie wenigstens für ablösbar, indem sie zugleich die Herstellung ähnlicher Verhältnisse für die Zukunft untersagte (§§ 7—10). Gleichwohl führte die Gewerbeordnung aber — auch in ihrer ursprünglichen Fassung vom 21. Juni 1869 — das Prinzip der Gewerbefreiheit nicht radikal durch im Sinne der extremen Manchesterpartei, sondern sie führte einerseits für „Anlagen, welche durch die örtliche Lage oder die Beschaffenheit der Betriebsstätte für die Besitzer oder Bewohner der benachbarten Grundstücke oder für das Publikum überhaupt erhebliche Nachteile, Gefahren oder Belästigungen herbeiführen können" (§ 16) die Konzessionspflicht ein und ermöglichte auch die Untersagung des ferneren Betriebes derselben für den Fall, daß sich erst nach der Errichtung Unzuträglichkeiten der erwähnten Art herausstellten, und andererseits unterstellte sie auch den Gewerbebetrieb derjenigen Personen, bei denen im Interesse des öffentlichen Wohles eine gewisse technische Befähigung oder zum mindesten eine bestimmte sittliche Zuverlässigkeit unerläßlich ist, der obrigkeitlichen Einwirkung (§§ 29, 33 u. s. w.). Hatte sich, wie gesagt, die Gewerbeordnung auch nicht auf den Standpunkt extremen Manchestertums gestellt, so war sie doch zum gut Teil durch die in den sechziger Jahren als Modekrankheit grassierende Manchesterdoktrin infiziert worden, und die zahlreichen, zum teil tief einschneidenden Änderungen, die der ursprüngliche Gesetzesinhalt durch die Novellen erlitten hat, werden im Verlaufe der Abhandlung zeigen, wie der Gesetzgeber und mit ihm sein Erzeugnis, die Reichs-Gewerbeordnung, nur sehr allmählich von dieser Krankheit genesen sind. Es hat langer Jahre bedurft, ehe sich die deutsche Reichsregierung soweit von der Manchesterlehre emanzipierte, daß sie entschlossen dem wirtschaftlich Schwachen einen energischen Schutz gegen die Ausbeutung durch eigennützige Unternehmer gewährte. —

Was schließlich die Frage anbelangt, ob in dem Grundsatz der Gewerbefreiheit eine subjektive Befugnis, eine jedermann autorisierende facultas agendi liege und ob überhaupt in ihm ein juristisches Prinzip zu sehen sei oder nicht, so verkennt zunächst Neukamp[1]) vollständig den Begriff der subjektiven Befugnis, wenn er behauptet: „Die Gewerbefreiheit ist keineswegs ein subjektives Privatrecht, eine Befugnis; sie ist vielmehr nichts anderes, als ein nationalökonomisches, legislativpolitisches Prinzip." Ernstlich wird doch kaum jemand bestreiten wollen, daß ein Gesetz, welches verordnet: „Jedermann ist der Gewerbebetrieb gestattet", diesem „jedermann" damit eine persönliche Befugnis, einen Anspruch darauf verleiht, daß niemand ihm — dem vom Gesetz zum Gewerbebetrieb Autorisierten — nun den thatsächlichen Beginn eines Gewerbes — darin gipfelt aber eben die subjektive Befugnis — streitig machen kann. Der Betreffende hat eben ein ihm weder durch Privatpersonen noch durch die Behörden entziehbares Recht auf gewerbliche Bethätigung. Freilich wird dieses Recht nur vom Staate hergeleitet, es besteht nur weil und solange der Staat es haben will, aber damit geht doch der Charakter der subjektiven Be-

[1]) Wörterbuch der Volkswirtschaft Bd. I S. 874.

fugnis nicht verloren. Auch alle anderen privatrechtlichen subjektiven Befugnisse tragen diese Resolutivklausel in sich: es giebt im modernen Staate eben kein Recht, das nicht vom Staate hergeleitet werde, auch das scheinbar unantastbarste Rechtsgut des Individuums, das Eigentumsrecht, besteht nur, solange es staatliche Anerkennung genießt. Die gesetzliche Anerkennung des Eigentumsrechtes, sowie die der Gewerbefreiheit verleihen im gleichen Maße subjektive Befugnisse, nur eben nicht dem Staate gegenüber — denn gegen den Staat giebt es kein subjektives Recht des Individuums —, sondern ausschließlich gegen die Mitbürger und die staatlichen Verwaltungsorgane.

Ebensowenig kann Bornhak beigepflichtet werden, wenn er behauptet:[1]) „In der Gewerbefreiheit kann nur ein wirtschaftliches, kein juristisches Prinzip erkannt werden". Als abstrakter aprioristischer Grundsatz angesehen, kann das Prinzip der Gewerbefreiheit allerdings lediglich ein wirtschaftspolitisches Motiv, ein Grundsatz de lege ferenda sein. Juristische Prinzipien aber sind niemals abstrakt. Wer sich darauf kaprizieren wollte, a priori juristische Prinzipien zu formulieren, der würde unverkennbar in die längst überwundenen Fehler der Naturrechtslehre zurückfallen. Juristische Prinzipien lassen sich eben nur aus dem positiven Rechte gewinnen, man erhält sie auf induktivem Wege, indem man den Grundgedanken eines Gesetzes aus den umhüllenden Spezialvorschriften desselben herausschält. Lediglich diesen Grundgedanken aber kann man, wenn man überhaupt danach suchen will, als das Prinzip des jeweiligen Rechtsinstitutes ansehen und ihn damit in die Reihe der schon vorhandenen, auf gleichem Wege ermittelten „juristischen Prinzipien" einstellen. Wie man nun aber juristische Prinzipien nicht durch abstraktes Denken zu gewinnen vermag, ebenso kann man die Qualifikation eines Prinzipes als eines juristischen nicht davon abhängig machen, daß sein Inhalt ein begrifflich unzweideutig begrenzter sei. Bornhak hat daher Unrecht, wenn er dem Grundsatz der „Gewerbefreiheit" um deswillen die Eigenschaft, als juristisches Prinzip verwendet zu werden, aberkennt, weil der Begriff der Gewerbefreiheit keine festen Grenzen habe und bald weiter, bald

[1]) Preuß. Staatsrecht Bd. III S. 345.

enger gefaßt werden könne. Das ist für abstrakte Denkoperationen richtig, aber für das deutsche Gewerberecht giebt es nur einen juristischen Begriff der Gewerbefreiheit: den im Gesetze selbst niedergelegten. Wie die „Vertragsfreiheit“ als juristisches — nicht legislativ-politisches — Prinzip die Begrenzung ihres Inhalts lediglich durch das positive Recht über sich ergehen lassen muß, so auch das Prinzip der „Gewerbefreiheit“: man kann und darf juristisch darunter weiter nichts suchen als einen summarischen Ausdruck der Thatsache, daß die rechtliche Ordnung des Gewerbewesens nach den oben erörterten Gesichtspunkten, nach dem Grundsatze der Freiheit erfolgt ist. Eine tiefere Bedeutung haben aber auch die anderen juristischen Prinzipien nicht.

§ 3.

Die Personen des Gewerberechtes.

Die generelle Einteilung der Rechtspersonen in physische und juristische paßt auch für das Gewerberecht, ist hier aber von geringerer Bedeutung. Für das Gewerberecht handelt es sich vor allem darum, eine Trennung nach der wirtschaftlichen Stellung der Einzelpersonen und nach ihrer verschiedenen Rechtsfähigkeit innerhalb des Gewerberechtes selbst durchzuführen.

Wirtschaftlich thätige Personen handeln entweder selbständig d. h. auf eigene Kosten und Gefahr, oder unselbständig d. h. sie unterstützen gegen Entgelt eine andere Person, die ihrerseits erst selbständig ein Gewerbe betreibt. Danach hat man zwischen dem Unternehmer, dem „Gewerbetreibenden“, und den Hilfspersonen, den „gewerblichen Arbeitern“, zu unterscheiden.

Gewerbliche Unternehmer sind alsdann diejenigen Personen, die eine nach oben § 1 in das Gebiet des Gewerberechts fallende berufsmäßige Erwerbsthätigkeit auf eigene Rechnung und Gefahr betreiben. Wer aber einen anderen in der Ausübung solcher Thätigkeit auf Grund eines Arbeitsvertrages unterstützt, ohne selbst — wenigstens lediglich auf Grund der Thatsache seiner Thätigkeit — irgend welches Risiko zu übernehmen, wem Art und Weise seiner jeweiligen Thätigkeit, sowie der Umfang derselben von einem anderen vorgeschrieben werden, der ist nichts als ein Organ desselben, der kommt für das Gewerberecht lediglich als gewerbliche Hilfsperson, als „gewerblicher Arbeiter“ — wie der summarische Ausdruck des Gesetzes lautet — inbetracht. Im Verhältnis zu einander heißen diese Personenklassen Arbeitgeber und Arbeitnehmer.

Der Umfang und der materielle Wert der gewerblichen Hilfsthätigkeit wird naturgemäß durch die persönliche Qualifikation der verwendeten gewerblichen Hilfsperson bedingt. Man kann nach dieser und unter Berücksichtigung der auf Grund der persönlichen Befähigung verrichteten Arbeitsleistungen das gewerbliche Hilfspersonal mit Schönberg[1]) einteilen in

1. Leitungshilfspersonen, die den Unternehmer bei der Leitung und Beaufsichtigung des Produktionsprozesses und der zu diesem unmittelbar verwendeten weiteren gewerblichen Hilfskräfte unterstützen, oft auch völlig ersetzen. (Betriebsbeamte, Techniker, Werkmeister u. s. w.).

2. Hilfspersonal für den merkantilen oder rechnerischen Teil des Geschäfts. (Buchhalter, Kassierer, Reisende, Schreiber — Organe, die also eine mehr oder weniger ausgedehnte kaufmännische Bildung besitzen müssen).

3. Technische Handarbeiter (Lohnarbeiter), die nun die unmittelbar produzierende Thätigkeit für den sie ablöhnenden Unternehmer verrichten. Diese Handarbeiter heißen, wenn sie im Handwerk beschäftigt werden, Gesellen (auch Gehilfen) bezw. Lehrlinge, wenn sie aber in der Industrie thätig sind, Fabrikarbeiter.

Die Lohnarbeiter bilden nicht nur die zahlreichste und unentbehrlichste Klasse des gewerblichen Hilfspersonals, sondern sie weisen auch einige nur ihnen eigentümliche Besonderheiten auf und nehmen zudem insofern eine exceptionelle Stellung im Gewerberecht ein, als der Gesetzgeber gerade ihnen als dem wirtschaftlich schwächsten Teil seine ganz besondere Fürsorge gewidmet hat. Zunächst unterscheidet man nach Maßgabe der persönlichen Leistungsfähigkeit zwei Klassen: diejenigen Lohnarbeiter, die in der von ihnen zu leistenden gewerblichen Hilfsthätigkeit bereits hinreichend vertiert sind, um die ihnen zu übertragenden Arbeiten

---

[1]) a. a. O. Bd. II, 1, S. 485.

auf eigene Verantwortung ordnungsmäßig ausführen zu können (Gesellen, Gehilfen), und diejenigen meist noch jüngeren Kräfte, die sich der gewerblichen Hilfsthätigkeit erst zu widmen beginnen und daher noch der persönlichen Anleitung bedürfen (Lehrlinge).

Wiewohl grundsätzlich diese Unterscheidung auch für das in den Fabriken beschäftigte Personal festzuhalten ist, so wird doch gerade hier häufig eine überwiegend mechanische Arbeitsleistung verlangt, die eine besondere persönliche Unterweisung der jungen Leute vielfach entbehrlich macht, so daß man hier von einer der obigen Trennung entsprechenden absieht und für die gesamten in der Fabrik beschäftigten Personen den Kollektivnamen „Fabrikarbeiter“ verwendet.

Dann gehören weiter zu der oben abgegrenzten dritten Klasse der technischen Handarbeiter (Lohnarbeiter) nicht nur männliche, sondern in großer Anzahl auch weibliche Arbeiter. Von beiden Geschlechtern werden aber nicht nur die erwachsenen Personen zur gewerblichen Hilfsthätigkeit verwendet, sondern auch jugendliche Personen und selbst Kinder werden wegen der geringeren Höhe des an sie zu zahlenden Arbeitslohnes mit Vorliebe beschäftigt. Im Gewerberecht bezeichnet man Personen unter 14 Jahren als Kinder, solche zwischen 14 und 16 Jahren und zwar beiderlei Geschlechts als junge Leute und endlich diejenigen, die das 16. Lebensjahr vollendet haben, als Erwachsene. (§ 135.)

Während in früheren Zeiten für alle diese Lohnarbeiter allgemein die Vertragsfreiheit anerkannt war, die lediglich dem Willen des Einzelnen überließ, in welcher Form und unter welchen Bedingungen er seine Arbeitskraft dem Unternehmer zur Verfügung stellen wollte, beschränkte schon, wie später darzulegen, die Gewerbeordnung von 1869 die Kinder und die jugendlichen Arbeiter bezw. deren gesetzliche Vertreter in der Abschließung des Arbeitsvertrages, namentlich auch bezüglich der Arbeitszeit, indem das Gesetz gewisse zwingende Normen (jus cogens) aufstellte, für deren Verletzung aber nicht diese gewerblichen Hilfspersonen, sondern der Unternehmer zur Verantwortung gezogen wurde. Ähnlich wurde der gesetzliche Schutz später durch eine Novelle von 1891 auf die weiblichen Arbeiter als solche und — allerdings nur in wesentlich beschränkter Weise — auch auf die erwachsenen männlichen Arbeiter ausgedehnt. Alle diese Personen werden zwar nicht ausdrücklich in ihrer Vertragsfähigkeit beschränkt, formell wird etwas Derartiges auch nicht beabsichtigt, aber für die Praxis laufen alle diese Bestimmungen darauf hinaus, daß der Lohnarbeiter in seinem eigensten Interesse in der gewerblichen Vertragsfreiheit beschränkt ist. Hiermit steht dann völlig im Einklang, daß seinem Gegenkontrahenten — dem Unternehmer — bei Strafe untersagt ist, weitergehende Arbeitsanerbieten, als sie das Gesetz zuläßt, für sich anzunehmen und auszunutzen.

Für den selbständigen Gewerbebetrieb ist noch zu berücksichtigen, daß — vorbehaltlich natürlich der Vorschriften des Ehe- und Vormundschaftsrechtes — Alter und Geschlecht keinen Unterschied begründen, Frauen also in dieser Hinsicht grundsätzlich den Männern gleichgestellt sind, wie denn überhaupt persönliche Differenzierungen der Reichs-Gewerbeordnung gänzlich fehlen. Abgesehen von der Gleichstellung der Geschlechter, hat die Gewerbeordnung nämlich auch grundsätzliche Unterschiede zwischen Minderjährigen und Großjährigen, physischen und juristischen Personen, prinzipiell auch zwischen Deutschen und Ausländern nicht statuiert. Nur die Beamten und Soldaten, sowie die ausländischen physischen und juristischen Personen nehmen eine gewisse Sonderstellung ein. (§§ 11—12, 56d und 64 Abs. 3.)

Im Interesse der Freizügigkeit endlich darf in keiner Gemeinde und bei keinem Gewerbe die Zulassung zum Gewerbebetrieb von dem Besitze des Bürgerrechts abhängig gemacht werden. Wo aber nach der bestehenden Gemeindeverfassung der Betrieb eines Gewerbes die Verpflichtung zum Erwerbe des Bürgerrechts begründet, da darf dieser Erwerb erst nach Ablauf von drei Jahren nach dem Beginn des Gewerbebetriebes und unter Befreiung von dem sonst eventuell zu entrichtenden Bürgerrechtsgelde verlangt werden. (§ 13.)

§ 4.

Die Ausübung des Gewerbebetriebes im allgemeinen.

Die unter den Begriff des „Gewerbes" fallenden berufsmäßigen Erwerbsthätigkeiten können nach der Scheidung des

Gesetzes in dreifacher Form ausgeübt werden: als stehender Gewerbebetrieb — als Gewerbebetrieb im Umherziehen — als Gewerbebetrieb im Marktverkehr. Die Reichs-Gewerbeordnung selbst hat nicht nur darauf verzichtet, für den Begriff des stehenden Gewerbebetriebes eine authentische Definition aufzustellen, sondern sie hat auch, indem sie gewisse von einer „umherziehenden“ d. h. im Lande herumreisenden Person vorgenommene Geschäftshandlungen, die begrifflich zum Hausiergewerbe zu rechnen wären, als Ausfluß des „stehenden“ Gewerbebetriebes ausdrücklich anerkannte, es der Wissenschaft unmöglich gemacht, streng begriffliche, positiv-differierende Unterscheidungsmerkmale anzugeben. Man muß sich daher darauf beschränken, das Wesen der beiden anderen Rechtsinstitute aus der Gewerbeordnung zu entnehmen und sich mit einer nur negativen Abgrenzung des Begriffes des stehenden Gewerbes begnügen.

Als Gewerbebetrieb im Marktverkehr ist diejenige, in der Regel auf den Güterumsatz, aber auch auf das Darbieten persönlicher Leistungen [1]) gerichtete gewerbliche Thätigkeit anzusehen, die sich auf Messen, Jahrmärkten oder Wochenmärkten vollzieht d. h. an öffentlichen Orten, an denen Gewerbetreibende ihre mitgeführten Waren dem Publikum zum Kaufe anbieten, an denen also Angebot und Nachfrage auf einem Platze konzentriert zusammentreffen. Der Marktverkehr ist eine historisch überkommene Form des Gewerbebetriebes, die heute mit Rücksicht auf die Ausdehnung des stehenden Gewerbebetriebes nur noch von geringer Bedeutung ist. Namentlich die Jahrmärkte und die Messen (d. s. „Märkte, die nicht nur wie jene dem Detailverkauf dienen, sondern wo vor allem der Verkehr zwischen Großkaufleuten untereinander und mit den Detailhändlern stattfindet“ [2]) haben ihre frühere präponderierende Stellung im Wirtschaftsverkehrsleben vollständig eingebüßt, da heute für den Detailhandel die Ladengeschäfte, für den Großhandel aber die Versand-

[1]) Die künstlerischen Produktionen des § 55 Ziffer 4 R.G.O. sind jedoch kraft positiver Vorschrift des Gesetzes von der Zugehörigkeit zum Marktgewerbe ausgeschlossen. Sie dürfen zwar auf Märkten dargeboten werden — und gewohnheitsmäßig geschieht dies auch —, aber nicht als „Markt-“, sondern als Hausiergewerbe (§ 55 Abs. 2).

[2]) Rathgen im Wörterbuch der Volkswirtschaft Bd. II, S. 228.

häuser und der Reisendenverkehr den Warenumsatz vermitteln. Nur den Wochenmärkten wird man auch heute ihre Existenzberechtigung nicht versagen dürfen, insofern sie namentlich die städtischen Haushaltungen mit frischen Erzeugnissen der Land- und Gartenwirtschaft versorgen. Neben diesen allgemeinen Märkten giebt es noch zahlreiche Arten von Spezialmärkten, „auf welchen an einem durch die Produktionsbedingungen gegebenen Termine einzelne, namentlich landwirtschaftliche Erzeugnisse gehandelt werden.“ [1]) So für Butter, Eier, Hanf, Honig, Gänse; insbesondere giebt es auch Wollmärkte und verschiedene Arten von Viehmärkten (Pferde-, Schweine-, Jungvieh- u. s. w. -Märkte).

Der Gewerbebetrieb im Umherziehen (Hausiergewerbe) wird von der Gewerbeordnung definiert als diejenige gewerbliche Thätigkeit, die auf das Feilbieten von Waren (einschließlich des Aufsuchens von bloßen Warenbestellungen) auf den Ankauf von Waren zwecks Wiederverkaufs bei anderen Personen als Kaufleuten oder an anderen Orten als in offenen Verkaufsstellen und endlich auf das Darbieten gewerblicher Leistungen, sowie derjenigen künstlerischen Produktionen, bei denen ein höheres Interesse der Kunst nicht obwaltet, gerichtet ist, sofern diese Thätigkeit ohne vorherige Bestellung von einer Person außerhalb ihres Wohnortes bezw. ihrer gewerblichen Niederlassung [2]) in Orten ausgeübt wird, in denen sie eine besondere gewerbliche Niederlassung (Filiale) nicht begründet hat. (§ 55.) Werden diese Thätigkeiten aber innerhalb des Marktverkehrs ausgeübt, so fallen sie — mit Ausnahme der zuletzt erwähnten künstlerischen Produktionen (§ 55 Abs. 2) — nicht unter den Begriff des Gewerbebetriebes im Umherziehen, wie aus Abs. 2 § 55 per argumentum e contrario gefolgert werden muß.[3]) Das entscheidende Kriterium liegt also lediglich in der Form, in der die Angebote gemacht werden. Eine Bedeutung hat das Hausiergewerbe namentlich für den Güterumsatz und das Dar-

---

[1]) Rathgen im Handwörterbuch der Staatswissenschaften. II. Aufl. Bd. V S. 692.

[2]) Vergl. § 42 Abs. 2 R.G.O.

[3]) Ebenso: G. Meyer im Handwörterbuch der Staatswissenschaften. II. Aufl. Bd. IV S. 429.

bieten persönlicher Dienstleistungen, meist aber nur solcher geringerer Art (Topfbinderei u. s. w.).

Als stehender Gewerbebetrieb ist nunmehr negativ jede gewerbliche Thätigkeit zu bezeichnen, die weder unter den Begriff des Marktverkehrs, noch unter den des Hausiergewerbes fällt — also jene gewerbliche Bethätigung, die vornehmlich unter Benutzung einer festen Betriebsstätte vor sich geht, die jedoch im sog. Stadthausieren (auch ambulanter Gewerbebetrieb am Wohnorte genannt) und im Reisendenverkehr auch hausiermäßige Formen annimmt. In den Formen des stehenden Gewerbebetriebes werden sowohl die eigentliche Güterproduktion, als auch der Güterumsatz und die Verrichtung persönlicher Dienstleistungen betrieben, jedoch hat der zuerst erwähnte Zweig der gewerblichen Thätigkeit unverkennbar eine präponderierende Stellung gegenüber den anderen. Diejenigen stehenden Gewerbebetriebe, die sich auf die Verarbeitung von Rohstoffen erstrecken, pflegt man in Handwerksbetriebe und Fabriken einzuteilen. Auch die Reichs-Gewerbeordnung gebraucht wiederholentlich die Bezeichnungen „Handwerk" und „Fabrik", ohne sie aber inhaltlich gegen einander abzugrenzen, was gerade heute um so schwerer empfunden werden muß, als eine neuerliche Novelle zur Gewerbeordnung, das sog. Handwerkergesetz vom 26. Juli 1897,[1]) einschneidende Neuerungen gerade für das Handwerk einführte, ohne aber ihr sachliches Geltungsgebiet durch eine Legaldefinition zu begrenzen. Auch die frühere Anschauung, die das unterscheidende Kriterium in der Verwendung von Maschinen für die Zwecke des Gewerbebetriebes erblickte, kann heute nicht mehr aufrecht erhalten werden, da gegenwärtig auch in offenbar handwerksmäßigen Betrieben eine Verwendung von Maschinen irgend einer Art keineswegs zu den Seltenheiten gehört. Man wird sich daher zweckmäßig dem Erkenntnis des Reichsgerichts vom 2. November 1893[2]) anschließen, daß „für den Begriff des Fabrikbetriebes die Art und Methode der Herstellung der Arbeitsprodukte und hier insbesondere die Art der Hilfsmittel, die zur Herstellung benutzt werden, der Grad der Ausnutzung der Arbeitsteilung, das Maß

[1]) R.G.Bl. 1897 S. 437 ff.

[2]) Marcinowski a. a. O. S. 357.

der Arbeitsleistung des Unternehmers, die Größe und Beschaffenheit der Räumlichkeiten der Anlage, die Zahl der beschäftigten Arbeiter und ähnliche Verhältnisse entscheidend sind." Hiernach wird man Betriebe, die ihrem Umfange nach augenscheinlich in der Hauptsache dem örtlichen Bedarfe Befriedigung zu verschaffen suchen, in denen ausschließlich oder doch stark überwiegend beruflich besonders ausgebildete Personen von einem Meister, der selbst im wesentlichen auch nur die gleiche Vorbildung genossen hat und meist persönlich im Betriebe mit thätig ist, derart beschäftigt werden, daß jeder einzelne einen wesentlichen Teil des schließlichen Produktes herstellt, als zum Handwerk gehörig bezeichnen, darüber hinausgehende Unternehmungen aber in die Kategorie der Fabriken einstellen müssen, die ihrerseits unter dem Kollektivbegriff „Industrie" dem Handwerk gegenüber gestellt zu werden pflegen.

Beginn, Ausübung und Beendigung einer gewerblichen Thätigkeit ist grundsätzlich — dem Prinzip der Gewerbefreiheit entsprechend — dem freien Ermessen der Persönlichkeit überlassen, jedoch hat das öffentliche Wohl in einem mit der Zeit zunehmenden Umfange nach allen drei Richtungen hin sich Geltung zu verschaffen gewußt, derart, daß sowohl zum Beginn eines Gewerbes in gewissen Fällen obrigkeitliche Genehmigung erfordert wird, als auch, daß eine Beschränkung und schließlich eine gänzliche Untersagung der Ausübung möglich ist. Nicht eigentlich eine Beschränkung in der Freiheit der Gewerbeausübung liegt in dem Zwange zur Aufstellung von Preisverzeichnissen, da diese, abgesehen von den für die örtlichen Verkehrsinstitute u. s. w. (§ 37 R.G.O.) autoritär erlassenen „Taxen",[1]) sich lediglich als eine allgemeine Preisfestsetzung des Unternehmers darstellen, die obrigkeitlich nur zu beglaubigen ist, aber in keiner anderen Weise beeinflußt werden kann. (§§ 72—80 R.G.O.)

[1]) Die Gewerbe des § 37 R.G.O. (sog. „Straßengewerbe") unterliegen in vollem Umfange der Regelung durch die Ortspolizeibehörde, die daher auch befugt ist, die Preise von Obrigkeitswegen festzusetzen, die jene Gewerbetreibenden für ihre Dienstleistungen zu fordern allein berechtigt sind — eine Vorschrift, die in erster Linie das fremde Städte bereisende Publikum vor Übervorteilung bewahren soll. (Vergl. auch § 76 R.G.O.)

Zweiter Abschnitt.

Beginn, Ausübung und Beendigung des Gewerbebetriebes.

§ 5.

Der stehende Gewerbebetrieb.

I. Der Beginn eines stehenden Gewerbes ist im großen und ganzen frei, d. h. weder an eine obrigkeitliche Genehmigung gebunden, noch ist die Wahlfreiheit hinsichtlich der Art des zu beginnenden Gewerbebetriebes durch ausschließende Vorrechte anderer beschränkt. Die im § 14 R.G.O. dem Unternehmer auferlegte Anzeigepflicht ist als eine Beschränkung der Gewerbefreiheit nicht anzusehen, da der Behörde ein Veto in keiner Weise zusteht; vielmehr hat die Anzeige lediglich den Zweck, die Beaufsichtigung des Gewerbebetriebes nach Maßgabe der Gewerbeordnung und die Handhabung der sonstigen, mit den Gewerben in Beziehung tretenden, namentlich auch der Gewerbesteuergesetze zu ermöglichen.

Diese Pflicht zur Anmeldung des Betriebes besteht grundsätzlich nur für den Unternehmer desselben; ausnahmsweise ist sie im Abs. 2 desselben Paragraphen auch Feuerversicherungsagenten, also gewerblichen Hilfspersonen auferlegt. Für diejenigen, die ein Preßgewerbe betreiben, ist außerdem noch, da der Presse gegenüber jede weitere Prävention fallen gelassen wurde (Censur!) die Verpflichtung zur Anmeldung ihres Betriebslokales statuiert (§§ 14, 15).

Thatsächliche Beschränkungen hat die Gewerbeordnung nur nach zwei Seiten hin aufgerichtet: in sachlicher und persönlicher Hinsicht. Diese Beschränkungen bedeuten aber, da sie lediglich den Zweck verfolgen, die Aufrechterhaltung der nötigen Ordnung zu garantieren und einen für das Gemeinwohl schädlichen Mißbrauch der Freiheit zu verhindern, ebensowenig eine Aufhebung der Gewerbefreiheit, wie die zuvor erörterte allgemeine Anzeigepflicht. Von einer Gewerbefreiheit könnte nur dann nicht mehr die Rede sein, wenn die Erteilung der Konzession bezw. die Untersagung der Fortsetzung des Gewerbebetriebes lediglich von behördlicher Willkür abhängig oder der Beginn eines Gewerbes an Voraussetzungen geknüpft wäre, denen prinzipiell zu genügen nicht ausschließlich in der Macht des Individuums stände.

Sachliche Schranken richtet die Gewerbeordnung insofern auf, als sie zur Errichtung von gewissen, im § 16 R.G.O. aufgezählten Anlagen, insbesondere industrieller Etablissements, die, wie Pulverfabriken, Kalköfen, Metallgießereien, Knochenbrennereien, chemische Fabriken, Gerbereien u. s. w. durch ihre örtliche Lage oder die Beschaffenheit der Betriebsstätte für gewisse andere Personen oder das Publikum im allgemeinen erhebliche Belästigungen herbeizuführen geeignet sind, eine behördliche Genehmigung erfordert, die entweder unter Angabe von Gründen gänzlich versagt oder unter Festsetzung der sich als nötig ergebenden Bedingungen erteilt wird (§§ 16—22). Das Gleiche gilt im wesentlichen für die Anlegung von beweglichen und unbeweglichen Dampfkesseln (§ 24). Selbstverständlich unterliegen die einzelnen Anlagen, wie aus § 1 des Gesetzes hervorgeht, neben der aus den Motiven des § 16 angeordneten besonderen gewerbepolizeilichen Genehmigung mit bestimmt vorgeschriebenem Verfahren, auch den allgemeinen Vorschriften der Bau-, Feuer-, Straßen- und Gesundheitspolizei.[1])

Gegen den Bescheid der für die Konzessionierung zuständigen Behörde, insbesondere auch gegen die Versagung der Genehmigung ist der Rekurs an die nächst vorgesetzte Behörde gegeben, der binnen vierzehn Tagen gerechtfertigt werden muß (§ 20). Die näheren Bestimmungen über die Behörden und das Verfahren, sowohl in erster als auch in zweiter (Rekurs-) Instanz aufzustellen, ist der Landesgesetzgebung vorbehalten, der jedoch im § 21 von Reichswegen gewisse Direktiven gegeben sind. Eine Ordnung des Verfahrens bis in alle Einzelheiten wäre der Reichsgesetzgebung unmöglich gewesen, da hierbei auf die in den Bundesstaaten in verschiedenster Weise durchgeführte Behördenorganisation, überhaupt auf das gesamte partikularstaatliche Verwaltungsrecht Rücksicht genommen werden mußte.

---

[1]) Beyendorff a. a. O. S. 8.

Während nun der Regierungsentwurf der Landesgesetzgebung möglichst freie Hand lassen wollte, stellte der Reichstag die Normativvorschriften des § 21 auf; denn wenn auch in den Organismus der Behörden der Einzelstaaten nicht eingegriffen werden könne, so „wollen wir doch wenigstens die Grundsätze festgehalten wissen, unter welchen allein von einer Sicherung des Eigentums und der Gewerbthätigkeit die Rede sein kann.“ [1]) Zur Konzessionierung zuständig sind in den meisten Bundesstaaten Organe der Selbstverwaltung und zwar als erste Instanz die der Gemeinde- bezw. Kreisverwaltung, als zweite die der Bezirksverwaltung.

Mit Rücksicht auf das Vorliegen einer obrigkeitlichen Konzession, deren Erteilung übrigens nicht verzögert wird, wenn im Laufe des Konzessionsverfahrens auf besonderen privatrechtlichen Titeln beruhende Einwendungen vorgebracht werden (§ 19), ist auch die Geltendmachung von Ansprüchen aus dem Nachbarrechte solchen Anlagen gegenüber in gewisser Hinsicht beschränkt worden (§ 26).

Die Errichtung oder Verlegung von Anlagen, die an sich nicht bereits konzessionspflichtig sind, deren Betrieb aber mit ungewöhnlichem Geräusch verbunden ist, in der Nähe öffentlicher Gebäude, Kirchen, Schulen u. s. w. kann die Behörde untersagen oder auch bedingt zulassen, sofern die bestimmungsgemäße Benutzung dieser Gebäude durch den Gewerbebetrieb auf dieser Stelle eine erhebliche Störung erleiden würde. Für diese Anlagen besteht also keine objektive Konzessionspflicht, wohl aber haben die Behörden ein Verbietungsrecht (§ 27).

L a n d e s r e c h t l i c h e Beschränkungen sind namentlich insoweit vorgesehen, als unter gewissen Voraussetzungen die fernere Benutzung bestehender und die Anlage neuer Privatschlächtereien untersagt werden kann und als in bestimmten Ortsteilen die Errichtung gewerblicher Anlagen, einschließlich der im § 16 bezeichneten, entweder garnicht oder nur unter gewissen Beschränkungen zugelassen zu werden braucht (§ 23).

Die erteilten Genehmigungen, die immer nur unter Berücksichtigung vieler außerhalb des Unternehmens liegender Ver-

---

[1]) Abg. Lasker in der Sitzung vom 9. April 1869. Sten.Ber. S. 275.

hältnisse ausgesprochen werden können, erlöschen daher, sofern nicht in der Konzessionsurkunde eine andere Frist festgesetzt wurde, wenn der Inhaber ein ganzes Jahr verstreichen läßt, ohne von der Konzession Gebrauch zu machen. Dasselbe geschieht, wenn der Gewerbebetrieb während eines Zeitraumes von drei Jahren eingestellt gewesen ist, ohne daß der Unternehmer eine Fristung nachgesucht und erhalten hat (§ 49).

Beschränkungen persönlicher Art sind teils unter dem Gesichtspunkte aufgestellt worden, daß von gewissen Gewerbetreibenden der Nachweis ihrer Befähigung zu führen ist, teils wird der Betrieb des Gewerbes nur gestattet, wenn an der sittlichen Zuverlässigkeit des Unternehmers keine Zweifel bestehen.

Die erteilten Approbationen und Genehmigungen dürfen aber weder auf Zeit erteilt noch ohne gesetzlichen Grund widerrufen werden (§ 40). Auch hier ist für die Regel gegen die Versagung der Genehmigung zum Gewerbebetriebe der Rekurs an eine obere Behörde gegeben (§ 40 Abs. 2).

Den Befähigungsnachweis durch Ablegung einer wissenschaftlichen Prüfung vor einer staatlichen Prüfungskommission haben Apotheker und diejenigen Personen zu führen, welche sich als Ärzte (Wundärzte, Augenärzte, Geburtshelfer, Zahnärzte und Tierärzte) oder mit gleichbedeutenden Titeln bezeichnen (§ 29) oder seitens des Staates oder einer Gemeinde als solche anerkannt oder mit amtlichen Funktionen betraut werden sollen. Auch Hebammen haben nach näherer Bestimmung der Landesgesetze eine Fachprüfung abzulegen (§ 30). Durch diese Bestimmungen werden aber an sich weder die Ausübung der Heilkunde, noch die Verrichtung von Dienstleistungen bezw. Handreichungen bei Entbindungen getroffen; beide Arten der Ausübung sanitärer Bethätigung werden durch die Gewerbeordnung nicht beschränkt: in einem Falle wird nur die Führung gewisser Titel verboten, d. h. es werden die medizinischen Prüfungen aufrecht erhalten, aber nur dazu, daß der Staat solcher geprüfter Organe sich bediene und das Publikum die Möglichkeit habe, diese geprüften Leute zu benutzen, im anderen nur diejenigen weiblichen Personen, die gewerbsmäßig Entbindungsdienste verrichten, d. h. eben als „Hebamme“ thätig sein wollen, einer Prüfung unterworfen. Während die Approbation der Ärzte u. s. w.

aber zur Ausübung des Gewerbes im ganzen Reiche berechtigt, sind die Hebammen als nur landesrechtlich zugelassene Personen (§ 30 Abs. 3) dazu nur in demjenigen Staate befugt, von dessen Behörde ihr Prüfungszeugnis ausgestellt wurde. Das schließt natürlich nicht aus, daß ein Staat landesrechtlich auch die in anderen Staaten geprüften Hebammen bei sich zulassen kann; einen reichsgesetzlichen Anspruch hierauf haben jedoch die Hebammen nicht. Die in einem Bundesstaate geprüften Hebammen dürfen aber nach einem Bundesratsbeschluß vom 5. Mai 1887 auch in dem Grenzbezirk des benachbarten praktizieren. Daß die Ausübung des Hebammengewerbes mehr beschränkt ist, als die des ärztlichen Berufes, beruht nach Jolly [1]) nicht etwa auf der höheren Schätzung des ersteren, sondern ist eine Folge gewisser Flüchtigkeiten der parlamentarischen Behandlung des Bundesratsentwurfes der Gewerbeordnung von 1869. Abgesehen hiervon ist die Ausübung einer gewerblichen Thätigkeit auf dem Gebiete des Sanitätswesens keinen gewerberechtlichen Beschränkungen unterworfen, mit Ausnahme des Betriebes von Privat-Krankenanstalten. Nach den Bestimmungen der Gewerbeordnung in der Fassung von 1869 bedurften die Unternehmer von Privat-Kranken-, Privat-Entbindungs- und Privat-Irrenanstalten einer von der höheren Verwaltungsbehörde zu erteilenden Konzession, die aber nur versagt werden durfte, wenn Thatsachen vorlagen, welche die Unzuverlässigkeit des Nachsuchenden „in Beziehung auf den beabsichtigten Gewerbebetrieb" darthaten. Diese Bestimmung, welche die Konzessionserteilung lediglich von dem Vorhandensein sehr unbestimmt geforderter subjektiver Eigenschaften abhängig machte, ermöglichte es der Spekulation, sich in ausgedehntem Maße auf die Errichtung solcher Privatpflege-Anstalten zu werfen. Daher schuf man durch eine Novelle vom 23. Juli 1879 [2]) Remedur, nachdem bereits bis zum Jahre 1878 die Zahl der Privat-Krankenanstalten [3]) von 219 auf 366 also um 67 %, die der Privat-Irrenanstalten von 66 auf 111, mithin gleichfalls um 67 %, und die der Entbindungsanstalten — nur für Preußen berechnet — von 34 auf 184, also auf

[1]) Im Schönberg'schen Handbuch Bd. III, 2 S. 375.
[2]) R.G.Bl. 1879 S. 267.
[3]) Aktenstücke zu den Verhandlungen des Reichstages 1879 S. 1325

mehr als das Vierfache gestiegen war. Dieser Art von Privat-Anstalten ist wesentlich, daß der Unternehmer selbst bei den in die Anstalt Aufgenommenen irgend ein Heilverfahren anwendet, bezw. anwenden läßt. Daher mußte es Bedenken erregen, daß sich unter jener Zahl 76 befanden, also mehr als $^1/_5$, bezw. 48, also etwa $^1/_2$, bezw. 180, also fast durchweg, die nicht unter ärztlicher Leitung standen. Deshalb konnte lediglich die Forderung der Zuverlässigkeit „in Beziehung auf den beabsichtigten Gewerbebetrieb" nicht mehr als ausreichend für den Schutz des Publikums erachtet werden, da hiermit nur die gewerbliche Seite der Sache betont wurde, während es doch darauf ankommt, dem Publikum jeden Anlaß zu einer Besorgnis zu nehmen, daß in der Leitung und Verwaltung der Anstalten derjenige Grad von Umsicht, Erfahrung und Kenntnis nach der technischen wie nach der administrativen Seite des Unternehmens hin fehlen werde, welcher erforderlich ist, wenn solche Anstalten ihren Charakter als gemeinnützige Unternehmungen behaupten sollen. Der Staat darf verlangen, daß der Unternehmer, sei es in eigener Person oder durch einen vertrauenswürdigen Stellvertreter nach den vorbezeichneten Richtungen, insbesondere auch in Ansehung der Sorge für die etwa nötig werdende ärztliche Hilfe die dem Interesse der Kranken entsprechenden Garantieen bietet. Demgemäß präzisierte die Novelle nicht nur das subjektive Moment, indem sie die Zuverlässigkeit des Unternehmers in Beziehung „auf die Leitung oder Verwaltung" der Anstalt als die condicio sine qua non aufstellte, sondern sie wandte sich auch nach der objektiven Seite hin und machte auch von dem bisher überhaupt nicht berücksichtigten baulichen Zustande der Anstalten, sowie von der Qualität der technischen Einrichtungen die Konzessionserteilung abhängig. Aus leicht ersichtlichen Gründen führte sodann die Novelle vom 6. August 1896[1]) die Möglichkeit der Konzessionsversagung für den Fall ein, daß die Anstalten erhebliche Nachteile oder Gefahren für die Nachbarschaft bezw. bei Anstalten, die nur in einem Teile eines Gebäudes untergebracht werden sollen, für die Mitbewohner dieses Hauses herbeizuführen geeignet sind (§ 30).

---

[1]) R.G.Bl. 1896 S. 685.

Ein besonderer Befähigungsnachweis wurde im Interesse der Verkehrs- und Transportsicherheit schon durch die Gewerbeordnung von 1869 ferner für Seeschiffer, Seesteuerleute und Lotsen, denen durch eine Novelle vom 11. Juni 1878 [1]) auch die Maschinisten der Seedampfschiffe gleichgestellt wurden, verlangt (§ 31) und im Interesse der Erhaltung der Pferde durch Novelle vom 1. Juli 1883 [2]) die landesgesetzliche Einführung desselben für das Hufbeschlaggewerbe zugelassen (§ 30a), da das Lahmgehen der Pferde vielfach durch Huflähme und diese durch falsches Beschlagen veranlaßt werde, sintemalen auch zur Ausführung eines zweckentsprechenden Hufbeschlages eine gründlichere Durchbildung erforderlich sei, als solche in der Regel von einem Schmiede, der Hufbeschlag nur als ein Nebengewerbe betreibe, erworben werden könne.

Nicht der Nachweis eines bestimmten technischen Wissens, sondern lediglich das Vorhandensein einer gewissen moralischen Qualifikation ist die Vorbedingung für den Beginn eines der nachstehend zu erörternden Gewerbetriebe.

Schauspielunternehmer bedürfen zum Betriebe ihres Gewerbes der Erlaubnis, die nach der Fassung von 1869 nicht auf bestimmte Kategorieen theatralischer Darstellungen beschränkt werden durfte und nur dann zu versagen war, wenn Thatsachen vorlagen, welche die Unzuverlässigkeit des Nachsuchenden in Beziehung auf den beabsichtigten Gewerbebetrieb darthaten. Abgesehen davon, daß auch hier eine Zuverlässigkeit höchst einseitig lediglich nach der gewerblichen Seite hin gefordert wurde, erregt vor allen Dingen Befremden, daß der damalige Gesetzgeber von einer Differenzierung der Schauspielunternehmungen selbst gänzlich absah und diejenigen Unternehmungen, die der Befriedigung eines Kunstbedürfnisses zu dienen bestimmt sind (sog. Theater), denen in jeder Hinsicht gleichstellte, die lediglich Schaustellungen gewähren, bei denen ein höheres Interesse der Kunst oder Wissenschaft in keiner Weise vorliegt (sog. Tingel-Tangel) — offenbar zwei Fehler, die der deutschen Bühne zu großem Nachteil gereichen mußten. Daher verlangte auf der

---

[1]) R.G.Bl. 1878 S. 109.

[2]) R.G.Bl. 1883 S. 159.

einen Seite die Novelle vom 15. Juli 1880[1]) eine inhaltlich größere Zuverlässigkeit des Unternehmers, insbesondere auch „in sittlicher, artistischer und finanzieller Hinsicht“, und bestimmte die Novelle vom 6. August 1896,[2]) da eine behördliche Prüfung nach dieser Richtung hin naturgemäß nur Wert haben kann, wenn sie auf ein bestimmtes Unternehmen gerichtet ist, daß die Erlaubnis nur für ein ganz bestimmt zu bezeichnendes Unternehmen zu erteilen sei, so daß für ein anderes, sowie für ein wesentlich verändertes Unternehmen eine neue obrigkeitliche Erlaubnis von dem Unternehmer eingeholt werden muß, und mit Rücksicht auf die Unzuverlässigkeit schätzungsweiser Feststellung der finanziellen Leistungsfähigkeit, daß der Nachsuchende den Besitz der zu dem Unternehmen nötigen Mittel ausdrücklich nachzuweisen habe (§ 32). Nach der andern Seite hin — der Differenzierung zwischen Schauspielunternehmungen niederer und höherer Art — schaltete die Novelle vom 1. Juli 1883[3]) die „Tingel-Tangel“ aus dem gewerberechtlichen Begriff der eigentlichen Schauspielunternehmungen aus und wies ihnen eine den Verhältnissen angemessene Sonderstellung zu, bei deren Konstruktion davon ausgegangen wurde, daß die Möglichkeit gegeben werden müsse, dem Unwesen der Singspielhallen mit Erfolg entgegenzutreten, da sie der Moral im höchsten Grade schädlich seien und solchen Aufführungen, bei denen ein wirkliches Kunstinteresse vorhanden sei, eine im öffentlichen Interesse im hohen Grade unerwünschte Konkurrenz bereiteten, eine Steuerung aber nur möglich sei, wenn auch da, wo bereits eine Erlaubnis für ein Schauspielunternehmen oder für den Betrieb der Schankwirtschaft erteilt sei, der Beginn solcher Unternehmungen von polizeilicher Konzession abhängig gemacht werde.[4]) Daher wurde für den Unternehmer, als welcher aber nicht der eventuell vorhandene Direktor[5]) der Truppe, sondern der Besitzer — Eigen-

---

[1]) R.G.Bl. 1880 S. 179.

[2]) R.G.Bl. 1896 S. 685.

[3]) R.G.Bl. 1883 S. 159.

[4]) Aktenstücke zu den Verhandlungen des Reichstages 1882/83 S. 8.

[5]) Der „Direktor“ würde, falls er mit seiner Truppe von Ort zu Ort zieht, außerdem noch einen Wandergewerbeschein zu lösen haben (§ 55 Ziffer 4); wollte er auch auf öffentlichen Straßen auftreten, dann

tümer oder Mieter — der für den Gewerbebetrieb zu benutzenden Räumlichkeiten (z. B. ein Schankwirt) gilt, das Erfordernis der besonderen Erlaubnis aufgestellt, die, abgesehen von der Versagung wegen mangelhafter Beschaffenheit des Lokales und wegen des Verdachtes, daß die Sittlichkeit werde gefährdet werden, auch dann verweigert werden darf, wenn einer den Verhältnissen des Gemeindebezirkes entsprechenden Anzahl von Personen die Konzession bereits verliehen ist (§ 33a). Für Tingel-Tangel besteht also die Frage des Bedürfnisses, wohingegen Schauspielunternehmern i. e. S. die Erlaubnis wegen mangelnden Bedürfnisses nicht versagt werden kann.

Der Betrieb der Gastwirtschaft,[1]) Schankwirtschaft,[2]) sowie des Kleinhandels[3]) mit Branntwein oder Spiritus ist von einer Erlaubnis abhängig. Als Grund für deren Versagung galten von Anfang an nach der persönlichen Seite mangelnde sittliche Zuverlässigkeit, nach der sachlichen ungenügende Beschaffenheit des Lokals, für das Ausschänken von Branntwein und den Kleinhandel mit Branntwein und Spiritus — soweit

---

müßte er hierzu noch eine besondere Erlaubnis bei der Ortspolizeibehörde nachsuchen (§ 33b). Umgekehrt erhalten auch umherziehende Schauspielergesellschaften den erforderlichen Wandergewerbeschein nur, wenn der Unternehmer aus § 32 konzessioniert ist (§ 60d Abs 4).

[1]) Gastwirtschaften sind ihrem Begriffe nach Unternehmungen, die auf gewerbsmäßige Beherbergung von Fremden, sei es mit sei es ohne Verpflegung, in offenen d. h. nicht nach Auswahl nur einzelnen sich in einer besonderen äußerlichen Lage befindenden Personen — mit Ausschluß aller übrigen derselben Kategorie angehörigen und des Publikums überhaupt — zugänglichen Lokalen gerichtet sind. Gerade dieses Moment der öffentlichen Zugänglichkeit unterscheidet die Gastwirtschaften von den — nicht konzessionspflichtigen — Fremdenpensionen. In der Praxis ist mit einer Gastwirtschaft fast regelmäßig auch der Betrieb der Schankwirtschaft verbunden; daher umfaßt, wenn nicht anders bestimmt, die Erlaubnis zum Betriebe einer Gastwirtschaft auch die Konzession zum Ausschänken von Getränken jeder Art.

[2]) Schankwirtschaften sind Gewerbe, die in offenen Lokalen den (gewerbsmäßigen) Ausschank von Getränken irgend einer Art (einschließlich Kaffee, Thee, Milch, Mineralwasser u. s. w.) zum Genuß auf der Stelle, also an Orten, die mit der Schankstätte selbst in räumlicher Verbindung stehen und dem Gaste vom Schankwirt gewährt werden, betreiben.

[3]) Kleinhandel ist Verkauf in geringen Quantitäten zum Mitnehmen.

landesgesetzlich zugelassen — auch das Fehlen eines Bedürfnisses nach solchen Gewerbebetrieben. Diese Beschränkung der Bedürfnisprüfung auf den Ausschank von Branntwein und den Kleinhandel mit Branntwein und Spiritus erwies sich im Laufe der Zeit als durchaus unzureichend, da sich die Wirtschaften, die sich mit dem Schänken anderer, als dieser spezifisch alkoholischen, geistigen Getränke befaßten, in besorgniserregender Weise vermehrt hatten. In Preußen war von Ende 1869 bis Anfang 1877 die Zahl wie folgt gestiegen:[1])

Gastwirtschaften	von	42187	auf	60912 = 44 %
Schankwirtschaften	„	69869	„	86055 = 23 %
Diese Anlagen zusammen	„	112056	„	146967 = 31 %

Für Württemberg gestaltete sich die Vermehrung für die Zeit von Anfang 1872 bis Mitte 1878:

Gastwirtschaften	von	7239	auf	8313 = 14 %
Schankwirtschaften	„	7707	„	13276 = 72 %
Diese Anlagen zusammen	„	14946	„	21589 = 44 %

In Industriegegenden lagen die Verhältnisse noch ärger; in den 9 Jahren von 1869 bis 1878 betrug die Zunahme in den Regierungsbezirken: Oppeln 140, Minden 136, Aachen 102, Köln 83, Arnsberg 71, Trier 67, Düsseldorf 57 %.

Dieses rapide Wachstum der Gast- und Schankwirtschaften gab zu um so schwereren Bedenken Anlaß, als sich die Thatsache ergeben hatte, daß in zahlreichen Fällen ihre Errichtung nur dazu gedient hatte, das für den Ausschank von Branntwein und den Kleinhandel mit solchem gesetzlich aufgestellte Gebot der Bedürfnisprüfung zu umgehen, indem unter dem Deckmantel namentlich der Gastwirtschaften, aber auch der Bier- und Weinwirtschaften unerlaubterweise der Ausschank von Branntwein betrieben wurde. Aber auch wo sich diese Umgehung nicht so bemerkbar machte, hatte die Zunahme der Schankwirtschaften überaus unangenehme Begleiterscheinungen im Gefolge: Verbreitung der Trunksucht, Verführung der jungen Leute, Anreizung „verkrachter Genies“ zur Wirtschaftsgründung u. s. w. Ein Heilmittel von durchgreifender Wirkung war nach Lage der

---

[1]) Aktenstücke zu den Verhandlungen des Reichstages 1879 S. 1327 ff.

Sache lediglich in der Erschwerung der Zulassung zum Wirtschaftsbetriebe, in der Ausdehnung der Bedürfnisprüfung auch auf die bisher nicht getroffenen Betriebe, in denen überhaupt geistige Getränke geschänkt werden, zu sehen. Hinsichtlich der Gastwirtschaften wäre dabei zwar begrifflich eine Sonderung zwischen den spezifisch gastwirtschaftlichen und den nur schankwirtschaftlichen Betriebszweigen möglich gewesen; da in der Praxis jedoch eine derartige Scheidung sich als undurchführbar hätte erweisen müssen, so blieb nichts übrig, als auch den Betrieb der Gastwirtschaft schlechtweg von der Bedarfsfrage abhängig zu machen. Die Aufstellung eines absoluten Gesetzesgebotes erschien jedoch wegen der örtlichen Verschiedenheiten nicht zweckmäßig, man bewegte sich daher auf dem bereits früher eingeschlagenen Wege weiter und entschloß sich lediglich zu einer Delegation der bezüglichen Gesetzgebungsbefugnis an die Einzelstaaten.

Demgemäß bestimmte die Novelle vom 23. Juli 1879 [1]) unter Aufrechterhaltung der bisherigen Vorschriften bezüglich des Branntwein-Schänkens, daß allgemein in Ortschaften mit weniger als 15000 Einwohnern die Erlaubnis zum Betriebe der Gastwirtschaft, sowie zum Ausschänken von Wein, Bier oder anderen, nicht spezifisch-alkoholischen, geistigen Getränken (also nicht von Kaffee, Milch [2]) u. s. w.) durch Anordnung der Landesregierung von dem Nachweis eines vorhandenen Bedürfnisses abhängig gemacht werden könne. Für Orte von über 15000 Einwohnern aber darf diese Anordnung nur in der Form erfolgen, daß es ortsstatutarischer Regelung überlassen bleibt, ob ein Bedürfnis nachzuweisen sei oder nicht — in der Erwägung, daß für größere Städte die Bedürfnisprüfung auf große Schwierigkeiten stößt, zudem auch die wirtschaftlichen, sozialen und sittlichen Gefahren dieser Betriebe hier nicht in demselben

---

[1]) R.G.Bl. 1879 S. 267.

[2]) Wer diese Getränke zu verschänken beabsichtigt, bedarf zwar der Erlaubnis; deren Erteilung kann jedoch nicht von dem Vorhandensein eines Bedürfnisses abhängig gemacht werden. Zum Betriebe einer bloßen Speiseanstalt (z. B. zum Halten eines Privatmittagstisches) ist auch eine Erlaubnis nicht erforderlich, wohl aber wäre der Beginn eines solchen Unternehmens gemäß § 14 R.G.O. der Behörde anzuzeigen.

Maße zur Geltung gelangen können, wie in kleineren Städten. Diese Vorschriften, insbesondere die der Bedürfnisprüfung, finden auch Konsumvereinen gegenüber Anwendung, selbst wenn sich deren Geschäftsverkehr auf den Kreis der Mitglieder beschränkt. Auch auf andere Vereine können durch die Landesregierung diese Vorschriften ausgedehnt werden — mit der Maßgabe jedoch, daß der Nachweis des Bedürfnisses nur bei der Konzessionierung zum Ausschänken von Branntwein verlangt werden darf (§ 33).

Für weitere Gewerbebetriebe hatte das Gewerbegrundgesetz vom 21. Juni 1869 eine Konzessionspflicht nicht begründet; erst durch spätere Novellen wurde diese auf das Geschäft der Pfandleiher und auf das der Stellenvermittler ausgedehnt.

Das Geschäft des Pfandleihers konnte ursprünglich nur denjenigen Personen behördlich untersagt werden, die wegen aus Gewinnsucht begangener Vergehen oder Verbrechen gegen das Eigentum bestraft worden waren. Diese Bestimmung erwies sich in mehrfacher Hinsicht als durchaus unzureichend. Einmal traf das Gesetz nur die eigentlichen Pfandleiher, d. h. diejenigen Personen, die namentlich den kleinen Leuten gegen Bestellung eines Faustpfandes gewerbsmäßig Darlehen gewähren, und ließ die diesen sehr nahe verwandten Rückkaufshändler ohne jede Beschränkung in gewerberechtlicher Hinsicht ihren Geschäftsbetrieb ausüben. Der Rückkaufshändler erwirbt durch einen Kaufvertrag bezw. durch die daraus resultierende traditio das Eigentum an einer beweglichen Sache, räumt jedoch in einem pactum de contrahendo dem Verkäufer ein Wiederkaufsrecht (jus retroemendi) ein, das an gewisse Bedingungen — durchweg Zahlung eines höheren Wiederkaufspreises, als der ursprüngliche Kaufpreis betrug — und meist auch an eine bestimmte Frist geknüpft ist. Beide Personen legen somit ihren Geschäften zwar eine juristisch verschiedene Form zu Grunde, treiben aber wirtschaftlich dasselbe Geschäft: auch der Rückkaufshändler gewährt ein Darlehen, nur für die Sicherheitsbestellung wählt er eine andere Form, nicht zum wenigsten in der Absicht, sich in dem vielfach beträchtlich höheren Wiederkaufspreis eine Zinsquote erstatten zu lassen, die im Pfandleihgewerbe, das auch nach der durch Bundesgesetz vom 14. November 1867 erfolgten Aufhebung der Zinsbeschränkungen noch landesrechtlichen Zinsvorschriften unterstellt war,[1]) nicht erreicht werden konnte. Da das Pfandleihgewerbe zudem gewissen Geschäfts- und Kontrollvorschriften unterworfen war, so ging dasselbe merklich zurück und an seiner Stelle entfaltete sich das gewerberechtlich nicht beschränkte Rückkaufsgeschäft. Ferner hatte in einzelnen Gegenden, in denen vordem nur öffentliche Pfandleih-Institute bestanden hatten, die durch die Gewerbeordnung erfolgte Freigabe des Pfandleihgewerbes dessen gewaltige Ausdehnung zur Folge gehabt, namentlich in Bayern: hier waren im ersten Jahre der Geltung der Gewerbeordnung 46 Privat-Pfandleihanstalten errichtet worden, deren Zahl im Jahre 1877 auf 149 gestiegen war.[2]) Endlich hatten auch in vielen Fällen Leute mit höchst zweifelhaftem Rufe den durch die Gewerbeordnung geschaffenen Rechtszustand ausgenutzt und sich auf das Geschäft des Pfandleihens geworfen, das sie natürlich unter Ausbeutung der wirtschaftlichen Notlage und der Unerfahrenheit der unteren Klassen mit großem Raffinement betrieben. Zur Beseitigung aller dieser Übelstände stellte die Novelle vom 23. Juli 1879[1]) zunächst das Rückkaufsgeschäft dem Pfandleihgewerbe prinzipiell gleich, führte sodann die Konzessionspflicht ein und ließ endlich die ortsstatutarische Einführung der Bedürfnisprüfung zu (§ 34). Die Centralbehörden der Bundesstaaten erhielten schließlich eine weitgehende Befugnis, über den formellen und materiellen Geschäftsbetrieb einschneidende Anordnungen zu treffen (§ 38).

In gleicher Weise hatte die Gewerbeordnung von 1869 die **Gesindevermieter und Stellenvermittler** behandelt: der Gewerbebetrieb konnte untersagt werden, sobald die Unzuverlässigkeit der Personen inbezug auf diesen Gewerbebetrieb durch Thatsachen dargethan worden war. Daß man gerade hier das präventive Moment staatlicher Fürsorge gänzlich zurückgedrängt hatte, zeitigte sehr bald bedenkliche Übelstände, die aber, da diese Geschäfte sich meist im geheimen zwischen zwei

---

[1]) Vergl. z. B. das Preußische Gesetz vom 17. März 1881 G.S. S. 265.

[2]) Aktenstücke zu den Verhandlungen des Reichstages 1879 S. 1332.

[3]) R.G.Bl. 1879 S. 267.

Personen abspielen, von denen die eine an raffinierter Durchtriebenheit ihresgleichen sucht, die andere aber nicht nur welt- und geschäftsunkundig ist, sondern sich vielfach auch in einer materiellen Notlage befindet, die sie auch auf die ungünstigsten Bedingungen einzugehen zwingt, erst verhältnismäßig spät offenkundig und thatsächlich nachweisbar wurden und daher erst im Jahre 1900 zu gesetzlicher Remedur führten. Die Mißstände waren namentlich nach zwei Seiten hin hervorgetreten: einmal wurde den die Vermittlung in Anspruch nehmenden Personen in vielen Fällen eine hochgradig entstellte Schilderung ihrer künftigen Obliegenheiten entworfen, die sich vom Begriff der strafrechtlichen Vorspiegelung falscher Thatsachen oft nicht weit entfernt hielt, ihnen auch sonst Vorstellungen suggeriert, die der Wirklichkeit durchaus nicht entsprachen, Mädchen namentlich der Unsittlichkeit in die Arme getrieben, und dann waren die Gebühren der Vermittler, zu denen im Laufe der Zeit häufig noch unzählige Extravergütungen hinzutraten, fast durchweg so exorbitant hohe, daß der Stellesuchende Aufwendungen machte, die zu der ihm vom Vermittler gebotenen Leistung in gar keinem Verhältnisse standen. Wie raffiniert das Ausbeutungssystem der Vermittler war, sei kurz auf dem Gebiete der Stellenvermittelung für Kellnerinnen gekennzeichnet:[1]) „Der Agent, der aus Ostpreußen, Posen oder Oberschlesien ein Mädchen für eine Berliner Animierkneipe liefert, bezieht 10 bis 50 und mehr Mark als Vermittlerprovision; oft macht er hundert solcher „Abschlüsse" im Monat. Der Berliner Platzagent bezieht nicht so viel, aber er erhebt seinen Tribut von 10 bis 15 Mark desto öfter. In welchem kaum glaublichen Umfange die Agenten den Stellenwucher betreiben, davon giebt ein anschauliches Bild die Thatsache, daß unter 1108 Kellnerinnen 732 in mehr als sechs Stellungen jährlich konditioniert haben. Darunter waren wieder 200 die über mehr als zehnmal im Jahre die Stelle wechselten, und 63, die es jährlich zu 20 und mehr Stellungen brachten. Daß eine Kellnerin ein halbes Jahr und darüber in derselben Stelle bleibt, ist ein überaus seltener Fall. Möge an dem

[1]) Bode in der Wochenschrift „Die Zukunft" VIII. Jahrg. Nr. 46 S. 298.

häufigen Stellenwechsel auch die Unbeständigkeit der Mädchen manchmal die Schuld tragen, zum weitaus größten Teil wird er doch durch die Agenten herbeigeführt. Der Inhaber einer ostdeutschen Kellnerinnenagentur sagt: „Das Geschäft ist sehr einfach, eine zeitraubende Korrespondenz wird nie geführt, die Abschlüsse erledigen sich meist auf dem Drahtwege. Da heißt es einfach: ‚Gewünscht 1, 2 oder 3 Kisten‘. Oder es wird depeschiert: ‚Mittelstarke, starke, schwache oder dicke Kiste senden‘. Ferner: ‚Feine, elegante Kiste nötig?‘ Kisten sind nämlich in unserer Geschäftssprache Kellnerinnen. Eine feine, elegante Kiste ist eine ‚chike‘ Kellnerin mit eleganter Toilette. Für den Osten werden auch noch Doppelkisten verlangt, und niemand außer den Beteiligten ahnt, daß diese Doppelkiste eine Kellnerin ist, die deutsch und polnisch spricht. Ebenso giebt es ‚faule Kisten‘. Das sind Kellnerinnen, die nicht oder schlecht zu ‚animieren‘ verstehen.“

Eine Änderung dieser durch und durch faulen Verhältnisse führte endlich die Novelle vom 30. Juni 1900 [1]) durch, indem sie die Konzessionspflicht einführte, die Landes-Centralbehörden mit einer diskretionären Befugnis zum Erlaß weiterer Anordnungen formeller und materieller Natur ausstattete und, wie der Vollständigkeit halber gleich hier zu erörtern, durch zwingende Norm den Gesindevermietern und Stellenvermittlern die Pflicht auferlegte, ein Verzeichnis der von ihnen geforderten Taxen aufzustellen, dasselbe der Ortspolizeibehörde einzureichen und in ihren Geschäftsräumen an einer in die Augen fallenden Stelle auszuhängen. Diese Taxen dürfen zwar jederzeit abgeändert werden, bleiben aber so lange in Kraft, bis auch die Abänderung der Polizeibehörde angezeigt und das entsprechend abgeänderte Verzeichnis in den Geschäftsräumen angeschlagen ist. Außerdem sind die Vermittler gehalten, jedem Stellesuchenden vor Abschluß des Vermittlungsgeschäftes die für ihn zur Anwendung kommende Taxe ausdrücklich mitzuteilen (§§ 34, 38, 75a).

Einer gewissen landesgesetzlichen Beeinflussung sind unterworfen der Handel mit Giften, [2]) der Betrieb des Lotsen-

[1]) R.G.Bl. 1900 S. 321.

[2]) Vergl. Ministerial-Pol.-Ver. vom 24. August 1895 M.Bl. 1896 S. 265.

gewerbes[1]) und das Gewerbe der Markscheider[2]) (§ 34). Feldmesser, Auktionatoren, Bücherrevisoren und ähnliche Leute können von Staats- und Kommunalbehörden öffentlich angestellt und beeidigt werden, die bezüglichen gewerblichen Thätigkeiten können jedoch, da deren Betrieb freigelassen ist, auch von nicht angestellten und nicht beeidigten Personen — für die Regel auch mit der gleichen Wirkung — vorgenommen werden (§ 36).

Nicht das Erfordernis obrigkeitlicher Konzessionierung oder überhaupt beschränkende Bestimmungen hinsichtlich des Beginnes eines stehenden Gewerbebetriebes enthalten die neuerlichen Vorschriften vom 26. Juli 1897 (sog. Innungs- oder Handwerkergesetz)[3]) über die Berechtigung zur Führung des Meistertitels, deren gesetzliche Wirkungskraft gemäß der Kaiserlichen Verordnung vom 12. März 1900 mit dem 1. Oktober 1901 begonnen hat. Mit der Einführung der Gewerbefreiheit war auch die Führung des Meistertitels frei geworden, wie überhaupt alle bisherigen Sonderbestimmungen für die Meister, namentlich auch bezüglich der Lehrlingsunterweisung, ihre Geltung verloren hatten. Nachdem nun schon, wie später auszuführen, anfangs der achtziger Jahre sich die Notwendigkeit erwiesen hatte, der Lehrlingsausbildung eine größere Fürsorge durch die staatliche Gesetzgebung zuteil werden zu lassen, als mit Rücksicht auf das Prinzip der Gewerbefreiheit bisher geschehen war, wurden mehrfache staatliche Anordnungen auf dem Gebiete des Lehrlingswesens erlassen, die ihren vorläufigen Abschluß in dem vorerwähnten Gesetze vom 26. Juli 1897 fanden. Abgesehen von einzelnen hier nicht zu erörternden Vorschriften, die lediglich die Lehrmeister treffen, wurde in diesem Gesetze bestimmt, daß Handwerker den Meistertitel in Verbindung mit der Bezeichnung eines Handwerks (z. B. Klempnermeister u. s. w.) nur dann führen dürfen, wenn sie in ihrem Gewerbe die Befugnis zur Anleitung von Lehrlingen erworben, d. h. entweder eine bestimmt vorgeschriebene Lehrzeit zurückgelegt und die

[1]) Neben dem Befähigungsnachweis des § 31 kann noch die Einholung einer besonderen Genehmigung landesgesetzlich vorgeschrieben werden.

[2]) Vergl. Allg. Berggesetz vom 24. Juni 1865 G.S. S. 705.

[3]) R.G.Bl. 1897 S. 663.

Gesellenprüfung bestanden haben oder bereits fünf Jahre persönlich das Handwerk selbständig oder doch in technisch selbständiger Stellung (Werkmeister) ausüben, außerdem aber auch das 24. Lebensjahr vollendet und vor einer besonderen, unter Mitwirkung der Handwerkskammer behördlicherseits einzusetzenden Prüfungs-Kommission die Meisterprüfung bestanden haben.[1])

Es handelt sich hier also lediglich um die Führung eines Titels, nicht aber um eine Beschränkung in der Errichtung von Gewerbebetrieben, wie sie die Vorschrift des sog. Befähigungsnachweises involvieren würde (§ 133).

Schließlich erübrigt zu erwähnen, daß das lokale Transportgewerbe und das Gewerbe derjenigen Personen, welche auf öffentlichen Straßen oder Plätzen ihre Dienste anbieten (Dienstleute, Schuhputzer u. s. w.) in allen Punkten der ortspolizeilichen Regelung unterliegen, die Zulassung zu diesen daher von den Polizeibehörden nach freiem Ermessen von der Erfüllung gewisser Bedingungen abhängig gemacht werden kann, deren Statuierung sich selbstverständlich mit dem Prinzip der Gewerbefreiheit nicht in Widerspruch setzen darf. (§ 37.)

II. Die Ausübung eines einmal begonnenen Gewerbebetriebes ist, entsprechend dem Grundsatz der Gewerbefreiheit, grundsätzlich in das Ermessen des Unternehmers gestellt, der nach Maßgabe seiner persönlichen Verhältnisse und in Anpassung an die jeweilige Lage des Marktes seinen Gewerbebetrieb leiten mag, wie er es für zweckmäßig hält. Der Staat sichert sich nur ein gewisses Aufsichtsrecht, um Schädigungen der Allgemeinheit der Staatsunterthanen unmöglich zu machen. Dieses Aufsichtsrecht wird naturgemäß vorwiegend präventiv gehandhabt, indem gewisse Bestimmungen aufgestellt werden, die dem freien Ermessen des Unternehmers die notwendigen Schranken ziehen, oder indem für den Einzelfall gleichzeitig mit der Konzessionserteilung in der Form von Bedingungen die im öffentlichen Interesse wünschenswerten Einschränkungen angeordnet werden.

Hinsichtlich der Einrichtung der Betriebsstätte

---

[1]) Vergl. hierüber auch Beyendorff a. a. O. S. 78.

selbst bestimmte die Gewerbeordnung von 1869, daß jeder Gewerbe-Unternehmer verbunden sei, auf seine Kosten alle diejenigen Einrichtungen herzustellen und zu unterhalten, welche mit Rücksicht auf die besondere Beschaffenheit des Gewerbebetriebes und der Betriebsstätte zu thunlichster Sicherung der Arbeiter gegen Gefahr für Leben und Gesundheit notwendig seien. Die Beschäftigung der Lehrlinge wurde insofern einer weiteren behördlichen Einwirkung unterstellt, als die Landesbehörden verpflichtet waren, darauf zu achten, daß bei Beschäftigung der Lehrlinge gebührende Rücksicht auf Gesundheit und Sittlichkeit genommen werde. Nachdem die Novelle vom 17. Juli 1878[1]) den Bundesrat ermächtigt hatte, allgemeine Vorschriften darüber zu erlassen, welche Einrichtungen dieser Art für alle Anlagen einer bestimmten Kategorie herzustellen seien, wurden unter Aufrechterhaltung dieses grundsätzlichen Standpunktes (§ 120e) durch die Novelle vom 1. Juni 1891[2]) diejenigen Schutzmaßregeln exemplifiziert, die der Gesetzgeber selbst in der Regel durchgeführt wissen will. Neu ist namentlich die Verpflichtung zum Erlaß einer Betriebsordnung und eine Spezialvorschrift, um die Aufrechterhaltung der guten Sitten und des Anstandes zu sichern — insbesondere auch bei einer Beschäftigung von Arbeitern unter 18 Jahren —, sowie die generelle Ermächtigung der Polizeibehörden, für *einzelne Gewerbebetriebe* im Wege der Verfügung die zur Durchführung dieser Bestimmungen erforderlichen Anordnungen zu treffen.[3]) (§§ 120a–e.) Von besonderem Interesse ist auch, daß Abs. 3 des § 120e die rechtliche Möglichkeit der obrigkeitlichen Anordnung einer Maximalarbeitszeit gewährt — eine Ermächtigung des Bundesrats, in der z. B. die Bekanntmachung des Reichskanzlers vom 4. März 1896, betr. den Betrieb von Bäckereien und Konditoreien, ihre rechtliche Grundlage hat. Selbstverständlich wird die allgemeine *verwaltungsrechtliche* Verpflichtung der Polizei, polizeiwidrige Zustände zu beseitigen, durch diese Vorschriften der Gewerbeordnung nicht tangiert.

Gewerbetreibende, die einen offenen Laden haben oder

---

[1]) R.G.Bl. 1878 S. 199

[2]) R.G.Bl. 1891 S. 261

[3]) Über die gleiche Befugnis der Behörden offenen Verkaufsstellen gegenüber vergl. §§ 139g u. h R.G.O.

Gast- oder Schankwirtschaft betreiben, sind verpflichtet, ihren Familiennamen mit mindestens einem ausgeschriebenen Vornamen an der Außenseite oder am Eingange des Ladens oder der Wirtschaft in deutlich lesbarer Schrift anzubringen. (§ 15a.)

Die räumliche Ausdehnung eines stehenden Gewerbebetriebes ist grundsätzlich nicht auf den Ort der gewerblichen Niederlassung beschränkt, sondern darf sich auch, soweit nicht ausdrücklich anders bestimmt, darüber hinaus erstrecken (§ 42), namentlich sind Kaufleute, Fabrikanten und andere Personen, welche ein stehendes Gewerbe betreiben, befugt, nach Lösung eines Legitimationsscheines außerhalb des Ortes ihrer gewerblichen Niederlassung persönlich oder durch in ihren Diensten stehende Reisende Waren aufzukaufen und Bestellungen auf Waren zu suchen; sie dürfen jedoch die aufgekauften Waren nur behufs deren Beförderung nach dem Bestimmungsorte und von den Waren, auf welche sie Bestellungen suchen, nur Proben oder Muster bei sich führen (§ 44). Wer ein stehendes Gewerbe betreibt, kann dasselbe also nicht nur innerhalb des Ortes seiner Niederlassung, sei es nun von einer festen Stelle aus oder in den Formen des Hausierbetriebes („Stadthausieren") persönlich oder durch Stadtreisende ausüben, sondern auch an fremden Orten, hier jedoch mit der oben erörterten Beschränkung. Die Novelle vom 1. Juli 1883[1]) hielt grundsätzlich hieran fest, schloß jedoch, da die Gründe, die zum Ausschluß gewisser Artikel vom Gewerbebetrieb im Umherziehen bereits in der ersten Fassung der Gewerbeordnung geführt hatten, auch für den im eigenen Orte in den Formen des Hausierens geübten Verkehr ausschlaggebend seien, die dort verbotenen Waren auch hier vom hausiermäßigen Feilbieten aus[2]), abgesehen von einzelnen Ausnahmen, namentlich inbezug auf Bier und Wein (§ 42a). Da ferner die unbeschränkte Ausübung des Hausierhandels durch die einheimische Bevölkerung eine Kontrolle des Gewerbebetriebes im Umherziehen namentlich in Großstädten sehr erschwerte, häufig auch ganz unmöglich machte, so wurden

---

[1]) R.G.Bl. 1883 S. 159

[2]) Damit sind namentlich auch Druckschriften der im § 56 Nr. 12 bezeichneten Art dem lokalen Hausierhandel entzogen.

die Behörden ermächtigt, auch das Stadthausieren von einer Erlaubnis abhängig zu machen. (§ 42b.)

Der Verkehr der Reisenden nun hatte zum großen Teil eine Natur angenommen, welche sich vom Hausierbetriebe materiell durch nichts mehr unterschied, und Personen, welche eine Legitimation zum Gewerbebetriebe im Umherziehen nicht würden erlangt haben können, hatten als ihre eigenen Reisenden ungehindert von Haus zu Haus Warenbestellungen zu suchen oder den Warenaufkauf Straße auf, Straße ab zu betreiben vermocht.[1])

Nach den Bestimmungen von 1869 waren nämlich nicht nur Kaufleute und Fabrikanten, sondern auch „andere Personen, die ein stehendes Gewerbe betrieben", also selbst die kleinsten Schankwirte und Handwerker befugt, einen Reiseverkehr, der eigentlich doch nur für den Großverkehr berechnet ist, zu unterhalten.[2]) Hierdurch entstand einerseits die Gefahr, von Reisenden überlaufen zu werden, ohne selbst Geschäftsmann zu sein, und andererseits wurden nicht selten Personen, die in sittlicher oder sicherheitspolizeilicher Hinsicht Bedenken erregten, als Reisende verwendet. Zudem wurde ohne jeden Grund derjenige Geschäftsbetrieb, der sich beim Ankauf von Waren nicht auf die Produzenten und Händler und beim Aufsuchen von Warenbestellungen nicht auf Gewerbetreibende beschränkte, sondern an das große Publikum sich wendete und hausiermäßig betrieben wurde (sog. „Detailreisen") günstiger als das Hausieren selbst behandelt. Daher schränkte die vorerwähnte Novelle von 1883 die frühere allgemeine Befugnis zur Unterhaltung eines Reiseverkehrs ein, indem das „Reisen" nur „für die Zwecke des Gewerbes" zugelassen, und zur Aussonderung des Hausiermäßigen, namentlich auch im Interesse der einzelstaatlichen Gewerbesteuern bestimmt wurde, daß der Warenkauf nur bei Kaufleuten oder den Produzenten oder in offenen Verkaufsstellen erfolgen dürfe. Andererseits wurde aber auf Grund von Ausnahmevorschriften des Bundesrats den Reisenden das Mitführen der Waren zum Zwecke des Absatzes, das sich eigentlich als „Hausieren" charakterisiert, gestattet (§ 44 Abs. 2), namentlich für solche Gewerbe,

---

[1]) Beyendorff a. a. O. S. 45 ff.

[2]) Vergl. Beyendorff a. a. O. S. 45 ff.

bei denen wie bei den Gold- und Bijouteriewarenfabrikanten die Übung besteht, „daß deren Reisende, wenn sie bei Wiederverkäufern Bestellung suchen, die Waren im Stück mit sich führen und die erhaltene Bestellung unmittelbar durch Überlassung der Ware vollziehen.“ [1]) Eine weitere Neuerung lag endlich in der Bezeichnung des bisherigen Legitimationsscheines als „Legitimationskarte“ und in der Ermächtigung der Behörden, diese Legitimationskarte unter gewissen Voraussetzungen zu versagen, damit also einzelnen Personen die Möglichkeit vorzuenthalten, als Reisende verwendet zu werden. (§ 44a.)

Analog der zuvor erörterten Beschränkung des Warenaufkaufs durch Reisende, zog die Novelle vom 6. August 1896 [2]) der Thätigkeit der Reisenden auch nach der Seite des Bestellungsuchens hin eine durchaus erwünschte Grenze, indem ihnen — abgesehen von dem Bestellungsuchen auf Druckschriften, andere Schriften und Bildwerke [3]) und auf andere vom Bundesrat ausdrücklich zugelassene Artikel — untersagt wurde, ohne vorgängige ausdrückliche Aufforderung bei anderen Personen als bei Kaufleuten, und auch hier nur in deren Geschäftsräumen, oder bei anderen als solchen Personen vorzusprechen, in deren Geschäftsbetriebe Waren der angebotenen Art Verwendung finden (§ 44 Abs. 3). Das sog. „Detailreisen“, d. h. das Aufsuchen des großen Publikums, ist sonach heute — wenigstens für die Regel — dem Hausierbetriebe gleichgestellt, der Detailreisende muß daher einen Wandergewerbeschein lösen. Gleichzeitig wurden Kinder unter 14 Jahren von der Verwendung zum „Stadthausieren“ ausgeschlossen (§ 42b Abs. 5).

Die Festsetzung der Preise, die sich der Gewerbeunternehmer als Äquivalent für seine Leistung zahlen lassen will, ist seinem Ermessen überlassen. Gewerbetreibende jedoch, die wie z. B. Apotheker ein durch die staatliche Gesetzgebung irgendwie monopolisiertes Unternehmen ausüben, müssen naturgemäß auf diesem Gebiete durch den Staat beschränkt werden.

[1]) Aktenstücke zu den Verhandlungen des Reichstages. 1883. S. 16.

[2]) R.G.Bl. 1896 S. 685.

[3]) Wer solche Bestellungen aufsuchen will, muß aber, wie der Kolporteur, der zuständigen Behörde ein Verzeichnis der Druckschriften zur Genehmigung vorlegen. (§ 44 Abs. 4.)

Autoritäre obrigkeitliche Preisfestsetzungen (sog. Taxen) sind daher für Apotheker, für gewisse behördlich angestellte und beeidigte Personen (Feldmesser, Auktionatoren u. s. w.) und für Schornsteinfeger, falls ihnen Kehrbezirke ausschließlich zugewiesen sind[1]) (§ 39), aufgestellt worden. Eine gleiche obrigkeitliche Einwirkung ist, um das Publikum vor Übervorteilung zu bewahren, für das öffentliche Verkehrs- und Transportgewerbe (§ 37) zugelassen. Nicht eigentliche Taxen sind die behördlich beglaubigten Preisverzeichnisse der Gastwirte und der Bäcker, sowie die erst neuerdings erforderten der Gesindevermieter und Stellenvermittler und die mit nur subsidiärer Wirkung für approbierte Ärzte aufgestellten. (§§ 72—80.)

Die Annahme von gewerblichem Hilfspersonal gilt als Ausfluß der Befugnis zum Betriebe des stehenden Gewerbes und ist sowohl hinsichtlich der Zahl der einzustellenden Personen, als auch inbezug auf die Qualifikation derselben der freien Entschließung des Unternehmers überlassen. (§ 41.) Beschränkungen bestehen ausschließlich für Apotheker, für andere Gewerbetreibende nur nach der Richtung hin, daß Personen, die als Stellvertreter[2]) verwendet werden sollen, die gleiche Qualifikation besitzen müssen wie der Unternehmer, falls für diesen selbst eine besondere Befähigung verlangt wird, (§ 45) und daß als Reisende Personen nicht verwendet werden dürfen, die gewisse negative Eigenschaften haben, um deren willen ihnen die Legitimationskarte versagt wird (§ 44a). Über die Annahme von Lehrlingen bestanden von jeher Sondervorschriften, die aber im Laufe der Zeit wesentliche Verschärfungen erfahren haben. Die Gewerbeordnung von 1869 entzog die Befugnis, Lehrlinge zu halten, im wesentlichen denjenigen Personen, die der bürgerlichen Ehrenrechte verlustig erklärt oder wegen Diebstahls oder Betruges rechtskräftig verurteilt worden waren.[3]) Um eine bessere Ausbildung des ge-

[1]) Eine derartige Anordnung kann nach § 39 von der Landesgesetzgebung vorgenommen werden. Vergl. das preuß. Gesetz vom 24. April 1888 G.S. S. 79.

[2]) Vergl. auch § 47 R.G.O.

[3]) Ähnlich gegenwärtig § 126 R.G.O. Darüber hinaus wird durch § 106 ganz allgemein die Befugnis zur Anleitung von Arbeitern

werblichen Nachwuchses zu sichern und dadurch eine Hebung namentlich der kleineren Gewerbe herbeizuführen, beseitigte die Novelle vom 26. Juli 1897[1]) einmal die „Lehrlingszüchterei", indem sie die Fixierung der höchsten Zahl der Lehrlinge in einem Betriebe durch generelle Verordnung des Bundesrates bezw. an dessen Stelle der Landes-Centralbehörden zuließ, außerdem aber noch die untere Verwaltungsbehörde ermächtigte, in flagranti demjenigen Lehrherrn, der eine im Mißverhältnis zu dem Umfang oder der Art seines Gewerbebetriebes stehende Zahl von Lehrlingen hält und dadurch die Ausbildung der Lehrlinge gefährdet, die Entlassung eines entsprechenden Teiles derselben aufzuerlegen und die Annahme von Lehrlingen über eine bestimmte Zahl hinaus zu untersagen (§ 128). Dann aber wurde auch eine bestimmte persönliche, allerdings negative Qualifikation des Lehrmeisters verlangt, indem wiederum die untere Verwaltungsbehörde autorisiert wurde, die Befugnis zur Anleitung von Lehrlingen solchen Personen zu entziehen, die wegen geistiger oder körperlicher Gebrechen zur sachgemäßen Anleitung eines Lehrlings nicht geeignet sind oder die sich wiederholt grober Pflichtverletzungen gegen die ihnen anvertrauten Lehrlinge schuldig gemacht haben oder gegen welche Thatsachen vorliegen, die sie in sittlicher Hinsicht zum Halten oder zur Anleitung von Lehrlingen ungeeignet erscheinen lassen. (§ 126 a.) Eine mehr positive Befähigung wurde für Handwerker verlangt: in Handwerksbetrieben sind zur Anleitung von Lehrlingen nur diejenigen Personen befugt, welche das 24. Lebensjahr vollendet haben und in dem Gewerbe oder in dem Zweige des Gewerbes, in welchem die Anleitung der Lehrlinge erfolgen soll, entweder eine vorgeschriebene Lehrzeit zurückgelegt und die Gesellenprüfung bestanden haben oder bereits fünf Jahre hindurch persönlich das Handwerk selbständig ausüben bezw. als Werkmeister oder in ähnlicher Stellung thätig sind. (§§ 129, 129 a.) Hierbei ging der Gesetzgeber davon aus, daß für die Erhaltung eines kräftigen Handwerkerstandes die möglichst sorgfältige Aus-

— also nicht nur von „Lehrlingen" — unter 18 Jahren denjenigen Gewerbetreibenden entzogen, denen die bürgerlichen Ehrenrechte aberkannt sind.

[1]) R.G.Bl. 1897 S. 663.

bildung der Lehrlinge von besonderer Bedeutung sei, daß für das Bestehen zahlreicher Handwerksbetriebe die individuelle Leistungsfähigkeit die unerläßliche Voraussetzung bilde und in manchen Gewerben nur der technisch vollkommen ausgebildete Handwerker der Konkurrenz des Großbetriebes nicht unterliegen werde, daß daher eine Garantie für eine diesen Anforderungen genügende Durchbildung der Lehrlinge geschaffen werden müsse. Zudem wurde es als ein unzweifelhafter Gewinn betrachtet, wenn in Zukunft diejenigen, die als Lehrherren thätig werden wollten, der Regel nach auch selbst die Lehrjahre mit ihrer erziehlichen Wirkung durchlebt haben würden. Werde daneben die Berechtigung, Lehrlinge anzuleiten, auch von der Ablegung der Gesellenprüfung abhängig gemacht, und stehe demnach der Lehrling während seiner Lehrzeit unter dem Eindrucke des Bewußtseins, daß diese in der Gesellenprüfung ihren Abschluß finde, so sei zu erwarten, daß der Lehrling besser, als es bisher der Fall gewesen, seine Lehrzeit zur Aneignung der erforderlichen gewerblichen Fähigkeiten benutzen werde, und daß auch der Lehrherr, für dessen Ansehen unter den Berufsgenossen der Ausfall der Prüfung seiner Lehrlinge nicht gleichgültig sein könne, darin einen Antrieb zur gewissenhaften Erfüllung der ihm obliegenden Verpflichtungen finden werde.[1]) Die gegen die „Lehrlingszüchterei" erlassene, die Zahl der Lehrlinge beschränkende Vorschrift wurde durch die Novelle vom 30. Juni 1900[2]) auch auf das Handelsgewerbe ausgedehnt (§ 139l).

Über die Beschäftigung des gewerblichen Hilfspersonals und dessen Rechtsstellung s. unten Absch. IV.

Die Tagesstunden zu bestimmen, während welcher der Betrieb seines Unternehmens stattfinden soll, ist Sache des selbständigen Gewerbetreibenden. Eine Beschränkung des Unternehmers durch die staatliche Gesetzgebung erfolgte erst in der Novelle vom 1. Juni 1891 nach zwei Richtungen hin. Es wurde einmal die Beschäftigung gewerblichen Hilfspersonals im Betriebe für gewisse Zeiten verboten und damit dieser selbst vielfach, wenn auch nicht rechtlich, so doch thatsächlich unmöglich

---

[1]) Beyendorff a. a. O. S. 77.

[2]) R.G.Bl. 1900 S. 321.

gemacht. Hierauf ist an späterer Stelle einzugehen. Augenblicklich kommt es allein darauf an, festzustellen, inwieweit die Gesetze unmittelbar die zeitliche Ausübung des Gewerbebetriebes beeinflussen. Der Gewerbeunternehmer persönlich wurde bislang an keiner Stelle der Gewerbeordnung hinsichtlich der Zeit seiner geschäftlichen Thätigkeit getroffen, so daß er für seine Person, vorausgesetzt, daß dadurch nicht andere staatliche, insbesondere ordnungspolizeiliche Vorschriften verletzt wurden,[1]) an einer gewerblichen Thätigkeit auch während des ganzen Sonntages gesetzlich nicht behindert war. Allein in der öffentlichen Ausübung seines Geschäftes ist er durch die Novelle von 1891 insofern beschränkt worden, als an Sonntagen in offenen Verkaufsstellen ein Gewerbebetrieb in der Zeit nicht stattfinden darf, für welche eine Beschäftigung von Gehilfen, Lehrlingen und Arbeitern im Handelsgewerbe unzulässig ist (§ 41a) — eine Vorschrift, die im Interesse der größeren Geschäfte aus Rücksichten der Gleichheit und Billigkeit aufgenommen wurde; denn diese wären, wenn die Ausübung des Gewerbes nicht gänzlich verboten worden wäre, den kleineren Geschäften gegenüber insofern schlechter gestellt gewesen, als sie wegen des Verbotes der Beschäftigung ihres Personals thatsächlich an der Aufrechterhaltung ihres Betriebes verhindert gewesen wären, wohingegen jene kleineren Unternehmer in gewohnter Weise ihr Geschäft hätten fortführen können. Ausgenommen von jenem Verbote und für die persönliche[2]) Ausübung des Gewerbes am Sonntage gewerberechtlich unbeschränkt freigegeben bleiben Gast- und Schankwirtschaftsbetriebe, Musikaufführungen, Schaustellungen, theatralische Vorstellungen oder sonstige Lustbarkeiten, sowie das Verkehrsgewerbe. (§ 105i.)

Noch einen Schritt weiter ging nun die Novelle vom 30. Juni 1900, die u. a. den § 41b in die Gewerbeordnung

---

[1]) Vergl. z. B. die verschiedenen Oberpräsidial-Polizeiverordnungen, betr. die äußere Heilighaltung der Sonn- und Festtage; so für die Provinz Sachsen vom 21. März 1879.

[2]) Die Verwendung gewerblichen Hilfspersonals ist an Sonn- und Festtagen in diesen Gewerben nur zu solchen Arbeiten zulässig, die nach der Natur des Gewerbebetriebes einen Aufschub oder eine Unterbrechung nicht gestatten (§ 105i, Abs. 2).

einfügte.[1]) Sie erklärte eine Einschränkung des Gewerbebetriebes, analog dem Vorgehen von 1891 gegen das Handelsgewerbe, am Sonntage in der Weise für zulässig, daß in bestimmten Gewerben, deren vollständige oder teilweise Ausübung zur Befriedigung täglicher oder an diesen Tagen besonders hervortretender Bedürfnisse der Bevölkerung erforderlich ist,[2]) der Betrieb, somit auch die persönliche Ausübung durch den Unternehmer an diesen Tagen durch die höhere Verwaltungsbehörde nur insoweit zugelassen werden kann, als ausnahmsweise Arbeiter in diesen Gewerben an Sonntagen beschäftigt werden dürfen. Eine derartige Anordnung ist jedoch nur zulässig, wenn zwei Drittel der beteiligten Gewerbetreibenden sie beantragen (§ **41 b**).

Durch diese Neuerung wird das bisher nur für das Handelsgewerbe im § **41 a** aufgestellte Verbot jeglichen Betriebes aus denselben Motiven auch für andere Gewerbezweige eingeführt — allerdings nur fakultativ. Für Gewerbe, deren vollständige oder teilweise Ausübung an Sonn- und Festtagen zur Befriedigung täglicher oder an diesen Tagen besonders hervortretender Bedürfnisse der Bevölkerung erforderlich ist (z. B. das Friseurgewerbe) ermöglicht § 105 e nämlich eine gewisse Zulassung der — sonst untersagten — Beschäftigung gewerblichen Hilfspersonals am Sonntag. Darüber hinaus aber konnte natürlich der Unternehmer selbst, event. mit seinen Angehörigen, das Gewerbe betreiben. Auch das kann jetzt aber untersagt werden.

Diese Novelle führte weiter, ähnlich wie die vom 1. Juni 1891 den Schluß offener Verkaufsstellen an Sonn- und Festtagen für bestimmte Tagesstunden angeordnet hatte, einen Zwangsladenschluß für die Werktage ein, indem sie im Anschluß an eine Beschränkung der Verwendung gewerblichen Hilfspersonals[3]) den geschäftlichen Verkehr in offenen Verkaufsstellen für die Zeit von 9 Uhr abends bis 5 Uhr morgens — mit gewissen Ausnahmen[4]) — untersagte und sogar eine Ausdehnung

---

[1]) R.G.Bl. 1900 S. 321.

[2]) Vergl. hierzu § 105 e R.G.O.

[3]) Vergl. § 14 d. W. S. 142.

[4]) Über neun Uhr hinaus dürfen Verkaufsstellen für den geschäftlichen Verkehr geöffnet sein für unvorhergesehene Notfälle, an höchstens

dieses Verbotes für die Zeit zwischen 8 und 9 Uhr abends und zwischen 5 und 7 Uhr morgens zuließ, sofern mindestens zwei Drittel der beteiligten Geschäftsinhaber dies beantragen (§§ 139e f.).

Neben diesen generell für die Ausübung des stehenden Gewerbebetriebes aufgestellten Vorschriften wird noch durch Sondervorschriften der Betrieb einzelner bestimmter Gewerbe getroffen.

Wer seinen Gewerbebetrieb in der Weise ausüben will, daß er auf öffentlichen Wegen, Straßen, Plätzen oder an anderen öffentlichen Orten Druckschriften oder andere Schriften oder Bildwerke gewerbsmäßig[1]) ausruft, verkauft, verteilt, anheftet oder anschlägt, bedarf der Erlaubnis der Ortspolizeibehörde, die ihm jedoch nur unter gewissen Voraussetzungen versagt werden darf, und hat einen über diese Erlaubnis auszufertigenden Legitimationsschein bei sich zu führen. Diese Erlaubnis muß dem Ausrufer u. s. w. für seine Person erteilt sein; gleichgültig ist dabei, ob er die Druckschriften auf eigene Rechnung oder nur im Dienste eines Anderen (z. B. des Verlegers) vertreibt. Denn wie die anderen Vorschriften der Gewerbeordnung, so knüpft auch diese lediglich an die Person desjenigen an, der thatsächlich den Vertrieb besorgt. Desgleichen handelt es sich auch hier nur um die persönliche Berechtigung aus gewerbepolizeilichen Gesichtspunkten, preßrechtliche Vorschriften (z. B. solche, die den Inhalt der Plakate beschränken) werden hierdurch nicht tangiert. Zu beachten bleibt auch, daß das Moment der Gewerbsmäßigkeit nur aus der subjektiven Situation des Ausrufers zu beurteilen ist, daß es daher nichts ausmacht, ob die Preßerzeugnisse den

---

vierzig von der Ortspolizeibehörde zu bestimmenden Tagen, jedoch höchstens bis 10 Uhr abends und nach Anordnung der höheren Verwaltungsbehörde in gewissen Landstätten und ländlichen Gemeinden (§ 139e Abs. 2).

[1]) Die R.G.O. hat es grundsätzlich nur mit dem gewerbsmäßigen Vertriebe von Druckschriften zu thun, der nichtgewerbsmäßige ist im Rahmen der preßrechtlichen Vorschriften zu regeln. (Vergl. § 5 des Preßgesetzes vom 7. Mai 1874, auch das preuß. Preßgesetz vom 12. Mai 1851.) Dieser Grundsatz ist nur, wie im Text weiter unten zu erörtern, hinsichtlich der Verteilung in geschlossenen Räumen und während der Wahlperiode unterbrochen.

Abnehmern gegen Entgelt oder ohne solches überlassen werden. Die Novelle vom 1. Juli 1883 führte in Übereinstimmung mit der Abänderung des bisherigen § 57 einige weitere Versagungsgründe ein, gab die Verteilung von Stimmzetteln und Druckschriften zu Wahlzwecken während der Wahlperiode frei und bestimmte, daß zur nichtgewerbsmäßigen Verteilung von Druckschriften in geschlossenen, d. h. umfriedeten und überdachten Räumen eine Erlaubnis nicht erforderlich sei (§ 43).

Das gewerbsmäßige Darbieten von Musikaufführungen, Schaustellungen, theatralischen Vorstellungen oder sonstigen Lustbarkeiten, ohne daß ein höheres Interesse der Kunst oder Wissenschaft dabei obwaltet, darf, analog wie bereits früher für den Betrieb im Umherziehen vorgeschrieben war, nach der Novelle vom 1. Juli 1883 auch innerhalb des eigenen Aufenthaltsortes von Haus zu Haus oder auf öffentlichen Wegen, Straßen, Plätzen nur mit vorher einzuholender Erlaubnis der Ortspolizeibehörde erfolgen.[1]) Diese Erlaubnis ist je nach Anordnung der dieselbe erteilenden Behörde event. für die einzelne Produktion einzuholen, hat daher nicht, wie die Erlaubnis zum Betriebe der „Tingel-Tangel", den Charakter der polizeilichen Konzession im engeren gewerberechtlichen Sinne und ist nach dem freien Ermessen der Polizeibehörde versagbar, ohne Rücksicht auf die etwaige Konzessionierung des Nachsuchenden als Schauspielunternehmer oder „Tingel-Tangel"-Halter. (§ 33b R.G.O.)

Die Abhaltung von Tanzlustbarkeiten richtet sich nach den landesrechtlichen Bestimmungen (§ 33c).

III. Die Beendigung eines gewerblichen Unternehmens geschieht für die Regel durch freiwillige Aufgabe des Betriebes seitens des bisherigen Gewerbetreibenden. Das gilt auch für die obrigkeitlich konzessionierten Anlagen der in den §§ 16 und 24 R.G.O. bezeichneten Art; denn die einmal erteilten Konzessionen bleiben solange in Kraft, als keine Änderung in der Lage oder Beschaffenheit der Betriebsstätte vorgenommen wird (§ 25). Wie im öffentlichen Interesse aber eine präventive

---

[1]) Der Veranstalter dieser Musik- u. s. w. Aufführungen bedarf außerdem, wenn er von Ort zu Ort zieht, eines Wandergewerbescheines (§ 55 Ziffer 4).

Thätigkeit der Behörde hinsichtlich des Beginnes gewerblicher Unternehmungen zugelassen werden mußte, so ist auch zu verlangen, daß die Behörde autorisiert werde durch repressives Vorgehen die Fortsetzung eines Gewerbebetriebes zu inhibieren, sofern mit dieser eine Gefährdung öffentlicher Interessen verknüpft wäre. Die Untersagungsgründe ergeben sich auch hier teils aus der Art und Weise des materiellen Betriebes, teils aus dem Mangel derjenigen persönlichen Eigenschaften, die allein eine für das Gemeinwohl unschädliche Ausübung des Gewerbes erwarten lassen. Selbstverständlich ist, daß gegen eine solche, die Fortsetzung des Gewerbebetriebes untersagende Verfügung der Behörde dem Betroffenen in derselben Weise der Rekurs ermöglicht werden mußte, als dies demjenigen gegenüber geschehen ist, dem schon von vornherein die Erlaubnis zum Beginn eines Gewerbebetriebes versagt wird (§ 54). Es kann daher hier auf die früheren diesbezüglichen Ausführungen verwiesen werden (S. 52).

Schon die Gewerbeordnung von 1869 ermächtigte die höhere Verwaltungsbehörde wegen überwiegender Nachteile und Gefahren für das Gemeinwohl die fernere Benutzung einer jeden gewerblichen Anlage gegen Entschädigung des Besitzers jederzeit zu untersagen (§§ 51, 52). Desgleichen konnte die gewerbsmäßige Erteilung von Tanz-, Turn- und Schwimmunterricht, der Trödelhandel, das Geschäft eines Pfandleihers und das eines Gesindevermieters denjenigen Personen untersagt werden, die wegen bestimmter Verbrechen oder Vergehen bestraft worden waren (§ 35). Die Approbationen der Apotheker und Ärzte konnten zurückgenommen werden, sofern deren Erteilung durch unrichtige Nachweise erschlichen war (§ 53). Aus dem gleichen Grunde, sowie wenn aus Handlungen oder Unterlassungen des Inhabers der Mangel derjenigen Eigenschaften, welche bei der Erteilung der Genehmigung oder Bestallung bestimmungsgemäß hatten vorausgesetzt werden müssen, klar erhellte, konnte auch Unternehmern von Privat-Kranken- u. s. w. Anstalten, Gastwirten, Schauspielunternehmern und anderen besonders Konzessionierten die früher erteilte Genehmigung entzogen werden (§ 53).

Die Novelle vom 23. Juli 1879 führte zunächst, wie bereits erörtert, die Konzessionspflicht für das Pfandleihgewerbe ein und sah daher nur noch die Zurücknahme der Genehmigung vor (§ 53).

Eine weitere Aenderung wurde sodann durch die Novelle vom 1. Juli 1883 herbeigeführt. Diese ließ eine Zurücknahme der Approbation der Ärzte und der übrigen Medizinalpersonen des § 29 auch für den Fall zu, daß der Inhaber durch richterliches Erkenntnis der bürgerlichen Ehrenrechte verlustig erklärt war (§ 53) und machte die Untersagung der Gewerbebetriebe des § 35 nicht mehr von der vorherigen Verurteilung wegen bestimmter Delikte abhängig, sondern lediglich von dem Nachweise der Unzuverlässigkeit des Gewerbetreibenden inbezug auf seinen Gewerbebetrieb. Endlich wurde noch einigen weiteren Gewerben gegenüber die Möglichkeit der Untersagung des weiteren Betriebes gewährt (§ 35).

Die Besorgung fremder Rechtsangelegenheiten war bisher frei gewesen und hatte infolgedessen eine große Ausdehnung gewonnen. Im Jahre 1879 waren in Preußen 6600 solcher Gewerbetreibenden thätig und von 4947, über welche in dieser Beziehung Äußerungen vorlagen, wurden 2870 oder 58% als unzuverlässig bezeichnet.[1]) Abgesehen davon, daß bei vielen die Befähigung so mangelhaft war, daß sie schon um deswillen als unzuverlässig hätten angesehen werden müssen, fanden sich unter diesen Personen auch vielfach sittlich Verkommene und sogar Bestrafte. Diese Leute schädigten nicht selten ihre Auftraggeber durch unredliche oder ungeschickte Ausführung der erhaltenen Aufträge, sowie durch ihre Unkenntnis der gesetzlichen Vorschriften und wußten sich für ihre Arbeiten Vergütungen zu verschaffen, welche zu dem Werte derselben in keinem Verhältnisse standen und die Gebühren der Rechtsanwälte nicht selten überstiegen. Außerdem wurde auch in vielen Fällen eine Verleitung rechts- und geschäftsunkundiger Personen zu frivolen Prozessen und Denunziationen durch diese Winkelkonsulenten nachgewiesen. Gleichwohl erachtete der Gesetzgeber eine gänzliche Beseitigung dieser Winkelpraxis für unthunlich, da der gemeine Mann häufig eines Beirates bedürfe, ohne sich eines Rechtsanwaltes bedienen zu können. Aber auch von der Einführung der Konzessionspflicht

[1]) Aktenstücke zu den Verhandlungen des Reichstages 1882/83 S. 10.

wurde abgesehen, da objektive Anhaltspunkte für Beurteilung der „Befähigung", die zudem mit Rücksicht auf die verschiedenen Arten der Geschäfte des Einzelnen sehr verschiedenen Inhalts hätte sein müssen, fehlten, ferner eine obrigkeitliche Konzessionierung vom Publikum als eine Art „Approbation" aufgefaßt werden würde, durch welche die Behörde eine gewisse Garantie übernommen habe. Deshalb beschränkte man sich darauf, durch die Novelle vom 1. Juli 1883 die dem Gewerberecht bereits bekannte Betriebsuntersagung in dem durch ebendiese Novelle modifizierten Umfange auch diesem Zweige der Erwerbsthätigkeit gegenüber zur Geltung zu bringen (§ 35 Abs. 3); dasselbe geschah in Ansehung des Betriebes von Badeanstalten (§ 35 Abs. 1), des Handels mit Dynamit oder anderen Sprengstoffen (§ 35 Abs. 2) des Geschäftes der gewerbsmäßigen Vermittelungsagenten für Immobiliarverträge, Darlehen und Heiraten, und endlich des Geschäftes eines Auktionators (§ 35 Abs. 3). Den letzteren wurde mit Rücksicht auf das Fehlen der nötigen Rechtskenntnisse, insbesondere auf dem Gebiete des Hypothekenwesens, da diese allein eine ordnungsmäßige, gegen Verwirrung der Rechtsverhältnisse schützende Durchführung der Versteigerung von Immobilien sicherstellen, die Versteigerung solcher untersagt (§ 35 Abs. 3).

In der späteren Zeit wurden noch weitere Gewerbebetriebe dieser Kategorie der nicht konzessionspflichtigen, aber obrigkeitlich untersagbaren Unternehmungen subsumiert: durch die Novelle vom 19. Juni 1893 [1]) um dem ländlichen Wucher wirksam entgegentreten zu können, der gewerbsmäßige Betrieb der Viehverstellung (Viehpacht), des Viehhandels und des Handels mit ländlichen Grundstücken (§ 35 Abs. 3); durch die Novelle vom 6. August 1896 [2]) der Loshandel (§ 35 Abs. 2), sowie der Handel mit Drogen und chemischen Präparaten, welche zu Heilzwecken dienen, und der Kleinhandel mit Bier — letztere beiden jedoch nur unter gewissen Voraussetzungen (§ 35 Abs. 4); endlich durch Novelle vom 30. Juni 1900 [3]) die gewerbsmäßige

[1]) R.G.Bl. 1893 S. 197.

[2]) R.G.Bl. 1896 S. 685.

[3]) R.G.Bl. 1900 S. 321.

Auskunftserteilung über Vermögensverhältnisse oder persönliche Angelegenheiten (§ 35 Abs. 3). Das gleiche Gesetz eliminierte die Gesindevermieter und Stellenvermittler aus diesem Kreise und stellte für diese, wie bereits hervorgehoben, die Konzessionspflicht auf (§ 34), ermöglichte jedoch, entsprechend dem allgemeinen Standpunkte der Gewerbeordnung, unter gewissen Voraussetzungen die Zurücknahme der Konzession (§ 53).

Ein untersagter Gewerbebetrieb des § 35 kann mit behördlicher Genehmigung wieder aufgenommen werden, wenn seit der Untersagung mindestens ein Jahr verflossen ist (§ 35 Abs. 5) — eine positive Vorschrift der Gewerbeordnung, die zur Beseitigung von Zweifeln durch die Novelle vom 6. August 1896 eingeführt wurde.

Zu erwähnen erübrigt noch, daß der Tod des bisherigen Gewerbeunternehmers nicht notwendigerweise eine Beendigung des Gewerbebetriebes nach sich zieht, daß insbesondere eine behördliche Konzession nicht notwendig mit dem Tode des Konzessionierten erlischt. Schon die Gewerbeordnung von 1869 bestimmte — und diese Anordnung ist unverändert aufrecht erhalten —, daß nach dem Tode eines Gewerbetreibenden das Gewerbe für Rechnung der Witwe während des Witwenstandes oder, wenn minderjährige Erben vorhanden sind, für deren Rechnuug durch einen qualifizierten Stellvertreter[1]) weiter betrieben werden dürfe (§ 46). Hiernach ist insbesondere bei konzessionspflichtigen Gewerben nicht eine Neukonzessionierung erforderlich, sondern die Witwe und die minderjährigen Erben succedieren ex lege in das gewerberechtliche „universum jus quod defunctus habuerit“ und überkommen im vollen Umfange die gesamten Befugnisse und damit auch die Konzession ihres „gewerberechtlichen Erblassers“, die ihnen daher auch nur unter Umständen entzogen werden kann, unter denen auch der Verstorbene der Konzession verlustig gegangen wäre.

Vorhandene Realgewerbeberechtigungen — neue dürfen nach § 10 nicht begründet werden — können auf jede, nach den

[1]) Alsdann ist der Stellvertreter die gewerberechtlich verantwortliche Person im Umfange des § 151; bei gewissen schweren Vergehungen muß er bei Vermeidung des Verlustes der Konzession u. s. w. von dem Vertretenen entlassen werden.

Vorschriften der Gewerbeordnung zum Betriebe des Gewerbes befähigte Person derart übertragen werden, daß der Erwerber die Gewerbeberechtigung für eigene Rechnung ausüben darf (§ 48).

§ 6.

Der Gewerbebetrieb im Umherziehen.

I. Der Beginn eines Gewerbebetriebes im Umherziehen[1]), zu dem nach streng begrifflicher Auffassung auch das „Stadthausieren" und der Reisendenverkehr gehören würde, die beide aber nach der Legaldefinition, wie bereits an früherer Stelle darzuthun war, diesen Charakter nicht haben, ist seit 1869 an die Lösung eines Legitimationsscheines, aus dem zur Unterscheidung von anderen „Legitimationsscheinen" der Gewerbeordnung durch die Novelle von 1883 der noch heute geltende „Wandergewerbeschein" wurde, geknüpft (§ 55) und ebenso wie der Beginn des stehenden Gewerbes gemäß § 14 R.G.O. der Gemeindebehörde anzuzeigen. Gesetzlichen Anspruch auf die Ausfertigung des erforderlichen Legitimationsscheines und damit auf Zulassung zum Gewerbebetriebe im Umherziehen haben nur Reichsangehörige (§ 56d) und zwar auch diese nur unter gewissen Voraussetzungen, bei deren Konstruktion der Regierungsentwurf von 1869 davon ausging, daß aus sicherheits- und sittenpolizeilichen Erwägungen gewisse Beschränkungen aufzuerlegen seien, die jedoch nicht mehr, wie das früher der Fall war, einen Schutz des stehenden Gewerbes bezweckten. Der Gewerbebetrieb im Umherziehen bilde — so führte der Entwurf aus — leicht den Vorwand für Bettelei und Unsittlichkeit, er könne wegen der Schwierigkeit der Kontrolle leicht zur Beförderung des Vertriebes von gestohlenen oder gefälschten Sachen gemißbraucht werden, das Betreten von Häusern werde leicht zum Auskundschaften von Gelegenheit zum Diebstahl benutzt und die Leichtigkeit, den Nachforschungen des betrogenen Käufers zu entgehen, könne zur Erleichterung des Betruges führen. Daher wurde es für geboten erachtet: 1. unlautere und gefährliche Elemente nach Möglichkeit auszuschließen

[1]) Begriffsdefinition siehe § 4 d. W. S. 48.

(§ 57; jetzt: §§ 57, 57a und b); 2. den Handel mit solchen Artikeln zu untersagen, deren Vertrieb in ungleich höherem Grade unlauteren Zwecken als dem redlichen Erwerbe zu dienen pflegt (§ 56; jetzt: der wesentlich erweiterte § 56, §§ 56 a, b, c); 3. dem Gewerbebetrieb im Umherziehen eine Legitimationspflicht d. h. die Verpflichtung zur Lösung (§ 55) und zum Beisichführen (jetzt § 60c) eines Wandergewerbescheines aufzuerlegen, der, abgesehen von seiner sicherheitspolizeilichen Unentbehrlichkeit, bestimmt ist, für das Publikum gewisse Garantieen zu ersetzen, die der anzeigepflichtige stehende Betrieb von selbst bietet. Gerade in dieser Legitimationspflicht liegt das Prinzip der Gesetzgebung über den Gewerbebetrieb im Umherziehen; dasselbe ist darauf gerichtet, diese Art des Gewerbebetriebes einer beschränkenderen Gesetzgebung zu unterwerfen, als den stehenden Gewerbebetrieb, und zwar wird es im § 55 als Prinzip ausgesprochen, daß diese Mehrbeschränkung darin liegt, daß derjenige, der dieser Art des Gewerbebetriebes obliegen will, eines Legitimationsscheines („Wandergewerbeschein") bedarf, daß also der Gewerbebetrieb im Umherziehen im Gegensatz zum stehenden allgemein konzessionspflichtig ist.

Von Interesse ist, den freieren Standpunkt zu skizzieren, den die vorberatende Kommission des Reichstages dem Bundesratsentwurfe gegenüber vertrat. „Die Kommission hat nicht diejenige Anschauung gehabt, die den Kreis der Leute, um die es sich hier handelt, gewissermaßen als einen Kreis von Parias ansieht, einen Teil der bürgerlichen Gesellschaft, der weniger ehrlich, weniger nützlich sein Gewerbe betreibt, als diejenigen, die das stehende Gewerbe kultivieren. Die allgemeinen Gesichtspunkte, von denen die Kommission sich leiten ließ, waren die, daß sie es für notwendig hielt, zu konstatieren, daß auch nicht der mindeste Grund vorliegt, die Konkurrenz des umherziehenden Gewerbebetriebes gegenüber dem stehenden Gewerbebetrieb auszuschließen oder wesentlich zu erschweren. Der zweite Gesichtspunkt war der, daß sie nur diejenigen Schranken billigte und aufrechterhalten mußte, welche die öffentliche Ordnung und Sicherheit gebieten" [1]).

---

[1]) Berichterstatter Dr. Friedenthal in der Sitzung vom 30. April 1869. Sten.Ber. S. 691. Weiteres siehe Beyendorff a. a. O. S. 13ff.

Die Gewerbeordnung von 1869 nahm schließlich folgenden Standpunkt ein: Zwar brauchten die Hausierer nicht eine bestimmte persönliche Qualifikation nachzuweisen, aber nur diejenigen Antragsteller waren befugt, den Schein zu verlangen, die innerhalb des Reiches einen festen Wohnsitz besaßen und das 21. Lebensjahr überschritten hatten, jedoch auch nur, sofern sie nicht gewisse negative Eigenschaften aufwiesen, namentlich nicht mit einer abschreckenden oder ansteckenden Krankheit behaftet, wegen gewisser Strafthaten in den letzten zwei Jahren zu längerer Gefängnisstrafe verurteilt waren, unter Polizeiaufsicht standen oder wegen Arbeitsscheu, Bettelei, Landstreicherei oder Trunksucht übel berüchtigt waren. Dieser persönliche Rechtsanspruch jedes einzelnen Reichsangehörigen war nur für zwei Spezialgewerbe beschränkt: einmal sollten umherziehende Schauspieler-Gesellschaften den Legitimationsschein nur erhalten, wenn der Unternehmer für seine Person die zum stehenden Betrieb von Schaustellungen u. s. w. erforderliche Konzession des § 32 besaß (jetzt § 60 d Abs. 4) und zweitens wurden für das öffentliche Darbieten von Musik, Schaustellungen, theatralischen Vorstellungen oder sonstigen Lustbarkeiten nur eine den Bedürfnissen der einzelnen Verwaltungsbezirke entsprechende begrenzte Anzahl von Scheinen ausgefertigt (jetziger § 60 Abs. 2). Nach diesen Bestimmungen war der Legitimationsschein zu versagen oder zu erteilen, und zwar war die Entscheidung dem Nachsuchenden binnen 14 Tagen mitzuteilen. Diese Fristsetzung wurde durch die Novelle vom 1. Juli 1883 beseitigt, da in zahlreichen Fällen, wo Nachfragen erforderlich seien, bis zur Entscheidung auch bei möglichster Beschleunigung leicht eine längere Zeit als 14 Tage vergehe. „Zudem habe sie auch keine innere Berechtigung und in der Gewerbeordnung finde sich kein Seitenstück zu ihr. Von der Pflichttreue der zuständigen Behörden könne erwartet werden, daß sie, wie überhaupt, so auch den Hausierern gegenüber ihre Schuldigkeit thun werden.“ [1])

Diese Novelle vom 1. Juli 1883, die wegen der zahlreichen Abänderungen der ehemaligen Vorschriften dem Titel III der Gewerbeordnung („Gewerbebetrieb im Umherziehen“) eine

[1]) Aktenstücke zu den Verhandlungen des Reichstages 1882/83 S. 25.

gänzlich neue Fassung gab, führte ferner mit Rücksicht auf die Anforderungen der öffentlichen Sicherheit, Gesundheitspflege, Sittlichkeit und Ordnung eine Verschärfung der auf die persönliche Zulassung zum Gewerbebetrieb im Umherziehen bezüglichen Bestimmungen durch, da dieselben nach dieser Hinsicht sich als unzureichend erwiesen hatten und es zudem nicht zweifelsfrei war, ob und inwieweit eine Versagung des Wandergewerbescheines erfolgen müsse oder nur könne. Indem das neue Gesetz nun zwischen obligatorischen (§ 57) und einer doppelten Art von fakultativen Versagungsgründen (§§ 57a und b) unterschied, gab es den Behörden, welche die Wandergewerbescheine zu erteilen haben, die bisher fehlende Richtschnur dafür, in welchen Fällen sie zur Versagung des Scheines a, unbedingt (§ 57), b, der Regel nach verpflichtet (§ 57a), c, nicht verpflichtet, aber berechtigt sind (§ 57b). Ganz allgemein die Zulassung zum Gewerbebetriebe von der Zuverlässigkeit und Unbescholtenheit abhängig zu machen — wie von verschiedenen Seiten verlangt — erschien nicht angängig. Darin hätte nicht nur ein Bruch mit dem Grundgedanken unseres Gewerberechtes gelegen, sondern es mußten sich namentlich auch Bedenken deswegen geltend machen, weil ein objektiver Maßstab für Beurteilung der Zuverlässigkeit sich nicht würde haben konstruieren lassen. Derartige Urteile zu fällen, ist man nur in der Lage, wenn der Entscheidung ein gewisses Thatsachenmaterial zu Grunde gelegt werden kann. Daher kann man wohl auf Grund besonderer Vorkommnisse jemandem die Zuverlässigkeit absprechen und ihm demgemäß eventuell die Befugnis zum ferneren Betriebe entziehen, man kann ihm aber nicht von vornherein Eigenschaften zuerkennen, die eine Garantie für seine Zuverlässigkeit bieten.

Eine Weiterführung dieser die persönliche Zulassung einschränkenden Bestimmungen erfolgte durch das Gesetz vom 6. August 1896,[1]) das den strafbaren Handlungen, wegen deren Begehung der Wandergewerbeschein versagt werden muß bezw. kann, den Land- und Hausfriedensbruch, sowie den Widerstand gegen die Staatsgewalt (§ 57 Ziffer 3) hinzufügte, da auch Verurteilung wegen dieser Strafthaten den Beweis konkludiere,

---

[1]) R.G.Bl. 1896 S. 685.

daß der Bestrafte zu einer für die öffentliche Sicherheit und Ordnung ungefährlichen Ausübung des Gewerbebetriebes im Umherziehen nicht geeignet sei. Außerdem wurde für die Zulassung ein höheres Alter erfordert (§ 57a Ziffer 1), da es ernste Bedenken hervorrufe, daß vielfach solche Personen, welche die volle Arbeitskraft besäßen und sehr wohl in der Lage wären, eine andere Beschäftigung zu ergreifen, schon in jüngerem Lebensalter das Hausiergewerbe, das doch vorzüglich in der Arbeitsfähigkeit beeinträchtigten Leuten eine passende Gelegenheit zum Erwerbe ihres Unterhaltes sein solle, als Beruf erwählten und sich damit einer geregelten Erwerbsthätigkeit und eines geordneten Familienlebens entwöhnten.[1]) Daher wurde die Altersgrenze, bis zu welcher die Zulassung zum Gewerbebetrieb im Umherziehen regelmäßig ausgeschlossen ist, in ein reiferes Lebensalter verlegt und zwar erschien es ausreichend, als entscheidenden Zeitpunkt die Vollendung des 25. Lebensjahres festzusetzen, von der jedoch abzusehen Abs. 2 § 57a aus Gründen, die für sich selbst sprechen, ermöglichte.

Die Erteilung des Legitimationsscheines erfolgte als sog. „kleiner" für den Handel mit gewissen weniger bedeutenden Waren durch die Unterbehörde, als sog. „großer" für alle anderen Arten des Gewerbebetriebes durch die höhere Verwaltungsbehörde, so daß sich, wenn man noch die unten zu erörternden Fälle, in denen überhaupt kein Legitimationsschein erforderlich war (jetziger § 59), inbetracht zieht, eine Dreiteilung ergab, die für das große Publikum jedenfalls ziemlich kompliziert war. Die Institution des „kleinen" Legitimationsscheines hat sich weder für die Behörden, noch für das Publikum als eine Erleichterung erwiesen. Kam ein nur unbedeutender Handel inbetracht, welcher steuer- und gewerbescheinfrei war, so wurde die trotzdem erforderliche Nachsuchung einer polizeilichen Legitimation als besondere Belästigung empfunden, handelte es sich aber um einen größeren Verkehr, welcher steuer- und gewerbescheinpflichtig war, so bot die Ausstellung der polizeilichen Legitimation durch die Unterbehörde jedenfalls keine Erleichterung für die obere, weil der Steuerschein in den meisten

---

[1]) Aktenstücke zu den Verhandlungen des Reichstages 1895/97 S. 432.

Einzelstaaten doch von der höheren Verwaltungsbehörde erteilt werden mußte. Daher befreite die Novelle vom 1. Juli 1883 unter Anpassung an die im wesentlichen übereinstimmenden Landesgesetze, betr. die Steuer vom Gewerbebetrieb im Umherziehen, die nicht steuerpflichtigen Betriebe auch von der polizeilichen Erlaubnis und beseitigte den „kleinen“ Legitimationsschein gänzlich, indem sie einerseits den Kreis derjenigen Betriebe erweiterte, die ohne obrigkeitlichen Erlaubnisschein ausgeübt werden dürfen (§ 59), andererseits für sämtliche nicht hierunter fallenden Gewerbe den früheren „großen Legitimationsschein“, jetzigen Wandergewerbeschein, verlangte (§ 55). Seitdem wird nur noch eine Art des Legitimationsscheines bezw. — wie er heute genannt wird — Wandergewerbescheines erteilt und zwar durch die höhere Verwaltungsbehörde, die vor der Aushändigung des Scheines auch die nach den Landesgesetzen von diesem Gewerbebetriebe zu entrichtenden Steuern einzieht und darum dem Wandergewerbeschein gleich den Steuerschein anheftet (§ 61).

Der Wandergewerbeschein gewährt nur eine persönliche Berechtigung für die im Schein benannte Person (§ 60d), da eine „unkontrollierte Stellvertretung mit dem Prinzip der von den Hausierern verlangten — wenn auch meist negativen — persönlichen Garantieen in Widerspruch treten würde.“ [1]) Die in der ursprünglichen Gewerbeordnung hinsichtlich des „kleinen“ Legitimationsscheines bestehenden Ausnahmen wurden von der Novelle von 1883 beseitigt, insofern ein großer Teil der bisherigen Ausnahmen dadurch gegenstandslos wurde, daß ein Legitimationsschein für diese Zweige des Gewerbebetriebes im Umherziehen überhaupt nicht mehr erfordert wurde. Durch diese Beschränkung des Wandergewerbescheines auf eine bestimmte Person wird aber nur die später zu betrachtende Annahme von Stellvertretern [2]) und andern gewerblichen Hilfspersonen getroffen, es wird jedoch keineswegs ausgeschlossen, daß für mehrere Personen ein gemeinsamer Wandergewerbeschein erteilt wird.

---

[1]) Aktenstücke zu den Verhandlungen des Reichstages 1882—83 S. 29.

[2]) Vergl. jedoch Anm. 2 S. 96.

Demgemäß läßt die Novelle von 1883 zu, daß für mehrere Personen, die Musikaufführungen, Schaustellungen, theatralische Vorstellungen oder sonstige Lustbarkeiten, ohne daß ein höheres Interesse der Kunst oder Wissenschaft dabei obwaltet, gemeinschaftlich im Umherziehen darzubieten beabsichtigen, ein gemeinsamer Wandergewerbeschein für die Gesellschaft als solche ausgestellt wird; in welchem jedoch jedes einzelne Mitglied aufzuführen ist. Ebenso kann — wie des Zuhammenhanges halber gleich hier zu erwähnen — um die Auflösung einer Musikbande und Zerstreuung einzelner musizierender Leute in die Häuser zu verhindern, für den Fall, daß für die einzelnen Mitglieder besondere Scheine ausgestellt werden, in diese letzteren ein Vermerk aufgenommen werden, nach welchem dem Inhaber des Wandergewerbescheines der Gewerbebetrieb nur im Gesellschaftsverbande gestattet ist (§ 60d Abs. 3).

Die Wirkung des Wandergewerbescheines liegt darin, daß er zur Ausübung des Gewerbebetriebes im Umherziehen ermächtigt, jedoch nicht absolut: weder materiell was die Art des Gewerbebetriebes, d. h. die zu verschleißenden Waren anbelangt, noch in Hinsicht auf örtliche und zeitliche Geltung. Der Gewerbeschein enthält eine nähere Bezeichnung des beabsichtigten Gewerbebetriebes und giebt dem Unternehmen selbst damit eine sachliche Grenze, die nicht überschritten werden darf (§ 60). Das örtliche Geltungsgebiet des Wandergewerbescheines erstreckt sich grundsätzlich über das ganze Reich, im Einzelfalle jedoch erst, nachdem vorher die auf dem Hausierhandel haftenden Landessteuern entrichtet sind; denn der Wandergewerbeschein enthält, da die Gewerbeordnung nur gewerbepolizeiliche Vorschriften aufstellt, lediglich eine polizeiliche Erlaubnis. Die Steuergesetze insbesondere werden, da der Gewerbeordnung jede steuergesetzliche Tendenz fernliegt, nicht berührt, und der Gewerbebetrieb im Umherziehen ist daher in jedem Bundesstaate besonders zu versteuern, sofern landesgesetzliche Vorschriften eine Steuerpflicht begründen (§ 60 Abs. 1). Ausnahmsweise auf den Bezirk der ausstellenden Verwaltungsbehörde sind die zu musikalischen, theatralischen u. s. w. Produktionen berechtigenden Wandergewerbescheine beschränkt, da deren Ausstellung, wie bereits erörtert, nicht über die Befriedigung des örtlichen Bedürfnisses hinaus vorgenommen werden darf.[1]) Deshalb sind aber die Verwaltungsbehörden ermächtigt, gegebenenfalls auch die von anderen Behörden ausgestellten Scheine mit einer auch über ihren Bezirk sich erstreckenden Wirkungskraft auszustatten, und zwar sowohl für Tage und Monate, als auch für das ganze Kalenderjahr (§ 60 Abs. 2). Darüber hinaus ist eine Ausdehnung nicht zulässig, da für alle Gewerbescheine die zeitliche Wirkungskraft auf die Dauer eines Kalenderjahres beschränkt ist (§ 60 Abs. 1). Die Gewerbeordnung von 1869 hatte dem Unternehmer noch ausdrücklich die dauernde Möglichkeit zum Betriebe des Gewerbes garantiert, indem sie bestimmte, daß eine Erneuerung des Scheines nicht versagt werden dürfe, sofern nicht etwa Thatsachen inzwischen eingetreten wären, die bei früherem Vorliegen bereits zur Versagung des Wandergewerbescheines geführt haben würden. Diese Bestimmung über die Nichtversagung der Erneuerung ist in die durch die Novelle von 1883 gegebene neue Fassung nicht aufgenommen worden. Sie hätte, da jeder andere Gewerbetreibende, welcher die Erfordernisse der Gewerbeordnung erfüllt, ohnehin einen unabweisbaren Anspruch auf den Wandergewerbeschein hat, nur für die von der Bedürfnisprüfung berührten Straßengewerbe der musikalischen, theatralischen u. s. w. Produzenten Bedeutung gehabt, gerade für diese Gewerbe aber ist eine solche Bestimmung durchaus unthunlich, da hierdurch spätere tüchtigere Leute eventuell von vornherein ausgeschlossen werden würden.

Bildet der Besitz eines Wandergewerbescheines auch für die Regel die unerläßliche Vorbedingung zum Betriebe eines Hausiergewerbes, so hatte doch schon die Gewerbeordnung von 1869 den begrifflich zweifellos zum Hausierhandel gehörigen Verkauf und Ankauf roher Erzeugnisse der Land- und Forstwirtschaft, sowie des Garten- und Obstbaues von dieser Schranke

---

[1]) „Der Grund für die Schlechterstellung dieser Gewerbetreibenden war der, daß man annahm, es handele sich hier viel weniger darum, ein Bedürfnis des Verkehrs zu befriedigen, als daß es sich darum handelt, das Publikum gleichzeitig vor den großen Belästigungen zu schützen, die ihm dadurch erwachsen, daß ihm solche Schaustellungen aufgedrungen werden“ (B. C. Dr. Friedenthal in der Sitzung des Reichstages vom 30. April 1869. Sten.-Ber. S. 709).

freigelassen und außerdem der Landesgesetzgebung vorbehalten, eventuell weitere Gebiete des Hausierwesens von den beschränkenden Vorschriften des § 55 zu befreien. Die Novelle von 1883 ließ zwar die exzeptionelle Stellung des Ankaufes roher Landwirtschafts- u. s. w. Erzeugnisse fallen, da eine Aufmunterung zu solchem Ankauf sich nicht mehr als nötig erwies, erweiterte im übrigen aber den Kreis der begünstigten Gewerbe nicht unwesentlich (§ 59), indem namentlich Gewerbe, für deren Ausübung bisher der „kleine" Legitimationsschein erforderlich gewesen war, gänzlich freigegeben wurden. Ausländern gegenüber finden diese befreienden Vorschriften jedoch keine Anwendung; denn ebensowenig wie sie ein Recht auf die Ausstellung eines Wandergewerbescheines haben,[1]) besitzen sie ein solches auf Befreiung von diesen Gewerbescheinen.

II. Die Ausübung des Gewerbebetriebes im Umherziehen ist, sobald die Berechtigung zum Betriebe des Gewerbes überhaupt erlangt worden ist, im Prinzip ebenfalls dem freien Ermessen des Unternehmers überlassen. Jedoch sind gerade hier zahlreiche und einschneidende Beschränkungen aufgestellt worden, da es darauf ankommt, den Gefahren, welche gerade der Gewerbebetrieb im Umherziehen auf dem Gebiete der öffentlichen Sicherheit, Gesundheitspflege, Sittlichkeit und Ordnung seiner Natur nach mit sich bringt, in hinreichend wirksamer Weise entgegenzutreten. Zunächst begrenzen Beschränkungen grundsätzlicher Natur die Freiheit in der Auswahl der Gewerbszweige und des Geschäftsverfahrens.

Die Gewerbeordnung stellte in ihrer ursprünglichen Fassung von 1869 fünf Klassen von Waren auf, die nicht Gegenstand des Hausierbetriebes sein durften (§ 56), und machte unbeschadet der Verpflichtung zur Führung eines Wandergewerbescheines das hausiermäßige Darbieten von Musik u. s. w. auf öffentlichen Straßen von jedesmaliger Erlaubnis der Ortspolizeibehörde abhängig (jetzt § 60a).[2]) Es erwies sich jedoch im Laufe der Jahre mit Rücksicht auf die Anforderungen der öffentlichen

[1]) Den Grund für die ungünstigere Behandlung der Ausländer s. Beyendorff a. a. O. S. 14.

[2]) Der Grund für die weitergehende Beschränkung gerade dieser Gewerbe ist in Fußnote 1 S. 90 erörtert.

Sicherheit, Gesundheitspflege, Sittlichkeit und Ordnung als notwendig, eine Einschränkung nicht nur der Gegenstände, welche im Umherziehen angekauft und feilgeboten (§ 56), sondern auch der Leistungen (§ 56a), die im Umherziehen dargeboten werden dürfen, vorzunehmen. Demgemäß dehnte die Novelle vom 1. Juli 1883 zunächst diejenigen Beschränkungen, vermöge deren gewisse Waren von dem Feilhalten im stehenden Gewerbe ganz oder teilweise ausgeschlossen sind, ganz generell auch auf den Gewerbebetrieb im Umherziehen aus (§ 56 Abs. 1) und schloß sodann vom Ankauf oder Feilbieten im Umherziehen eine weitere Reihe von Warenklassen aus, deren Vertrieb entweder auf die Unerfahrenheit oder auf unmoralische Anschauungen des Publikums spekulierte oder der sonst unerwünschte Zustände herbeizuführen geeignet gewesen wäre, so daß nunmehr insgesamt 9 Warenklassen dem Hausierbetriebe entzogen waren (§ 56 Abs. 2 Ziffer 1—9.[1]) Eine Sonderbehandlung wurde den Druckschriften zuteil, deren Vertrieb im Umherziehen grelle Mißstände gezeitigt hatte. Namentlich die Landbevölkerung wurde mit Vorliebe von Kolportagebuchhändlern aufgesucht, welche derselben Lieferungswerke, insbesondere unsittliche Volksromane mit verlockendem Titel, aufzudringen sich bemühten. Abgesehen von der vollständigen Wertlosigkeit einer solchen Lektüre und abgesehen von den sittenpolizeilichen Bedenken, zu welchen dieselbe nicht selten Anlaß gab, befaßte sich mit diesem Kolportagebuchhandel eine eigentümliche Art von Gaunerei, welcher man mit den bestehenden Gesetzen nicht entgegen zu treten vermochte. Den Abnehmern der Lieferungswerke wurden Prämien, z. B. ein neues Kleid, ein Kaffeeservice u. s. w. mit dem Versprechen zugesichert, daß diese Dinge mit der letzten Lieferung zur Aushändigung kommen sollten. Allein

[1]) Befreiende Vorschriften zu erlassen, ist jedoch der Bundesrat durch § 56b Abs. 1 autorisiert, in beschränktem Maße auch die Landesregierungen und im Falle besonderen Bedürfnisses des Feilbietens geistiger Getränke nach § 56 Ziffer 1 vorübergehend auch die Ortspolizei. Andererseits aber können aus Gründen der öffentlichen Sicherheit, sowie zur Abwehr oder Unterdrückung von Seuchen durch den Bundesrat und in dringenden Fällen sogar durch den Reichskanzler weitere Beschränkungen verfügt werden (§ 56b Abs. 2). Auch die Landesregierungen besitzen eine solche Befugnis, insbesondere können sie das Umherziehen mit Zuchthengsten zur Deckung von Stuten untersagen (§ 56b Abs. 3).

diese „letzte Lieferung" erschien entweder garnicht oder erst dann, wenn die Subskribenten durch die Preise der vorausgegangenen Lieferungen den Wert der Prämien doppelt oder dreifach mitbezahlt hatten. Einem Kolportagehändler ist es z. B. in Mittelfranken gelungen, binnen 8 Tagen etwa 1000 Abonnenten auf einen wertlosen Roman zu finden, von welchem bereits etwa 20 Lieferungen à 50 Pfennige erschienen waren, als die versprochene Prämie, das „neue Kleid", noch immer auf sich warten ließ.[1]) Auch gegenüber dem Vertriebe von Schriften sittlich bedenklichen Inhalts bot das Strafrecht keine ausreichende Handhabe, da sittenverderblich noch keineswegs „unzüchtig" ist. Daher schloß die Novelle von 1883 Druckschriften, andere Schriften und Bildwerke, insofern sie in sittlicher oder religiöser Beziehung Ärgernis zu geben geeignet sind, oder welche mittels Zusicherung von Prämien oder Gewinnen vertrieben werden, vom Feilbieten im Umherziehen, nicht auch von dem meist von Bibliothekaren, Bücherliebhabern u. s. w. betriebenen Ankaufen, aus (jetzt § 56 Ziffer 12). Zur Durchführung dieses Verbotes wurde den Kolportagehändlern die Pflicht zur Einreichung eines Bücherverzeichnisses auferlegt, das behördlich zu genehmigen ist und den Vertrieb von Büchern dahin beschränkt, daß nicht verzeichnete nicht feilgeboten werden dürfen (§ 56 Abs. 4).

Wie der Vertrieb gewisser Gegenstände in den Formen des Hausierhandels zu Bedenken Anlaß giebt, so auch das Darbieten verschiedener Leistungen im Umherziehen. Eine dieses Gebiet beschränkende Vorschrift wurde jedoch erst durch die Novelle vom 1. Juli 1883 in das deutsche Gewerberecht eingeführt (§ 56a). Neben dem Verbot, Darlehensgeschäfte und Bestellungen auf Wertpapiere und Lose im Umherziehen aufzusuchen oder zu vermitteln, wurde vor allem die Ausübung der an sich ja freigegebenen Heilkunde im Umherziehen den nicht approbierten Personen untersagt (§ 56a Ziffer 1). Der gänzliche Ausschluß der Kurpfuscher vom Gewerbebetrieb im Umherziehen wurde herbeigeführt, da etwaige Vertrauensgründe, welche seßhafte Pfuscher dem hilfesuchenden Publikum immerhin in gewissem Grade bieten mögen, bei den herumziehenden Heilkünstlern

[1]) Drucksachen des Reichstages 1882—83 S. 21.

gänzlich vermißt werden. „Der seßhafte Pfuscher, welcher keinen Erfolg erzielt oder gar positiven Schaden stiftet, wird zudem, auch wenn er zu einem strafrechtlichen Einschreiten keinen Anlaß bietet, in der Regel seine Praxis bald verlieren; den herumziehenden Pfuscher jedoch sichern seine prahlerischen Reklamen an jedem Orte, den er betritt, eine neue Zahl von Opfern, weil seine früheren Mißerfolge nicht bekannt sind.“ [1])

In die Zahl der Gegenstände, die vom Ankauf oder Feilbieten im Umherziehen ausgeschlossen sind, wurden weiter durch die Novelle vom 6. August 1896 gewisse Waren neu aufgenommen, vorwiegend aus dem Grunde, weil gerade bei diesen Artikeln die Gefahr eine Übervorteilung der Käufer wegen der Schwierigkeit der Beurteilung des Wertes derselben besteht. Abgesehen vom Ausschluß von Bäumen, Futtermitteln u. s. w. (§ 56 Ziffer 10), sowie von Schmucksachen, Bijouterieen, Brillen und optischen Instrumenten (§ 56 Ziffer 11) wurde dann namentlich der Kolportagehandel wiederum eingeschränkt. Einmal wurden die bisher nur dem Feilbieten entzogenen Bücher auch vom Bestellungsuchen ausgeschlossen (§ 56 Abs. 3), da die verbotenen Bücher dem Publikum sonst in dieser Form hätten zugeführt werden können, und andererseits den Mißständen entgegengetreten, die beim hausiermäßigen Vertriebe von Lieferungswerken hervorgetreten waren. Nicht selten läßt sich nämlich das Publikum überreden, die ersten Hefte solcher Werke gegen einen verhältnismäßig geringen Preis zu erwerben und dabei auf das ganze Werk zu „abonnieren“, ohne die Tragweite der übernommenen Verpflichtung genau zu übersehen; denn die Abnehmer werden über die Zahl der Lieferungen im Unklaren gehalten und damit auch in Unkenntnis über den Gesamtpreis, oder der Umfang des Werkes ist, namentlich bei minderwertiger Unterhaltungslektüre, zunächst noch unbestimmt und wird bei einem günstigen Absatz immer weiter ausgedehnt. [2]) Daher bestimmte das Gesetz zum Schutze des Publikums, daß Lieferungswerke im Umherziehen nur vertrieben werden dürfen,

---

[1]) Aktenstücke zu den Verhandlungen des Reichstages 1882—83 S. 22.

[2]) Aktenstücke zu den Verhandlungen des Reichstages 1895—97 Bd. I S. 432.

wenn der Gesamtpreis auf jeder einzelnen Lieferung an einer in die Augen fallenden Stelle, und zwar nicht lediglich annähernd, wie dies früher zu geschehen pflegte, sondern bestimmt verzeichnet ist (§ 56 Ziffer 12). Aus der Mitte des Reichstages wurde dem Regierungsentwurfe, da auch Abzahlungsgeschäfte besondere Gefahren involvieren, namentlich insofern, als sie einerseits dem Leichtsinn Vorschub leisten, andererseits der Mißbrauch der Ausbeutung zu besorgen ist, noch die Bestimmung hinzugefügt, daß auch das Feilbieten von Waren sowie das Aufsuchen von Bestellungen auf Waren, wenn solche gegen Teilzahlungen unter dem Vorbehalt veräußert werden, daß der Veräußerer wegen Nichterfüllung der dem Erwerber obliegenden Verpflichtungen von dem Vertrage zurücktreten kann, vom Gewerbebetrieb im Umherziehen ausgeschlossen ist (§ 56a Ziffer 4).

Die freie Wahl in der Art des Geschäftsverfahrens war durch die Gewerbeordnung von 1869 in keiner Weise beschränkt. Die Novelle vom 1. Juli 1883 verwies, was bisher strittig, die „Wanderlager" unzweideutig in die Kategorie der Hausiergewerbe und verbot Wanderverlosungen und Wanderauktionen, sofern nicht im einzelnen Falle (z. B. gelegentlich der Jahrmärkte) besondere Momente deren Zulassung rechtfertigen (§ 56c). Namentlich auf die Wanderlager ist die Bestimmung zugeschnitten, daß, wenn für den Gewerbebetrieb im Umherziehen eine Verkaufsstelle benutzt wird, in einer für Jedermann erkennbaren Weise ein den Namen und Wohnort des Gewerbetreibenden angebender Aushang an dieser angebracht werden muß.[1]) Schließlich wurde das für den Gewerbebetrieb im Umherziehen die Regel bildende Geschäftsverfahren des Vorsprechens von Haus zu Haus insofern gesetzlich begrenzt, als der Eintritt in fremde Wohnungen, um Belästigungen der Inhaber zu verhüten, die sich lediglich als Zudringlichkeit, aber noch nicht als Hausfriedensbruch charakterisieren, ohne vorgängige Erlaubnis verboten wurde (§ 60c Abs. 2). Eine derartige Beschränkung hatte bereits der Regierungsentwurf von 1869 beabsichtigt, dieselbe wurde jedoch vom Reichstage abgelehnt, der es in Übereinstimmung mit seiner vorberatenden Kommission nicht für nötig hielt, besondere

[1]) Vergl. auch § 15a R.G.O.

Bestimmungen über den Zutritt der Hausierer zu Privatgehöften und zu Privathäusern aufzustellen, sondern es vorzog, in dieser Hinsicht das gemeine Recht gelten zu lassen.[1]) Minderjährigen weiblichen Personen kann außerdem im Wandergewerbeschein die Beschränkung auferlegt werden, daß sie das Gewerbe überhaupt nicht von Haus zu Haus, sondern ausschließlich auf öffentlichen Wegen, Straßen und Plätzen betreiben dürfen (§ 60b Abs. 1).

In der Auswahl des gewerblichen Hilfspersonales hat der Hausierer von jeher keine freie Hand gehabt; schon die Gewerbeordnung von 1869 kannte keinerlei Selbständigkeit des Unternehmers nach dieser Richtung hin. Sie schloß eine Ausübung des Gewerbes durch Stellvertreter[2]) — im Gegensatz zum stehenden Gewerbe — grundsätzlich aus, indem sie für denjenigen, der für Rechnung eines anderen ein Gewerbe im Umherziehen zu betreiben beabsichtigte, die Ausfertigung eines besonderen, ihn persönlich berechtigenden Wandergewerbescheines verlangte (jetzt § 60d Abs. 2). Auch die Verwendung anderer, von dem Gesetz als „Begleiter“ bezeichneten Personen bei der Ausübung des Hausierhandels war nur gestattet, wenn in dem Wandergewerbeschein dies ausdrücklich zugelassen war. (§ 62.) Aber diese obrigkeitliche Genehmigung wurde nicht nur für die geschäftliche Verwendung, sondern schon ganz allgemein für die Mitführung von Personen, gleichgültig zu welchen Zwecken, erfordert; Kinder unter 14 Jahren waren dabei grundsätzlich von der Mitnahme ausgeschlossen. Dies unbedingte Verbot der Mitführung von Kindern unter 14 Jahren ist aber den thatsächlichen Verhältnissen gegenüber nicht durchführbar gewesen und liegt mitunter auch gar nicht im Interesse der Kinder. Daher wurde, da eine diskretionäre Entscheidung der Behörde eine größere Garantie für Wahrung der Interessen der Kinder bietet, durch die Novelle vom 1. Juli 1883 das Mitführen von Kindern unter 14 Jahren von der nach freiem Ermessen der

---

[1]) Beyendorff a. a. O. S. 13.

[2]) Zwar ist eine Stellvertretung im civilrechtlichen Sinne auch hinsichtlich der Ausübung eines Gewerbebetriebes im Umherziehen möglich. Da jedoch der Stellvertreter einen eigenen, auf seinen Namen lautenden Wandergewerbeschein besitzen muß, so kann er gewerberechtlich nicht wohl als „Stellvertreter“ angesehen werden.

Behörde zu erteilenden Erlaubnis abhängig gemacht. (§ 62 Abs. 5.) Nur in zwei Fällen wurde das strikte Verbot des Mitführens aufrechterhalten: wenn eine gewerbliche Verwendung der Kinder beabsichtigt wird (§ 62 Abs. 3) und wenn es sich um schulpflichtige Kinder handelt, für deren Unterricht nicht ausreichend gesorgt ist. (§ 62 Abs. 4.) Auch die Erteilung der Erlaubnis zur Mitführung von Personen anderen Geschlechtes, mit Ausnahme der Ehegatten und der über 14 Jahre alten eigenen Kinder und Enkel, ist dem freien Ermessen der Behörde überlassen (§ 62 Abs. 5), während die Zulassung anderer Personen nur versagt werden darf, wenn diese diejenigen negativen Eigenschaften besitzen, die eine prinzipielle Verweigerung des Wandergewerbescheines nach sich ziehen. (§ 62 Abs. 2.)

Eine Beschränkung hinsichtlich der Tageszeit war der Gewerbeordnung ursprünglich fremd. Die Novelle von 1883 führte generell eine solche insofern ein, als für die Nachtzeit das Betreten fremder Häuser und Gehöfte[1]) verboten wurde (§ 60c Abs. 2), und speziell für minderjährige Personen, gleichgültig ob sie als ausnahmsweise zugelassene Unternehmer (§ 57c Abs. 2) oder als Begleiter (§ 62) auftreten, indem sie eine im Wandergewerbeschein zu verfügende Beschränkung derselben dahin für zulässig erklärte, daß sie das Gewerbe nicht nach Sonnenuntergang betreiben dürfen (§ 60b). Das Gesetz vom 1. Juni 1891 untersagte sodann die Ausübung des Gewerbebetriebes im Umherziehen[2]) für den Sonntag — mit Ausnahme des auf musikalische, theatralische u. s. w. Darbietungen gerichteten. (§ 55a.) Da aber, wie bereits an früherer Stelle zu erwähnen war, dieses Gewerbe an öffentlichen Orten nur mit der für den Einzelfall nachzusuchenden Genehmigung

[1]) Hier steht schon das weiter greifende „Betreten" fremder Häuser und Gehöfte in Frage. Was bezüglich des engeren Begriffes des „Eintritts" in fremde Wohnungen Rechtens ist, vergl. S. 95. Der „Eintritt in fremde Wohnungen" setzt stets ein „Betreten fremder Häuser oder Gehöfte" voraus. Da dieses also während der Nachtzeit verboten ist, so ist auch jener nicht gestattet. Selbstverständlich kann der Inhaber der Wohnung Dispens erteilen.

[2]) Auch das „Stadthausieren" ist am Sonntage verboten (§ 55a Abs. 1).

der Ortspolizeibehörde betrieben werden kann, so ist auch hier, soweit notwendig, die Durchführung der allgemeinen Sonntagsruhe vollkommen gewährleistet. Hatte sich die Novelle von 1891 gegen den Hausierhandel am Sonntage gewendet, so traf die vom 30. Juni 1900[1]) die Ausübung des Gewerbes für den Werktag, indem sie, um nicht den Inhabern stehender Geschäfte eine unbillige Konkurrenz zu schaffen und den Handelsbetrieb ohne ständige Verkaufsstelle in unerwünschter Weise zu fördern, auch den Hausierhandel mit Waren[2]) für diejenige Zeit untersagte, während welcher die offenen Verkaufsstellen für den geschäftlichen Verkehr geschlossen sein müssen, also für die Stunden von 9 Uhr abends bis 5 Uhr morgens, bezw. von 8 Uhr abends bis 7 Uhr morgens, wenn diese Erweiterung angeordnet ist. Durch Delegation der Befugnis an die Ortspolizeibehörden, Ausnahmen zu genehmigen, wird dem öffentlichen Bedürfnis in jeder Hinsicht genügt. (§ 139e Abs. 4, § 139f Abs. 4.)

III. Die Beendigung eines Gewerbebetriebes im Umherziehen kann aus dem freien Entschluß des bisherigen Unternehmers resultieren, sie kann aber auch gegen seinen Willen durch autoritäre Anordnung der Behörde herbeigeführt werden. Die dauernde Beendigung wegen Ablaufes des Wandergewerbescheines kann auf den Willen des bisherigen Gewerbetreibenden zurückzuführen sein, insofern er die Erneuerung seines Gewerbescheines nicht beantragt, sie kann aber auch in dem Verhalten der Obrigkeit ihren Grund haben, wenn dieser nämlich das Recht zusteht, die Erneuerung zu versagen, und sofern sie von dieser Befugnis Gebrauch macht.

Eine obrigkeitliche Untersagung des Gewerbebetriebes im Umherziehen vor Fristablauf des Wandergewerbescheines war,

---

[1]) R.G.Bl. 1900. S. 321.

[2]) Während die Novelle von 1891 — mit der oben erörterten Ausnahme — die Ausübung des gesamten Gewerbebetriebes im Umherziehen für den Sonntag verbot, wird hier nur der Verkauf und das öffentliche Feilbieten von Waren, nicht auch z. B. die Verrichtung gewerblicher Dienstleistungen, in den Formen des Gewerbebetriebes im Umherziehen untersagt; denn hier sollen lediglich die dem zwangsweisen Ladenschluß unterstellten Geschäfte gesichert werden. Auch in dieser Beziehung ist dem eigentlichen Hausierhandel das „Stadthausieren" gleichgestellt.

wenn man von der nur kurzfristigen Inhibierung wegen der Nicht-Mitführung des Wandergewerbescheines absieht (jetzt § 60c Abs. 1), dem Gewerbegrundgesetz von 1869 unbekannt. Erst die Novelle von 1883 eröffnete die Möglichkeit, durch Zurücknahme des Wandergewerbescheines den zum Gewerbebetriebe bereits zugelassenen Personen die Fortsetzung des Betriebes in den Fällen zu untersagen, in denen der Wandergewerbeschein von vornherein hätte untersagt werden dürfen und seiner Zeit nur wegen Unkenntnis der thatsächlichen Verhältnisse erteilt wurde, sowie wo erst nachträglich Umstände eingetreten sind, die eine Versagung zulassen würden, und beseitigte hierdurch die bisher vorhandene Inkonsequenz. (§§ 58, 61 Abs. 3.) „Indem aber mit Ausschluß jeden Zwanges nur die Möglichkeit der Zurücknahme des Wandergewerbescheines ausgesprochen wurde, blieb die Novelle in Übereinstimmung mit dem System der Gewerbeordnung.“ [1]) Die Untersagung des Gewerbebetriebes kann übrigens auch in den Fällen erfolgen, in denen ein Wandergewerbeschein ausnahmsweise nicht erfordert wird, und zwar geschieht dies durch einfaches Dekret. (§ 59a.)

Für die Zurücknahme des Wandergewerbescheines ist, ebenso wie für die anfängliche Versagung desselben ein besonderes Verfahren ausgebildet, das unter den S. 52 erörterten Gesichtspunkten seine Regelung erfahren hat. (§ 63.)

§. 7.

Der Marktverkehr.

I. Der Beginn eines „Marktgewerbes“ ist ohne weiteres zulässig, ohne daß es einer behördlichen Zulassung, in welcher Form es auch sein möge, bedürfte: der Besuch der Messen, Jahr- und Wochenmärkte, sowie der Kauf und Verkauf auf denselben steht — vorbehaltlich gewisser Ortsgewohnheiten bezüglich des Wochenmarktverkehrs — einem Jeden mit gleichen Befugnissen frei (§ 64). Weder die Anmeldung des § 14, noch die Lösung eines Wandergewerbescheins aus § 55

[1]) Aktenstücke S. 27.

ist also notwendig, wie sich per argumentum e contrario aus § 14 Abs. 1 Satz 2 bezw. § 55 Abs. 2 ergiebt; es gelten vielmehr lediglich die Beschränkungen, die von der Gewerbeordnung selbst im Titel IV, der die Materie erschöpfend behandeln will, aufgestellt werden. Die Novelle vom 1. Juli 1883 änderte die im übrigen auf diesem Gebiete bis heute unberührt gebliebene Gewerbeordnung nur in dem einen Punkte, daß sie für diejenigen, die Musikaufführungen, Schaustellungen, theatralische Vorstellungen oder sonstige Lustbarkeiten, ohne daß ein höheres Interesse der Kunst oder der Wissenschaft dabei obwaltet, im Marktverkehr darbieten wollen, einen Wandergewerbeschein erforderte.[1]) (§ 55 Abs. 2.) Die von der Gewerbeordnung im übrigen statuierte Marktfreiheit ist auch vor indirekten Angriffen gesichert, indem bestimmt wird, daß der Marktverkehr in keinem Falle mit anderen als solchen Abgaben belastet werden darf, die eine Vergütung für den überlassenen Raum und den Gebrauch von Buden und Gerätschaften bilden. Eine Differenzierung in der Behandlung von Einheimischen und Fremden bezüglich der Zahlung der Abgaben ist ausdrücklich untersagt (§ 68). Gegen Ausländer können besondere Beschränkungen vom Bundesrat als Retorsionsmaßregel aufgestellt werden (§ 64 Abs. 3). Die Vorschriften der R.G.O. über den Marktverkehr gelten aber nicht für Spezialmärkte;[2]) für diese sind die Bestimmungen der Landesgesetze aufrecht erhalten worden (§ 70), die meist eine besondere Zuständigkeit staatlicher Organe (z. B. in Preußen des Handelsministers) begründen.

II. So unbeengt auch der Beginn eines „Marktgewerbes" ist, so ist dessen Ausübung doch den weitgehendsten Beschränkungen unterworfen, sowohl was die Warengattungen, als auch was Zeit und Ort der Ausübung des Gewerbes anbelangt.

Gegenstand des Marktverkehrs können nur ganz bestimmte, in der Gewerbeordnung aufgezählte (§§ 66 u. 67) Warengattungen sein: für den Wochenmarktverkehr (§ 66) ent-

[1]) Vergl. auch S. 47. Diese Produktionen fallen daher, wennschon sie häufig auf Märkten, namentlich auf Jahrmärkten und Messen, dargeboten werden, nicht unter den legalen Begriff des Marktgewerbes, dessen weitgehend freie Regelung man hier eben nicht für angebracht hielt.

[2]) Über den Begriff des „Spezialmarktes" vergl. S. 48.

sprechend seiner Bedeutung als Versorgungsmittel für den städtischen Haushaltungsbedarf namentlich rohe Naturerzeugnisse, gewisse weitere landwirtschaftliche Produkte und vor allem frische Lebensmittel aller Art; für den Jahrmarktverkehr (§ 67) außer diesen Artikeln noch Verzehrungsgegenstände und Fabrikate aller Art, jedoch bedarf es zum Verkauf von geistigen Getränken zum Genuß auf der Stelle der Genehmigung der Ortspolizeibehörde (§ 67 Abs. 2).

Die Zeit, während welcher das Marktgewerbe ausgeübt werden soll, entzieht sich der persönlichen Festsetzung durch das gewerbetreibende Individuum in jeder Weise: Zahl, Zeit und Dauer der Märkte werden autoritär von der zuständigen Verwaltungsbehörde festgesetzt (§ 65).

Gleich der Zeit wird auch die Örtlichkeit der Ausübung des Marktgewerbes ausschließlich durch die Behörde bestimmt, die gewisse öffentliche Orte, seien es nun offene Plätze oder seien es moderne „Markthallen", als „Märkte" designiert und den Marktverkehr damit auf diese beschränkt. Ein Hausieren in der Stadt, auch mit etwa unverkauft gebliebenen Waren[1]) (§ 71), kann als Ausfluß des Marktverkehrs eben wegen der historisch notwendigen Ausübung dieses Gewerbes auf von der Obrigkeit bestimmten Plätzen nicht angesehen werden. Deshalb ist auch dem Erkenntnis des preußischen Oberverwaltungsgerichtes vom 17. September 1891[2]) durchaus in seiner Ausführung zuzustimmen: „Wenn der Eigentümer eines Grundstückes gestattet, daß auf seinem Grundstücke Waren feilgeboten werden und daß sein Grundstück von Kauflustigen betreten wird, so hat der sich auf dem Grundstück entwickelnde Verkehr mit einem Marktverkehr nur das äußere Aussehen gemein. Der Grundstückseigentümer errichtet nicht einen Markt im Sinne des Gesetzes und kann einen solchen auch nicht errichten, da er dem Verkehr auf seinem Grundstücke die rechtliche Sonderstellung, welche das Wesen der Märkte bildet, nicht zu verleihen vermag. Sein Unternehmen wird daher durch die den Marktverkehr behandelnden Bestimmungen der Gewerbeordnung nicht berührt."

[1]) Die den Handel mit denselben früher beschränkenden Vorschriften sind aufgehoben (§ 71).

[2]) Marcinowski a. a. O. S. 233.

Schließlich kann, natürlich in Übereinstimmung mit der Grundidee der Gewerbeordnung, der gesamte Marktverkehr durch ortspolizeiliche Marktordnungen geregelt werden (§ 69).

III. Die Beendigung des Marktverkehrs trifft für den Einzelfall mit dem Ablauf der obrigkeitlich festgesetzten Marktzeit zusammen. Eine definitive Aufgabe des „Marktgewerbes" aber kann nur das Ergebnis freien Entschlusses des bisherigen Markthändlers sein, da eine dem Untersagungsrechte bezüglich des stehenden und des Hausiergewerbes analoge Befugnis der Obrigkeit hier nicht existiert. Zwar kann mit Rücksicht auf die eigenartigen Verhältnisse des Marktverkehrs eine Gefährdung öffentlicher Interessen nicht in dem Maße durch das Marktgewerbe herbeigeführt werden, wie bei den anderen Formen der gewerblichen Bethätigung, gleichwohl muß es aber als Lücke in der Gesetzgebung angesehen werden, daß jedes Mittel fehlt, um offenbar unzuverlässige und auch im Marktverkehr gefährliche Personen von diesem Gewerbe fernzuhalten. Es würden hier in erster Linie diejenigen Personen auszuschließen sein, die wegen Nahrungsmittelfälschung rechtskräftig verurteilt worden sind.

Dritter Abschnitt.

Gewerbliche Interessenverbände.

§ 8.

Die Innungen.

Die Vorteile genossenschaftlicher Verbindung und Cooperation führten auf dem Gebiete des Gewerbewesens verhältnismäßig früh zu einer Vereinigung der beteiligten Gewerbeunternehmer. Anfangs freie privatrechtliche Verbindungen von Privatpersonen zur Erreichung gemeinsamer Zwecke, entwickeln sich diese Vereine bald zu Instituten des öffentlichen Rechtes, zu „Zünften". „Die ‚Zunft' — (von „ziemen", daher gleich: Schicklichkeit, Regel, Gesetz; nach bestimmten Regeln eingerichtete Gesellschaft, Verein ‚Genossenschaft')

— darf man als den unter Sanktion der städtischen Obrigkeit errichteten Zwangsverband, dessen Mitgliedschaft die Voraussetzung für die Ausübung eines bestimmten Gewerbes innerhalb der Gemeinde bildet, bezeichnen." [1]) Im gleichen Sinne werden auch die Bezeichnungen „Gilde", „Innung (Einung)", „Amt" und „Brüderschaft" gebraucht. Seit dem 13. Jahrhundert ist in Deutschland das Gewerbe zunftmäßig organisiert, und entfaltet sich das deutsche Handwerk zu hoher Blüte, so daß dessen Zustand bis ins 16. Jahrhundert hinein ein sehr erfreulicher ist. Alsdann geraten aber die Zünfte in Verfall, namentlich im 17. und 18. Jahrhundert, bis sie schließlich im Anfange des 19. Jahrhunderts mit der Einführung der Gewerbefreiheit ihrer öffentlich-rechtlichen Privilegien entkleidet werden. Die „Zunft" als solche war damit ein Gegenstand historischer Reminiscenz geworden, sie war wieder herabgesunken zu dem, was sie in ihren Anfangsstadien gewesen war, zur freien, rein privat-rechtlichen Vereinigung von Angehörigen gleicher oder verwandter Gewerbe behufs Förderung der gemeinsamen gewerblichen Interessen. Korporationen dieser Art entwickelten sich zunächst aus den bisherigen Zünften, wurden später aber auch neu gebildet; jene bezeichnete die Gewerbeordnung von 1869 als „bestehende", diese als „neue Innungen". Gemeinsam und zugleich unterscheidend von den alten Zünften ist ihnen der Mangel aller exklusiven Zwangs- und Verbietungsrechte, so daß die von früher beibehaltene Bezeichnung dieser Vereine als „Innungen" sich nur aus der geschichtlichen Überlieferung erklären läßt. Gegenwärtig haben die „Innungen" wieder an Bedeutung gewonnen: sie sind als öffentlich-rechtliche Korporationen des Handwerkerstandes wieder zu einem Institute des öffentlichen Rechts geworden und unterscheiden sich von den alten Zünften nur noch durch ein beschränkteres Maß von Aufgaben und Rechten. Die deutsche Handwerkergesetzgebung hat hierin dem Drängen der Interessenten nur widerstrebend nachgegeben und die Innungen nur sehr allmählich wieder mit besonderen Rechten ausgestattet.

Die Reichs-Gewerbeordnung von 1869 [2]) behielt als

---

[1]) v. Below im Wörterbuch der Volkswirtschaft Bd. II, S. 977.
[2]) Vergl. hierüber auch Beyendorff a. a. O. S 17ff.

„Bestehende Innungen" die schon vorhandenen Korporationen von Gewerbetreibenden in ihrem damaligen, der vorstehenden Skizze entsprechenden Zustande bei und wahrte auch deren Statuten die bisherige Geltungskraft, insoweit sie sich nicht mit den von ihr selbst gegebenen Normativbestimmungen in Widerspruch befanden. Daneben gestattete sie aber auch jeder neuen Vereinigung von Personen, welche gleiche oder verwandte Gewerbe selbständig betrieben, sich als „neue" mit Korporationsrechten ausgestattete Innung zu konstituieren — ganz ohne Rücksicht darauf, ob etwa in demselben Orte schon eine oder gar mehrere Innungen der gleichen Art vorhanden waren. Als Zweck der neu zu gründenden Innungen wurde in Abänderung des Regierungsentwurfes, der eine spezialisierte Anweisung enthielt, wie sie später auch in die Gewerbeordnung aufgenommen wurde, ganz allgemein „die Förderung der gemeinsamen gewerblichen Interessen" bezeichnet. Die für die Verfassung sowohl der „bestehenden", als auch der „neuen Innungen" aufgestellten Normativvorschriften regelten den Eintritt, sowie das Ausscheiden aus der Innung in einer äußerst freiheitlichen Weise, indem der Austritt jederzeit ohne weiteres für zulässig erklärt wurde und die Aufnahme, um eine Exklusivität der Innungen unmöglich zu machen, im wesentlichen nur denjenigen versagt werden durfte, die der bürgerlichen Ehrenrechte verlustig waren oder sich im Konkurse befanden; es gab keinen Befähigungsnachweis und keinen Innungszwang. Auch die gänzliche Auflösung der Innungen wurde unglaublich begünstigt: man traf lediglich Vorsorge, daß das bisher zu gemeinnützigen Zwecken verwendete Vermögen, das ja insofern einen öffentlichen Charakter gewonnen hatte, als es durch einen, anderen Vereinigungen fremden gesetzlichen Zwang zusammengebracht war, diesen nicht entzogen werde. War das aber gesichert, dann konnte nicht nur die formell zur Auflösung noch erforderliche Genehmigung der Aufsichtsbehörde nicht versagt werden, sondern die bisherigen Innungsmitglieder erhielten auch günstigstenfalls ihre gesamten an die Innung geleisteten Beiträge zurückerstattet. Insoweit wurde nämlich bei einer ev. Auflösung einer Innung die Verteilung des Innungsvermögens gestattet. Grundsätzlich vertrat man den Standpunkt, daß die Innungen frei über ihr Vermögen verfügen zu lassen der Idee der Gerechtigkeit widerspreche; denn mit Rücksicht auf die Vergangenheit sei das Innungsvermögen ein anderes als das anderer Vereine, darum könne es nicht den gegenwärtigen zufälligen Mitgliedern geschenkt werden. Diesen dürfe man höchstens das Vermögen zurückgeben, das aus ihren eigenen Beiträgen herrühre.[1]) Ausdrücklich hervorgehoben zu werden verdient schließlich, daß eine exekutivische Beitreibung der Innungsbeiträge und der von Innungsgenossen wegen Verletzung statutarischer Vorschriften verwirkten Geldstrafen im Verwaltungswege nicht stattfinden durfte. An die Stelle dieses althergebrachten kurzen und exakten Verfahrens trat der civilrechtliche Regreß in der Form eines eventuell langwierigen Prozesses; denn man war „in Konsequenz der ganzen Grundlage, auf der die Innungen in Zukunft stehen sollten, nicht geneigt, die Beiträge und Geldstrafen, welche derartige privatrechtliche Korporationen zu fordern haben, im Verwaltungswege einziehen zu lassen.“ [2])

Die Folgen dieser notwendig degenerierend wirkenden Gesetzesvorschriften ließen nicht auf sich warten: „Die Innungen, zu losen Vereinen degradiert, leisteten nichts mehr. Durch Mehrheitsbeschluß konnten sie sich auflösen. Das Reinvermögen durfte dann, soweit es aus Beiträgen der gegenwärtigen Mitglieder stammte, unter sie verteilt werden. Diese Bestimmung wirkte wie eine Prämie auf die Auflösung. Eine große Anzahl von Innungen ging in der That auseinander; diejenigen, welche bestehen blieben, wurden nur noch durch die Kassenbestände aus älterer Zeit zusammengehalten. Aber auch deren Leistungen waren minimale. Den „neuen Innungen“ gewährte die Gesetzgebung keine positiven Begünstigungen, und so vernachlässigten die Verbände auch die neutralen Gebiete des Lehrlings-, Gesellen-, Herbergs-, Arbeitsnachweis- und Unterstützungswesens mehr und mehr.“[3])

Die Notwendigkeit, den Innungen eine entscheidendere Bedeutung für die Ordnung des Handwerks zu geben, wurde schon seit Anfang der 70er Jahre in Handwerkerkreisen mit zu-

---

[1]) Beyendorff a. a. O. S. 20.

[2]) Abg. Miquel in der Sitzung des Reichstages vom 20. April 1869. Sten. Ber. S. 493.

[3]) Biermer im Wörterbuch der Volkswirtschaft Bd. II S. 14.

nehmendem Eifer vertreten, und die frühere bei Beratung der ursprünglichen Gewerbeordnung vertretene, ganz den Anschauungen der Manchesterdoktrin entsprechende Auffassung, „daß es nicht Sache des Staates sei, die Innungsbildung positiv zu fördern, daß es vielmehr den Beteiligten überlassen werden müsse, ob sie es ihrem Interesse förderlich finden würden, zu Innungen zusammen zu treten, daß dementsprechend die Innungen aller ihnen in einem großen Teile des Reiches noch zustehenden öffentlich-rechtlichen Funktionen und jeder Einwirkung auf die Regelung gewerblicher Verhältnisse über den Kreis ihrer Genossen hinaus zu entkleiden seien"[1]), hatte auch in maßgebenden Kreisen einer immer größeren Wertschätzung der Innungen weichen müssen. Man überzeugte sich, daß den Innungen für die dringend wünschenswerte Hebung des Kleingewerbes eine Bedeutung beiwohne, welche ihre Wiederbelebung zu einer Forderung des öffentlichen Interesses und damit auch zu einer Aufgabe positiv fördernder staatlicher Thätigkeit mache, und ging daher im Jahre 1881 an eine Abänderung der bestehenden Bestimmungen, die sich namentlich nach zwei Richtungen hin als unzweckmäßig erwiesen hatten: einerseits hatten sie die Innungen zu sehr ihres öffentlichen Charakters entkleidet und der Mittel zur Erfüllung der ihnen gestellten Aufgabe beraubt, andererseits sie aber rücksichtlich der statutarischen Regelung ihrer inneren Verhältnisse zuweitgehenden Beschränkungen unterworfen.

Die unbefriedigende Lage des Handwerkerstandes beruhte im wesentlichen auf zwei Übelständen: Der Lockerung und Verkümmerung des Gesellen- und Lehrlingsverhältnisses und der Konkurrenz, welche dem Handwerk durch den Großbetrieb von der einen, durch das sog. „Pfuschertum" von der anderen Seite erwuchs. Dem ersten Übelstande war schon durch das später zu erörternde Gesetz vom 17. Juli 1878, das neben Herstellung zweckmäßigerer Verhältnisse zwischen den gewerblichen Unternehmern und ihrem Hilfspersonal auch das Arbeitsbuch wieder einführte, abzuhelfen versucht worden. Zur vollen Wirksamkeit konnten indessen diese Bestimmungen nur gelangen, wenn ihre Durchführung nicht lediglich der naturgemäß unzureichenden

[1]) Aktenstücke zu den Verhandlungen des Reichstages 1881 S. 258.

Thätigkeit der Polizeibehörden überlassen blieb, sondern von kräftigen und gut geleiteten Innungen in die Hand genommen und durch zweckmäßige genossenschaftliche Einrichtungen ergänzt wurde. Was den zweiten Übelstand anbetrifft, so konnten durch die Gesetzgebung selbstverständlich der naturgemäßen Entwickelung des Großbetriebes zu Gunsten des Handwerks keine künstlichen Fesseln angelegt werden: aber auch hier konnten die Innungen zur Besserung beitragen, teils dadurch, daß sie sich der Vervollkommnung der Technik des Kleingewerbes annahmen, teils durch Herstellung günstigerer Produktionsbedingungen im Wege der Vereinigung der Kräfte der Innungsgenossen. Zwar tauchte damals schon das Verlangen auf, daß nach beiden Seiten hin durch die Errichtung von Zwangsinnungen oder durch die Ausschließung derjenigen, welche nicht Mitglieder einer Innung oder nicht geprüft sind, von dem selbständigen Gewerbebetriebe oder wenigstens dem Rechte mit Gehilfen zu arbeiten, oder durch Beschränkung des Magazin- und sonstigen Großbetriebes dem Handwerkerstande eine in sich gefestigtere Stellung gegeben werden könne und müsse. Dieser Vorschlag blieb jedoch schon im Regierungsentwurfe „weil mit den Grundlagen der geltenden Gewerbegesetzgebung und den wirtschaftlichen Interessen der Gesamtheit in Widerspruch stehend“ von der Erwägung ausgeschlossen; man strebte, ohne Änderung der Prinzipien eine fruchtbringende Wiederbelebung der Innungen zu erreichen, und glaubte hierbei zweckmäßig den Weg benutzen zu sollen, den ein Beschluß des Reichstages vom 5. Mai 1879 bereits gewiesen hatte.

Dieser Reichstagsbeschluß hatte eine Reform in der Richtung in Aussicht genommen, daß die Innungen, soweit es ohne Anwendung eines direkten oder indirekten Zwanges geschehen könne, wieder zu Organen der gewerblichen Selbstverwaltung für das Handwerk gemacht werden müßten, welche imstande seien, durch die Förderung der gewerblichen Interessen ihrer Mitglieder und durch Pflege des Gemeingeistes und des Standesbewußtseins eine wirtschaftliche und sittliche Hebung des Handwerkerstandes anzubahnen. Zu dem Ende sollten die Innungen durch Gewährung möglichst freier Selbstbestimmung über die Voraussetzungen der Aufnahme und der Ausschließung von Mitgliedern in den Stand gesetzt werden, unehrenhafte, unfähige und unsolide Elemente von sich fern zu halten. Die Zwecke der Innungen sollten so bemessen werden, daß ihnen ein ausgiebiges, die Gesamtheit der gewerblichen Interessen des Handwerks umfassendes Feld der korporativen Thätigkeit eröffnet werde, und es sollten ihnen diejenigen Rechte eingeräumt werden, deren sie bedürften, um nicht nur die statutarischen Vorschriften den einzelnen Mitgliedern gegenüber zur Geltung bringen, sondern auch für ihren Kreis im Wege der Selbstverwaltung einen Teil der Funktionen übernehmen zu können, welche im übrigen zur Durchführung gewerblicher Bestimmungen von den Organen des Staates wahrzunehmen seien. Daneben solle den Innungen, um ihnen eine Einwirkung auf die über den engeren Kreis einzelner Orte und Gewerbe hinausgehenden Interessen des gesamten Kleingewerbes zu ermöglichen, eine Mitwirkung bei der Bildung weiterer gewerblicher Vertretungen, sowie bei anderen zur Förderung des Gewerbes bestimmten öffentlichen Einrichtungen eingeräumt werden. Endlich solle die Möglichkeit vorgesehen werden, den Innungen auf dem Gebiete des Lehrlingswesens besondere, über den Kreis ihrer Mitglieder hinausgreifende Rechte zu übertragen, sofern sie die erforderlichen Garantieen böten, daß in dieser Beziehung das öffentliche Interesse in befriedigender Weise werde wahrgenommen werden.

Dementsprechend stellte das Gesetz vom 18. Juli 1881,[1] das die erste, auch für den allgemeinen Wechsel im wirtschaftspolitischen System markante Phase der reichsgesetzlichen Reformierung des Innungswesens bedeutet und dessen Vorgeschichte daher nicht gänzlich übergangen werden durfte, den öffentlich-rechtlichen Charakter der Innungen im wesentlichen wieder her, indem diesen wiederum — wenn auch noch in beschränktem Maße — eine autoritative Stellung eingeräumt wurde. Nicht nur Gewerbetreibende „gleicher oder verwandter“, sondern auch verschiedener Gewerbe und eventuell sämtliche selbständige Hand-

[1]) R.G.Bl. 1881 S. 233. Die Bestimmungen dieses Gesetzes erscheinen jetzt in der — zum Teil veränderten — Fassung, die sie durch die Novelle vom 26. Juli 1897, die den gesamten Titel VI der Gewerbeordnung neu redigierte, erhalten haben. Hierauf ist im Text bereits Rücksicht genommen worden, um das geltende Recht zur Darstellung gelangen zu lassen.

werker eines Ortes[1]) konnten sich künftighin zu Innungen zusammenschließen (jetzt § 81), die mit der Genehmigung ihres Statutes auch Rechtsfähigkeit erwerben (jetzt § 86). Die Zwecke der Innungen sind, wie bereits 1869 vom Regierungsentwurf beabsichtigt, eingehender festgestellt, indem gewisse, den geschichtlichen Kern des Innungswesens bildende Aufgaben (Pflege des Gemeingeistes, Gesellenverhältnis, Herbergswesen, Arbeitsnachweis, Lehrlingswesen) als obligatorische von jeder Innung zu erfüllende statuiert (jetzt § 81a), daneben aber noch — übrigens lediglich als Exemplifikation — zahlreiche fakultativ zu erstrebende Ziele aufgestellt sind (jetzt § 81b) (Errichtung von Fachschulen, gemeinschaftlicher Geschäftsbetrieb, Gesellen- und Meisterprüfungen, Schiedsgerichte u. s. w.), welche die dem korporativen Leben größtenteils entfremdeten Beteiligten darauf hinweisen sollen, was sie — je nach den örtlichen Verhältnissen — zunächst ins Auge zu fassen haben, um den Innungen wieder zu einer fruchtbringenden Thätigkeit zu verhelfen. Man will hierdurch darauf aufmerksam machen, daß die Innungen Mittel bieten, den Kampf mit der Großindustrie in erfolgreicherer Weise aufzunehmen, als es dem einzelnen Handwerker möglich ist; denn der Grund des Verfalls des Handwerks, auch auf den Gebieten, wo ein lebensfähiger Kleinbetrieb neben dem Großbetrieb noch sehr wohl möglich ist, liegt teils in der mangelhaften technischen und geschäftlichen Ausbildung der meisten Handwerker, welche sie hindert, die technischen Fortschritte rechtzeitig zu benutzen und ihren Betrieb den wechselnden Anforderungen des Marktes anzupassen, teils in dem Umstande, daß sie bisher zu wenig bedacht gewesen sind, sich die Vorteile des Großbetriebes durch gemeinsamen Geschäftsbetrieb, namentlich durch gemeinsamen Bezug der Rohstoffe, gemeinsame Beschaffung und Benutzung von Maschinen, sowie durch Errichtung gemeinsamer Verkaufsstellen zunutze zu machen. Die näheren Verhältnisse der Innungen werden durch Statuten geregelt, deren Inhalt gewissen gesetzlichen Anforderungen genügen muß (jetzt § 83)

---

[1]) Der Bezirk, für welchen eine Innung errichtet wird, soll in der Regel nicht über den Bezirk der betr. höheren Verwaltungsbehörde hinausgehen (§ 82).

und die der Genehmigung durch die höhere Verwaltungsbehörde bedürfen (jetzt § 84). Für gewisse besondere Einrichtungen, die zur Erfüllung fakultativer Aufgaben getroffen werden, sind besondere Nebenstatuten zu errichten (§ 85). Zu fortgesetzten Klagen hatte namentlich die bisherige Beschränkung der Innungen in der Bestimmung über die Mitgliederaufnahme Anlaß gegeben, und es ist in der That nicht zu verkennen, daß ein kräftiges Korporationsleben sich nur schwer entwickeln kann, wenn der Innung die Möglichkeit ganz entzogen ist, Mitglieder auszuschließen, und wenn sie an die Ehrenhaftigkeit ihrer Mitglieder keine anderen Anforderungen zu stellen befugt ist, als lediglich den Besitz der bürgerlichen Ehrenrechte zu verlangen. Darum gewährt das Gesetz mit nur geringer Einschränkung den Innungen das statutarische Selbstbestimmungsrecht über die Aufnahme der Mitglieder (jetzt § 87). Die Beteiligung der Gesellen am Innungsleben ist durch zwingende Vorschrift des Gesetzes gewährleistet, des Näheren aber statutarisch zu regeln, wobei Vorsorge getroffen werden muß, daß ihnen durch verfassungsmäßige Einrichtungen die Möglichkeit gewährt wird, ihre Interessen bei der Regelung des Lehrlingswesens und bei der Gesellenprüfung, sowie bei der Begründung und Verwaltung aller derjenigen Einrichtungen, für welche Beiträge oder besondere Mühewaltungen von ihnen in Anspruch genommen werden, oder die zu ihrer Unterstützung bestimmt sind, zur Geltung zu bringen (jetzt §§ 95—95 c). Der Austritt aus der Innung kann von einer vorhergehenden höchstens sechsmonatlichen Kündigung abhängig gemacht werden (jetzt § 87 a). Die Ausstattung der Innungen mit obrigkeitlichen Befugnissen erfolgte namentlich nach der Richtung hin, daß ihnen das früher besessene Recht der Zwangsbeitreibung der von ihnen umgelegten Beiträge (§ 89 Abs. 1), der an sie zu entrichtenden Gebühren (§ 88 Abs. 3), sowie der verhängten Ordnungsstrafen (§ 92 c) wieder gewährt wurde (jetzt § 89), daß ihre Schiedsgerichte exekutivisch vollstreckbare Entscheidungen fällen können (jetzt §§ 91—91 b) und — die prinzipiell wichtigste, aber wieder beseitigte [1]) — daß sie ihre Wirksamkeit auch auf Nichtmitglieder

[1]) Vergl. Anm. 2 S. 113.

ausdehnen konnten, indem Streitigkeiten aus Lehrverhältnissen eventuell ihrer Entscheidung unterlagen und indem ihre Anordnungen auf dem Gebiete des Lehrlingswesens mit allgemein verbindlicher Wirkungskraft ausgestattet werden konnten (früherer § 100e Ziff. 1 und 2). Für die Vertretung lokaler Interessen wurde die Bildung von Innungsausschüssen (jetzt §§ 101 ff.), für die der interlokalen von Innungsverbänden (jetzt §§ 104 ff.) vorgesehen, worauf später einzugehen ist. Eine Neuerung bedeutet auch die für gewisse Fälle zulässige obrigkeitliche Schließung[1]) der Innung (jetzt § 97). Auch sonst sind der Obrigkeit Aufsichtsrechte eingeräumt (jetzt §§ 89b, 94, 96, 98), während im allgemeinen der Grundsatz der Selbstverwaltung der Innungsangelegenheiten durch die Innungsorgane — Innungsvorstand (jetzt §§ 92a u. b) und Innungsversammlung (jetzt §§ 93, 93a) — zur Durchführung gelangt ist (jetzt §§ 92, 94a u. b). In den zur Innung gehörigen Betrieben kann die Innung durch Beauftragte, sog. „Innungsinspektoren“, die Befolgung der gesetzlichen und statutarischen Vorschriften überwachen lassen (jetzt § 94c).

Ganz erheblich erweitert wurde, da die Innungen wegen des Überwiegens ihrer Pflichten im Verhältnis zu den gewährten Rechten keine hinreichende Anziehungskraft für die beteiligten Kreise erlangt hatten, der öffentlich-rechtliche Charakter der Innungen durch die Novelle vom 8. Dezember 1884,[2]) welche die Möglichkeit gewährte, Nicht-Innungsmeistern die Befugnis zum Lehrlingshalten gänzlich zu entziehen (früherer § 100e Ziff. 2), und durch die vom 6. Juli 1887,[3]) die auch für Nichtmitglieder eine Beitragspflicht zur Unterhaltung gewisser Innungseinrichtungen statuierte und dann naturgemäß auch das Recht zur Nutzung derselben gewährte (frühere §§ 100f—m).[4]) Diese beiden von den liberalen Parteien lebhaft bekämpften Novellen regten nicht nur die Gewerbetreibenden zum Eintritt

---

[1]) Über Abwickelung der Geschäfte und Verwendung des Vermögens vergl. §§ 98, 98a.

[2]) R.G.Bl. 1884 S. 255.

[3]) R.G.Bl. 1887 S. 281.

[4]) Beide Privilegien wurden durch die spätere Gesetzgebung wieder beseitigt. Vergl. darüber S. 113.

in die Innung an, sondern sie bedeuten auch eine thatsächliche Annäherung an das alte, im Prinzip aber noch verworfene Institut der Zwangsinnung.

Das zweite und vorläufig letzte Stadium der Innungsgesetzgebung wird durch die Novelle vom 26. Juli 1897[1]) bezeichnet, die unter Neuredaktion des gesamten Titels VI der Gewerbeordnung als wesentlichste Neuerung namentlich die 1881 noch abgelehnte Zwangsinnung, allerdings nur fakultativ, brachte (§§ 100—100u). Die durch die Novelle von 1881 gegebene Form für den Zusammenschluß der Handwerker hatte sich im großen und ganzen als zweckentsprechend erwiesen, ebenso waren die Innungen da, wo sie im Handwerkerstande festen Boden gefunden hatten, teilweise zu recht erfreulichen Ergebnissen ihrer Thätigkeit, namentlich auf dem Gebiete des Lehrlingswesens und des gewerblichen Unterrichts gelangt. Sonach schien es wohl, als hätte man auf dem eingeschlagenen Wege zu einer Gesundung der Verhältnisse des Handwerks gelangen können, wenn es den Innungen gelungen wäre, den größeren Teil der Handwerker in sich zu vereinen. Thatsächlich war dies jedoch nicht der Fall, denn vielfach hatte sich nur ein kleiner Bruchteil zum Anschlusse an die Innungen bereit finden lassen. So bestanden im Jahre 1893 in der Provinz Schleswig-Holstein 78 Innungen mit weniger als 10 Mitgliedern, während die in diesem Bezirke überhaupt vorhandenen Innungen durchschnittlich 27 Mitglieder hatten.[2]) Da im allgemeinen nur etwa ein Zehntel sämtlicher Handwerker den Innungen beigetreten war, so hatten diese weder die persönlichen Kräfte, noch die finanziellen Mittel gewonnen, die sie befähigt haben würden, eine allgemeine Besserung der Lage des Handwerks herbeizuführen. Die Thätigkeit dieser freien Innungen war im allgemeinen auf verhältnismäßig enge Grenzen beschränkt geblieben, und auch da, wo sie in größerer Zahl errichtet und weitere Kreise des Handwerkerstandes ihnen beigetreten waren, hatten sie die Wirksamkeit, zu der sie an sich befähigt waren, nicht in vollem Maße entfalten können, weil sie in ihrer

---

[1]) R.G.Bl. 1897 S. 663. Vergl. auch Beyendorff a. a. O. S. 72ff.
[2]) Motive S. 46.

damaligen Organisation des sicheren Bestandes ermangelten, indem es jedem einzelnen Mitgliede in jedem Augenblicke unbenommen war, sich den Folgen ihm lästiger und seinen unmittelbaren Interessen vielleicht zuwiderlaufender Beschlüsse und Anordnungen der Innung durch den Austritt zu entziehen. Hieraus ergab sich die Notwendigkeit, die Organisation des Handwerks von dem Boden der Freiwilligkeit zu lösen und sie auf der Grundlage des Zwanges aufzubauen. Die Verschiedenheit der örtlichen Verhältnisse, der anderweite Zusammenschluß der Berufsgenossen zu Gewerbevereinen, die entschieden ablehnende Haltung weiter Kreise des Handwerks und die durch die örtliche Zerstreuung der Handwerker einer Organisation des Handwerks entgegengestellten ziemlich erheblichen Schwierigkeiten ließen jedoch die Einführung eines allgemeinen unbedingten Zwanges nicht ratsam erscheinen, zumal man sich der Erwägung nicht verschließen konnte, „daß der Regel nach eine gedeihliche Thätigkeit der Innung nur erwartet werden könne, wenn mindestens die Mehrheit der ihr zugewiesenen Handwerker freudig bereit sei, mit Energie und Nachhaltigkeit an die Erfüllung der Innungsaufgaben heranzutreten und die dadurch bedingten Mühewaltungen auf sich zu nehmen".[1] Der Gesetzgeber beschränkte sich daher auf die Einführung fakultativer Zwangsinnungen d. h. er nimmt deren Bildung durch die höhere Verwaltungsbehörde nur da in Aussicht, wo die Mehrzahl der Beteiligten dem Innungszwange zustimmt und die lokalen Verhältnisse den oben aufgestellten Postulaten im wesentlichen gerecht werden (§§ 100 bis 100b). Indem aber einerseits die den bisherigen freien Innungen gewährten Vorrechte, namentlich auf dem Gebiete des Lehrlingswesens und bezüglich der Heranziehung der außerhalb der Innung stehenden Meister zu den Kosten gewisser Innungseinrichtungen beseitigt wurden,[2] das Gesetz andererseits aber bei Errichtung von Zwangsinnungen mancherlei Privilegien in Aussicht stellt, legt es thatsächlich den beteiligten Kreisen die Konstituierung einer

---

[1] Beyendorff a. a. O. S. 74.

[2] Man ging dabei davon aus, daß bei Innungen, die geeignet seien, mit derartigen Rechten ausgestattet zu werden, auch die Bedingungen für die Errichtung einer Zwangsinnung vorliegen, bei der Bildung einer solchen aber für Vorrechte kein Raum vorhanden sein

Zwangsinnung bezw. die Umwandlung der bisherigen freien in eine solche recht nahe, wennschon die bestehenden freien Innungen (§§ 81—99) nicht nur aufrechterhalten,[1]) sondern auch die weitere Bildung solcher Innungen zugelassen wird. Abgesehen von der Einführung des Zwanges, jedoch lediglich für Fachinnungen und Innungen verwandter Handwerke[2]) (§ 100 Abs. 1) eventuell sogar nur als partielle Zwangsinnung für die der Regel nach Gesellen oder Lehrlinge haltenden Gewerbetreibenden (§ 100 Abs. 2)[3]) regelt das Gesetz die Organisation und die Aufgaben der Zwangsinnung im wesentlichen entsprechend den bisherigen Verhältnissen der freien Innungen (§ 100c), wobei jedoch zu beachten bleibt, daß das statutarische Selbstbestimmungsrecht für beide namentlich insofern eingeengt wird, als das Gesetz das Lehrlingswesen in wichtigen Punkten selbst ordnet (§§ 126 ff.).

Gerade weil diese Innungen aber auf einem Zwange beruhen, dessen Provokation, wenn auch nur der Majorität, so doch immerhin einem die Gesamtheit bei weitem nicht umfassenden Teil der in Frage kommenden Handwerker zusteht, so ergab sich für den Gesetzgeber die Notwendigkeit, im Interesse der Minderheit sowie des Publikums Vorsorge zu treffen, daß ein Mißbrauch des Majoritätsprinzipes verhütet werde. Daher dürfen von den Zwangsinnungen gemeinsame Geschäftsbetriebe nicht errichtet werden

---

würde, da sämtliche Berufsgenossen der Innung angehören müßten (G. Meyer im Handwörterbuch der Staatswissenschaften II. Aufl. Bd. IV S. 435).

[1]) Sobald jedoch eine Zwangsinnung gebildet ist, sind die für die gleichen Gewerbszweige bestehenden Innungen zu schließen (§ 100b Abs. 4); deren Vermögen geht mit gewissen Beschränkungen auf die Zwangsinnung über (§§ 100k—m).

[2]) Gerade mit Rücksicht auf diese, durch die örtlichen und fachgewerblichen Verhältnisse im Handwerk gebotene Begrenzung des Innungszwanges werden die freien Innungen überall dort beibehalten, wo nicht an ihre Stelle eine Zwangsinnung treten wird.

[3]) Außer Pflicht-Mitgliedern (§ 100f) kennt das Gesetz auch freiwillige Mitglieder der Zwangsinnungen (§ 100g). Auch Handwerker, welche in landwirtschaftlichen oder gewerblichen Betrieben gegen Entgelt beschäftigt werden und der Regel nach Gesellen oder Lehrlinge halten, sowie Hausgewerbetreibende können zum Eintritt in die Innung verpflichtet werden (§ 100f Abs. 2).

(§ 100n Abs. 2), die Mitglieder können wider ihren Willen zur Teilnahme an Unterstützungskassen nur dann verpflichtet werden, wenn diese den Anforderungen des Krankenversicherungsgesetzes genügen (§ 100n Abs. 1), die Innung darf ihre Mitglieder in der Festsetzung der Preise oder in der Annahme von Kunden nicht beschränken (§ 100q), die Beiträge für die Innungszwecke dürfen nicht nach dem rohen Maßstabe der Gleichheit auf den Kopf der Innungsgenossen verteilt werden, sondern der Beitragsfuß ist nach dem Prinzip distributiver Gerechtigkeit in der Weise festzusetzen, daß die Heranziehung der einzelnen Betriebe — eventuell im Anschluß an die veranlagte Gewerbesteuer — unter Berücksichtigung ihrer Leistungsfähigkeit erfolgt (§ 100s Abs. 1—4), Eintrittsgelder dürfen nicht erhoben werden (§ 100s Abs. 5), Gebühren nur, wenn sie generell von der Aufsichtsbehörde genehmigt sind (§ 100s Abs. 6). Auf finanziellem Gebiete ist überhaupt eine gewisse Zuständigkeit der Aufsichtsbehörde begründet: die Zwangsinnungen sind verpflichtet, alljährlich einen Haushaltsplan aufzustellen. Während die Regierungsvorlage nun diesen Etat der Genehmigung der Aufsichtsbehörde unterstellte, dieser auch das Recht der Zwangsetatisierung beilegte, wurde diese letztere Befugnis vom Reichstag als zuweitgehend und die Lust und Liebe der Innungsgenossen zum Innungsleben gefährdend beseitigt und das Erfordernis der Genehmigung durch die Verpflichtung zur bloßen Einreichung des Haushaltsplanes ersetzt. Einem Viertel der Genossen aber wurde, um nicht eine schrankenlose Belastung der Mitglieder durch die Zwangsinnungen zu ermöglichen, das Einspruchsrecht gegen den Etat gewährt (§ 100o). Schließlich erübrigt zu erwähnen, daß nicht nur die Ausdehnung einer Zwangsinnung auf einen größeren Bezirk und auf andere verwandte Gewerbszweige und dementsprechend auf der anderen Seite auch die Ausscheidung eines Teiles des Bezirks einer Zwangsinnung oder eines in diese einbezogenen Gewerbszweiges zulässig ist (§ 100u), sondern daß auch eine Zwangsinnung durch Zurücknahme des Zwangscharakters seitens der höheren Verwaltungsbehörde gänzlich beseitigt werden kann (§ 100t). Hierzu ist jedoch ein Antrag der Innung selbst erforderlich, der zudem, um eine objektive Prüfung des beabsichtigten Verlangens zu garantieren, die Form eines Innungsbeschlusses haben muß, der von einem Viertel beantragt und nach Ablauf einer gewissen Frist von drei Viertel der Innungsmitglieder gefaßt worden ist.[1])

Wenn auch von der Einführung obligatorischer Zwangsinnungen — beachtenswerterweise nicht mehr aus „prinzipiellen“ Gründen d. h. aus Blindheit gegenüber der Einseitigkeit des extremen liberal-individualistischen Doktrinarismus, sondern aus thatsächlichen Erwägungen! — abgesehen wurde, wenn man auch die von der extremen Handwerkerpartei geforderte Wiedereinführung des „Befähigungsnachweises“ in dem Sinne, daß derselbe allgemein die Voraussetzung für den selbständigen Beginn des handwerksmäßigen Betriebes bilden soll, ablehnte, so muß man doch im Resultat gestehen, daß die Gesetzgebung heute — am Ende des Jahrhunderts — nach mancherlei Irrfahrten in zahlreichen Beziehungen wieder auf dem Standpunkte angelangt ist, von dem sie am Anfang des Jahrhunderts ausgegangen war.

§ 9.

Die Innungsausschüsse.

Die Nachteile zu beseitigen, welche die lokale Beschränkung der Innungen im Gefolge hat, ließ sich die Novelle vom 18. Juli 1881, deren übrige Reformen auf dem Gebiete des Innungswesens bereits zu behandeln waren, angelegen sein. Es hatte sich das Bedürfnis nach einer über die Innungen hinausgehenden Organisation in Handwerkerkreisen geltend gemacht: teils um die einzelnen Zwecke der Innungen durch Vereinigung mehrerer wirksamer verfolgen zu können (z. B. Fürsorge für Herbergswesen, Veranstaltung von Ausstellungen für Lehrlingsarbeiten, Errichtung von Fachschulen u. s. w.), teils um in der Gewerbegesetzgebung und Verwaltung die Interessen der Handwerker dem Staate und seinen Behörden gegenüber nachdrücklicher zur Geltung zu bringen und als höhere Instanzen der gewerblichen Selbst-

1) Vergl. Beyendorff a. a. O. S. 75f.

verwaltung für das Handwerk verwendet zu werden. Eine Förderung solcher Bestrebungen war in der That wünschenswert, und zwar in doppelter Weise: um eine möglichste Centralisation zu erreichen, mußte man zur Errichtung von Innungsverbänden — näheres darüber im § 10 — schreiten und um die Verfolgung mehr lokaler Interessen zu erleichtern, die Gründung von Innungsausschüssen zulassen. Der Innungsausschuß ist ein von allen oder doch mehreren Innungen aus dem Bezirke derselben Aufsichtsbehörde errichtetes gemeinschaftliches Organ, welchem neben der Vertretung der gemeinsamen Interessen der beteiligten Innungen die Lösung gewisser, zunächst den einzelnen Innungen obliegenden Aufgaben (Arbeitsnachweis, Herbergswesen u. s. w.) zusteht. Die Errichtung und die übrigen Verhältnisse dieses der gewerblichen Interessenvertretung als neues Organ durch die Novelle von 1881 eingegliederten Institutes ist analog den bezüglichen Vorschriften für die Innungen geregelt worden — mit der Abweichung, daß, um eine Kollision der Innungsausschüsse mit etwa bestehenden Einrichtungen der örtlichen Gewerbeverwaltung zu vermeiden, die Genehmigung zur Errichtung in das diskretionäre Ermessen der Behörde gestellt ist.

Diese lokale Zusammenfassung des Handwerks zu Innungsausschüssen hat sich zur Vertretung der gemeinsamen örtlichen Interessen als durchaus geeignet erwiesen; bei dem weiteren Ausbau des Innungswesens durch die Novelle vom 26. Juli 1897 machte sich daher auch das Bedürfnis nach einer solchen Vertretung in erhöhtem Maße geltend. Dieses Gesetz ließ demgemäß die bisherige Beschränkung, wonach den Innungsausschüssen die Rechte und Pflichten der beteiligten Innungen nur insoweit übertragen werden konnten, als sie nicht vermögensrechtlicher Natur waren, fallen und sieht außerdem die Möglichkeit vor, jenen Organen das Recht der juristischen Persönlichkeit zu verleihen (§§ 101 u. 102).

§ 10.

Die Innungsverbände.

Wie bereits angedeutet, sah die Novelle vom 18. Juli 1881 [1]) auch eine interlokale Interessenvertretung der Innungen in den Innungsverbänden vor, zu denen an verschiedenen Orten bestehende und nicht derselben Aufsichtsbehörde unterstellte Innungen zusammentreten sollen, um sich ein Organ zu schaffen, das geeignet ist, die Interessen der darin vertretenen Gewerbe wahrzunehmen und gewisse Aufgaben der Innungen gemeinsam zu verfolgen (jetzt § 104). Entsprechend der Mannigfaltigkeit der Aufgaben, welchen diese Verbände zu dienen bestimmt sind, gewährt das Gesetz hinsichtlich der Zusammensetzung und des Umfanges derselben die größte Freiheit und trägt nur dafür Sorge, daß einer Überschreitung ihrer Befugnisse und namentlich einem Mißbrauche ihrer Organisation zu fremdartigen und ungesetzlichen Zwecken durch Handhabung eines wirksamen Aufsichtsrechtes entgegengetreten werden kann (jetzt §§ 104 c, d, f, k). Die inneren Verhältnisse der Innungsverbände sind statutarischer Regelung überlassen (jetzt §§ 104 a u. b), der jedoch der Gesetzgeber durch Aufstellung bestimmter Normen die Richtung gewiesen hat — ähnlich, wie dies bei den Innungen geschehen ist. Eine Verwendung der Innungsverbände als konsultative Organe nahm man schon damals in Aussicht (jetzt § 104 e), die Verleihung der Rechtspersönlichkeit und die Übertragung gewisser Funktionen gewerblicher Selbstverwaltung (z. B. Entscheidung in Innungsangelegenheiten) glaubte man jedoch mit Recht von ihrer weiteren Entwickelung abhängig machen zu sollen.

Im Laufe der Ausführung dieses Gesetzes hatte das durch dasselbe geschaffene Institut der Innungsverbände zunehmend Anklang gefunden: es hatte sich die Überzeugung geltend gemacht, daß die Innungen eine entscheidende Bedeutung für die Hebung des Handwerkerstandes nur würden gewinnen können, wenn sie sich zu leistungsfähigen Innungsverbänden vereinigten. Die tief-

---

[1]) Materielle Änderungen erlitt dieses Gesetz durch die spätere Novelle vom 26. Juli 1897 nur in geringem Umfange, jedoch verschob sich die Einteilung der Paragraphen.

greifende Veränderung der technischen Produktionsbedingungen während der letzten Jahrzehnte hatte es im Verein mit der gewaltigen Ausdehnung des Verkehrs, welche auch das Geschäft des kleinen Handwerkers von den Verhältnissen des großen Marktes abhängig machte, für die einzelnen Innungen, namentlich für die die Mehrzahl bildenden der kleineren Städte mit ihrer geringen Mitgliederzahl, immer schwieriger werden lassen, für sich allein ihren Mitgliedern diejenige Förderung in technischer und geschäftlicher Hinsicht zu gewähren, welche einen wesentlichen Zweck der gewerblichen Korporation ausmacht. Dazu sind Veranstaltungen und Einrichtungen erforderlich, welche zu ihrer zweckmäßigen Gestaltung und erfolgreichen Wirksamkeit einer breiteren Grundlage bedürfen, wie sie erst in den die Einzelinnungen zusammenfassenden Innungsverbänden gefunden werden kann. Zahlreiche freie Vereinigungen, in welchen die Berufsgenossen der einzelnen Handwerke sich bereits vor Erlaß des Gesetzes von 1881 zur gemeinsamen Wahrnehmung ihrer Interessen zusammengefunden hatten, leiteten fast ohne Ausnahme ihre Umwandlung in Innungsverbände in die Wege, so daß im Jahre 1885 bereits 15 Innungsverbände mit etwa 80 000 Verbandsgenossen konstituiert waren.[1]) Diese Bewegung war wesentlich von der bei den Beteiligten überall verbreiteten Annahme beeinflußt worden, daß die bisherigen freien Vereine durch den Übergang in die vom Gesetz dargebotene Form der Innungsverbände eine selbständige rechtliche Existenz neben und über den ihnen angehörenden Einzelgliedern, den Innungen, und damit die Möglichkeit gewinnen würden, die materiellen Interessen und höheren Aufgaben der gesamten in ihnen organisierten Gewerbsgenossenschaft in gewissen Grenzen unabhängig von jenen Einzelgliedern und ihren oft beschränkten Interessen zu pflegen und zu fördern. Als Hemmnis wurde in dieser Hinsicht der Mangel der Rechtsfähigkeit besonders schwer empfunden, dessen Beseitigung daher durch die Novelle vom 23. April 1886[2]) in der Weise erfolgte, daß durch Beschluß des Bundesrats den Innungsverbänden die

---

[1]) Aktenstücke zu den Verhandlungen des Reichstages 1885—86. S. 1023.

[2]) R.G.Bl. 1886 S. 125.

Rechtsfähigkeit verliehen werden kann (jetzt § 104 g, h). Naturgemäß räumte das Gesetz dann auch den Behörden ein weitergreifendes Aufsichtsrecht gegenüber den Innungsverbänden ein (jetzt § 104 k).

Die Innungsverbände haben im Laufe der Zeit unter den gewerblichen Organisationen sich einen hervorragenden Platz zu erobern gewußt; sie sind mit wenigen Ausnahmen auf dem Boden der Berufsgemeinschaft aufgebaut und haben sich zu, meist auf das ganze Reichsgebiet sich erstreckenden Gesamtverbänden der einzelnen Handwerke entfaltet.[1]) Sie haben nach verschiedenen Richtungen hin, insbesondere auf dem Gebiete des Gesellen- und Lehrlingswesens, eine erfolgreiche Thätigkeit entwickelt und auch sonst in nicht geringem Grade zur Hebung der wirtschaftlichen Lage ihrer Mitglieder beigetragen. Gleichwohl mußten sie in ihrer Zuständigkeit beschränkt werden, als die Novelle vom 26. Juli 1897[2]) in den Handwerkskammern noch eine weitere Centralinstanz der gewerblichen Organisation schuf; denn die Aufgaben, welche sich die Innungsverbände auf Grund der bisherigen Gesetzgebung durch ihre Statuten gestellt hatten, waren zum großen Teil solche, die das neue Gesetz den Handwerkskammern zuwies. Daher ließ das Gesetz den Innungsverbänden zwar zahlreiche, wesentliche Befugnisse (z. B. Fachschulen und Unterstützungskassen,[3]) Einrichtungen zur Regelung des Arbeitsnachweises zu treffen u. s. w.), beschränkte sie aber, soweit es sich um Aufgaben handelt, die der Handwerkskammer überwiesen wurden, auf eine anregende, beratende und begutachtende Thätigkeit (jetzt §§ 104 Abs. 2 und 104e).

Abgesehen von obrigkeitlicher Schließung (jetzt § 104f), löst sich der Innungsverband auf im Falle des Konkurses (jetzt § 104l) und auf Grund statutenmäßigen Beschlusses (jetzt §§ 104m und n).

---

[1]) So giebt es Innungsverbände für Bäcker, Schneider, Schuhmacher, Tischler, Buchbinder, Fleischer u. s. w.

[2]) R.G.Bl. 1897 S. 437ff.

[3]) Vergl. hierüber § 104i R.G.O.

§ 11.

Die Handwerkskammern.

Um zur Förderung des Gewerbewesens überhaupt zweckentsprechende Maßregeln ergreifen zu können, muß die Staatsregierung, namentlich bei der heutigen Kompliziertheit des wirtschaftlichen Lebens, darauf bedacht sein, „die realen Verhältnisse der einzelnen Bezirke und die berechtigten Wünsche und Interessen der gewerblichen Bevölkerung durch Männer kennen zu lernen, welche sachkundig und dem Gewerbestande angehörig, von dem Vertrauen desselben getragen, privates und öffentliches Wohl zu vereinigen bestrebt sind“; „sie muß ferner für die geplanten obrigkeitlichen Maßregeln die wirklichen Vertrauensmänner der gewerblichen Bevölkerung hören können und hören, und sie muß auch durch diese Mittelspersonen auf die gewerblichen Kreise selbst einwirken können. Diesen Bedürfnissen können Innungen, Gewerbevereine und andere freie wirtschaftliche Interessenvertretungen nicht, jedenfalls nicht in genügender Weise entsprechen, ihnen kann nur entsprochen werden, wenn eine besondere, über das ganze Land verbreitete Organisation obligatorischer Gewerbekammern besteht, deren Zusammensetzung eine Garantie bietet, für eine richtige Darstellung der thatsächlichen Verhältnisse im Kammerbezirk, für eine sachverständige Beurteilung gewerblicher Zustände und Maßregeln und für eine dem Gemeinwohl förderliche, auf dem Vertrauen der gewerblichen Bevölkerung beruhende Vertretung aller Interessen derselben“.[1])

Während für Handel und Industrie in den meisten deutschen Staaten und in einigen Bundesstaaten auch für die Landwirtschaft solche für größere Bezirke eingerichtete Vertretungs- und Selbstverwaltungsorgane („Handels“- bezw. „Landwirtschaftskammern“) bereits bestanden, fehlten sie bis zum Erlaß des Gesetzes vom 26. Juli 1897 für das Handwerk vollständig; denn die Innungen und die aus ihnen hervorgehenden Innungsausschüsse und Innungsverbände, sowie die verschiedenen Gewerbevereine können, da sie nur einen verhältnismäßig geringen Teil der

---

[1]) Schönberg a. a. O. Bd. II, 1 S. 726.

Handwerker umfassen, als solche nicht angesehen werden. Wenn sich auch in diesen Organisationen ohne Zweifel viele tüchtige und mit den einschlägigen Verhältnissen vertraute Personen finden, so stellt sich doch das Gesamtbild, welches sich aus der Anhörung der Innungen und Gewerbevereine ergiebt, immerhin nur als die Auffassung einer Minderheit der Gewerbetreibenden dar. Für die Regierung aber muß es mit Rücksicht auf die Bedeutung der Fragen, welche bei der modernen Entwickelung der Verhältnisse im Handwerk an die Gesetzgebung und Verwaltung herantreten, von Wert sein, daß diese Angelegenheiten einer Erörterung möglichst aller Kreise der Beteiligten unterzogen werden.

Nachdem bereits im Jahre 1895 eine entsprechende Vorlage seitens der Regierung ausgearbeitet worden war, wurde durch das Gesetz vom 26. Juli 1897 (sog. „Handwerkergesetz")[1]) die Handwerkskammer als das zur Vertretung und Selbstverwaltung des Handwerks für größere Bezirke berufene Organ eingeführt (§§ 103 ff.). Die Mitglieder der Handwerkskammern, deren Errichtung durch eine Verfügung der Landes-Centralbehörde erfolgt (§ 103), werden von denjenigen Handwerkern gewählt, welche sich zur Verfolgung ihrer gemeinsamen gewerblichen Interessen in Zwangsinnungen, freien Innungen, Gewerbevereinen oder sonstigen gewerblichen Vereinigungen zusammengefunden haben (§§ 103 a—c) — eine Vorschrift, welche die erwünschte Beteiligung möglichst weiter Kreise durchaus ermöglicht, die aber zugleich wegen der Beschränkung des aktiven Wahlrechtes auf die in einer der bezeichneten Formen vereinigten Handwerker einen Zusammenschluß der in Frage kommenden Gewerbetreibenden wirksam zu fördern geeignet ist.

Eine Vertretung der Gesellenschaft in der Handwerkskammer war in dem Gesetzentwurfe von der Regierung nicht vorgesehen worden, die, wie fast durchweg in ähnlichen Fällen, auch hier sich lediglich mit der Unternehmerschaft auseinanderzusetzen beabsichtigte, in sonderbarer Kurzsichtigkeit aber auf eine Mitwirkung der arbeitenden Klassen verzichten zu sollen glaubte. Dieser entschiedene Mangel, der auch hier nur halb Brauchbares

---

[1]) R.G.Bl. 1897 S. 437 ff.

wieder geliefert haben würde, wurde vom Reichstage beseitigt; das Gesetz macht die Mitwirkung des Gesellenausschusses auf den geeigneten Gebieten obligatorisch (§§ 103 i, k).

Mit Rücksicht auf die Vielgestaltigkeit der Verhältnisse im Handwerk, die es häufig den Behörden erschwert, sich über die aus den Kreisen des Handwerks geäußerten Wünsche und Bestrebungen in dem zweckmäßig erscheinenden Maße zu unterrichten und die einschlägigen Fragen genügend zu übersehen, ordnete das Gesetz, um die Staatsorgane in eine engere und ständige Fühlung mit der Vertretung des Handwerks zu bringen und auch um den Handwerkern, die mit der geschäftlichen Behandlung öffentlicher Angelegenheiten und den dieselben betreffenden Fragen der Gesetzgebung und Verwaltung im allgemeinen weniger vertraut sind als die in den Handelskammern vereinigten Angehörigen der Großindustrie und des Handels, einen sachverständigen Berater zu geben, die Bestellung eines Kommissars bei der Handwerkerkammer an (§ 103 h). Durch diese Vorschrift wird nicht nur die Leistungsfähigkeit der Handwerkskammer und damit die Bedeutung ihrer Stellung gestärkt, sondern zugleich auch eine erwünschte Gewähr für die sachgemäße, von persönlichen Interessen nicht beeinträchtigte Behandlung der Geschäfte geboten.

Die Aufgaben, die der Handwerkskammer, die gleich den anderen gewerblichen Organisationen der Aufsicht der höheren Verwaltungsbehörde unterliegt (§ 103 o), gestellt worden sind, liegen auf zwei Seiten. Die Kammer soll einmal die Gesamtinteressen des Handwerks und die Interessen der in ihrem Bezirke vorhandenen Handwerke gegenüber der Gesetzgebung und Verwaltung des Staates vertreten, und zwar sowohl durch Erstattung der von den Staatsbehörden verlangten Gutachten, als auch durch aus ihrer eigenen Initiative hervorgehende Anregungen. Dann aber hat sie als Selbstverwaltungsorgan die Aufgabe, diejenigen zur Regelung der Verhältnisse des Handwerks erlassenen gesetzlichen Bestimmungen, welche noch einer Ergänzung durch Einzelvorschriften bedürftig und fähig sind, für ihren Bezirk weiter auszubauen, die Durchführung der gesetzlichen und der von ihr selbst erlassenen Vorschriften in ihrem Bezirke zu regeln und, soweit erforderlich durch besondere Beauftragte, zu überwachen, und endlich solche auf die Förderung des Handwerks abzielende Veranstaltungen, namentlich auch zur Ausbildung von Meistern, Gesellen und Lehrlingen zu treffen, zu deren Begründung und Unterhaltung die Kräfte der lokalen Organisationen nicht ausreichen (§ 103 e). Um die Durchführung dieser Aufgaben zu erleichtern, sind die Behörden verpflichtet worden, den an sie ergehenden Ersuchen der Handwerkskammer zu entsprechen (§ 103 p), und die Innungen und Innungsausschüsse den Handwerkskammern in gewissem Sinne subordiniert (§ 103 f); auch besitzt die Handwerkskammer eine Strafgewalt (§ 103 n).

Die Erledigung der vorstehend an erster Stelle skizzierten Aufgaben liegt vorwiegend der Handwerkskammer in ihrer Gesamtheit ob (§ 103 g Abs. 3), während die zu zweit gekennzeichneten, die eine mehr oder weniger fortlaufende Thätigkeit erfordern, von dem Vorstande zu lösen sind (§ 103 g Abs. 1). Zur Ergänzung ist für beide die Errichtung von Ausschüssen für einzelne Geschäftszweige, örtliche Bezirke und Gewerbegruppen sowie die Hinzuziehung von Sachverständigen vorgesehen worden (§ 103 d).

Die Kostendeckung erfolgt durch die Gemeinden, die aber ermächtigt sind, die auf sie entfallenden Anteile auf die einzelnen Handwerksbetriebe umzulegen (§ 103 l).

Die inneren Verhältnisse der Handwerkskammern werden durch ein von der Landes-Centralbehörde zu erlassendes Statut geregelt (§§ 103 m und q).

Blickt man nun zurück auf die vielgestaltige Organisation des Handwerks in Innungen — freien und Zwangsinnungen —, Innungsausschüssen, Innungsverbänden und Handwerkskammern und namentlich auf die durch das Gesetz von 1897 herbeigeführten Änderungen, dann wird man mit Biermer gestehen müssen:[1]) „Das Innungsgesetz enthält, im Grunde genommen, nur eine Form, die ihren materiellen Inhalt erst erhalten soll. Die Zukunft wird lehren, wie weit die reformierten und erweiterten Handwerksorganisationen befähigt sind, den ihnen von der Reichstagsmehrheit übertragenen Aufgaben gerecht zu werden. Die minimalen Leistungen der bisherigen freien Innungen stellen dem ganzen Gebäude jedenfalls keine allzugünstige Prognose aus."

---

[1]) Wörterbuch der Volkswirtschaft Bd. I S. 1050.

§ 12.

Gewerbliche Hilfskassen.

Nicht eine eigentliche, innerlich selbständige Interessenvertretung im wirtschaftspolitischen und juristischen Sinne, wohl aber zum Teil an solche angegliedert und im innersten Kern ebenfalls auf gegenseitige Unterstützung gerichtet sind die „gewerblichen Hilfskassen“ — eine Institution, die übrigens durch die neue sozialpolitische Gesetzgebung aus dem positiven Gewerberecht ausgeschieden und der Geschichte desselben verfallen ist.

Einrichtungen zur gegenseitigen Unterstützung ihrer Mitglieder in Krankheits- und eventuell auch in Sterbefällen bestanden schon im Anschluß an die mittelalterlichen Handwerkergilden und Gesellenverbände (Gesellenladen). Mit dem Verfall der Innungen löſten sie sich von diesen los und bestanden nun selbständig als „freie Hilfskassen“ weiter.

Die Gewerbeordnung von 1869, die davon ausging, daß gewerbliche Unterstützungskassen die den Gemeinden durch die Armenunterstützung erwachsenden Lasten wesentlich zu erleichtern und damit erheblich dazu beizutragen geeignet seien, die Schwierigkeiten zu beseitigen, welche aus der Kollision der Freizügigkeit mit der Unterstützungspflicht der Gemeinden entstehen könnten,[1]) beseitigte jeden Zwang, einer Kranken-, Hilfs- oder Sterbekasse beizutreten, für die selbständigen Gewerbetreibenden, da Gründe vorerwähnter Art diesen gegenüber nicht wohl in Frage kommen konnten (jetzt § 140), und ließ für Gesellen, Gehilfen und Fabrikarbeiter bis zur definitiven Regelung der Angelegenheit von Reichswegen die diesbezüglichen Landesgesetze, die fast durchweg, namentlich in Preußen, das Prinzip der Zwangskassen vertraten, mit der Maßgabe in Kraft, daß die Zugehörigkeit zu einer anderen Kranken-, Hilfs- oder Sterbekasse von der Verpflichtung, in die auf Grund ortsstatutarischen oder behördlichen Zwanges errichteten bestimmten Kassen, also in die Zwangskassen einzutreten, entbinde. Das bisherige Prinzip der Zwangskassen wurde also durch das des Kassenzwanges ersetzt.

[1]) Beyendorff a. a. O. S. 26.

Eine nähere Regelung der Verhältnisse dieser „anderen" Hilfskassen erfolgte durch das Gesetz vom 7. April 1876 über die eingeschriebenen Hilfskassen und durch die Novelle zur Gewerbeordnung vom 8. April 1876. Das Gesetz vom 7. April [1]) sicherte den Arbeitern das Recht, freie Hilfskassen zu gründen, und gewährte denjenigen dieser Kassen, die gewissen Bedingungen entsprachen, das Recht der juristischen Persönlichkeit und noch andere Privilegien (Eingeschriebene Hilfskasse.) Im Anschluß hieran präzisierte nun die Novelle vom 8. April [2]) die bisherige sehr allgemein gehaltene Bestimmung der Gewerbeordnung über die befreiende Wirkung der Zugehörigkeit zu einer „anderen" Kasse dahin, daß nur die Mitgliedschaft zu einer eingeschriebenen Hilfskasse von dem Beitritt in eine Zwangskasse befreie. Das Gesetz ermächtigte ferner die Gemeinden und die größeren Kommunalverbände, die Bildung von solchen Kassen zur Unterstützung von Gesellen, Gehilfen und Fabrikarbeitern anzuordnen und diesen Personen, soweit sie über 16 Jahre alt seien, den Eintritt in diese Kasse zur Pflicht zu machen. Die Gemeinden konnten dabei die Arbeitgeber verpflichten, ihre Arbeiter zu der für sie bestimmten Kasse anzumelden, die von den Arbeitern zu entrichtenden Beiträge zur Hilfskasse bis auf die Hälfte vorzuschießen und auch selbst auf ihre eigene Kasse die Hälfte dieser Beiträge zu übernehmen (frühere §§ 141—141 f).

Da aber weder die Arbeiter in ausreichender Weise eingeschriebene Hilfskassen, noch die Gemeinden Gemeindekassen errichteten, sah man sich zu einem Prinzipienwechsel in Rücksicht auf die Behandlung dieser Materie genötigt und führte diesen in den sog. Arbeiterversicherungsgesetzen [3]) durch, die sich der Betrachtung im Rahmen dieser Abhandlung entziehen. Hier genügt es festzustellen, daß die oben erörterten Vorschriften der Gewerbeordnung (§§ 141—141f) durch § 87 des Reichsgesetzes, betreffend die Krankenversicherung der Arbeiter, vom 15. Juni 1883 [4]) aufgehoben worden sind.

---

[1]) R.G.Bl. 1876 S. 125.

[2]) R.G.Bl. 1876 S. 134.

[3]) Vergl. Buch I, § 4 d. W. S. 21 ff.

[4]) R.G.Bl. 1883 S. 73.

Vierter Abschnitt.

Gewerbliches Hilfspersonal.

§ 13.

Der Arbeitsvertrag.

Der Arbeitsvertrag ist eine aus freiem Willen resultierende Vereinbarung, wonach der eine — die gewerbliche Hilfsperson — seine Arbeitskraft einem andern — dem Unternehmer — zur Verwendung in dessen Gewerbebetriebe „vermietet“. Das die beiden Contrahenten verbindende Rechtsverhältnis ist also ein „Dienstvertrag“ (locatio-conductio operarum), auf den in erster Linie die Bestimmungen der Gewerbeordnung, in deren Ergänzung aber die Vorschriften der §§ 611—630 B.G.B. Anwendung finden. Die juristische Auslegung eines solchen Dienstvertrages hat selbstverständlich unter Berücksichtigung der allgemeinen Bestimmungen des Obligationenrechtes (§§ 241—432 B.G.B.), sowie unter Anwendung der im „Allgemeinen Teil“ des B.G.B. enthaltenen Vorschriften (§§ 1—240) zu erfolgen. Aber nicht jeder Dienstvertrag ist der Einwirkung der Reichs-Gewerbeordnung ausgesetzt. Es bleibt stets zu bedenken, daß die Gewerbeordnung grundsätzlich nur „gewerbliche“ Verhältnisse regeln will, die Bestimmungen ihres Titels VII („Gewerbliche Arbeiter“) daher auch nur auf solches Hilfspersonal Anwendung finden, das in Betrieben beschäftigt ist, die sich als „Gewerbe“ (vgl. S. 34 ff.) charakterisieren, mithin z. B. nicht auf Gesinde, land- und forstwirtschaftliche Arbeiter &c., insbesondere — gleich den anderen Vorschriften der Gewerbeordnung — auch nicht auf Personen, die in durch § 6 eximierten Unternehmungen beschäftigt werden, also z. B. nicht auf das Eisenbahnpersonal und die Bergarbeiter. Ferner schließt § 154 Abs. 1 die Anwendung einzelner Vorschriften des Titels VII inbezug auf Gehilfen und Lehrlinge in Apotheken und Handelsgeschäften ausdrücklich aus; wäre dies nicht geschehen, dann würden diese Personen, die an sich zweifellos zum eigentlichen „gewerblichen“ Hilfspersonal zu rechnen sind, den Normen des Titels VII in weiterem Umfange unterstehen. Aber auch der ganze Titel VII gilt nicht gleichmäßig für alle Klassen gewerblichen Hilfspersonals, sondern er enthält zahlreiche Spezialvorschriften, die, zu einzelnen Abschnitten zusammengefaßt, nur für ganz bestimmte, in der Überschrift dortselbst näher bezeichnete Personen berechnet sind. Der Abschnitt IV insbesondere (§§ 134—139a) regelt nur die Verhältnisse der Fabrikarbeiter, enthält also eine besondere „Fabrikgesetzgebung"; einzelne Vorschriften desselben sind jedoch ganz oder teilweise auch für die in anderen gewerblichen Betrieben (als welche vor allem die „Werkstätten" im Gegensatz zu den „Fabriken" in Frage kommen) Beschäftigten in Kraft gesetzt worden (§ 154 Abs. 2—5) — entweder unmittelbar oder unter der Voraussetzung des Erlasses einer Kaiserlichen Verordnung mit Zustimmung des Bundesrats (§ 154 Abs. 4). (Vgl. z. B. die Kaiserliche Verordnung vom 31. Mai 1897 betr. Kleider- und Wäschekonfektion.[1]) Damit werden die Segnungen der Arbeiterschutzgesetzgebung, die als besonders nötig in erster Linie zu Gunsten der Fabrikarbeiter erlassen wurde, auch anderen Klassen gewerblichen Hilfspersonals zugängig gemacht. Das Gesetz selbst erstreckt schließlich die Wirksamkeit einzelner Vorschriften des Titels VII (z. B. über Lohnzahlung, Beschäftigung jugendlicher und weiblicher Arbeiter) auf die Besitzer und Arbeiter von Bergwerken, Salinen, Aufbereitungsanstalten und unterirdisch betriebenen Brüchen oder Gruben (§ 154a Abs. 1). Endlich bleibt zu erwähnen, daß auf die Dienstverträge der Handlungsgehilfen und Lehrlinge insbesondere die Bestimmungen des Handelsgesetzbuches vom 10. Mai 1897 Anwendung finden.

Müßte nun auch der Gesetzgeber, der in allen anderen Fällen das Prinzip der „Vertragsfreiheit" seinem Obligationenrecht zu Grunde legt, konsequenterweise auch hier den Inhalt des Vertrages der Abrede der Parteien überlassen, so scheint doch gerade hier, namentlich mit Rücksicht auf die thatsächliche Zwangslage des einen Kontrahenten, des wirtschaftlich schwachen Arbeiters, und wegen der Bedeutung, die eine möglichst weit reichende Zufriedenheit der arbeitenden Klassen für die Gesamtheit, für den sozialen Frieden hat, eine Beschränkung der Ver-

[1]) R.G.Bl. 1897 S. 459.

tragsfreiheit durch staatliche Intervention sehr am Platze zu sein. Soll dieser staatliche Schutz der Arbeiter aber wirksam sein, dann darf sich der Gesetzgeber eben wegen der wirtschaftlichen Abhängigkeit der Arbeiter nicht darauf beschränken, aus dem Arbeitsvertrage gewisse Abmachungen zu eliminieren, die, wenn dennoch verabredet, jedenfalls den Arbeiter rechtlich nicht binden, sondern er muß aggressiv gegen denjenigen vorgehen, der solche Vereinbarungen mit dem Arbeiter trifft und sie ausnutzt, er muß den Unternehmer mit Kriminalstrafe bedrohen für den Fall, daß er die Arbeiter zu gewissen Leistungen verbotswidrig anhält, selbst wenn diese — wie häufig geschehen wird — damit einverstanden sind.

Diesen Standpunkt nimmt auch die gegenwärtige Gewerbeordnung ein. Grundsätzlich besteht jedoch Vertragsfreiheit; wo diese eingeengt werden soll, bedarf es daher einer ausdrücklichen Erklärung des Gesetzgebers.

Der Gesetzgeber des Jahres 1869 glaubte die Vertragsfreiheit der Arbeitgeber und Arbeitnehmer möglichst wenig einschränken zu sollen, da es jedermann überlassen bleiben müsse, wie er seine Arbeitskraft bethätigen wolle. Man ließ keine weitere Einmischung der öffentlichen Gewalt zu, als diejenige, die durch die Fürsorge für Minderjährige, für einen Nachhilfsunterricht, soweit derselbe notwendig, für thunlichste Sicherung der Arbeiter gegen die aus der besonderen Beschaffenheit des Gewerbebetriebes oder der Betriebsstätte sich ergebende Gefahr für Leben und Gesundheit, für Klarstellung der Lehr- und Lohnverträge und schließlich auch für Beseitigung von Mißbräuchen bei Lohnzahlungen (Bestimmungen gegen das Trucksystem) bedingt wurde.[1]) Die schlechten Erfahrungen, die man in der Folge machte, haben gezeigt, wie wenig dieser Standpunkt des Gesetzgebers den Bedürfnissen des wirklichen Lebens gerecht zu werden vermag. So sehr im Prinzip die Wahrung der persönlichen Freiheit für das Individuum der Menschenwürde allein entsprechen mag, auf dem Gebiete des sozialen Lebens kommt man mit Phrasen und Prinzipienreiterei nicht zu einem auch nur einigermaßen annehmbaren Resultat. Wenn irgendwo, so ist hier ein kräftiges Durchgreifen der öffent-

[1]) Beyendorff a. a. O. S. 21.

lichen Gewalt, namentlich zu Gunsten der wirtschaftlich Schwachen durchaus am Platze.

Demgemäß war nach der Gewerbeordnung von 1869 die Festsetzung der Verhältnisse zwischen den selbständigen Gewerbetreibenden und ihren Hilfspersonen Gegenstand freier Übereinkunft — eine Vorschrift, die im Prinzip d. h. soweit nicht ausdrückliche Vorschriften des Gesetzes das Gegenteil besagen, auch heute anerkannt ist (jetzt § 105). Beide Personenklassen können ihre wirtschaftliche Position in dem mit Notwendigkeit entstehenden Interessenkampf dadurch zu stärken suchen, daß sie zur Erlangung günstiger Lohn- und Arbeitsbedingungen — insbesondere mittels Einstellung der Arbeit oder Entlassung der Arbeiter — geeignete Verabredungen und Vereinigungen eingehen (Koalitionsrecht). Nur darf niemand von anderen Personen durch Anwendung körperlichen Zwanges, durch Drohungen, durch Ehrverletzung oder durch Verrufserklärung zur Teilnahme an solchen Vereinigungen bestimmt bezw. von der Beteiligung an denselben abgehalten werden (jetzt §§ 152, 153). Hiermit war im Prinzip die vielumstrittene „Koalitionsfreiheit“ reichsgesetzlich anerkannt, deren Ausübung jedoch bedauerlicherweise nicht nur in keiner Hinsicht garantiert wurde, so daß die Praxis der Polizeibehörden, unterstützt durch eine juristisch zum mindesten bedenkliche Rechtsprechung der Gerichte, es zuwege bringen konnte, die auf eine Koalition gerichteten Bestrebungen der Arbeiter dem für die politischen Vereine gesetzten Rechte mit seinen zahlreichen Beschränkungen zu unterstellen und damit — unter allen Umständen im Widerspruch mit dem Geiste der Gewerbeordnung — in ausgedehntestem Maße zu hemmen, sondern deren Bethätigung auch insofern vom Gesetzgeber selbst gewissermaßen illusorisch gemacht wurde, als jedem Teilnehmer an solcher Vereinigung oder Verabredung das Recht zum jederzeitigen Rücktritt beigelegt ist und weder eine Klage, noch eine Einrede aus solchen Vereinbarungen geltend gemacht werden kann (jetzt § 152 Abs. 2). Aus dem Arbeitsvertrage ergiebt sich für die Hilfspersonen die Verpflichtung, den Anordnungen der Arbeitgeber in Beziehung auf die ihnen übertragenen Arbeiten Folge zu leisten. Der Arbeitsvertrag selbst wird formlos geschlossen. Streitigkeiten daraus über den Anfang, die Fortsetzung oder Aufhebung des Arbeitsverhältnisses sind an Stelle der ordentlichen Gerichte durch besondere Behörden (Gewerbegerichte)[1]), in deren Ermangelung durch die Gemeindebehörde zu entscheiden.

Diese grundlegenden Bestimmungen[2]) sind auch heute noch in Geltung, haben jedoch in mehrfacher Richtung einen Ausbau erfahren. Die Novelle vom 17. Juli 1878[3]) knüpfte die Zulässigkeit der gewerblichen Beschäftigung, damit also den Abschluß eines Arbeitsvertrages mit nicht mehr schulpflichtigen Personen unter 21 Jahren an die Übergabe eines von der Behörde ausgestellten (§§ 108—110) Arbeitsbuches an den künftigen Arbeitgeber, der dasselbe zu verwahren und nur nach rechtmäßiger Lösung des Arbeitsverhältnisses, mit gewissen Eintragungen über Art und Dauer der Beschäftigung versehen (§ 111), dem Arbeiter wieder auszuhändigen hat (§§ 107—112). Abgesehen davon, daß das Arbeitsbuch, in das Urteile über Führung und Leistungen, „da diese nicht beliebt seien und nur selten von den Arbeitern gefordert würden", nicht eingetragen werden dürfen (§ 111 Abs. 4), für den Arbeiter die Bedeutung einer Legitimationsurkunde hat, ist dasselbe, da es nur mit Genehmigung des gesetzlichen Vertreters von der Behörde ausgefertigt werden darf (§ 108), vorzüglich geeignet, den Einfluß dieses gesetzlichen Vertreters, für die Regel also der Eltern, auf den minderjährigen Arbeiter zu garantieren; zugleich ist dasselbe aber für den Arbeitgeber auch ein Beweis dafür, daß der Minderjährige mit der erforderlichen Zustimmung seines gesetzlichen Vertreters Gelegenheit zur Arbeit aufsucht, daß der an sich in der Geschäftsfähigkeit Beschränkte also durch die generelle Ermächtigung seitens seines Vertreters zum rechtsgültigen Abschluß eines Arbeitsvertrages nach § 113 B.G.B. qualifiziert ist. Ist der Besitz des Arbeitsbuches für den Arbeitgeber[4]) einerseits der unzweideutige Beweis für den thatsächlichen Abschluß des Dienstvertrages, so hat er in ihm andererseits, da er das Buch nur bei r e c h t m ä ß i g e r Beendigung des Arbeitsverhältnisses

[1]) Vergl. das Gewerbegerichtsgesetz vom 29. Juli 1890 (R.G.Bl. S. 141) und die Novelle vom 30. Juni 1901 (R.G.Bl. S. 249).

[2]) Vergl. auch Anm. 3 S. 72.

[3]) R.G.Bl. 1878 S. 199.

[4]) Ebenso natürlich für den Arbeitnehmer.

herauszugeben gehalten ist, ein wirksames Mittel, den noch jugendlichen Arbeiter von der Beteiligung an Ausständen („Strikes") abzuhalten und damit die Möglichkeit, sich selbst vor Kontraktbruch zu schützen. Sowohl diese letzterwähnte Wirkung des Arbeitsbuches, als auch der elterliche Einfluß wurden durch die Novelle vom 1. Juni 1891 [1]) wesentlich erhöht, indem bestimmt ist, daß das Arbeitsbuch der Arbeiter unter 16 Jahren nach rechtmäßiger Lösung des Arbeitsverhältnisses in der Regel nicht an den Arbeiter selbst, sondern an dessen gesetzlichen Vertreter auszuhändigen ist, und daß auch bei Arbeitern über 16 Jahren der Vertreter die Aushändigung an ihn verlangen kann (§ 107).

Nach diesen „allgemeinen" für alle Klassen gewerblichen Hilfspersonals gleichmäßig geltenden Bestimmungen des Gesetzes sind, vorbehaltlich der in den folgenden Paragraphen zu behandelnden Einschränkungen der Vertragsfreiheit nach bestimmten Richtungen hin, nunmehr die Vorschriften der Gewerbeordnung zu erwähnen, welche die Arbeitsverhältnisse der einzelnen Kategorieen von gewerblichen Hilfspersonen spezieller regeln. Hierbei werden Gesellen und Gehilfen, Lehrlinge, Fabrikarbeiter unterschieden. Die Differenzierung der Gesellen und Gehilfen einerseits und der Lehrlinge andererseits ergiebt sich aus der Notwendigkeit, die eigenartige Stellung der Lehrlinge entsprechend dem Wesen des Lehrverhältnisses auch rechtlich in besonderer Weise zu konstruieren. Die weitere Scheidung der Gesellen und Gehilfen von den Fabrikarbeitern jedoch ist nicht erfolgt, um einen gesetzlichen Unterschied zwischen ihnen zu statuieren, sondern lediglich aus praktischen Gründen. Das Gesetz hat die Verhältnisse der Fabrikarbeiter um deswillen in einem besonderen Abschnitt (Absch. IV, umfassend die §§ 134—139) behandelt, weil gewisse Vorschriften (über Beschäftigung jugendlicher und weiblicher Arbeiter in Fabriken, gegen das Trucksystem u. s. w.) lediglich dem Gebiete der Gesetzgebung über die Fabrikindustrie angehören, dem Handwerksbetriebe gegenüber daher unverständlich sein würden. [2])

Für die Gesellen und Gehilfen involviert der Arbeitsvertrag, da sie meist im Haushalte ihres Arbeitgebers

[1]) R.G.Bl. 1891 S. 261 ff.

[2]) Vergl. Beyendorff a. a. O. S. 22 f.

wohnen, neben den Obliegenheiten rein gewerblicher Natur auch die Verpflichtung, den inbezug auf die häuslichen Einrichtungen ergehenden Anordnungen des Arbeitgebers nachzukommen; zu häuslichen Arbeiten sind sie jedoch nicht verbunden (§ 121). In der Auswahl ihres Kontrahenten d. h. also in der Wahl ihrer Meister oder Arbeitgeber sind die Gehilfen und Gesellen nicht beschränkt.

Lehrlinge sind zunächst in der Wahl ihrer Lehrherren beschränkt, insofern bestimmten Personen die Unterweisung von Lehrlingen verboten ist (§§ 126, 126a)[1]). Der Arbeitsvertrag erscheint hier in der Form des Lehrvertrages[2]), der wegen der beschränkten Geschäftsfähigkeit des Lehrlings zwischen dessen gesetzlichem Vertreter und dem Lehrherrn abgeschlossen wird. Anfangs war der Lehrvertrag formlos; die Novelle vom 17. Juli 1878[3]) begünstigte jedoch die Schriftform insofern, als der Lehrherr einen Anspruch auf Rückkehr des der Lehre entlaufenen Lehrlings nur hatte, wenn der Lehrvertrag schriftlich geschlossen war. Schließlich wurde die Schriftform von der Novelle vom 26. Juli 1897[4]) ausdrücklich verlangt (§ 126b), da die Schriftlichkeit des Lehrvertrages für die Klarstellung der Rechtsverhältnisse zwischen Lehrherrn und Lehrling bei Streitigkeiten von wesentlicher Bedeutung sei und für eine wirksame Kontrolle des Lehrlingswesens eine erwünschte Handhabe biete.[5]) Im Gegensatz zu den Gesellen und Gehilfen ist der im Hause des Lehrherrn wohnende und beköstigte Lehrling auch zu häuslichen Dienstleistungen verpflichtet, nur darf ihm dadurch nicht Zeit und Gelegenheit entzogen werden, sich zum tüchtigen Gehilfen auszubilden (§ 127 Abs. 2). Die Lehrlinge sind außerdem vom Lehrherrn bezw. einem ausdrücklich zu bestimmenden Vertreter in den bei seinem Betriebe vorkommenden Arbeiten zu unterweisen und hierbei, sowie ganz allgemein besonders zur Arbeitsamkeit und zu guten Sitten anzuhalten und vor Lastern, Ausschweifungen

---

[1]) Vergl. auch S. 72 ff.

[2]) Der notwendige Inhalt des Lehrvertrages ergiebt sich aus § 126b R.G.O.

[3]) R.G.Bl. 1878. S. 199 ff.

[4]) R.G.Bl. 1897. S. 437 ff.

[5]) Motive S. 83.

und Überanstrengungen zu bewahren (§ 127). Die Lehrlinge unterliegen der väterlichen Zucht des Lehrherrn (§ 127a) und müssen, soweit sie dazu verpflichtet sind, zum Besuche der Fortbildungs- oder Fachschule angehalten werden (§ 127). Diese Bestimmungen beruhen zum Teil auf den zur Gewerbeordnung ergangenen Novellen. Die Novelle vom 17. Juni 1878 insbesondere formulierte, um eine bessere Ausbildung des gewerblichen Nachwuchses zu erlangen, die Pflichten des Lehrherrn bestimmter, indem namentlich eine planmäßige Unterweisung durch den Meister selbst oder durch einen ausdrücklich dazu bestellten Vertreter verlangt wurde. Eine nochmalige Verschärfung brachte dann die Novelle vom 26. Juli 1897, um die Erfüllung der aus dem Lehrvertrage dem Lehrherrn erwachsenden Verpflichtung und Verantwortlichkeit, namentlich hinsichtlich des Schutzes der Lehrlinge gegen Gefährdung ihres körperlichen Wohles sowie hinsichtlich des Besuches der Fach- und Fortbildungsschule durch den Lehrling, zu sichern (§ 127). Gleichzeitig wurden Personen, die nicht die erforderliche Gewähr für eine ordnungsmäßige Erziehung und Ausbildung der jungen Leute bieten, von dem Halten und Anleiten von Lehrlingen ausgeschlossen (§§ 126, 126a). Insbesondere machte man die Befugnis zum Lehrlinghalten im Handwerk, da hier die möglichst sorgfältige Ausbildung der Lehrlinge von besonderer Bedeutung ist, von der individuellen Leistungsfähigkeit des Lehrherrn abhängig (vergl. § 5. S. 73). Überhaupt suchte man durch eingehendere gesetzliche Regelung der Verhältnisse der Handwerkslehrlinge deren Ausbildung nach Möglichkeit zu fördern, indem namentlich auch der Innung und der Handwerkskammer eine weitgehende Einwirkung zuerkannt wurde. Der Innung ist binnen vierzehn Tagen der Lehrvertrag abschriftlich einzureichen (§ 129b), Innung und Handwerkskammer können die zulässige Zahl der in den einzelnen Betrieben zu unterweisenden Lehrlinge festsetzen (§ 130), und in Angliederung an die Innung oder die Handwerkskammer sind — das ist eine zwingende Vorschrift des Gesetzes — Prüfungsausschüsse zur Abnahme der Gesellenprüfung zu errichten (§§ 131, 131a). Am Ende der Lehrzeit, deren Dauer allgemein auf drei Jahre bemessen ist (§ 130a), sollen die Handwerkslehrlinge die Gesellenprüfung ablegen, deren Absolvierung allerdings nicht obligatorisch ist, der sich zu unterziehen der Lehrling jedoch von Innung und Lehrherrn angehalten werden soll (§ 131c). Außerdem sind an das Bestehen dieser Prüfung, deren Inhalt ebenfalls gesetzlich fixiert ist (§ 131b), bestimmte Rechtsfolgen geknüpft (Befugnis zur Anleitung von Lehrlingen, Voraussetzung zur Erlangung des Meistertitels), die den Geprüften auch wirtschaftliche Vorteile gegenüber den Nichtgeprüften gewähren.

Als zusammenfassende Darstellung der Bedingungen des Arbeitsvertrages charakterisieren sich die Arbeitsordnungen, auf die weiter unten einzugehen ist. Hier sei nur bemerkt, daß die Novelle vom 30. Juni 1900 die bisher nur für Fabrikbetriebe obligatorische Aufstellung von Arbeitsordnungen auch für diejenigen offenen Verkaufsstellen, in denen in der Regel mindestens zwanzig Gehilfen und Lehrlinge beschäftigt werden, vorgeschrieben hat (§ 139k).

Die Fabrikarbeiter sind grundsätzlich den Gesellen und Gehilfen — durch die Novelle vom 17. Juni 1878[1]) jedoch, soweit sie als Lehrlinge anzusehen sind, den Lehrlingen[2]) — gleichgestellt (§ 134); aus der Eigenart der Fabrikarbeit ergab sich aber die Notwendigkeit weitgehender Beschränkungen in der Vertragsfreiheit, namentlich soweit es sich um jugendliche und weibliche Arbeiter handelt. Die Gewerbeordnung von 1869 schloß Kinder unter 12 Jahren gänzlich von der regelmäßigen Verwendung in Fabriken aus und ließ die Beschäftigung bis zum 14. Jahre nur für die Dauer von 6 Stunden täglich zu und auch in dieser Form nur, sofern sie täglich einen mindestens dreistündigen Schulunterricht erhielten. Junge Leute, die das vierzehnte, nicht aber das sechszehnte Lebensjahr vollendet haben, durften, wie auch noch heute (§ 135), nicht über 10 Stunden täglich beschäftigt werden; ihnen waren und sind außerdem bestimmte Pausen zu gewähren (jetzt § 136). Derjenige Unter-

---

[1]) R.G.B. 1878 S. 199 ff.

[2]) Es giebt nicht nur im Handwerk, sondern auch in Fabriken Lehrlinge, namentlich in den Spezialfabriken, wie Maschinenfabriken, Eisengießereien, Kesselfabriken u. s. w. Für diese letzteren Lehrlinge gelten die das Lehrverhältnis im allgemeinen regelnden Vorschriften der §§ 126—128 R.G.O., während die Bestimmungen der §§ 129—132a ausschließlich auf die Lehrlinge des Handwerks Anwendung finden.

nehmer, der mit jugendlichen Arbeitern kontrahieren will, hatte vorher der Polizeibehörde eine generelle Anzeige zu erstatten, daß er derartiges beabsichtige; er hatte überdies ein Namensverzeichnis der jugendlichen Arbeiter, die er thatsächlich eingestellt hat, in dem Arbeitslokal auszuhängen und die Zahl dieser Arbeiter halbjährlich der Polizei anzuzeigen — Vorschriften, die — bis auf die zuletzt erwähnte periodische Meldepflicht — auch heute noch in Geltung sind (§ 138).

Die Novelle vom 17. Juli 1878 beschränkte die Vertragsfreiheit wiederum: Gewerbetreibende, welchen die bürgerlichen Ehrenrechte aberkannt sind, dürfen nunmehr auch keinen Vertrag eingehen, der sie zur Anleitung von Arbeitern unter 18 Jahren — bisher hatten sie nur keine Lehrlinge halten dürfen — verpflichtet (§ 106). Ferner wurde der Bundesrat autorisiert, die Verwendung von jugendlichen Arbeitern sowie von Arbeiterinnen für gewisse Fabrikationszweige, welche mit besonderen Gefahren für Gesundheit oder Sittlichkeit verbunden sind, gänzlich zu untersagen oder doch von besonderen Bedingungen abhängig zu machen (jetzt § 139a Ziff. 1).

Wesentliche Änderungen für das Arbeiterrecht brachte sodann das sog. „Arbeiterschutzgesetz", die Novelle zur Gewerbeordnung vom 1. Juni 1891 [1]). Die an die Stelle der bisherigen fakultativen Errichtung von Arbeitsordnungen tretende Verpflichtung zum Erlaß solcher, sobald mindestens zwanzig Arbeiter in der Fabrik [2]) regelmäßig beschäftigt werden (§§ 134a—g), gab dem Inhalt des mit dem einzelnen Arbeiter abzuschließenden Vertrages nicht nur eine ganz bestimmte Basis, sondern, da das Gesetz selbst gewisse leitende Gesichtspunkte aufstellte, auch eine ganz bestimmte Richtung. Diese Neuerung wurde damit begründet,[3]) daß die unter Mitwirkung der Arbeiter (§ 134d) zu verfassende Arbeitsordnung, indem sie ein für allemal diejenigen Bedingungen aufstelle, welche der Arbeitgeber den bei ihm Beschäftigung suchenden Arbeitern anbiete, und denen sich daher jeder Arbeiter, der in die Beschäftigung eintrete, unterwerfen

[1]) R.G.Bl. 1891 S. 261.

[2]) Über die Verpflichtung der Inhaber offener Verkaufsstellen zum Erlaß von Arbeitsordnungen siehe weiter oben im Text S. 135.

[3]) Motive S. 43.

müsse, den Abschluß des Arbeitsvertrages mit jedem einzelnen Arbeiter erleichtere. Daneben enthalte sie die Vorschriften, die zur Aufrechterhaltung der technischen und wirtschaftlichen Ordnung des Betriebes[1]) dienen sollten, und sichere ihre Befolgung durch Strafbestimmungen, denen sich der Arbeiter durch Eingehung des Arbeitsverhältnisses unterwerfe. Die gesetzliche Regelung des Erlasses der Arbeitsordnung aber finde ihre Rechtfertigung in der Erwägung, daß eine bestimmte und klare Kundgebung der Bedingungen des Arbeitsvertrages, aus der jeder Arbeiter sich über seine Rechte und Pflichten zu jeder Zeit unterrichten könne, die zahlreichen Streitigkeiten, die erfahrungsmäßig aus der Unvollständigkeit und Unklarheit der Arbeitsverträge entstünden, abschneide und somit zur Erhaltung eines friedlichen Verhältnisses zwischen Arbeitgeber und Arbeitnehmer beizutragen geeignet sei.[2]) Die Zulassung der Kinder zur Beschäftigung in Fabriken wurde mit Rücksicht auf Schulbildung und Erziehung von der Vollendung des 13. Lebensjahres und der Beendigung der Verpflichtung zum Besuche der Volksschule abhängig gemacht (§ 135 Abs. 1). Diese letztere Bestimmung muß allerdings die Folge haben, daß, da die landesgesetzlich normierte Schulpflicht zu sehr verschiedenen Zeitpunkten endigt, der Tag, mit welchem die Beschäftigung zulässig wird, in den einzelnen deutschen Staaten und selbst innerhalb Preußens verschieden sein wird, aber durch absolute Festhaltung des 14. Lebensjahres, bis zu dem der Regel nach überall der Schulpflicht genügt ist, als Minimalgrenze der Fabrikbeschäftigung würde man den Übelstand herbeigeführt

---

[1]) Vorschriften über das Verhalten außerhalb des Betriebes können nur für minderjährige Arbeiter mit Rechtsverbindlichkeit erlassen werden; großjährigen Arbeitern gegenüber würden derartige Vorschriften als gegen die guten Sitten verstoßend nichtig sein (§ 138 B.G.B.). Auch für großjährige Arbeiter können jedoch gemäß positiver Vorschrift des Gesetzes Bestimmungen über ihr Verhalten bei Benutzung der zu ihrem Besten getroffenen, mit der Fabrik verbundenen Einrichtungen aufgestellt werden. In beiden Fällen ist jedoch die Zustimmung eines ständigen Arbeiterausschusses (§ 134h) unerläßlich (§ 134b Abs. 3.)

[2]) Den Inhalt der Arbeitsordnung regelt § 134b. — Die Arbeitsordnung ist, da sie die Grundlage des Arbeitsvertrages bildet, für die Beurteilung von Streitigkeiten aus dem Arbeitsverhältnis von großer Bedeutung.

haben, daß Kinder, die einige Monate vorher entlassen sind, oft beschäftigungslos hätten bleiben müssen, was unter allen Umständen vermieden werden mußte. Gleich der Beschäftigung jugendlicher Arbeiter ist nunmehr auch die von Arbeiterinnen, gleichgültig welchen Alters, der Behörde vorher anzuzeigen und in dem Arbeitsraum ein Auszug aus den gesetzlichen Bestimmungen über die Beschäftigung von Arbeiterinnen auszuhängen (§ 138), letzteres eine Vorschrift, die hinsichtlich der Beschäftigung jugendlicher Arbeiter bereits die Novelle vom 17. Juli 1878 [1]) gebracht hatte unter gleichzeitiger Befreiung von der Verpflichtung zur Einreichung der Halbjahreslisten.

§ 14.

Die Arbeitszeit.

„Jede Arbeit vernichtet Kraft. Die Summe von Kraft, über welche das Subjekt jeweilig verfügt, wäre bald erschöpft, gelänge es ihm nicht, den Kraftverlust durch Kraftersatz wieder wettzumachen. Diese Reproduktion der absorbierten Kraft geschieht durch Essen, Trinken, Ruhen und Schlafen. Das Maß der Erholung hängt von Arbeitszeit und Arbeitslohn ab. Der Arbeiter ist aber das Glied einer sittlich-gesellschaftlichen Gemeinschaft. Um sich als solches fühlen zu können, und sich nicht nur die physische, sondern auch die psychische Arbeitsfreudigkeit zu erhalten, muß die Ausdehnung der täglichen Arbeitszeit eine vernünftige sein, d. h. Kraftverlust und Kraftersatz müssen sich entsprechen, und der Arbeiter muß für die Ordnung häuslicher Angelegenheiten, zum Familienleben und überhaupt zu allen denjenigen Lebensgenüssen, auf welche ihm die gesellschaftliche Ordnung einen berechtigten Anspruch verleiht, hinreichende Muße behalten.“ [2]) Die Notwendigkeit, die Arbeitszeit nach oben abzugrenzen, ergiebt sich ja ohne weiteres; ebenso aber auch das Erfordernis staatlicher Intervention, denn der Arbeiter selbst besitzt nicht die erforderliche wirtschaftliche Selbständigkeit,

[1]) R.G.Bl. 1878 S. 199 ff.
[2]) Biermer im Wörterbuch der Volkswirtschaft Bd. I S. 204.

um unbilligem Verlangen des Unternehmers mit Erfolg entgegentreten zu können. Gleichwohl hat die Gesetzgebung, abgesehen von dem Verbot der Sonntagsarbeit und der Ermächtigung des Bundesrats eventuell gesundheitsgefährdende Zustände in einzelnen Gewerben auch durch Festsetzung einer Maximalarbeitszeit zu beseitigen (§ 120e Abs. 3 R.G.O.),[1]) die Vertragsfreiheit der Parteien auf diesem Gebiete im vollsten Umfange bestehen lassen, soweit es sich um die Beschäftigung erwachsener männlicher Arbeiter handelt. Nur die Vertragsfreiheit der jugendlichen Arbeiter und der Arbeiterinnen ist im Laufe der Zeit eingeschränkt worden, und zwar anfangs nur in Hinsicht auf die Fabrikarbeit. Erst neuerdings wurde auch die Arbeitszeit in offenen Verkaufsstellen gesetzlich geregelt. Einer eventuellen Ausbeutung der gewerblichen Hilfspersonen durch ungebührliche Länge der Arbeitszeit im Handwerk würde nur auf Grund der vorerwähnten Ermächtigung des Bundesrats aus § 120e in Verbindung mit der allgemeinen Bestimmung der Gewerbeordnung, welche die Unternehmer verpflichtet, den Betrieb so zu regeln, daß die Arbeiter gegen Gefahren für Leben und Gesundheit soweit geschützt sind, als es die Natur des Betriebes gestattet (§ 120a), entgegengetreten werden können.

Bevor der gegenwärtige Stand der Gesetzgebung zu betrachten ist, muß noch darauf hingewiesen werden, daß der Begriff der „Arbeitszeit" in zwiefachem Sinne gebraucht wird: einmal als *effektive Arbeitszeit* d. h. die Stunden, in denen *thatsächlich* gearbeitet wird, also ausschließlich der Pausen, sodann als *Arbeitszeit im weiteren Sinne* d. i. die Zeit der Abwesenheit des Arbeiters aus seiner Häuslichkeit, also die Pausen und die für den Gang zur Arbeitsstätte notwendigen Stunden eingerechnet. Wo die Gewerbeordnung von der Arbeitszeit spricht, ist stets die *effektive Arbeitsdauer* gemeint.

Die Gewerbeordnung von 1869 beschränkte sich darauf, den Arbeitgeber zu verpflichten, bei Beschäftigung der Lehrlinge, aber auch nur solange sie noch nicht 18 Jahre alt waren, gebührende Rücksicht auf Gesundheit und Sittlichkeit zu nehmen und denjenigen Lehrlingen, welche des Schul- und Religions-

---

[1]) Vergl. z. B. die Bekanntmachung des Reichskanzlers vom 4. März 1896, betr. den Betrieb von Bäckereien und Konditoreien.

unterrichtes noch bedurften, Zeit hierfür zu lassen. Hierzu die weitere, noch heute geltende Bestimmung, daß Kinder unter 14 Jahren nicht länger als 6 Stunden, junge Leute (von 14 bis 16 Jahren) nicht über 10 Stunden (jetzt § 135), beide Personenklassen aber nicht vor $5^1/_2$ Uhr morgens und nicht nach $8^1/_2$ Uhr abends beschäftigt werden dürfen, und daß zwischen den Arbeitsstunden während des Vor- und Nachmittages eine Pause von je einer halben Stunde, mittags eine ganze Freistunde und jedesmal auch Bewegung in der freien Luft gewährt werden müsse (jetzt § 136) — und der Gesetzgeber hatte sich mit der Regelung dieses sozialen Problems abgefunden.

Durch die Novelle vom 17. Juli 1878 [1]) wurden Wöchnerinnen [2]) während 3 Wochen nach ihrer Niederkunft von jeder Beschäftigung ausgeschlossen, und die Pausen der in Fabriken nur bis längstens 6 Stunden beschäftigten Kinder dahin geregelt, daß die Pause für dieselben von Gesetzeswegen an jedem Tage nur eine halbe Stunde zu betragen habe (jetzt § 136).

Die Novelle vom 1. Juni 1891 [3]) beschränkte endlich auch die Vertragsfreiheit der Arbeiterinnen, die vom bisherigen Gesetzgeber sehr stiefmütterlich behandelt worden waren, in der wünschenswerten Weise (§ 137). Aus Rücksichten der Gesundheit und des Familienlebens wurde die Beschäftigung der Arbeiterinnen während der Nachtzeit d. h. von $8^1/_2$ Uhr abends bis $5^1/_2$ Uhr morgens verboten und in der übrigen Zeit, um die Arbeiterinnen ihrem Hauswesen nicht zu entfremden nur für die Dauer von 11 Stunden bezw. 10 Stunden an den Vorabenden der Sonn- und Festtage zugelassen, die jedoch durch eine einstündige Mittagspause zu unterbrechen sind. In Bergwerken, Salinen, Aufbereitungsanstalten und unterirdisch betriebenen Brüchen oder Gruben dürfen Arbeiterinnen unter Tage überhaupt nicht beschäftigt werden (§ 154a Abs. 2). Erwachsene Arbeiterinnen müssen auf ihren Antrag bereits $^1/_2$ Stunde vor der Mittagspause entlassen werden, sofern sie ein selbständiges Hauswesen zu besorgen haben (§ 137). Um den Arbeiterinnen

---

[1]) R.G.Bl. 1878. S. 199 ff.

[2]) Vergl. den jetzt erweiterten Schutz des § 137 Abs. 5.

[3]) R.G.Bl. 1891 S. 261.

am Sonnabend Zeit zu gewähren, ihr Haus zu reinigen und für den Sonntag in Stand zu setzen, Kleider und Wäsche auszubessern, überhaupt für ihr Hauswesen zu sorgen und sich und ihren Angehörigen eine ungestörte Sonntagsfeier zu verschaffen, ist verboten, Arbeiterinnen, auch die jugendlichen und nicht verheirateten, am Sonnabend sowie an Vorabenden der Festtage nachmittags nach $5^1/_2$ Uhr in Fabriken zu beschäftigen. Für die jugendlichen Arbeiterinnen insbesondere wollte man hierdurch freie Zeit für die Ausbildung in den weiblichen Hand- und Hausarbeiten gewinnen.[1]) Die Ausschließung der Frauen aus der Fabrik nach der Niederkunft wurde zur Minderung der Kindersterblichkeit von 3 auf 4 Wochen ausgedehnt und während weiterer zwei Wochen nur auf Grund ärztlichen Attestes zugelassen (§ 137 Abs. 5). In gewissen Notfällen erklärt das Gesetz es jedoch für statthaft, von der Innehaltung dieser Einschränkungen[2]) — mit Ausnahme der die Wöchnerinnen betreffenden — abzusehen (§§ 138a, 139, 139a); andererseits wurde jedoch an den Bundesrat die Befugnis delegiert, weitere im Interesse der Arbeiterinnen nötige Beschränkungen anzuordnen (§ 139a).

Da den jugendlichen Arbeitern, die über 6 Stunden täglich beschäftigt werden, außer einer einstündigen Mittagspause mindestens vormittags und nachmittags je eine halbstündige Pause nach den bisherigen Vorschriften auch dann gewährt werden mußte, wenn die tägliche Arbeitszeit die zulässige Dauer von 10 Stunden nicht erreichte, und die Beschäftigung am Vor- und Nachmittag weniger als 5 Stunden betrug, so verordnete die Novelle vom 30. Juni 1900,[3]) daß eine Vor- und Nachmittagspause nicht gewährt zu werden braucht, sofern die jugendlichen Arbeiter täglich nicht länger als 8 Stunden beschäftigt werden, und die Dauer ihrer durch eine Pause nicht unterbrochenen Arbeitszeit am Vor- und Nachmittage je 4 Stunden nicht übersteigt (§ 136 Abs. 1). Auch die Beschäftigung von Arbeiterinnen über 16 Jahren, welche kein

---

[1]) Motive S. 53.

[2]) Auch soweit jugendliche Arbeiter in Frage kommen (§§ 139, 139a).

[3]) R.G.Bl. 1900 S. 321.

Hauswesen zu besorgen haben und eine Fortbildungsschule nicht besuchen, an Sonnabenden wurde für gewisse nicht gut zu entbehrende Arbeiten mit Genehmigung der Behörde bis längstens $8\frac{1}{2}$ Uhr abends für zulässig erklärt, ohne daß dadurch jedoch eine Thätigkeit über die allgemein zugelassenen 10 Stunden hinaus ermöglicht worden wäre (§ 138a Abs. 5).

Die weitgehendste Neuerung, welche diese Novelle einführte, aber ist der S. 76 bereits erörterte Ladenschluß und die Festsetzung einer Maximalarbeitszeit für Gehilfen, Lehrlinge und Arbeiter in offenen Verkaufsstellen — doppelt beachtenswert als einer der wenigen Versuche unserer Gewerbeordnung, einen „Maximalarbeitstag“ zu statuieren.

Durch die Erhebungen der Kommission für Arbeiterstatistik war festgestellt worden, daß bei den in die statistische Aufnahme einbezogenen Ladengeschäften — etwa 10% der im Reiche vorhandenen Betriebe, welche durch Detailverkauf in offenen Verkaufsstellen der Befriedigung täglicher Bedürfnisse dienen und in denen mindestens ein Gehilfe thätig ist — die Ladenzeit d. h. die Zeit, innerhalb welcher der Laden geöffnet ist: nur bei 14,9% weniger als 12 Stunden, dagegen bei 22% bis zu 13, bei 17% bis zu 16 und bei 6,5% über 16 Stunden betrug und somit in mehr als der Hälfte der Geschäfte länger als 14 Stunden dauerte.[1]) Nun war zwar die Ladenzeit nicht überall auch gleich der Arbeitszeit; diese war vielfach kürzer, da die Angestellten in einem verhältnismäßig erheblichen Teile der qu. Geschäfte — in 18% der Betriebe — den Dienst erst nach Beginn der Ladenzeit anzutreten brauchten oder geraume Zeit vor dem Schlusse des Ladens entlassen wurden. Ebenso ließen die Untersuchungen erkennen, daß die Verkäufer in sehr vielen Läden zwar während der Ladenzeit im Geschäfte anwesend sein mußten, aber keineswegs auch voll beschäftigt wurden, so daß die Ladenzeit hier nur eine Zeit der Arbeitsbereitschaft war. Aber zieht man in Betracht, daß die mit der langen Ladenzeit verbundenen Nachteile durch eine Reihe besonderer Umstände (beschränkte Geschäftsräumlichkeiten mit schlechter Luft — Warenausdünstungen, künstliche Beleuchtung, fortgesetzter

[1]) Motive S. 25. Vergl. auch Beyendorff a. a. O. S. 83 ff.

Menschenverkehr —) noch verschärft werden, dann wird man sich der Überzeugung nicht verschließen können, daß mit der Beschäftigung in offenen Läden erhebliche Gefahren für die Gesundheit verbunden sind, die mit der Dauer der täglichen Arbeitszeit naturgemäß wachsen müssen. Daß durch die übermäßige Dauer der Beschäftigungszeit auch die geistige Fortbildung der Ladengehilfen beeinträchtigt und hiermit wieder der Mangel an gut ausgebildetem Ladenpersonal in Verbindung gebracht werden muß, liegt auf der Hand.

Demgemäß führte das Gesetz eine Verkürzung der Arbeitszeit durch, indem es unter Einschaltung eines neuen Abschnittes VI („Gehilfen, Lehrlinge und Arbeiter in offenen Verkaufsstellen") in den VII. Titel der Gewerbeordnung bestimmte, daß in offenen Verkaufsstellen und den dazu gehörenden Schreibstuben (Comptoir) und Lagerräumen den Gehilfen, Lehrlingen und Arbeitern nach Beendigung der täglichen Arbeitszeit eine ununterbrochene Ruhe von mindestens 10 Stunden[1]) zu gewähren ist, und daß die danach ev. verbleibenden 14 Arbeitsstunden durch eine angemessene Mittagspause, die beim Einnehmen der Mahlzeit außerhalb der Verkaufsstelle mindestens ein und eine halbe Stunde zu betragen hat, unterbrochen werden müssen, so daß als eventuelles effektives Arbeitsmaximum ca. 13 Stunden verbleiben[2]) (§ 139c). Von der Festsetzung bestimmter Vor- und Nachmittagspausen wurde jedoch abgesehen und zwar war hierfür die Erwägung bestimmend, „daß sich für die Gehilfen, Lehrlinge und Arbeiter aus der Natur des Ladenbetriebes ohnehin eine Reihe kürzerer oder längerer Unterbrechungen der Arbeitszeit ergeben, außerdem auch solche regelmäßige Pausen nach den besonderen Verhältnissen in den offenen Läden nicht durchführbar erscheinen".[3]) Diese die Verwendung gewerblichen Hilfspersonals beschränkenden Vor-

---

[1]) In Gemeinden mit mehr als 20000 Einwohnern muß diese Ruhezeit für das Personal der zwei oder mehr Gehilfen verwendenden Geschäfte (§ 139c Abs. 2) elf Stunden betragen.

[2]) Um eine Schädigung der mit Gehilfen und Lehrlingen arbeitenden Geschäfte durch solche, die kein gewerbliches Hilfspersonal verwenden, zu verhüten, führte man gleichzeitig den gesetzlichen Ladenschluß ein. Hierüber siehe S. 76.

[3]) Motive S. 31.

schriften finden jedoch keine Anwendung auf Arbeiten, die zur Verhütung des Verderbens von Waren unverzüglich vorgenommen werden müssen, zur Aufnahme der gesetzlich vorgeschriebenen Inventur, bei Neueinrichtungen und Umzügen erforderlich sind, und außerdem an jährlich höchstens dreißig von der Ortspolizeibehörde zu bestimmenden Tagen (§ 139 d). In diesen Fällen also braucht weder die gewährte Ruhe 10 (11) Stunden, noch die Mittagspause ein und eine halbe Stunde zu betragen.

Abgesehen von einigen kleineren Betrieben, wie z. B. dem Bäckereigewerbe, ist dies die einzigste Festsetzung eines Maximalarbeitstages unmittelbar durch die Gesetzgebung. Für die Industrie ist ein solcher bisher, trotz Drängens mancher Kreise der Beteiligten, nicht zur Einführung gelangt; jedoch hat der Bundesrat, wie erwähnt, die Befugnis, einen Maximalarbeitstag anzuordnen. Nach Schönberg[1]) variiert in Deutschland im allgemeinen die Arbeitszeit, ohne Berücksichtigung von Überstunden, zwischen 10 und 12 Stunden in bunter Mannigfaltigkeit, es kommen aber auch noch Arbeitszeiten über 12, ja über 14 Stunden vor, indessen ist eine Reduktion auch hier wahrzunehmen; in nicht wenigen industriellen Unternehmungen ist sie 10—10½ Stunden, geringere Arbeitszeiten sind eine seltene Ausnahme, 11 Stunden werden in der Mehrzahl der Betriebe nicht überschritten.

§ 15.

Die Sonntagsarbeit.

Außer der kurzen Erholung, welche die tägliche Unterbrechung der Arbeitszeit dem Menschen gewährt, bedarf dieser nach alter Erfahrung noch einer länger dauernden, periodisch wiederkehrenden Ruhezeit, welche schon von der mosaischen Gesetzgebung in richtiger Würdigung menschlicher Arbeitsfähigkeit auf jeden siebenten Tag festgesetzt wurde. Diese Einteilung hat sich durchaus bewährt — nur war gerade für die arbeitenden Klassen bis vor nicht zu ferner Zeit selten von einer regel-

[1]) a. a. O. Bd. II 2 S. 39.

mäßigen Ruhe am siebenten Tage, am Sonntage, die Rede. Die Unternehmer verlangten in rücksichtsloser Ausbeutung vielfach auch eine Arbeit am Sonntage, ohne aber in der Woche einen entsprechenden Ausgleich eintreten zu lassen. Auch aus sittlichen Erwägungen muß man eine regelmäßig wiederkehrende Arbeitsruhe für den Arbeiter fordern, da der Arbeiter ohne diese vollständig abstumpfen, zur reinen Maschine werden würde und vor allen Dingen so gut wie gar keine Gelegenheit hätte, sich seiner Familie zu widmen.

Die ursprüngliche Gewerbeordnung verbot nur die Beschäftigung jugendlicher Arbeiter in Fabriken an Sonn- und Feiertagen und beschränkte sich im übrigen darauf, zu erklären, daß „zum Arbeiten an Sonn- und Festtagen niemand verpflichtet sei", d. h. daß der Arbeitsvertrag als solcher nicht ohne weiteres die Verpflichtung involviere, sich einer Anordnung des Arbeitgebers, welche die Verrichtung einer Arbeit am Sonntage verfüge, zu unterwerfen. Ob auch einer direkt auf die Sonntagsarbeit gerichteten Vereinbarung die civilrechtliche Gültigkeit hat entzogen werden sollen, erscheint zweifelhaft, wird aber nach dem Gesamtstandpunkte des damals durch und durch liberal-individualistisch gesinnten Gesetzgebers zu verneinen sein. Erst die Novelle vom 17. Juli 1878 brachte unzweideutig [1]) die civilrechtliche Unwirksamkeit auch derartiger Verabredungen — eine Vorschrift, die aber so lange bedeutungslos war, als der Arbeiter sich nicht weigerte, die übernommene Verpflichtung zu erfüllen. Zudem wurden gewisse Arbeiten ausdrücklich von dieser Vorschrift eximiert.

Auf diesem Standpunkt stagnierte die Gesetzgebung bis zur Novelle vom 1. Juni 1891. Erst in dieser Zeit überzeugte man sich, daß die bloße civilrechtliche Unwirksamkeit der Verträge bei der Abhängigkeit der meisten Arbeiter und bei der Versuchung, die in dem gebotenen Mehrverdienste liege, ebensowenig wie die beschränkenden Vorschriften der Landesgesetze, die durchweg nur die äußere Heilighaltung der Sonntage sichern wollten und daher nur die Enthaltung von geräuschvoller oder sonst störender Thätigkeit anordneten, ausreiche, um die

[1]) Diese Formulierung findet sich noch heute im § 105a Abs. 1.

thatsächliche Beschäftigung an Sonn- und Festtagen zu verhindern, daß diese Wirkung vielmehr nur durch ein unmittelbares gesetzliches Verbot der Arbeit an diesen Tagen erzielt werden könne.[1]) Demgemäß wurde unter Aufrechterhaltung des früheren allgemeinen Grundsatzes (§ 105a) für gewisse, besonders genannte Gewerbebetriebe (§ 105b), die zwar in dieser Zusammenstellung bereits die überwiegende Mehrheit gewerblicher Unternehmungen umfassen, deren spätere Vervollständigung zur Ergänzung etwaiger Lücken durch Kaiserliche Verordnung mit Zustimmung des Bundesrats aber zugleich vorgesehen ist (§ 105g), die Beschäftigung von Arbeitern am Sonntage unter Vorbehalt gewisser Ausnahmen (§§ 105c—f, h u. i) gänzlich untersagt (§ 105b Abs. 1), für das Handelsgewerbe aber, dessen gewerberechtlicher Begriff übrigens über den handelsrechtlichen

---

[1]) Der allgemeine Standpunkt, den der Gesetzgeber vertrat, erhellt besonders aus den Reichstagsverhandlungen, die über einen früheren, die Regelung der gleichen Materie erstrebenden Initiativantrag des Reichstages in der Sitzungsperiode 1884/85 geführt wurden. Der Berichterstatter der Reichstagskommission Dr. Scheffer präzisierte den Standpunkt der Kommission dahin, „daß man nur gesetzgeberisch einschreiten müsse, wo das Volksbewußtsein der Sonntagsruhe gelockert und wo die Gefahr vorhanden sei, daß unter dem Drucke des wirtschaftlichen Erwerbslebens, unter dem Einfluß der Geschäftskonkurrenz allmählich diese besseren Gewohnheiten verdrängt werden könnten. In dieser Voraussetzung gelangte man dazu, die Sonntagsruhe nur für die wirtschaftlich abhängigen Bevölkerungsklassen, also für gewisse Kategorieen, festzuhalten". Man beschränkte sich daher auf gewisse, besonders aufgezählte Arten von Arbeitern, nämlich auf solche in Fabriken, Werkstätten u. s. w. (vergl. jetzt § 105b); denn „hier war in der That die berechtigte Besorgnis vorhanden, daß der Arbeitgeber in vielen Fällen sein wirtschaftliches, persönliches Übergewicht mißbrauchen und in die persönliche Freiheit des Individuums, in die Absicht des einzelnen Arbeiters, nach sechstägiger Wochenarbeit auszuruhen und seinen Sonntag zu feiern, übergreifen werde. Für solche Fälle thut Abhilfe not, und Sie, m. H., wollen die Gesetzgebung, die hier beabsichtigt wird, nicht als eine solche auffassen, durch welche neue, fremdartige Institutionen auf bewährte Einrichtungen aufgepfropft werden sollen, sondern als eine solche, welche gewissermaßen nur eine gesetzliche Korrektur bieten soll gegen Lebensgewohnheiten, die sich per nefas allmählich in das Volksleben zum Schaden der geistigen und körperlichen Tüchtigkeit des Volkes hineingedrängt haben". (Sitzung vom 9. Mai 1885. Sten. Ber. S. 2665.) Näheres über die Vorgänge bei der Beratung dieses Entwurfes und des späteren Gesetzes s. Beyendorff a. a. O. S. 49ff., 57ff.

hinausgeht und insbesondere u. a. den Groß= wie den Klein=handel, einschließlich des Hausierhandels, den Geld= und Kredit=handel, die Leihanstalten, die sog. Hilfsgewerbe des Handels, Spedition, Kommission und die Handelslager, sowie die in den Comptoiren der Fabriken verrichteten Geschäfte umfaßt,[1]) nur für den ersten Weihnachts=, Oster= und Pfingsttag völlig verboten, im übrigen an Sonn= und Festtagen aber auf eine bestimmte Zahl von Stunden[2]) beschränkt (§ 105b Abs. 2). Die hiernach den in Bergwerken, Fabriken u. s. w. beschäftigten Arbeitern zu gewährende Ruhezeit, die für die Regel um zwölf Uhr nachts, also zusammenfallend mit dem Anfange des Kalendertages be=ginnen muß und nur bei den Betrieben mit regelmäßiger Tag= und Nachtschicht nach Wahl der Betriebsleitung, um sechs Uhr abends des vorhergehenden oder um sechs Uhr morgens des Sonntags, sofern für die folgenden vierundzwanzig Stunden der Betrieb ruht, ihren Anfang nehmen kann, beträgt für jeden Sonn= und Festtag vierundzwanzig Stunden, also einen vollen Kalendertag, für zwei aufeinander folgende Sonn= und Festtage jedoch nur sechsunddreißig. Nur für das Weihnachts=, Oster= und Pfingstfest ist die volle Ruhe von zweimal vierund=zwanzig, also von achtundvierzig Stunden vorgeschrieben (§ 105b Abs. 1).

Muß nun auch im Grunde unbedingt Sonntagsruhe ver=langt werden, so können doch zweifellos Fälle eintreten, in denen die absolute Untersagung der Sonntagsarbeit unverhältnis=mäßigen Schaden verursachen würde. Dem trägt auch das Gesetz Rechnung und läßt von dem Verbot Ausnahmen zu, je nach der besonderen Art der inbetracht kommenden Gewerbe, Betriebe und Arbeiten teils unmittelbar kraft Gesetzes (§ 105c), teils durch den Bundesrat (§ 105d) oder durch die höhere

---

[1]) Motive S. 28.

[2]) Für die Regel sind fünf von der Polizeibehörde festzusetzende Stunden freigegeben, die jedoch durch ortsstatutarische Vorschrift be=schränkt und sogar gänzlich aufgehoben werden können. Für die letzten vier Wochen vor Weihnachten, sowie für einzelne Sonn= und Festtage, an denen örtliche Verhältnisse einen erweiterten Geschäftsverkehr er=forderlich machen, kann die Polizei eine Beschäftigung bis auf zehn Stunden zulassen (§ 105b Abs. 2).

Verwaltungsbehörde (§ 105e) bestimmt, teils endlich durch die Polizeibehörden oder die unteren Verwaltungsbehörden (§§ 105b Abs. 2 und 105f) gestattet. Dabei wurde jedoch für die Sicherung wenigstens eines gewissen Maßes der sonn- und festtäglichen Ruhe auch bei solchen Ausnahmefällen gesorgt (§ 105c Abs. 3). Diese Ausnahmevorschriften greifen, da das absolute Verbot der Sonntagsarbeit den vielverzweigten Verhältnissen des realen Wirtschaftslebens natürlich allein nicht gerecht zu werden vermochte, systematisch ineinander, um die aus konsequenter Durchführung des § 105b sich notwendigerweise ergebenden Härten zu beseitigen. Mit Recht sagte daher der Abg. Dr. Hartmann in der Reichstagssitzung vom 12. Februar 1891:[1]) „Dieser § 105b kann gar nicht voll verstanden und richtig gewürdigt werden, wenn man sich nicht immer das gegenwärtig hält, was in den folgenden Paragraphen 105c—i gesagt ist, dieses System von Ausnahmen."

Die schon durch das Gesetz verordnete Aufhebung des Beschäftigungsverbotes erstreckt sich auf selbst am Sonntage unvermeidliche Verrichtungen, nämlich auf Arbeiten, welche in Notfällen oder im öffentlichen Interesse unverzüglich vorgenommen werden müssen (§ 105c Ziff. 1), auf die Bewachung von Betriebsanlagen und auf Arbeiten, von welchen die volle Wiederaufnahme des werktäglichen Betriebes abhängig ist (§ 105c Ziff. 3); auf Arbeiten, die zur Verhütung des Verderbens von Rohstoffen oder des Mißlingens von Arbeitserzeugnissen erforderlich sind (§ 105c Ziff. 4) und auf die Beaufsichtigung des Betriebes, soweit er hiernach am Sonntage überhaupt erlaubt ist (§ 105c Ziff. 5); ein Sonntag im Jahre ist auch für Arbeiten zur Durchführung einer gesetzlich vorgeschriebenen Inventur freigegeben (§ 105c Ziff. 2). Befreiungen von dem Verbote durch den Bundesrat können sich auf solche Betriebe erstrecken, welche ihrer Natur nach eine Unterbrechung nicht gestatten oder ihrer Natur nach auf gewisse Jahreszeiten beschränkt und in gewissen Zeiten des Jahres zu einer außergewöhnlich verstärkten Thätigkeit genötigt sind, hauptsächlich also auf Betriebe mit ununterbrochenem Feuer, auf die Kampagne- und Saisonindustrie

---

[1]) Beyendorff a. a. O. S. 63.

(§ 105 d).[1]) Sind dies Gewerbe und Betriebe, für welche schon in Rücksicht auf den Wettbewerb der Beteiligten eine gleichmäßige Regelung für alle Teile des Reichs geboten erscheint, so sollen die durch die höhere Verwaltungsbehörde zuzulassenden Ausnahmen vorwiegend örtlichen, von Sitte und Gewohnheit beeinflußten Verhältnissen Rechnung tragen, sich demnach namentlich auf Gewerbe erstrecken, deren vollständige oder teilweise Ausübung an Sonn- und Festtagen zur Befriedigung täglicher oder an diesen Tagen besonders hervortretender Bedürfnisse der Bevölkerung erforderlich ist, sowie auf Betriebe, die ausschließlich oder vorwiegend mit durch Wind oder unregelmäßige Wasserkraft bewegten Triebwerken arbeiten (§ 105 e).[2]) Zu diesen Gewerbsarten gehören insbesondere die Eiswerke, Gaswerke und Mineralwasseranstalten, sowie die Friseure, Fleischer, Bäcker und die Cigarren- und Blumengeschäfte.[3]) Die Befugnis der unteren Verwaltungsbehörde endlich, Ausnahmen zu bewilligen, besteht für den Fall, daß zur Verhütung eines unverhältnismäßigen Schadens ein nicht vorherzusehendes Bedürfnis der Beschäftigung von Arbeitern an Sonn- und Festtagen eintritt (§ 105 f). Während es sich hier nun, ebenso wie im Falle des § 105 c Ziff. 1 und 2, um ganz vereinzelt auftretende Ausnahmefälle handelt und daher vom Gesetzgeber eine Fürsorge für anderweite Freilassung der am Sonntage Beschäftigten nicht getroffen zu werden brauchte, lassen die anderen Ausnahmevorschriften des Gesetzes (§§ 105 c Ziff. 3 u. 4, d, e) eine mehr regelmäßige Sonntagsarbeit in gewissem Umfange zu und tragen daher auch dafür Sorge, daß die am Sonntage verwendeten Arbeiter in anderer Weise schadlos gehalten werden. Zu dem Ende verpflichtet das Gesetz die Arbeitgeber, für den Fall, daß die Arbeiten länger als drei Stunden gedauert oder die Arbeiter am Besuche des Gottesdienstes gehindert haben, jeden der beteiligt gewesenen Arbeiter

---

[1]) Diese Ausnahmebestimmungen enthält die Bekanntmachung des Reichskanzlers vom 5. Februar 1895 (R.G.Bl. S. 12), die mehrfach ergänzt wurde.

[2]) Vergl. hierzu für Preußen den Ministerialerlaß vom 11. März 1895 (Min.Bl. S. 46) und die Bekanntmachungen der einzelnen Regierungspräsidenten bezw. für Berlin des Polizei-Präsidenten.

[3]) Motive S. 31.

entweder an jedem dritten Sonntage volle sechsunddreißig Stunden oder an jedem zweiten Sonntage mindestens in der Zeit von sechs Uhr morgens bis sechs Uhr abends von der Arbeit freizulassen. Anstelle des Sonntages kann mit Genehmigung der unteren Verwaltungsbehörde eine vierundzwanzigstündige Ruhezeit an einem Wochentage gewährt werden, wenn die Sonntagsarbeit den Arbeiter nicht am Besuche des sonntäglichen Gottesdienstes gehindert hat (§ 105c Abs. 3 und 4). Diese Vorschriften des Gesetzes sind auch bei den Ausnahmevorschriften aufstellenden Bekanntmachungen des Bundesrats und der oberen Verwaltungsbehörden zur Geltung zu bringen (§§ 105d Abs. 2 und 105e Abs. 1). Zur Kontrolle haben sowohl die Gewerbetreibenden (§ 105c Abs. 2), als auch die unteren Verwaltungsbehörden (§ 105f Abs. 3) ein bestimmtes Verzeichnis über die verrichtete bezw. zugelassene Sonntagsarbeit zu führen.

Hervorzuheben ist endlich, daß der frühere Standpunkt der Gewerbeordnung, die Arbeitgeber könnten die Arbeiter zur Sonntagsarbeit civilrechtlich wirksam nicht verpflichten, auch den generellen Grundsatz der Novelle von 1891 bildet, daß also die ausschließliche civilrechtliche Unwirksamkeit der auf Sonntagsarbeit abzielenden Verträge insbesondere für alle die Gewerbe erhalten geblieben ist, in denen die Beschäftigung der Arbeiter nicht ausdrücklich durch die speziellere Vorschrift des § 105b verboten wurde. Übrigens sind weitergehende landesgesetzliche Beschränkungen der Arbeit an Sonn- und Festtagen durch die Reichsgesetzgebung absolut nicht ausgeschlossen (§ 105h); nur den Gast- und Schankwirtschaftsgewerben, Musikaufführungen, Schaustellungen, theatralischen Vorstellungen und sonstigen Lustbarkeiten, sowie dem Verkehrsgewerbe ist eine Exemption von dem Verbote der Sonntagsbeschäftigung des gewerblichen Hilfspersonals nicht nur, sondern in gewissem Umfange auch von der Vorschrift der bloßen civilrechtlichen Unwirksamkeit der auf Sonntagsarbeit gerichteten Verträge reichsgesetzlich garantiert worden, damit diesen gegenüber also nicht nur jede landesrechtliche Gesetzgebung, sondern auch eine Kaiserliche Verordnung auf Grund des § 105g ausgeschlossen (§ 105i).

Die Sonntagsarbeit der Gewerbeunternehmer selbst wird durch diese Vorschriften nicht getroffen. Näheres darüber S. 75.

§ 16.

Der Arbeitslohn.

Der Arbeitslohn ist das Entgelt, das der Arbeiter für die in den Dienst des Unternehmers gestellte Thätigkeit erhält. Die wirtschaftliche Natur dieses Lohnes, die Momente, welche seine Höhe im Rahmen des wirtschaftlichen Gesamtlebens bestimmen, sind von sozialökonomischer Bedeutung, kommen aber für das Gewerberecht nicht inbetracht. Hier handelt es sich allein um die juristische Fixierung der Lohnhöhe im Einzelfalle und um den Modus, unter dem die Auszahlung an den Arbeiter zu erfolgen hat. Die Regelung des ersten Punktes ist naturgemäß ein essentiale des Arbeitsvertrages, dessen Freiheit nach dieser Richtung hin durch die Gewerbeordnung nicht beschränkt ist. Nach den Mitteln der Lohnzahlung unterscheidet man Natural- und Geldlohn, je nachdem das Entgelt für die Dienstleistung in natura, d. h. in unmittelbaren Gebrauchs- und Verbrauchsgegenständen (Wohnung, Kleidung, Nahrung) oder in Geld besteht. So vorteilhaft für die Arbeiter eine Entlohnung in natura (z. B. Gewährung freier Wohnung, Überlassung von Lebensmitteln) sein kann, wenn sie nach Recht und Billigkeit bemessen[1]) wird und nur einen verhältnismäßig kleinen Teil der Gesamt-Lohnquote absorbiert, so arge Bedenken muß dieselbe veranlassen, wenn der Arbeiter nicht hinreichend gegen Übervorteilung, deren er sich selbst nicht immer zu erwehren vermag, geschützt ist. Diesem Punkte hat daher die Reichs-Gewerbeordnung von jeher ihre Aufmerksamkeit zugewendet; sie hat, indem sie den Gewerbetreibenden die Verpflichtung auferlegte, die Löhne ihrer Arbeiter in Reichswährung zu berechnen und bar auszuzahlen insbesondere das sog. „Trucksystem" verboten (jetzt § 115), d. h. dasjenige Verfahren der Entlohnung, bei dem den Arbeitern der ganze Lohn oder ein Teil

[1]) Hierfür gewährt jetzt Abs. 2 des § 115 eine Garantie, insofern Lebensmittel nur für den Betrag der Anschaffungskosten, Wohnung und Landnutzung nur gegen die ortsüblichen Miet- und Pachtpreise, alle anderen Naturalien endlich (Feuerung, Beleuchtung u. s. w.) nur für den Betrag der durchschnittlichen Selbstkosten verabfolgt werden dürfen.

desselben in Waren beliebiger Art (meist selbst produzierte), welche die Arbeiter ihrerseits dann erst wieder verkaufen müssen und mit deren Erlös sie erst ihre eigenen Bedürfnisse befriedigen können, ausgezahlt wird.

Bereits das Gewerbegrundgesetz von 1869 statuierte die Verpflichtung zur Entlohnung in barem Gelde und das Verbot, den Arbeitern Waren zu kreditieren; lediglich Wohnung, Feuerungsbedarf, Landnutzung, regelmäßige Beköstigung und ähnliche Leistungen konnten bei der Lohnzahlung aufgerechnet werden (jetzt § 115). Neben der Androhung einer Kriminalstrafe für die bei der Lohnzahlung anders verfahrenden Gewerbetreibenden, denen in dieser Hinsicht die etwa bei der Löhnung mitwirkenden Familienglieder, Gehilfen, Geschäftsführer u. s. w. gleichgestellt werden (§ 119), wurde die Nichtigkeit dennoch abgeschlossener Verträge dieser Art proklamiert (jetzt § 117) und als Konsequenz hiervon dem Arbeitgeber im Falle einer Klage des Arbeiters auf Lohnzahlung die Einrede entzogen, daß er andere Güter an Zahlungsstatt gegeben habe (jetzt § 116).

In gleicher Weise wurde dem Arbeitgeber die Möglichkeit genommen, Forderungen für verbotswidrig kreditierte Waren seinerseits in irgend einer Weise civilrechtlich gegen den schuldnerischen Arbeiter geltend zu machen (jetzt § 118).

Die Novelle vom 17. Juli 1878 dehnte dieses bisher nur in Hinsicht auf die Entlohnung der Fabrikarbeiter aufgestellte Verbot auf die Lohnabfindung sämtlicher gewerblicher Arbeiter aus, ließ andererseits aber die oft im Interesse des Arbeiters liegende Verabfolgung von Lebensmitteln als Zahlungssurrogat zu, sofern sie zu einem die Anschaffungskosten nicht übersteigenden Preise erfolgt (jetzt § 115 Abs. 2). Diese „Anschaffungskosten" aber involvieren offenbar nicht nur den vom Unternehmer selbst gezahlten Kaufpreis, sondern auch die notwendigen Transportkosten; dagegen dürfen die dem Unternehmer durch Verabfolgung der Waren, durch deren Aufbewahrung u. s. w. entstehenden Kosten nicht durch einen Preisaufschlag den Arbeitern angerechnet werden.[1])

---

[1]) Erk. des Reichsgerichts vom 19. Nov. 1888. Marcinowski a. a. O. S. 320.

Die Zulässigkeit der Aufrechnung von Wohnung, Feuerung, Werkzeugen, Stoffen zu den übertragenen Arbeiten wurde durch die Novelle vom 1. Juni 1891[1]) dahin modifiziert, daß die angerechneten Beträge für diese Leistungen die Selbstkosten nicht übersteigen dürfen (§ 115 Abs. 2). Die „Selbstkosten" umfassen jedoch im Gegensatz zu den Anschaffungskosten auch die Kosten der Lagerung, Versicherung und sonstigen Unterhaltung sowie die aufgelaufenen Zinsen des Anschaffungskapitals. Um ferner die Verleitung der Arbeiter zu überflüssigen Geldausgaben zu verhüten, ist die Lohnzahlung in Gast- uud Schankwirtschaften oder Verkaufsstellen von der Genehmigung der unteren Verwaltungsbehörde abhängig gemacht und um dem gewerblichen Hilfspersonal auch die Früchte ihrer Thätigkeit zu sichern, die Auszahlung des Lohnes an Dritte für gewisse Fälle verboten (§ 115a). Lohneinbehaltungen seitens des Gewerbeunternehmers zur Sicherung seines Schadensersatzanspruches bei Kontraktbruch oder der für diesen Fall vereinbarten Konventionalstrafe dürfen, sofern überhaupt eine derartige Vereinbarung getroffen ist, in summa den Betrag eines durchschnittlichen Wochenlohnes nicht übersteigen, bis zur Erreichung dieser Höhe aber bei den einzelnen Lohnzahlungen nur in der Weise bewirkt werden, daß höchstens ein Viertel des fälligen Lohnes abgezogen wird (§ 119a Abs. 1). Endlich können ortsstatutarische Vorschriften über die Lohntermine und über die Lohnzahlung an Minderjährige für alle Gewerbebetriebe oder für gewisse Arten derselben festgesetzt werden (§ 119a Abs. 2).

Eine weitere Sicherung des Arbeiters gegen Übervorteilung bei der Lohnzahlung führte die Novelle vom 30. Juni 1900[2]) durch die Einführung von Lohnbüchern oder Arbeitszetteln herbei, in die von dem Arbeitgeber oder dessen Bevollmächtigten Art und Umfang der übertragenen Arbeit, die Lohnsätze und die Bedingungen für die Lieferung von Werkzeugen und Stoffen zu den übertragenen Arbeiten einzutragen sind; auf Anordnung des Bundesrats, dem überhaupt die thatsächliche Einführung dieser im Gegensatz zu den von den Polizeibehörden aus-

---

[1]) R.G.Bl. 1891 S. 261.
[2]) R.G.Bl. 1900 S. 321.

gefertigten Arbeitsbüchern von dem Arbeitgeber selbst zu beschaffenden Bücher überlassen bleibt, können hierzu noch die Bedingungen für die Gewährung von Kost und Wohnung treten, sofern solche Leistungen überhaupt als Lohn empfangen werden. Die Einführung von Lohnbüchern soll sich aber keineswegs auf jugendliche Arbeiter beschränken, sie ist für alle Arbeiterklassen ermöglicht worden, weil es sich herausgestellt hatte, daß in einzelnen Gewerben, namentlich in der Konfektions- und Wäschebranche bei der Vergebung von Arbeiten vielfach die auf die Lohnberechnung bezüglichen Arbeitsbedingungen nicht genügend klargestellt wurden, obwohl gerade das dringend wünschenswert ist. Um die Gefahr, daß die Arbeiter sich bei Übernahme des Auftrags im Unklaren über den demnächst von ihnen zu beanspruchenden Lohn befinden, zu vermeiden, wurde jene Beurkundung der auf die Lohnberechnung bezüglichen Arbeitsbedingungen vorgeschrieben, welche dem Arbeiter vor Übernahme des einzelnen Auftrags Klarheit über die Lohnverhältnisse zu verschaffen geeignet ist (§ **114a**).

Mit diesen Lohnbüchern dürfen jedoch die für andere Zwecke eingeführten Lohnzahlungsbücher nicht verwechselt werden. In der Absicht, der elterlichen Autorität eine Stärkung zu geben, ist nämlich für minderjährige Fabrikarbeiter, sofern für den jeweiligen Gewerbebetrieb nicht bereits das Lohnbuch des § **114a** eingeführt ist, durch zwingende Vorschrift des Gesetzes[1]) die Einrichtung von Lohnzahlungsbüchern angeordnet. Dieses Lohnzahlungsbuch, in das bei jeder Lohnzahlung der Betrag des verdienten Lohnes einzutragen ist, soll bei der Lohnzahlung dem Minderjährigen oder seinem gesetzlichen Vertreter ausgehändigt und von dem Empfänger vor der nächsten Lohnzahlung zurückgereicht werden (§ 134 Abs. 3).

Einer Umgehung der gesetzlichen Vorschriften über die Auszahlung des Arbeitslohnes wäre nun aber Thür und Thor geöffnet, so lange der Unternehmer die Möglichkeit hätte, den Arbeiter in der Verwendung seines empfangenen Lohnes z. B. durch die Verabredung, zur Bedürfnisbefriedigung benötigte

---

[1]) Es bedarf also bei den Lohnzahlungsbüchern nicht, wie bei den Lohnbüchern, erst einer Anordnung des Bundesrats.

Waren aus gewissen Verkaufsstellen zu entnehmen, zu beeinflussen und so eventuell auf diesem Wege das zu erreichen, was gleich bei der Lohnzuweisung durchzusetzen ihm verboten ist. Daher erklärte schon das Gesetz von 1869 nur solche Verabredungen zwischen den Gewerbetreibenden und ihren Arbeitern über die Verwendung des Arbeitsverdienstes für zulässig, die eine Beteiligung an Einrichtungen zur Verbesserung der Lage der Arbeiter oder ihrer Familien bezwecken (§ 117 Abs. 2).

§ 17.

Die Beendigung des Arbeitsverhältnisses.

Abgesehen von der Beendigung des Arbeitsverhältnisses durch physische Ereignisse, endigt dasselbe naturgemäß mit Ablauf der vertragsmäßig vereinbarten Zeit. Ist die Dauer der Arbeitsleistung nicht von vornherein begrenzt, dann kann, entsprechend den allgemeinen Grundsätzen des Obligationenrechtes, eine Lösung des zwischen Arbeitgeber und Arbeitnehmer bestehenden vinculum juris nur durch eine ordnungsmäßige Aufkündigung, deren Modalitäten sich entweder aus dem Vertrage, insbesondere aus der „Arbeitsordnung" oder — mit subsidiärer Wirkung — ex lege ergeben, herbeigeführt werden. Außerdem muß aber in gewissen dringenden Fällen auch die Möglichkeit gegeben sein, den Arbeitsvertrag sofort — ohne jede Kündigungsfrist — aufzuheben. Wer, ohne daß diese gesetzlichen Erfordernisse vorliegen, aus der Arbeit ausscheidet oder einen Arbeiter aus der Beschäftigung entläßt, begeht einen Kontraktbruch, den er nach allgemeinen civilrechtlichen Grundsätzen zu vertreten hat.

Gerade bei der Regelung dieser Motive tritt wieder klar in die Erscheinung, daß der Gesetzgeber weit davon entfernt ist, zwischen Gesellen und Gehilfen einerseits und Fabrikarbeitern andererseits einen gesetzlichen prinzipiellen Unterschied zu konstruieren, daß die Behandlung der Verhältnisse der Fabrikarbeiter in einem besonderen Abschnitt vielmehr lediglich aus den bereits S. 132 angeführten Gründen geschehen ist; denn kraft ausdrücklicher Vorschrift der Gewerbeordnung (§ 134 Abs. 1) sind die die Beendigung des Arbeitsverhältnisses regelnden Bestimmungen für Gesellen und Gehilfen und Fabrikarbeiter die gleichen.

Die Gewerbeordnung in ihrer ursprünglichen Fassung führte als subsidiäre gesetzliche Kündigungsfrist die Zeitdauer von 14 Tagen ein (jetzt § 122) und gewährte für die außergewöhnliche Aufhebung des Arbeitsverhältnisses seitens des Arbeitgebers ein sofortiges Entlassungsrecht, wenn die Arbeiter sich in gewisser Beziehung als unwürdig erweisen oder sich weigern, ihre Dienstobliegenheiten zu verrichten, wenn sie fortgesetzt mit Feuer und Licht unvorsichtig umgehen oder wenn sie die dem Arbeitgeber schuldige Ehrerbietung gröblich verletzen, und aus ähnlichen Gründen (jetzt § 123). Andererseits wurde auch den Arbeitern das Recht sofortigen Austritts zuerkannt, und zwar im wesentlichen, wenn Gründe vorerwähnter Art auf seiten des Arbeitgebers vorliegen, wenn sie zur Fortsetzung der Arbeit unfähig werden oder wenn diese ihre Gesundheit erheblich gefährdet und wenn der Arbeitgeber sich weigert, den bedungenen Lohn zu zahlen (jetzt § 124).

Die Novelle vom 17. Juni 1878 [1]) erweiterte das Entlassungsrecht des Arbeitgebers dahin, daß eine sofortige Aufhebung des Arbeitsverhältnisses auch dann für zulässig erklärt wurde, wenn die Arbeiter sich bei Abschluß des Arbeitsvertrages durch falsche Papiere ausgewiesen oder den Arbeitgeber über das Bestehen eines anderen, sie gleichzeitig verpflichtenden Arbeitsverhältnisses in einen Irrtum versetzt und wenn sie einer vorsätzlichen und rechtswidrigen Sachbeschädigung zum Nachteile des Arbeitgebers oder eines Mitarbeiters sich schuldig gemacht haben. Jedoch geht, um dem Vertragsverhältnis eine festere Basis zu geben, sowohl der Arbeitgeber, als auch der Arbeiter seines Rechtes verlustig, wenn er dasselbe nicht binnen 8 Tagen nach erlangter Kenntnis von dem Vorliegen der ihn berechtigenden Thatsache ausübt (§§ 123 Abs. 2, 124 Abs. 2).

Das Gesetz vom 1. Juni 1891 [2]) tangierte wiederum die Vertragsfreiheit, indem im Interesse der Arbeiter bestimmt

---

[1]) R.G.Bl. 1878 S. 199.
[2]) R.G.Bl. 1891 S. 261.

wurde, daß eine — die gesetzliche Kündigungsfrist beseitigende — kontraktliche Abrede über die Beendigung des Arbeitsverhältnisses nur unter dem Gesichtspunkte rechtswirksam getroffen werden kann, daß die vereinbarten Aufkündigungsfristen, ebenso wie die subsidiäre des Gesetzes, für beide Kontrahenten gleiche sind (§ 122). Gleichzeitig wurde, da eine kasuistische Aufzählung derjenigen Gründe, die eine sofortige Lösung des Vertragsverhältnisses rechtfertigen sollen, weder den Interessen der einen, noch denen der anderen Seite in hinreichender Weise gerecht zu werden vermag, bestimmt, daß, abgesehen von den spezialisierten Thatbeständen der §§ 123, 124, auch aus anderen „wichtigen Gründen" eine rechtmäßige Aufhebung des Arbeitsvertrages ohne vorherige Kündigung von den Beteiligten vorgenommen werden kann, wenn das Arbeitsverhältnis mindestens auf vier Wochen oder wenn eine längere als vierzehntägige Kündigungsfrist vereinbart ist (§ 124 a).

Eine gewisse Sonderstellung bezüglich der Beendigung des Arbeitsverhältnisses hat die Gewerbeordnung den Lehrlingen und den Betriebsbeamten zugewiesen.

Das ganze Wesen des Lehrverhältnisses erheischt gebieterisch die Möglichkeit, den Lehrvertrag vor seinem Ablauf in dem Falle aufheben zu können, daß der in dem Gewerbe noch unbekannte junge Mann eine größere Affektion zu einem anderen Gewerbszweige erfaßt und daher einen Berufswechsel vorzunehmen strebt. Dem trug auch das Gesetz von 1869 Rechnung, indem es in diesem Falle die vorzeitige Lösung des Lehrverhältnisses auch wider den Willen des Lehrherrn zuließ, diesem jedoch einen Anspruch auf das weiterlaufende Lehrgeld noch bis zu seinem halbjährigen Betrage gewährte.[1]) Eine entschiedene Verbesserung speziell in dieser Hinsicht brachte die Novelle vom 17. Juli 1878[2]) durch die Einführung einer Probezeit, die bis zur Dauer von drei Monaten vereinbart werden kann, aber auch ohne solche Abrede kraft Gesetzes während der ersten vier Wochen nach Beginn der Lehrzeit besteht (jetzt § 127 b Abs. 1). Inner-

---

[1]) Die gegenwärtig bestehende Entschädigungspflicht regelt § 127 f., für den Fall, daß das Lehrverhältnis vom Lehrherrn aufgelöst ist, weil der Lehrling die Lehre unbefugt verlassen hat, § 127 g R.G.O.

[2]) R.G.Bl. 1878 S. 199 ff.

halb der Probezeit kann jederzeit eine einseitige Lösung des Vertragsverhältnisses stattfinden, auch ohne daß ein Berufswechsel beabsichtigt wird und ohne Entschädigung, sofern nicht eine solche ausdrücklich verabredet worden ist (§ 127f Abs. 1). Soll nach Ablauf der Probezeit ein Berufswechsel vorgenommen werden, so ist dies dem Lehrherrn schriftlich zu erklären und der Lehrling — eventuell gegen Entschädigung (§ 127f) — spätestens binnen vier Wochen zu entlassen; er darf aber vor Ablauf von neun Monaten in demselben Gewerbe von einem anderen Arbeitgeber ohne Zustimmung des früheren Lehrherrn nicht beschäftigt werden (jetzt § 127e). Im übrigen gelten für die außergewöhnliche Auflösung [1]) des Lehrlingsverhältnisses die für die übrigen Arbeiter erlassenen resp. Vorschriften mit den aus der Eigenart der Lehrlingsstellung sich ergebenden Modifikationen (§ 127b Abs. 2—3).

Durch den Tod des Lehrlings wird der Lehrvertrag unbedingt aufgehoben, durch den des Lehrherrn nur, sofern die Aufhebung von dem gesetzlichen Vertreter des Lehrlings binnen vier Wochen geltend gemacht wird (§ 127b Abs. 4).

Die Betriebsbeamten wurden erst durch die Novelle vom 1. Juni 1891 [2]) in den Bereich der Gewerbeordnung gezogen, bisher fehlte es für sie an einer positiven Regelung ihrer Verhältnisse, wie sie für die gewerblichen Arbeiter durch die Gewerbeordnung und für die Handlungsgehilfen durch das Handelsgesetzbuch gegeben war. Das Gesetz von 1891 unterscheidet zwei Klassen von Beamten: solche, die mit einer leitenden oder beaufsichtigenden Thätigkeit betraut sind (Betriebsbeamte, Werkmeister und ähnliche Angestellte), und solche, die mit Dienstleistungen beschäftigt werden, welche eine höhere technische Ausbildung erfordern (Ingenieure, Chemiker, Techniker, Zeichner). Die wirtschaftlichen und sozialen Verhältnisse beider Klassen unterscheiden sich wesentlich von denjenigen der gewerblichen Arbeiter und schließen namentlich eine so kurze gesetzliche Kün-

---

[1]) Die regelmäßige Auflösung fällt mit dem Ende der Lehrzeit zusammen; eine vorzeitige „Kündigung" des Lehrvertrages ist, abgesehen von einer solchen innerhalb der Probezeit, unzulässig, da dies dem Wesen des Lehrverhältnisses widersprechen würde.

[2]) R.G.Bl. 1891 S. 261.

digungsfrist aus, wie sie für diese festgesetzt ist. Für Werkmeister und Techniker, welche aus dem bisherigen Dienstverhältnis ausscheiden, ist die Gelegenheit, ein neues Verhältnis einzugehen, nicht so reichlich vorhanden, wie in der Regel für den gewöhnlichen Arbeiter, und auch der Arbeitgeber findet für ausscheidende Personen dieser Art nicht immer so leicht einen Ersatz, wie für die abgehenden Arbeiter. In Erwägung dieser Verhältnisse regelte das Gesetz die Voraussetzungen für die Aufhebung des Vertragsverhältnisses zwischen Betriebsbeamten und Unternehmern im engen Anschluß an die Bestimmungen des Handelsgesetzbuches über die Verhältnisse der Handlungsgehilfen. Der wesentliche Unterschied in der diesbezüglichen gesetzlichen Behandlung der gewöhnlichen Arbeiter und der Werkmeister und Techniker besteht darin, daß der Dienstvertrag der letzteren, soweit nicht etwas Anderes — auch eventuell mit ungleichen[1]) Kündigungsfristen für die Parteien — verabredet worden ist, nur mit Ablauf eines Kalendervierteljahres und nur nach sechs Wochen vorher erklärter Aufkündigung aufgelöst werden kann (§ 133 a). Für die sofortige Beendigung des Arbeitsverhältnisses gelten im wesentlichen den für die übrigen gewerblichen Hilfspersonen erlassenen Vorschriften analoge mit einigen aus den veränderten Verhältnissen sich ergebenden Abweichungen (§§ 133 b—e).

Die Novelle vom 30. Juni 1900[2]) beseitigte die bisher zulässige ungleichmäßige vertragliche Kündigunsfrist, indem sie durch zwingende Rechtsvorschrift für beide Teile Gleichheit verlangte (§ 133aa Abs. 1) — jedoch unter Exemption der mit 5000 und mehr Mk. Angestellten sowie der für außereuropäische Niederlassungen unter gewissen Bedingungen Engagierten (§ 133 ab) —, das minimum der im Vertrage zu vereinbarenden Frist auf einen Monat festsetzte (§ 133aa Abs. 1) und außerdem die Kündigung nur für den Schluß eines Kalendermonats zuließ (§ 133 aa Abs. 2).

Diese beiden letzteren Vorschriften finden jedoch keine Anwendung im Verhältnis zu einem Angestellten, der nur zur

---

[1]) Die Vertragsfreiheit wurde nach dieser Richtung hin jedoch wesentlich beschränkt durch die später hinzugefügten §§ 133 aa—ac, wie weiter unten im Text zu erörtern.

[2]) R.G.Bl. 1900 S. 321.

vorübergehenden Aushilfe angenommen worden ist, sofern das Dienstverhältnis nicht thatsächlich bereits länger als drei Monate besteht (§ 133 ac).

Häufig findet sich in den Dienstverträgen namentlich des höheren Personals die sog. Konkurrenzklausel, in welcher sich der Angestellte verpflichtet, während einer bestimmten Zeit nach seinem Dienstaustritt weder ein eigenes Geschäft einer gewissen Art zu errichten, noch auch eine Stellung als gewerbliche Hilfsperson bei einer näher bezeichneten Kategorie von Gewerbetreibenden anzunehmen. Ist nun auch bereits nach Bürgerlichem Gesetzbuch § 138 eine derartige Abrede nichtig, wenn sie contra bonos mores die Willens- und Vertragsfreiheit der gewerblichen Hilfsperson beschränkt, so bestimmt doch in weitergreifender Spezialisierung der den § 133 f in die R.G.O. einschaltende Artikel 9 des Einführungsgesetzes zum Handelsgesetzbuch vom 10. Mai 1897 [1]) noch ausdrücklich, daß eine Vereinbarung zwischen dem Gewerbeunternehmer und den Betriebsbeamten (§ 133 a R.G.O.), durch die der Angestellte für die Zeit nach der Beendigung des Dienstverhältnisses in seiner gewerblichen Thätigkeit beschränkt wird, nur insoweit für den Angestellten verbindlich ist, als die Beschränkung nach Zeit, Ort und Gegenstand nicht die Grenzen überschreitet, durch welche eine unbillige Erschwerung seines Fortkommens ausgeschlossen wird (§ 133 f).

Was den Kontraktbruch anlangt, so wird er wie jeder andere Vertragsbruch nicht kriminell verfolgt, sondern gewährt lediglich beiden Teilen einen Schadensersatzanspruch. Anders liegen die Verhältnisse in den meisten Bundesstaaten z. B. hinsichtlich des ländlichen Gesindes. Bestrebungen, den Kontraktbruch mit Kriminalstrafe zu bedrohen, sind auch in der Gewerbepolitik hervorgetreten, bisher jedoch ohne Erfolg geblieben, da gegen eine solche Behandlung der Angelegenheit mehrfache Bedenken vorliegen, die von nicht geringer Bedeutung sind. Das Gewerbegrundgesetz schwieg sich über den Kontraktbruch aus, ließ also die Bestimmungen des gemeinen Rechtes bezw. der Landesgesetze über nicht erfüllte Verträge ungeschmälert zur Geltung gelangen. Die Novelle vom 17. Juli 1878 [2]) sicherte den

[1]) R.G.Bl. 1897 S. 219 ff.
[2]) R.G.Bl. 1878 S. 199 ff.

civilrechtlichen Regreßanspruch des früheren Arbeitgebers und suchte zugleich die Verleitung zum Kontraktbruch einzuschränken, indem sie den Arbeitgeber, der zum Vertragsbruch angestiftet hat, und denjenigen, der unter Kenntnis der Sachlage einen vertragsbrüchigen, noch anderweit verpflichteten Arbeitnehmer beschäftigt, als Selbstschuldner dem früheren Arbeitgeber mithaften läßt[1]) (§ 125).

Da die civilrechtliche Geltendmachung eines Entschädigungsanspruches von dem Nachweis eines genau zu bezeichnenden Schadens abhängig ist, dem Richter eine genügende Grundlage für eine sachgemäße Beurteilung des Schadensbetrages zu gewähren, aber große Schwierigkeiten für den Arbeitgeber verursacht, da ferner die langwierige, genaue gerichtliche Feststellung des Schadens der Regel nach auch zwecklos ist, weil in den seltensten Fällen der geschädigte Arbeitgeber vollen Schadensersatz vom kontraktbrüchigen, durchweg unvermögenden Arbeiter thatsächlich erlangen kann, selbst wenn er vom Gericht ihm zuerkannt ist, so wird das weitläufige Schadensersatzverfahren von dem geschädigten Arbeitgeber, weil es keinen praktischen Wert für ihn hat, fast nie eingeschlagen.[2]) Für den Arbeitgeber ist es weit wichtiger, eine kleinere Geldbuße anstatt des größeren Schadens rasch einklagen zu können, und die geringere Geldbuße, die wirklich verhängt wird, schreckt mehr vom Vertragsbruch ab, als die Gefahr eines großen Schadensersatzes, der selten eingeklagt wird. Daher gewährte die Novelle vom 1. Juni 1891[3]) dem Arbeitgeber die Wahl, anstatt des Entschädigungsanspruches eine an ihn zu entrichtende Geldbuße zu fordern, die, ohne an den

[1]) Ähnlich sichert § 127g Abs. 2 den Entschädigungsanspruch gegen einen kontraktbrüchigen Lehrling.

[2]) Daher dann das Streben der Arbeitgeber nach krimineller Bestrafung des Kontraktbruches — von ihrem Standpunkte aus gewiß nicht ohne Berechtigung. Denn ihnen ist die Möglichkeit, sich schadlos zu halten, durch die faktischen Verhältnisse der Arbeiter meist entzogen, wohingegen die Ansprüche der Arbeiter gegen ihre Arbeitgeber im Falle vertragswidriger Entlassung voll zur Befriedigung gelangen. Allerdings kann sich auch der Arbeitgeber sichern, indem er Lohneinbehaltungen gemäß § 119a vereinbart (siehe S. 153) oder eine Verwirkung des rückständigen Lohnes gemäß § 134 Abs. 2 ausbedingt.

[3]) R.G.Bl. 1891 S. 261

Nachweis eines Schadens gebunden zu sein, höchstens den Betrag des im Sinne des Krankenversicherungsgesetzes vom 15. Juni 1883 ortsüblichen Tagelohnes für eine Woche erreichen darf. Dieselbe Befugnis ist natürlich auch dem Arbeitnehmer zugestanden (§ 124 b).

Diese Vorschrift findet jedoch keine Anwendung auf die Arbeitgeber und Arbeitnehmer in solchen Fabriken, in denen in der Regel mindestens zwanzig Arbeiter beschäftigt werden. Diese können also nur den gewöhnlichen Schadensersatzanspruch geltend machen. Eine Verwirkung des rückständigen Lohnes im Falle des Kontraktbruches darf von den Unternehmern dieser Fabriken nicht über den Betrag des durchschnittlichen Wochenlohnes hinaus ausbedungen werden. Der noch nicht ausgezahlte Lohn kann also nur bis zu derselben Höhe verwirkt werden, bis zu der auch Lohneinbehaltungen (§ 119 a) verabredet werden können (§ 134 Abs. 2).

Ein Zwang zur Fortsetzung des zu Unrecht aufgegebenen Arbeitsverhältnisses ist seit der Novelle von 1878 gegen kontraktbrüchige Lehrlinge zulässig, sofern der Lehrvertrag schriftlich abgeschlossen ist (§ 127 d).

Der Lehrherr ist jedoch nur befugt, nicht etwa verpflichtet, seinen Anspruch in dieser Weise geltend zu machen. Er kann vielmehr, wenn der Lehrling die Lehre unbefugt verlassen hat, das Lehrverhältnis auflösen und von dem Lehrling, seinem Vater und den anderen durch Abs. 2 § 127 g für mitverhaftet erklärten Personen eine Entschädigung beanspruchen, deren Umfang gesetzlich geregelt ist (§ 127 g Abs. 1).

Ein Arbeitszeugnis über Art und Dauer ihrer Beschäftigung zu fordern, ist jede gewerbliche Hilfsperson bei ihrem Ausscheiden aus dem Dienste berechtigt (§ 113 Abs. 1). Auf ausdrücklichen Antrag muß sich dasselbe auch über ihre Führung aussprechen, ebenso über ihre Leistungen (§ 113 Abs. 2); dies darf aber auch nur dann geschehen, wenn jene Voraussetzung, eben ein entsprechender Antrag des Arbeiters, vorliegt. Allerdings ist dem Arbeitgeber die Ausstellung eines sich auch über Führung und Leistungen des Arbeiters äußernden Attestes an keiner Stelle untersagt. Hieraus läßt sich jedoch nicht folgern, wie — kaum glaublich — jüngst seitens eines preußischen Amtsgerichts geschehen, daß der Arbeiter sich nun mit einem solchen Attest zufrieden geben müsse. Wenn es ihm Befriedigung gewährt, mag sich der Arbeitgeber nach jener Richtung hin in beliebigem Umfange journalistisch produzieren; jedenfalls ist der Arbeiter unter allen Umständen befugt, ein Zeugnis zu verlangen, das sich nur über die Art und Dauer der Beschäftigung ausspricht. Die Verweigerung eines solchen Zeugnisses, das auch bei vertragswidrigem Verlassen der Arbeit ausgestellt werden muß, wird aber nicht kriminell geahndet ,sondern kann nur civilrechtlich angefochten werden. Wohl aber ist, um den Arbeiter vor chikanösen Verfolgungen zu sichern, durch die Novelle vom 1. Juni 1891 den Arbeitgebern bei Strafe verboten, die Zeugnisse mit Merkmalen zu versehen, welche den Zweck haben, den Arbeiter in einer aus dem Wortlaut des Zeugnisses nicht ersichtlichen Weise zu kennzeichnen (§§ 113 Abs. 3, 146 Ziff. 3).

Während die gewerblichen Arbeiter ein Arbeitszeugnis nur auf Verlangen ausgestellt bekommen, muß seit der Novelle vom 17. Juli 1878 dem Lehrling bei Beendigung des Lehrverhältnisses ohne weiteres vom Lehrherrn ein Zeugnis ausgefertigt werden, das sich über die Dauer der Lehrzeit und die während derselben erworbenen Kenntnisse und Fertigkeiten sowie über das Betragen des Lehrlings erklärt (§ 127c Abs. 1). An die Stelle dieses Lehrzeugnisses tritt eventuell der von der Innung ausgestellte Lehrbrief (§ 127c Abs. 2).

§ 18.

Das gewerbliche Unterrichtswesen.

Die gewerbliche Ausbildung der jungen Leute erfolgt vornehmlich in praktisch-technischer Weise durch den Arbeitgeber bezw. geeignete Angestellte desselben — eine Unterweisung, die für das Handwerk mit seiner vorwiegend manuell ausführenden Thätigkeit naturgemäß intensiver sein muß und daher für dieses auch größere Bedeutung hat, als für die in der sozial gleichen Stellung in der Industrie beschäftigten Personen. Die moderne Gestaltung des Gewerbslebens macht aber neben dieser überwiegend praktischen Ausbildung auch den theoretischen Unterricht für die Aufziehung des gewerblichen Nachwuchses unentbehrlich. Von einer Erörterung der berufsmäßigen Ausbildung der oberen Betriebsbeamten auf technischen Hochschulen und von der mehr schulmäßigen Unterweisung der gewerblichen Hilfspersonen mittlerer Klasse (Techniker, Werkmeister) auf technischen Mittelschulen muß hier abgesehen werden, es kommt im Rahmen dieser Betrachtung nur darauf an zu zeigen, in welcher Weise für die allgemeine Fortbildung — in den Elementarfächern und in der speziellen Gewerbswissenschaft und deren Hilfsdisziplinen — der gewerblichen Hilfspersonen niederster Art, also der jungen Leute in Handwerk, Handel und Industrie gesorgt ist. Die zu diesem Zweck errichteten Unterrichtsanstalten sind zweierlei Art, entweder meist von den Innungen bezw. deren Verbänden unterhaltene gewerbliche Fachschulen, welche die Angehörigen eines bestimmten Gewerbes vorwiegend in den Gewerbswissenschaften unterrichten, oder allgemeine sog. Fortbildungsschulen, die in der Regel von der politischen Gemeinde errichtet werden und welche die Fortbildung der nicht in Innungs-Fortbildungsanstalten Eingeschulten im Auge haben. Während die Anstalten der ersten Art zur theoretischen Fachbildung wesentlich für künftige Kleinmeister, Gesellen, gelernte Fabrikarbeiter, Werkführer und Meister in Fabriken dienen, nehmen die der letztgenannten das Gros der gewerblichen Hilfspersonen in sich auf, um ihnen eine, zum wesentlichen auch auf die elementaren Fächer gerichtete, weitere Ausbildung zu gewähren. Der Unterricht wird, neben der praktischen Thätigkeit, des Abends und am Sonntage[1]) erteilt. Er umfaßt zum Teil auch die Elementarfächer der Volksschule, nimmt hier indes bereits Rücksicht auf die gewerblichen Bedürfnisse der Unterrichteten, erstreckt sich dann aber vor allen Dingen weiter, und zwar besonders auf Zeichnen, Arithmetik, Geometrie, Buchführung, Korrespondenz, Grundlehren der Mechanik, der Maschinenlehre, der Physik, der Baukunde, der Gewerbs- und allgemeinen Volkswirtschaftslehre u. s. w.[2])

[1]) Kraft positiver Vorschrift des § 120 Abs. 1 darf am Sonntage der Unterricht nur stattfinden, wenn die Unterrichtsstunden so gelegt werden, daß die Schüler am Besuche des Hauptgottesdienstes bezw. eines für sie eingerichteten besonderen Gottesdienstes ihrer Konfession nicht gehindert werden.

[2]) Schönberg a. a. O. Bd. II, 1 S. 671.

Die Errichtung solcher Fachschulen hätte den Innungen unbedenklich schon nach dem Grundgesetze von 1869 zugestanden, ausdrücklich beigelegt wurde ihnen die Befugnis aber noch durch die Novelle vom 18. Juli 1881 [1]) und zwar wurde deren Ausübung als namentlich von den Innungsverbänden vorzunehmen bezeichnet. Daß auch in späteren Novellen die Pflege des Lehrlingswesens den Innungen regelmäßig besonders ans Herz gelegt wurde, war bereits an anderer Stelle zu zeigen.

Da selbstverständlich auch die Gemeinde zur Unterhaltung allgemeiner Fortbildungsschulen autorisiert war, so war für die Errichtung der erforderlichen gewerblichen Unterrichtsanstalten der hier in Rede stehenden Art zwar hinreichend gesorgt, aber die bloße Thatsache des Vorhandenseins eines Unterrichtsinstitutes kann, solange die beteiligten Kreise nicht eine hinreichende Einsicht in die Zweckmäßigkeit weiterer gewerblicher Unterweisung besitzen und deshalb die Anstalt freiwillig besuchen, keine unmittelbare Rückwirkung auf die gewerbliche Ausbildung haben. Hierzu ist erforderlich, daß auch der Besuch der Schulen, seien sie nun Innungs- oder Kommunalanstalten, den beteiligten Personen zur Pflicht gemacht wird, und zwar wird mit Rücksicht auf die lokalen Verschiedenheiten dieser obligatorische Schulbesuch zweckmäßig ortsstatutarisch begründet.

Dem Rechnung tragend, ließ bereits die Gewerbeordnung von 1869 die ortsstatutarische Einführung der Schulpflicht, soweit sie nicht schon landesgesetzlich verordnet, für gewerbliche Hilfspersonen bis zum 18. Lebensjahre zu, unter gleichzeitiger Verpflichtung der Arbeits- und Lehrherren, ihren Angestellten die für den Besuch der Fortbildungsschule erforderliche Zeit zu gewähren, und zwar auch dann zu gewähren, wenn jener Besuch nicht obligatorisch ist, sondern auf Grund freien Entschlusses des Arbeiters erfolgt (jetzt § 120 Abs. 1). Konnte nun auch die Verpflichtung zum Besuch der Fortbildungsschule für Arbeiter unter 18 Jahren begründet werden, so hatte die ursprüngliche Gewerbeordnung doch unterlassen, die Nichterfüllung dieser Verpflichtung mit Strafe zu bedrohen, und ebensowenig hatte sie Vorsorge getroffen, daß durch Ortsstatut den zum Besuche der

---

[1]) R.G.Bl. 1881 S. 233 ff.

Fortbildungsschule verpflichteten Arbeitern, ihren Arbeitgebern, Eltern und Vormündern diejenigen Verpflichtungen auferlegt werden konnten, die zur thatsächlichen Durchführung des Schulzwanges und zur Aufrechterhaltung der Ordnung in der Fortbildungsschule nötig sind. Um diesem Übelstande abzuhelfen, führte die Novelle vom 1. Juni 1891[1]) die fehlende Strafandrohung ein (§ 150 Ziff. 4) und ermächtigte die Gemeinde oder weitere Kommunalverbände auch zum Erlaß der zur Sicherung des Schulbesuches nötigen statutarischen Vorschriften (§ 120 Abs. 3). Da es ferner für die Verbesserung der wirtschaftlichen Lage und für die Hebung des Familienlebens der arbeitenden Klassen von der größten Bedeutung ist, daß die heranwachsende weibliche Jugend zur Tüchtigkeit für den Beruf der Hausfrauen erzogen wird, so stellte diese Novelle gleichzeitig diejenigen Anstalten, in welchen Unterricht in weiblichen Hand- und Hausarbeiten erteilt wird, den Fortbildungsschulen gleich (§ 120 Abs. 2). Wurde hierdurch auch der Arbeitgeber der weiblichen Arbeiter unter 18 Jahren verpflichtet, die zum Besuch dieser Anstalten erforderliche Zeit zu gewähren, so war doch die statutarische Einführung obligatorischen Besuches für die inbetracht kommenden Arbeiterinnen selbst nicht angängig. Erst der Novelle vom 30. Juni 1900 war es vorbehalten, dies zu ermöglichen; aber auch dieses Gesetz erklärt den Zwang nur zulässig für weibliche Handlungsgehilfen und -Lehrlinge unter 18 Jahren, für die große Masse der jugendlichen Arbeiterinnen bleibt es daher nach wie vor beim Alten: es ist der persönlichen, durchweg nicht allzu hoch entwickelten Einsicht der Mädchen überlassen, sich für oder gegen den Schulbesuch zu entscheiden.

Nach positiver Vorschrift des Gesetzes finden die Bestimmungen des § 120 auch auf Handlungsgehilfen und Lehrlinge Anwendung (§ 139i), nicht dagegen auf Gehilfen und Lehrlinge in Apotheken (§ 154 Abs. 1) und auf Bergarbeiter (§ 154a Abs. 1).

---

[1]) R.G.Bl. 1891 S. 261.

Fünfter Abschnitt.

Die obrigkeitliche Durchführung der Gewerbeordnung.

§ 19.

Ortsstatute, Gewerbeinspektion, Gewerbestrafrecht.

Mit Rücksicht auf die Möglichkeit der Verschiedenheit örtlicher Gewerbeverhältnisse erscheint es nicht allein unzweckmäßig, sondern auch gänzlich unmöglich, sämtliche notwendig werdende gewerberechtliche Anordnungen in genereller Fassung von einer Centralgewalt ausgehen zu lassen. Wie in zahlreichen anderen wirtschaftlichen Verhältnissen, erscheint es auch für die Bildung von Gewerberecht unumgänglich nötig, gegebenenfalls von der Centralstelle aus nur die allgemeinen Grundsätze zu proklamieren, deren Verwirklichung im einzelnen Bezirk aber nach den Grundsätzen der Decentralisierung den Ortsbehörden zu überlassen, die ihrerseits in jeweiliger Anpassung an die gegebenen thatsächlichen Verhältnisse das Richtige zu treffen am ehesten qualifiziert sind.

Daher nahm die Gewerbeordnung von Anfang an das Institut ortsstatutarischer Normensetzung in Ausführung der nur generell gehaltenen Gesetzesvorschriften in sich auf, indem sie zunächst mehrfach eine lokale Regelung der von ihr selbst nur grundsätzlich oder doch nicht erschöpfend behandelten gewerblichen Verhältnisse vorsah, sodann aber auch eine allgemeine Bestimmung über die Gültigkeit der Ortsstatute aufstellte (jetzt § 142). Diese Ortsstatute sollten nach Anhörung der beteiligten Gewerbetreibenden — auf Befragung des gewerblichen Hilfspersonals glaubte man verzichten zu können — auf Grund eines Gemeindebeschlusses gefaßt werden und bedurften der Genehmigung der höheren Verwaltungsbehörde. Die Novelle vom 1. Juni 1891 [1]) hielt hieran fest, autorisierte jedoch auch weitere Kommunalverbände zum eventuellen Erlaß statutarischer Vorschriften und verlangte vor allen Dingen nach dem Grundsatz audiatur et altera pars vor dem Erlaß der Statuten auch die Anhörung

[1]) R.G.Bl. 1891 S. 261

der Arbeiter, mit denen bei wirtschaftlichen Enqueten in Konnex zu treten von den Organen der Obrigkeit thörichterweise gar zu oft versäumt wird (§ 142). —

Darauf zu achten, daß die Vorschriften der Gewerbeordnung nun auch in der That durchgeführt werden, ist Sache der Obrigkeit, insbesondere Pflicht der Polizeibehörde. Mögen die Beamten der Polizeiverwaltungen, wenigstens die besser vorgebildeten der größeren nun auch für die Mehrzahl der Fälle qualifiziert sein, die nötige Kontrolle über das allgemeine Gewerbsleben auszuüben, so wird man sich doch der Erkenntnis nicht verschließen dürfen, daß es im gewerblichen Leben zahlreiche Verhältnisse giebt, deren sachgemäße Würdigung unter allen Umständen technische und volkswirtschaftliche Kenntnisse bei dem zur Kontrolle berufenen Beamten voraussetzt. Dies trifft insbesondere zu für die Handhabung der gewerbepolizeilichen Aufsicht über die Fabriken.

Demgemäß stellte das Gesetz von 1869 den Einzelstaaten anheim, die Aufsicht über die Ausführung der die Beschäftigung der Fabrikarbeiter betreffenden Bestimmungen besonderen Beamten zu übertragen, die jedoch, sobald sie einmal eingesetzt waren, von Reichswegen — wie auch heute noch — mit allen amtlichen Befugnissen der Ortspolizeibehörden ausgestattet waren, insbesondere das Recht zur jederzeitigen Revision [1]) der Fabriken hatten. Einen wesentlichen Fortschritt brachte die Novelle vom 17. Juli 1878, [2]) welche aus der bisherigen Befugnis der Einzelstaaten eine Pflicht zur Anstellung besonderer Aufsichtsbeamten für den Fabrikbetrieb machte und damit für ganz Deutschland die obligatorische Fabrikinspektion anstelle der bisherigen fakultativen einführte (jetzt § 139b). Neu ist namentlich die Pflicht der Fabrikinspektoren, Jahresberichte über ihre amtliche Thätigkeit zu erstatten, die dem Bundesrat und dem Reichstage vorzulegen sind (§ 139b Abs. 3). Die Fabrik-

[1]) Die Arbeitgeber müssen diese Revisionen zu jeder Zeit, namentlich auch in der Nacht, während des Betriebes gestatten (§ 139b Abs. 4). Zuwiderhandelnde werden nach § 149 Ziffer 7 mit Geldstrafe bis zu dreißig Mark, im Unvermögensfalle mit Haft bis zu acht Tagen bestraft. Natürlich sind die Gewerbeaufsichtsbeamten zur Geheimhaltung der amtlich zu ihrer Kenntnis gelangenden Geschäfts- und Betriebsgeheimnisse der ihrer Revision unterliegenden Anlagen verpflichtet (§ 139b Abs. 1).

[2]) R.G.Bl. 1878 S. 192ff.

inspektion endlich wurde durch die Novelle vom 1. Juni 1891 [1]) zur Gewerbeinspektion erweitert, indem gleichzeitig mit der — wenn auch nur beschränkten — Unterstellung der Werkstätten unter die „Fabrikgesetzgebung“ (vergl. S. 128) die Zuständigkeit der besonderen Aufsichtsbeamten in gewisser Hinsicht auch auf die Kontrolle der Werkstätten ausgedehnt wurde. Außerdem wurde die sachliche Zuständigkeit der nunmehrigen Gewerbeinspektoren erweitert (§ 139b Abs. 1) und den Arbeitgebern [2]) die Verpflichtung zur Abgabe gewisser statistischer Mitteilungen auferlegt (§ 139b Abs. 5). Zur Zuständigkeit der Gewerbeinspektoren gehört heute die Aufsicht über die Ausführung der Bestimmungen betreffs der industriellen Sonntagsruhe, über die zum Schutze der Arbeiter gegen Gefahren für Leben, Gesundheit und Sittlichkeit zu treffenden Maßregeln, sowie insbesondere über die allgemeine Beschäftigung der Arbeiter in Fabriken (§ 139b Abs. 1). —

Die Folge von Handlungen, die mit den Vorschriften der Gewerbeordnung in Widerspruch stehen, können Regreßansprüche sein, die zur Schadloshaltung wegen Verletzung eines Privatrechts in den Formen des gewöhnlichen Civilprozesses von dem Geschädigten geltend gemacht werden (vergl. § 26 R.G.O.), sie kann ferner, soweit es sich um Verträge handelt, in der civilrechtlichen Unverbindlichkeit der contra legem oder in fraudem legis eingegangenen Verpflichtung bestehen (vergl. § 105a R.G.O.), endlich kann sie in einer strafrechtlichen Verfolgung des Contravenienten gipfeln (§§ 143—153 R.G.O.). Letztere ist — auch wegen ihrer präventiven Wirkung — die für das Gewerberecht bedeutendste Rechtsfolge der unerlaubten Handlungen. Für das Gewerbestrafrecht gelten die Rechtssätze des allgemeinen Strafrechts, also des Reichs-Strafgesetzbuches, der Straf-Prozeßordnung und des Gerichtsverfassungsgesetzes, soweit die Gewerbeordnung nicht ausdrücklich etwas Anderes vorschreibt. Die strafrechtlichen Vorschriften der Gewerbeordnung haben fast mit jeder Novelle eine Abänderung erfahren, indem sich mit der Änderung

[1]) R.G.Bl. 1891 S. 261.

[2]) Gemeint sind hier nicht nur die Fabrikherren, sondern im weitesten Umfange alle Gewerbetreibenden, die gewerbliches Hilfspersonal beschäftigen. Nur wer ausdrücklich vom Gesetz eximiert ist, wird durch diese Vorschrift nicht getroffen.

des materiellen Rechtssatzes in der Regel auch die des Folgesatzes, der Strafvorschrift, als notwendig erwies. Die Novelle vom 12. Juni 1872[1]) erging speziell für das Gewerbestrafrecht, dessen bisherige Vorschriften den allgemeinen Normen des inzwischen (15. Mai 1871) ergangenen Reichs-Strafgesetzbuches angepaßt werden mußten.

Besonderer Erwähnung bedürfen folgende, bereits in der Fassung von 1869 niedergelegte Vorschriften: Die Berechtigung zum Gewerbebetriebe kann — hierin weicht das Gesetz von dem derzeitigen Regierungsentwurfe ab —, abgesehen von den reichsgesetzlich zugelassenen Fällen ihrer Entziehung, weder durch richterliche noch administrative Entscheidung aberkannt werden — vorbehaltlich gewisser abweichender Bestimmungen der Steuer- und Preßgesetze (§ 143). Eine Bestrafung der Gewerbetreibenden wegen Zuwiderhandlung gegen ihre Berufspflichten aus dem Gewerbestrafrecht schließt ihre Bestrafung nach anderen Gesetzen nicht aus, jedoch werden etwaige für Medizinalpersonen bestehende besondere Vorschriften, welche ihnen unter Androhung von Strafe einen Zwang zu ärztlicher Hilfeleistung auferlegen, außer Wirkung gesetzt (§ 144). Enthielt eine bei Ausübung des Gewerbes vorgenommene Handlung zugleich eine Zuwiderhandlung gegen die Steuergesetze, so soll, entsprechend der allgemeinen Behandlung der idealen Konkurrenz im Strafrecht, in den Fällen des § 147 R.G.O. nicht außerdem noch auf eine Steuerstrafe erkannt, diese vielmehr der Zumessung der aus dem Gewerberecht zu verhängenden Strafe zu Grunde gelegt werden (§ 147 Abs. 2); andererseits soll in gewissen Fällen bei dem Vorliegen idealer Konkurrenz der vorerwähnten Art eine Bestrafung aus dem Gewerberecht ausgeschlossen sein und dafür eine solche aus dem Steuerrecht erfolgen (§ 148 Abs. 2). Die straftechnischen Verhältnisse regeln sich nach den Bestimmungen des Reichs-Strafgesetzbuches (§ 145 Abs. 1), mit nur wenigen Ausnahmen sollen jedoch die in der Gewerbeordnung mit Strafe bedrohten Handlungen binnen drei Monaten verjähren, also den Charakter von Übertretungen haben (§ 145 Abs. 2).

---

[1]) R.G.Bl. 1872 S. 170.

Anhang.

Gewerbeordnung

für das

Deutsche Reich

vom 21. Juni 1869

in der Fassung der Bekanntmachung vom 26. Juli 1900.

Anmerkung: Die am Rande stehenden Ziffern bezeichnen die einschlägigen Seiten des systematischen Teiles der Abhandlung, die unter dem Text stehenden die korrespondierenden Paragraphen des Gesetzes.

Titel I.

Allgemeine Bestimmungen.

§. 1. Der Betrieb eines Gewerbes ist Jedermann gestattet, soweit 37.
nicht durch dieses Gesetz Ausnahmen oder Beschränkungen vorgeschrieben oder zugelassen sind.

Wer gegenwärtig zum Betrieb eines Gewerbes berechtigt ist, kann von demselben nicht deshalb ausgeschlossen werden, weil er den Erfordernissen dieses Gesetzes nicht genügt.

§. 2. Die Unterscheidung zwischen Stadt und Land in Bezug auf 40.
den Gewerbebetrieb und die Ausdehnung desselben hört auf.

§. 3. Der gleichzeitige Betrieb verschiedener Gewerbe sowie desselben 40.
Gewerbes in mehreren Betriebs- oder Verkaufsstätten ist gestattet. Eine Beschränkung der Handwerker auf den Verkauf der selbstverfertigten Waaren findet nicht statt.

§. 4. Den Zünften und kaufmännischen Korporationen steht ein 40.
Recht, Andere von dem Betrieb eines Gewerbes auszuschließen, nicht zu.

§. 5. In den Beschränkungen des Betriebs einzelner Gewerbe, 40.
welche auf den Zoll-, Steuer- und Postgesetzen beruhen, wird durch das gegenwärtige Gesetz nichts geändert.

§. 6. Das gegenwärtige Gesetz findet keine Anwendung auf die 36.
Fischerei, die Errichtung und Verlegung von Apotheken, die Erziehung von Kindern gegen Entgelt, das Unterrichtswesen, die advokatorische und Notariats-Praxis, den Gewerbebetrieb der Auswanderungsunternehmer und Auswanderungsagenten, der Versicherungsunternehmer und der Eisenbahnunter-

nehmungen, die Befugniß zum Halten öffentlicher Fähren und die Rechtsverhältnisse der Schiffsmannschaften auf den Seeschiffen. — Auf das Bergwesen, die Ausübung der Heilkunde, den Verkauf von Arzneimitteln, den Vertrieb von Lotterieloosen und die Viehzucht findet das gegenwärtige Gesetz nur insoweit Anwendung, als dasselbe ausdrückliche Bestimmungen darüber enthält.

Durch Kaiserliche Verordnung wird bestimmt, welche Apothekerwaaren dem freien Verkehre zu überlassen sind.

Abs. 1: Bergwesen §§ 105 b, 105 c—f, 105 h, 115—119 a, 135—139 b, 152, 153, 154 a; Heilkunde: §§ 29, 30, 35, 40, 53, 56 a, 80, 144, 147 [1] u. [3]; Arzneiverkauf: §§ 29, 35 Abs. 4, 53, 56, 80: Lotterieloose: §§ 35, 56, 56 a, 56 c; Viehzucht: §§ 35 Abs. 3, 56 b, 59, 66.

Abs. 2: Kaiserl. Verordn. vom 22. Oktober 1901 (R.G.Bl. S. 380). Vergl. auch § 367 [3] R.St.G.B.

40. **§. 7.** Vom 1. Januar 1873 ab sind, soweit die Landesgesetze solches nicht früher verfügen, aufgehoben:

1. die noch bestehenden ausschließlichen Gewerbeberechtigungen, d. h. die mit dem Gewerbebetriebe verbundenen Berechtigungen, Anderen den Betrieb eines Gewerbes, sei es im Allgemeinen oder hinsichtlich der Benutzung eines gewissen Betriebsmaterials, zu untersagen oder sie darin zu beschränken;
2. die mit den ausschließlichen Gewerbeberechtigungen verbundenen Zwangs- und Bannrechte, mit Ausnahme der Abdeckereiberechtigungen;
3. alle Zwangs- und Bannrechte, deren Aufhebung nach dem Inhalte der Verleihungsurkunde ohne Entschädigung zulässig ist;
4. sofern die Aufhebung nicht schon in Folge dieser Bestimmungen eintritt, oder sofern sie nicht auf einem Vertrage zwischen Berechtigten und Verpflichteten beruhen:
   a) das mit dem Besitz einer Mühle, einer Brennerei oder Brenngerechtigkeit, einer Brauerei oder Braugerechtigkeit, oder einer Schankstätte verbundene Recht, die Konsumenten zu zwingen, daß sie bei den Berechtigten ihren Bedarf mahlen oder schroten lassen, oder das Getränk ausschließlich von denselben beziehen (der Mahlzwang, der Branntweinzwang oder der Brauzwang);
   b) das städtischen Bäckern oder Fleischern zustehende Recht, die Einwohner der Stadt, der Vorstädte oder der sogenannten Bannmeile zu zwingen, daß sie ihren Bedarf an Gebäck oder Fleisch ganz oder theilweise von jenen ausschließlich entnehmen;
5. die Berechtigungen, Konzessionen zu gewerblichen Anlagen oder zum Betriebe von Gewerben zu ertheilen, die dem Fiskus, Korporationen, Instituten oder einzelnen Berechtigten zustehen;
6. vorbehaltlich der an den Staat und die Gemeinde zu entrichtenden Gewerbesteuern, alle Abgaben, welche für den Betrieb eines Gewerbes entrichtet werden, sowie die Berechtigung, dergleichen Abgaben aufzuerlegen.

Ob und in welcher Weise den Berechtigten für die vorstehend aufgehobenen ausschließlichen Gewerbeberechtigungen, Zwangs- und Bannrechte u. s. w. Entschädigung zu leisten ist, bestimmen die Landesgesetze.

§. 8. Von dem gleichen Zeitpunkte (§. 7) ab unterliegen, soweit 40.
solches nicht von der Landesgesetzgebung schon früher verfügt ist, der Ablösung:

1. diejenigen Zwangs- und Bannrechte, welche durch die Bestimmungen des §. 7 nicht aufgehoben sind, sofern die Verpflichtung auf Grundbesitz haftet, die Mitglieder einer Korporation als solche betrifft, oder Bewohnern eines Ortes oder Distrikts vermöge ihres Wohnsitzes obliegt;
2. das Recht, den Inhaber einer Schankstätte zu zwingen, daß er für seinen Wirthschaftsbedarf das Getränk aus einer bestimmten Fabrikationsstätte entnehme.

Das Nähere über die Ablösung dieser Rechte bestimmen die Landesgesetze.

§. 9. Streitigkeiten darüber, ob eine Berechtigung zu den durch 40.
die §§. 7 und 8 aufgehobenen oder für ablösbar erklärten gehört, sind im Rechtswege zu entscheiden.

Jedoch bleibt den Landesgesetzen vorbehalten, zu bestimmen, von welchen Behörden und in welchem Verfahren die Frage zu entscheiden ist, ob oder wie weit eine auf einem Grundstücke haftende Abgabe eine Grundabgabe ist, oder für den Betrieb eines Gewerbes entrichtet werden muß.

§. 10. Ausschließliche Gewerbeberechtigungen oder Zwangs- und 40.
Bannrechte, welche durch Gesetz aufgehoben oder für ablösbar erklärt worden sind, können fortan nicht mehr erworben werden.

Realgewerbeberechtigungen dürfen fortan nicht mehr begründet werden.

§. 11. Das Geschlecht begründet in Beziehung auf die Befugniß 46.
zum selbständigen Betrieb eines Gewerbes keinen Unterschied.

§. 11a. Betreibt eine Ehefrau, für deren güterrechtliche Verhält- 46.
nisse ausländische Gesetze maßgebend sind, im Inlande selbständig ein Gewerbe, so ist es auf ihre Geschäftsfähigkeit in Angelegenheiten des Gewerbes ohne Einfluß, daß sie Ehefrau ist.

Soweit die Frau in Folge des Güterstandes in der Verfügung über ihr Vermögen beschränkt ist, finden die Vorschriften des §. 1405 des Bürgerlichen Gesetzbuchs Anwendung. Hat die Frau ihren Wohnsitz nicht im Inlande, so ist der Einspruch des Mannes gegen den Betrieb des Gewerbes und der Widerruf der ertheilten Einwilligung in das Güterrechtsregister des Bezirkes einzutragen, in welchem das Gewerbe betrieben wird.

Betreibt die Frau das Gewerbe mit Einwilligung des Mannes oder gilt die Einwilligung nach §. 1405 Abs. 2 des Bürgerlichen Gesetzbuchs als ertheilt, so haftet für die Verbindlichkeiten der Frau aus dem Gewerbebetrieb ihr Vermögen ohne Rücksicht auf die dem Manne kraft des Güterstandes zustehenden Rechte; im Falle des Bestehens einer ehelichen Gütergemeinschaft haftet auch das gemeinschaftliche Vermögen.

§. 12. Hinsichtlich des Gewerbebetriebs der juristischen Personen 46.
des Auslandes bewendet es bei den Landesgesetzen.

Diejenigen Beschränkungen, welche in Betreff des Gewerbebetriebs für Personen des Soldaten- und Beamtenstandes sowie deren Angehörige bestehen, werden durch das gegenwärtige Gesetz nicht berührt.

Vergl. Reichsmilitärgesetz vom 2 Mai 1874 §. 43 (R.G.Bl. S. 45). Reichsbeamtengesetz vom 31. März 1873 §. 16 (R.G.Bl. S. 61).

46. **§. 13.** Von dem Besitze des Bürgerrechts soll die Zulassung zum Gewerbebetrieb in keiner Gemeinde und bei keinem Gewerbe abhängig sein.

Nach dem begonnenen Gewerbebetrieb ist, soweit dies in der bestehenden Gemeindeverfassung begründet ist, der Gewerbetreibende auf Verlangen der Gemeindebehörde nach Ablauf von drei Jahren verpflichtet, das Bürgerrecht zu erwerben. Es darf jedoch in diesem Falle von ihm das sonst vorgeschriebene oder übliche Bürgerrechtsgeld nicht gefordert und ebenso nicht verlangt werden, daß er sein anderweit erworbenes Bürgerrecht aufgebe.

Titel II.

49.
Stehender Gewerbebetrieb.

I. Allgemeine Erfordernisse.

51. **§. 14.** Wer den selbständigen Betrieb eines stehenden Gewerbes
83. anfängt, muß der für den Ort, wo solches geschieht, nach den Landesgesetzen zuständigen Behörde gleichzeitig Anzeige davon machen. Diese Anzeige liegt auch demjenigen ob, welcher zum Betrieb eines Gewerbes im Umherziehen (Titel III) befugt ist.

Außerdem hat, wer Versicherungen für eine Mobiliar- oder Immobiliar-Feuerversicherungsanstalt als Agent oder Unteragent vermitteln will, bei Uebernahme der Agentur, und derjenige, welcher dieses Geschäft wieder aufgiebt, oder welchem die Versicherungsanstalt den Auftrag wieder entzieht, innerhalb der nächsten acht Tage der zuständigen Behörde seines Wohnorts davon Anzeige zu machen. Buch- und Steindrucker, Buch- und Kunsthändler, Antiquare, Leihbibliothekare, Inhaber von Lesekabinetten, Verkäufer von Druckschriften, Zeitungen und Bildern haben bei der Eröffnung ihres Gewerbebetriebs das Lokal desselben, sowie jeden späteren Wechsel des letzteren spätestens am Tage seines Eintritts der zuständigen Behörde ihres Wohnorts anzugeben.

Strafbestimmung: §. 148 Z. 1—3.

51. **§. 15.** Die Behörde bescheinigt innerhalb dreier Tage den Empfang der Anzeige.

Die Fortsetzung des Betriebs kann polizeilich verhindert werden, wenn ein Gewerbe, zu dessen Beginn eine besondere Genehmigung erforderlich ist, ohne diese Genehmigung begonnen wird.

69. **§. 15 a.** Gewerbtreibende, die einen offenen Laden haben oder Gast- oder Schankwirthschaft betreiben, sind verpflichtet, ihren Familiennamen mit mindestens einem ausgeschriebenen Vornamen an der Außenseite oder am Eingange des Ladens oder der Wirthschaft in deutlich lesbarer Schrift anzubringen.

Kaufleute, die eine Handelsfirma führen, haben zugleich die Firma in der bezeichneten Weise an dem Laden oder der Wirthschaft anzubringen; ist aus der Firma der Familienname des Geschäftsinhabers mit dem ausgeschriebenen Vornamen zu ersehen, so genügt die Anbringung der Firma.

Auf offene Handelsgesellschaften, Kommanditgesellschaften und Kommanditgesellschaften auf Aktien finden diese Vorschriften mit der Maßgabe Anwendung, daß für die Namen der persönlich haftenden Gesellschafter gilt, was in Betreff der Namen der Gewerbetreibenden bestimmt ist.

Sind mehr als zwei Betheiligte vorhanden, deren Namen hiernach in der Aufschrift anzugeben wären, so genügt es, wenn die Namen von zweien mit einem das Vorhandensein weiterer Betheiligter andeutenden Zusatz aufgenommen werden. Die Polizeibehörde kann im einzelnen Falle die Angabe der Namen aller Betheiligter anordnen.

II. Erforderniß besonderer Genehmigung.

1. Anlagen, welche einer besonderen Genehmigung bedürfen.

§. 16. Zur Errichtung von Anlagen, welche durch die örtliche Lage 40.
oder die Beschaffenheit der Betriebsstätte für die Besitzer oder Bewohner 52.
der benachbarten Grundstücke oder für das Publikum überhaupt erhebliche Nachtheile, Gefahren oder Belästigungen herbeiführen können, ist die Genehmigung der nach den Landesgesetzen zuständigen Behörde erforderlich.

Es gehören dahin:

Schießpulverfabriken, Anlagen zur Feuerwerkerei und zur Bereitung von Zündstoffen aller Art, Gasbereitungs- und Gasbewahrungsanstalten, Anstalten zur Destillation von Erdöl, Anlagen zur Bereitung von Braunkohlentheer, Steinkohlentheer und Koaks, sofern sie außerhalb der Gewinnungsorte des Materials errichtet werden, Glas- und Rußhütten, Anlagen zur Herstellung von Cement, gebranntem Kalk, entwässertem Gips, von Ziegelsteinen und anderen gebrannten Thonwaaren, Anlagen zur Gewinnung roher Metalle, Röstöfen, Metallgießereien, sofern sie nicht bloße Tiegelgießereien sind, Hammerwerke, chemische Fabriken aller Art, Schnellbleichen, Firnißsiedereien, Stärkefabriken, mit Ausnahme der Fabriken zur Bereitung von Kartoffelstärke, Stärkesyrupsfabriken, Wachstuch-, Darmsaiten-, Dachpappen- und Dachfilzfabriken, Leim-, Thran- und Seifensiedereien, Knochenbrennereien, Knochendarren, Knochenkochereien und Knochenbleichen, Zubereitungsanstalten für Thierhaare, Talgschmelzen, Schlächtereien, Gerbereien, Abdeckereien, Poudretten- und Düngpulverfabriken, Stauanlagen für Wassertriebwerke (§. 23), Hopfen-Schwefeldörren, Asphaltkochereien und Pechsiedereien, soweit sie außerhalb der Gewinnungsorte des Materials errichtet werden, Strohpapierstoff-Fabriken, Darmzubereitungsanstalten, Fabriken, in welchen Dampfkessel oder andere Blechgefäße durch Vernieten hergestellt werden, Kalifabriken und Anstalten zum Imprägniren von Holz mit erhitzten Theerölen, Kunstwollefabriken, Anlagen zur Herstellung von Celluloid und Dégrasfabriken, die Fabriken, in welchen Röhren aus Blech durch Vernieten hergestellt werden, sowie die Anlagen zur Erbauung eiserner Schiffe, zur Herstellung eiserner Brücken oder sonstiger eiserner Baukonstruktionen, die Anlagen zur Destillation oder zur Verarbeitung von Theer und von Theerwasser, die Anlagen, in welchen aus Holz oder ähnlichem Fasermaterial auf chemischem Wege Papierstoff hergestellt wird (Cellulosefabriken), die Anlagen, in welchen Albuminpapier hergestellt wird, die Anstalten zum Trocknen und Einsalzen ungegerbter Thierfelle, sowie die Verbleiungs-, Verzinnungs- und Verzinkungsanstalten, die Anlagen zur Herstellung von Gußstahlkugeln mittelst Kugelschrotmühlen (Kugelfräsmaschinen). Die Anlagen zur Herstellung von Zündschnüren und von elektrischen Zündern.

Das vorstehende Verzeichniß kann, je nach Eintritt oder Wegfall der im Eingange gedachten Voraussetzung, durch Beschluß des Bundesraths, vorbehaltlich der Genehmigung des nächstfolgenden Reichstags, abgeändert werden.

Strafbestimmung: § 147 Z. 2.

52. **§. 17.** Dem Antrag auf die Genehmigung einer solchen Anlage müssen die zur Erläuterung erforderlichen Zeichnungen und Beschreibungen beigefügt werden.

Ist gegen die Vollständigkeit dieser Vorlagen nichts zu erinnern, so wird das Unternehmen mittelst einmaliger Einrückung in das zu den amtlichen Bekanntmachungen der Behörde (§. 16) bestimmte Blatt zur öffentlichen Kenntniß gebracht, mit der Aufforderung, etwaige Einwendungen gegen die neue Anlage binnen vierzehn Tagen anzubringen. Die Frist nimmt ihren Anfang mit Ablauf des Tages, an welchem das die Bekanntmachung enthaltende Blatt ausgegeben worden, und ist für alle Einwendungen, welche nicht auf privatrechtlichen Titeln beruhen, präklusivisch.

52. **§. 18.** Werden keine Einwendungen angebracht, so hat die Behörde zu prüfen, ob die Anlage erhebliche Gefahren, Nachtheile oder Belästigungen für das Publikum herbeiführen könne. Auf Grund dieser Prüfung, welche sich zugleich auf die Beachtung der bestehenden bau-, feuer- und gesundheitspolizeilichen Vorschriften erstreckt, ist die Genehmigung zu versagen, oder, unter Festsetzung der sich als nöthig ergebenden Bedingungen, zu ertheilen. Zu den letzteren gehören auch diejenigen Anordnungen, welche zum Schutze der Arbeiter gegen Gefahr für Gesundheit und Leben nothwendig sind. Der Bescheid ist schriftlich auszufertigen und muß die festgesetzten Bedingungen enthalten; er muß mit Gründen versehen sein, wenn die Genehmigung versagt oder nur unter Bedingungen ertheilt wird.

Vergl. AusfAnw. vom 9. August 1899.

52. **§. 19.** Einwendungen, welche auf besonderen privatrechtlichen Titeln beruhen, sind zur richterlichen Entscheidung zu verweisen, ohne daß von der Erledigung derselben die Genehmigung der Anlage abhängig gemacht wird.

Andere Einwendungen dagegen sind mit den Parteien vollständig zu erörtern. Nach Abschluß dieser Erörterung erfolgt die Prüfung und Entscheidung nach den im §. 18 enthaltenen Vorschriften. Der Bescheid ist sowohl dem Unternehmer, als dem Widersprechenden zu eröffnen.

§. 19a. In dem Bescheide kann dem Unternehmer auf seine Ge- 52.
fahr, unbeschadet des Rekursverfahrens (§. 20), die unverzügliche Ausführung der baulichen Anlagen gestattet werden, wenn er dies vor Schluß der Erörterung beantragt. Die Gestattung kann von einer Sicherheitsleistung abhängig gemacht werden.

§. 20. Gegen den Bescheid ist Rekurs an die nächstvorgesetzte Behörde 52.
zulässig, welcher bei Verlust desselben binnen vierzehn Tagen, vom Tage der Eröffnung des Bescheids an gerechnet, gerechtfertigt werden muß.

Der Rekursbescheid ist den Parteien schriftlich zu eröffnen und muß mit Gründen versehen sein.

§. 21. Die näheren Bestimmungen über die Behörden und das 52.
Verfahren, sowohl in der ersten als in der Rekurs-Instanz, bleiben den Landesgesetzen vorbehalten. Es sind jedoch folgende Grundsätze einzuhalten:

1. In erster oder in zweiter Instanz muß die Entscheidung durch eine kollegiale Behörde erfolgen. Diese Behörde ist befugt, Untersuchungen an Ort und Stelle zu veranlassen, Zeugen und Sachverständige zu laden und eidlich zu vernehmen, überhaupt den angetretenen Beweis in vollem Umfange zu erheben.
2. Bildet die kollegiale Behörde die erste Instanz, so ertheilt sie ihre Entscheidung in öffentlicher Sitzung, nach erfolgter Ladung und Anhörung der Parteien, auch in dem Falle, wenn zwar Einwendungen nicht angebracht sind, die Behörde aber nicht ohne weiteres die Genehmigung ertheilen will, und der Antragsteller innerhalb vierzehn Tagen nach Empfang des die Genehmigung versagenden oder nur unter Bedingungen ertheilenden Bescheids der Behörde auf mündliche Verhandlung anträgt.
3. Bildet die kollegiale Behörde die zweite Instanz, so ertheilt sie stets ihre Entscheidung in öffentlicher Sitzung, nach erfolgter Ladung und Anhörung der Parteien.
4. Als Parteien sind der Unternehmer (Antragsteller), sowie diejenigen Personen zu betrachten, welche Einwendungen erhoben haben.
5. Die Oeffentlichkeit der Sitzungen kann unter entsprechender Anwendung der §§. 173 bis 176 des Gerichtsverfassungsgesetzes ausgeschlossen oder beschränkt werden.

§. 21a. Die Sachverständigen (§. 21 Ziffer 1) haben über die 52.
Thatsachen, welche durch das Verfahren zu ihrer Kenntniß kommen, Verschwiegenheit zu beobachten und sich der Nachahmung der von dem Unternehmer geheim gehaltenen, zu ihrer Kenntniß gelangten Betriebseinrichtungen und Betriebsweisen, solange als diese Betriebsgeheimnisse sind, zu enthalten.

§. 22. Die durch unbegründete Einwendungen erwachsenden Kosten 52.
fallen dem Widersprechenden, alle übrigen Kosten, welche durch das Verfahren entstehen, dem Unternehmer zur Last.

In den Bescheiden über die Zulässigkeit der neuen Anlage wird zugleich die Vertheilung der Kosten festgesetzt.

53. **§. 23.** Bei den Stauanlagen für Wassertriebwerke sind außer den Bestimmungen der §§. 17 bis 22 die dafür bestehenden landesgesetzlichen Vorschriften anzuwenden.

Der Landesgesetzgebung bleibt vorbehalten, die fernere Benutzung bestehender und die Anlage neuer Privatschlächtereien in solchen Orten, für welche öffentliche Schlachthäuser in genügendem Umfange vorhanden sind oder errichtet werden, zu untersagen.

Soweit durch landesrechtliche Vorschriften Bestimmungen getroffen werden, wonach gewisse Anlagen oder gewisse Arten von Anlagen in einzelnen Ortstheilen gar nicht oder nur unter besonderen Beschränkungen zugelassen sind, finden diese Bestimmungen auch auf Anlagen der im §. 16 erwähnten Art Anwendung.

52. **§. 24.** Zur Anlegung von Dampfkesseln, dieselben mögen zum Maschinenbetriebe bestimmt sein oder nicht, ist die Genehmigung der nach den Landesgesetzen zuständigen Behörde erforderlich. Dem Gesuche sind die zur Erläuterung erforderlichen Zeichnungen und Beschreibungen beizufügen.

Die Behörde hat die Zulässigkeit der Anlage nach den bestehenden bau-, feuer- und gesundheitspolizeilichen Vorschriften, sowie nach denjenigen allgemeinen polizeilichen Bestimmungen zu prüfen, welche von dem Bundesrath über die Anlegung von Dampfkesseln erlassen werden. Sie hat nach dem Befunde die Genehmigung entweder zu versagen oder unbedingt zu ertheilen, oder endlich bei Ertheilung derselben die erforderlichen Vorkehrungen und Einrichtungen vorzuschreiben.

Bevor der Kessel in Betrieb genommen wird, ist zu untersuchen, ob die Ausführung den Bestimmungen der ertheilten Genehmigung entspricht. Wer vor dem Empfange der hierüber auszufertigenden Bescheinigung den Betrieb beginnt, hat die im §. 147 angedrohte Strafe verwirkt.

Die vorstehenden Bestimmungen gelten auch für bewegliche Dampfkessel.

Für den Rekurs und das Verfahren über denselben gelten die Vorschriften der §§. 20 und 21.

Vergl. Bekanntmachung betr. allgemeine polizeiliche Bestimmungen über die Anlegung von Dampfkesseln, vom 5. August 1890 (R.G.Bl. S. 163). — Strafbestimmung: §. 147 Z. 2.

78. **§. 25.** Die Genehmigung zu einer der in den §§. 16 und 24 bezeichneten Anlagen bleibt solange in Kraft, als keine Aenderung in der Lage oder Beschaffenheit der Betriebsstätte vorgenommen wird, und bedarf unter dieser Voraussetzung auch dann, wenn die Anlage an einen neuen Erwerber übergeht, einer Erneuerung nicht. Sobald aber eine Veränderung der Betriebsstätte vorgenommen wird, ist dazu die Genehmigung der zuständigen Behörde nach Maßgabe der §§. 17 bis 23 einschließlich beziehungsweise des §. 24 nothwendig. Eine gleiche Genehmigung ist erforderlich bei wesentlichen Veränderungen in dem Betrieb einer der im §. 16 genannten Anlagen. Die zuständige Behörde kann jedoch auf Antrag des Unternehmers von der Bekanntmachung (§. 17) Abstand nehmen, wenn sie die Ueberzeugung gewinnt, daß die beabsichtigte Veränderung für die Besitzer oder Bewohner benachbarter Grundstücke oder das Publikum über-

haupt neue oder größere Nachtheile, Gefahren oder Belästigungen, als mit der vorhandenen Anlage verbunden sind, nicht herbeiführen werde.

Diese Bestimmungen finden auch auf gewerbliche Anlagen (§§. 16 und 24) Anwendung, welche bereits vor Erlaß dieses Gesetzes bestanden haben.

Strafbestimmung: §. 147 Z. 2.

§. 26. Soweit die bestehenden Rechte zur Abwehr benachtheiligender 53.
Einwirkungen, welche von einem Grundstück aus auf ein benachbartes 169.
Grundstück geübt werden, dem Eigenthümer oder Besitzer des letzteren eine Privatklage gewähren, kann diese Klage einer mit obrigkeitlicher Genehmigung errichteten gewerblichen Anlage gegenüber niemals auf Einstellung des Gewerbebetriebs, sondern nur auf Herstellung von Einrichtungen, welche die benachtheiligende Einwirkung ausschließen, oder, wo solche Einrichtungen unthunlich oder mit einem gehörigen Betriebe des Gewerbes unvereinbar sind, auf Schadloshaltung gerichtet werden.

§. 27. Die Errichtung oder Verlegung solcher Anlagen, deren Be- 53.
trieb mit ungewöhnlichem Geräusche verbunden ist, muß, sofern sie nicht schon nach den Vorschriften der §§. 16 bis 25 der Genehmigung bedarf, der Ortspolizeibehörde angezeigt werden. Letztere hat, wenn in der Nähe der gewählten Betriebsstätte Kirchen, Schulen oder andere öffentliche Gebäude, Krankenhäuser oder Heilanstalten vorhanden sind, deren bestimmungsmäßige Benutzung durch den Gewerbebetrieb auf dieser Stelle eine erhebliche Störung erleiden würde, die Entscheidung der höheren Verwaltungsbehörde darüber einzuholen, ob die Ausübung des Gewerbes an der gewählten Betriebsstätte zu untersagen oder nur unter Bedingungen zu gestatten sei.

§. 28. Die höheren Verwaltungsbehörden sind befugt, über die Entfernung, welche bei Errichtung von durch Wind bewegten Triebwerken von benachbarten fremden Grundstücken und von öffentlichen Wegen inne zu halten ist, durch Polizeiverordnungen Bestimmung zu treffen.

2. Gewerbetreibende, welche einer besonderen Genehmigung bedürfen.

§. 29. Einer Approbation, welche auf Grund eines Nachweises der 54.
Befähigung ertheilt wird, bedürfen Apotheker und diejenigen Personen, welche sich als Aerzte (Wundärzte, Augenärzte, Geburtshelfer, Zahnärzte und Thierärzte) oder mit gleichbedeutenden Titeln bezeichnen oder seitens des Staates oder einer Gemeinde als solche anerkannt oder mit amtlichen Funktionen betraut werden sollen. Es darf die Approbation jedoch von der vorherigen akademischen Doktorpromotion nicht abhängig gemacht werden.

Der Bundesrath bezeichnet, mit Rücksicht auf das vorhandene Bedürfniß, in verschiedenen Theilen des Reichs die Behörden, welche für das ganze Reich gültige Approbationen zu ertheilen befugt sind, und erläßt die Vorschriften über den Nachweis der Befähigung. Die Namen der Approbirten werden von der Behörde, welche die Approbation ertheilt, in den vom Bundesrathe zu bestimmenden amtlichen Blättern veröffentlicht.

Personen, welche eine solche Approbation erlangt haben, sind innerhalb des Reichs in der Wahl des Ortes, wo sie ihr Gewerbe betreiben wollen, vorbehaltlich der Bestimmungen über die Errichtung und Verlegung von Apotheken (§. 6), nicht beschränkt.

Dem Bundesrathe bleibt vorbehalten, zu bestimmen, unter welchen Voraussetzungen Personen wegen wissenschaftlich erprobter Leistungen von der vorgeschriebenen Prüfung ausnahmsweise zu entbinden sind.

Personen, welche vor Verkündigung dieses Gesetzes in einem Bundesstaate die Berechtigung zum Gewerbebetriebe als Aerzte, Wundärzte, Zahnärzte, Geburtshelfer, Apotheker oder Thierärzte bereits erlangt haben, gelten als für das ganze Reich approbirt.

Strafbestimmungen: §. 147 Z. 1 und 3; auch St.G.B. §. 367 Z. 3. Prüfungsordnungen für: Apotheker vom 5. März 1875 (Central-Bl. S. 167), für Apothekergehülfen vom 13. November 1875 (ibid. S. 761), mit mehrfachen Ergänzungen, zuletzt vom 6. Juli 1889 (ibid. S. 421); Aerzte: vom 2. Juni 1883 (ibid. S. 191 und 198), 2. April 1885 (ibid. S. 144), 25. April 1887 (ibid. S. 110), 17. Januar 1888 (ibid. S. 9); Zahnärzte: vom 5. Juli 1889 (ibid. S. 417); Thierärzte: vom 13. Juli 1889 (ibid. S. 421).

Zu Abs. 4: Bekanntm. vom 9. Dezember 1869 (B.G.Bl. S. 687) und vom 15. April 1884 (Central-Bl. S. 128).

55. **§. 30.** Unternehmer von Privat-Kranken-, Privat-Entbindungs- und Privat-Irrenanstalten bedürfen einer Konzession der höheren Verwaltungsbehörde. Die Konzession ist nur dann zu versagen:

a) wenn Thatsachen vorliegen, welche die Unzuverlässigkeit des Unternehmers in Beziehung auf die Leitung oder Verwaltung der Anstalt darthun,
b) wenn nach den von dem Unternehmer einzureichenden Beschreibungen und Plänen die baulichen und die sonstigen technischen Einrichtungen der Anstalt den gesundheitspolizeilichen Anforderungen nicht entsprechen,
c) wenn die Anstalt nur in einem Theile eines auch von anderen Personen bewohnten Gebäudes untergebracht werden soll und durch ihren Betrieb für die Mitbewohner dieses Gebäudes erhebliche Nachtheile oder Gefahren hervorrufen kann,
d) wenn die Anstalt zur Aufnahme von Personen mit ansteckenden Krankheiten oder von Geisteskranken bestimmt ist und durch ihre örtliche Lage für die Besitzer oder Bewohner der benachbarten Grundstücke erhebliche Nachtheile oder Gefahren hervorrufen kann.

Vor Ertheilung der Konzession sind über die Fragen zu c und d die Ortspolizei- und die Gemeindebehörden zu hören.

54. Hebammen bedürfen eines Prüfungszeugnisses der nach den Landesgesetzen zuständigen Behörde.

Strafbestimmung: §. 147 Z. 1.

57. **§. 30a.** Der Betrieb des Hufbeschlaggewerbes kann durch die Landesgesetzgebung von der Beibringung eines Prüfungszeugnisses abhängig gemacht werden. Das ertheilte Prüfungszeugniß gilt für den ganzen Umfang des Reichs.

Strafbestimmung: §. 147 Z. 1. — Vergl. Preuß. Gesetz vom 18. Juni 1884 (G.S. S. 305).

§. 31. Seeschiffer, Seesteuerleute, Maschinisten der Seedampfschiffe 57.
und Lootsen müssen sich über den Besitz der erforderlichen Kenntnisse durch ein Befähigungszeugniß der zuständigen Verwaltungsbehörde ausweisen.

Der Bundesrath erläßt die Vorschriften über den Nachweis der Befähigung. Die auf Grund dieses Nachweises ertheilten Zeugnisse gelten für das ganze Reich, bei Lootsen für das im Zeugniß angeführte Fahrwasser.

Soweit in Betreff der Schiffer und Lootsen auf Strömen in Folge von Staatsverträgen besondere Anordnungen getroffen sind, behält es dabei sein Bewenden.

Dazu Bekanntm. vom 25. September 1869 (B.G.Bl. S. 660), 6. August 1887 (R.G.Bl. S. 395, Befähigung als Seeschiffer und Seesteuermann), 4. März 1895 (ibid. S. 179), 10. Februar 1899 (ibid. S. 129), 4. März 1899 (ibid. S. 132), 15. Juni 1888 (ibid. S. 185), 11. Juni 1891 (ibid. S. 156; Farbenblindheit), 26. Juli 1891 (ibid. S. 359).

§. 32. Schauspielunternehmer bedürfen zum Betrieb ihres Ge- 58.
werbes der Erlaubniß. Dieselbe gilt nur für das bei Ertheilung der Erlaubniß bezeichnete Unternehmen. Zum Betrieb eines anderen oder eines wesentlich veränderten Unternehmens bedarf es einer neuen Erlaubniß.

Die Erlaubniß ist zu versagen, wenn der Nachsuchende den Besitz der zu dem Unternehmen nöthigen Mittel nicht nachzuweisen vermag oder wenn die Behörde auf Grund von Thatsachen die Ueberzeugung gewinnt, daß derselbe die zu dem beabsichtigten Gewerbebetrieb erforderliche Zuverlässigkeit insbesondere in sittlicher, artistischer und finanzieller Hinsicht nicht besitzt.

Strafbestimmung: §. 147 Z. 1.

§. 33. Wer Gastwirthschaft, Schankwirthschaft oder Kleinhandel mit 59.
Branntwein oder Spiritus betreiben will, bedarf dazu der Erlaubniß.

Diese Erlaubniß ist nur dann zu versagen:

1. wenn gegen den Nachsuchenden Thatsachen vorliegen, welche die Annahme rechtfertigen, daß er das Gewerbe zur Förderung der Völlerei, des verbotenen Spieles, der Hehlerei oder der Unsittlichkeit mißbrauchen werde;
2. wenn das zum Betriebe des Gewerbes bestimmte Lokal wegen seiner Beschaffenheit oder Lage den polizeilichen Anforderungen nicht genügt.

Die Landesregierungen sind befugt, außerdem zu bestimmen, daß

a) die Erlaubniß zum Ausschänken von Branntwein oder zum Kleinhandel mit Branntwein oder Spiritus allgemein,
b) die Erlaubniß zum Betriebe der Gastwirthschaft oder zum Ausschänken von Wein, Bier oder anderen, nicht unter a fallenden, geistigen Getränken in Ortschaften mit weniger als 15000 Einwohnern, sowie in solchen Ortschaften mit einer größeren Einwohnerzahl, für welche dies durch Ortsstatut (§. 142) festgesetzt wird,

von dem Nachweis eines vorhandenen Bedürfnisses abhängig sein solle.

Vor Ertheilung der Erlaubniß ist die Ortspolizei- und die Gemeindebehörde gutachtlich zu hören.

Die vorstehenden Bestimmungen finden auf Vereine, welche den gemeinschaftlichen Einkauf von Lebens- und Wirthschaftsbedürfnissen im Großen und deren Absatz im Kleinen zum ausschließlichen oder hauptsächlichen Zwecke haben, einschließlich der bereits bestehenden, auch dann Anwendung, wenn der Betrieb auf den Kreis der Mitglieder beschränkt ist.

Die Landesregierungen können anordnen, daß die vorstehenden Bestimmungen, mit Ausnahme derjenigen im Abs. 3 unter b, auch auf andere Vereine, einschließlich der bereits bestehenden, selbst dann Anwendung finden, wenn der Betrieb auf den Kreis der Mitglieder beschränkt ist.

Strafbestimmung: §. 147. Z. 1.

58. **§. 33a.** Wer gewerbsmäßig Singspiele, Gesangs- und deklamatorische Vorträge, Schaustellungen von Personen oder theatralische Vorstellungen, ohne daß ein höheres Interesse der Kunst oder Wissenschaft dabei obwaltet, in seinen Wirthschafts- oder sonstigen Räumen öffentlich veranstalten oder zu deren öffentlicher Veranstaltung seine Räume benutzen lassen will, bedarf zum Betriebe dieses Gewerbes der Erlaubniß ohne Rücksicht auf die etwa bereits erwirkte Erlaubniß zum Betriebe des Gewerbes als Schauspielunternehmer.

Die Erlaubniß ist nur dann zu versagen:

1. wenn gegen den Nachsuchenden Thatsachen vorliegen, welche die Annahme rechtfertigen, daß die beabsichtigten Veranstaltungen den Gesetzen oder guten Sitten zuwiderlaufen werden;
2. wenn das zum Betriebe des Gewerbes bestimmte Lokal wegen seiner Beschaffenheit oder Lage den polizeilichen Anforderungen nicht genügt;
3. wenn der den Verhältnissen des Gemeindebezirkes entsprechenden Anzahl von Personen die Erlaubniß bereits ertheilt ist.

Aus den unter Ziffer 1 angeführten Gründen kann die Erlaubniß zurückgenommen und Personen, welche vor dem Inkrafttreten dieses Gesetzes den Gewerbebetrieb begonnen haben, derselbe untersagt werden.

Strafbestimmung: §. 147. Z. 1. Vergl. Ausf. Anw. vom 9. August 1899.

59. **§. 33b.** Wer gewerbsmäßig Musikaufführungen, Schaustellungen,
78. theatralische Vorstellungen oder sonstige Lustbarkeiten, ohne daß ein höheres Interesse der Kunst oder Wissenschaft dabei obwaltet, von Haus zu Haus oder auf öffentlichen Wegen, Straßen, Plätzen darbieten will, bedarf der vorgängigen Erlaubniß der Ortspolizeibehörde.

Strafbestimmung §. 148. Z. 5. Vergl. Min.-Erl. vom 19. Januar 1890 (M.Bl. S. 19).

78. **§. 33c.** Die Abhaltung von Tanzlustbarkeiten richtet sich nach den landesrechtlichen Bestimmungen.

62. **§. 34.** Wer das Geschäft eines Pfandleihers, Pfandvermittlers,
63. Gesindevermiethers oder Stellenvermittlers betreiben will, bedarf dazu der
65. Erlaubniß. Diese ist zu versagen, wenn Thatsachen vorliegen, welche die Unzuverlässigkeit des Nachsuchenden in Bezug auf den beabsichtigten Gewerbebetrieb darthun. Die Landesregierungen sind befugt, außerdem zu bestimmen, daß in Ortschaften, für welche dies durch Ortsstatut (§. 142)

festgesetzt wird, die Erlaubniß zum Betriebe des Pfandleihgewerbes von
dem Nachweis eines vorhandenen Bedürfnisses abhängig sein solle.

Als Pfandleihgewerbe gilt auch der gewerbsmäßige Ankauf beweglicher
Sachen mit Gewährung des Rückkaufsrechts.

Die Landesgesetze können vorschreiben, daß zum Handel mit Giften 65.
und zum Betriebe des Lootsengewerbes besondere Genehmigung erforderlich
ist, imgleichen, daß das Gewerbe der Markscheider nur von Personen be-
trieben werden darf, welche als solche geprüft und konzessionirt sind.

Strafbestimmung: §. 147 Z. 1.

§. 35. Die Ertheilung von Tanz-, Turn- und Schwimmunterricht als 79.
Gewerbe, sowie der Betrieb von Badeanstalten ist zu untersagen, wenn 80.
Thatsachen vorliegen, welche die Unzuverlässigkeit des Gewerbetreibenden
in Bezug auf diesen Gewerbebetrieb darthun.

Unter derselben Voraussetzung sind zu untersagen: der Trödelhandel 81.
(Handel mit gebrauchten Kleidern, gebrauchten Betten oder gebrauchter
Wäsche, Kleinhandel mit altem Metallgeräthe, mit Metallbruch oder der-
gleichen) sowie der Kleinhandel mit Garnabfällen oder Dräumen von
Seide, Wolle, Baumwolle oder Leinen, der Handel mit Dynamit oder
anderen Sprengstoffen und der Handel mit Loosen von Lotterien und
Ausspielungen, oder mit Bezugs- und Antheilsscheinen auf solche Loose.

Dasselbe gilt von der gewerbsmäßigen Besorgung fremder Rechts- 81.
angelegenheiten und bei Behörden wahrzunehmender Geschäfte, insbesondere
der Abfassung der darauf bezüglichen schriftlichen Aufsätze, von der gewerbs-
mäßigen Auskunftertheilung über Vermögensverhältnisse oder persönliche
Angelegenheiten, von dem gewerbsmäßigen Betriebe der Viehverstellung
(Viehpacht), des Viehhandels und des Handels mit ländlichen Grundstücken,
von dem Geschäfte der gewerbsmäßigen Vermittelungsagenten für Immo-
biliarverträge, Darlehen und Heirathen, sowie vom Geschäfte eines Auktiona-
tors. Denjenigen, welche gewerbsmäßig das Geschäft eines Auktionators
betreiben, ist es verboten, Immobilien zu versteigern, wenn sie nicht von
den dazu befugten Staats- oder Kommunalbehörden oder Korporationen
als solche angestellt sind (§. 36).

Der Handel mit Droguen und chemischen Präparaten, welche zu
Heilzwecken dienen, ist zu untersagen, wenn die Handhabung des Gewerbe-
betriebs Leben und Gesundheit von Menschen gefährdet. Der Kleinhandel
mit Bier kann untersagt werden, wenn der Gewerbetreibende wiederholt
wegen Zuwiderhandlungen gegen die Vorschriften des §. 33 bestraft ist.

Ist die Untersagung erfolgt, so kann die Landes-Zentralbehörde oder eine 82.
andere von ihr zu bestimmende Behörde die Wiederaufnahme des Gewerbe-
betriebs gestatten, sofern seit der Untersagung mindestens ein Jahr verflossen ist.

Personen, welche die in diesem Paragraphen bezeichneten Gewerbe
beginnen, haben bei Eröffnung ihres Gewerbebetriebs der zuständigen
Behörde hiervon Anzeige zu machen.

Strafbestimmung: § 148 Z. 4, § 147 Z. 1.

§. 36. Das Gewerbe der Feldmesser, Auktionatoren, Bücherrevisoren, 66.
derjenigen, welche den Feingehalt edler Metalle, oder die Beschaffenheit,

Menge oder richtige Verpackung von Waaren irgend einer Art feststellen, der Güterbestätiger, Schaffer, Wäger, Messer, Bracker, Schauer, Stauer u. s. w. darf zwar frei betrieben werden, es bleiben jedoch die verfassungsmäßig dazu befugten Staats- oder Kommunalbehörden oder Korporationen auch ferner berechtigt, Personen, welche diese Gewerbe betreiben wollen, auf die Beobachtung der bestehenden Vorschriften zu beeidigen und öffentlich anzustellen.

Die Bestimmungen der Gesetze, welche den Handlungen der genannten Gewerbetreibenden eine besondere Glaubwürdigkeit beilegen oder an diese Handlungen besondere rechtliche Wirkungen knüpfen, sind nur auf die von den verfassungsmäßig dazu befugten Staats- oder Kommunalbehörden oder Korporationen angestellten Personen zu beziehen.

50. **§. 37.** Der Regelung durch die Ortspolizeibehörde unterliegt die
67. Unterhaltung des öffentlichen Verkehrs innerhalb der Orte durch Wagen
72. aller Art, Gondeln, Sänften, Pferde und andere Transportmittel, sowie das Gewerbe derjenigen Personen, welche auf öffentlichen Straßen oder Plätzen ihre Dienste anbieten.

Strafbestimmung: §. 147 Z. 1.

63. **§. 38.** Die Zentralbehörden sind befugt, über den Umfang der Be-
65. fugnisse und Verpflichtungen sowie über den Geschäftsbetrieb der Pfandleiher, Pfandvermittler, Gesindevermiether, Stellenvermittler und Auktionatoren, soweit darüber die Landesgesetze nicht Bestimmungen treffen, Vorschriften zu erlassen.

Die in dieser Beziehung hinsichtlich der Pfandleiher bestehenden landesgesetzlichen Bestimmungen finden auf den im §. 34 Abs. 2 bezeichneten Geschäftsbetrieb Anwendung. Soweit es sich um diesen Geschäftsbetrieb handelt, gilt die Zahlung des Kaufpreises als Hingabe des Darlehens, der Unterschied zwischen dem Kaufpreis und dem verabredeten Rückkaufpreis als bedungene Vergütung für das Darlehen und die Uebergabe der Sache als Verpfändung derselben für das Darlehen.

Hinsichtlich der Gesindevermiether und Stellenvermittler sind die Zentralbehörden insbesondere befugt, die Ausübung des Gewerbes im Umherziehen sowie die gleichzeitige Ausübung des Gast- und Schankwirthschaftsgewerbes zu beschränken oder zu untersagen.

Die Zentralbehörden sind ferner befugt, Vorschriften darüber zu erlassen, in welcher Weise die im §. 35 Abs. 2, 3 verzeichneten Gewerbetreibenden ihre Bücher zu führen und welcher polizeilichen Kontrole über den Umfang und die Art ihres Geschäftsbetriebs sie sich zu unterwerfen haben.

Strafbestimmung: §. 148 Z. 4a; St.G.B. §. 360 Z. 12.

72. **§. 39.** Die Landesgesetze können die Einrichtung von Kehrbezirken für Schornsteinfeger gestatten. Jedoch ist, wo Kehrbezirke bestehen oder eingerichtet werden, die höhere Verwaltungsbehörde, soweit nicht Privatrechte entgegenstehen, befugt, die Kehrbezirke aufzuheben oder zu verändern, ohne daß deshalb den Bezirksschornsteinfegern ein Widerspruchsrecht oder ein Anspruch auf Entschädigung zusteht.

Vergl. Preuß. Ges. vom 24. April 1888 (G.S. S. 79).

§. 40. Die in den §§. 29 bis 33a und im §. 34 erwähnten 54.
Approbationen und Genehmigungen dürfen weder auf Zeit ertheilt, noch vorbehaltlich der Bestimmungen in den §§. 33a, 53 und 143 widerrufen werden.

Gegen Versagung der Genehmigung zum Betrieb eines der in den §§. 30, 30a, 32 bis 33a und 34, sowie gegen Untersagung des Betriebs der in den §§. 33a, 35 und 37 erwähnten Gewerbe ist der Rekurs zulässig. Wegen des Verfahrens und der Behörden gelten die Vorschriften der §§. 20 und 21.

III. Umfang, Ausübung und Verlust der Gewerbebefugnisse.

§. 41. Die Befugniß zum selbständigen Betrieb eines stehenden 72.
Gewerbes begreift das Recht in sich, in beliebiger Zahl Gesellen, Gehülfen, Arbeiter jeder Art und, soweit die Vorschriften des gegenwärtigen Gesetzes nicht entgegenstehen, Lehrlinge anzunehmen. In der Wahl des Arbeits- und Hülfspersonals finden keine anderen Beschränkungen statt, als die durch das gegenwärtige Gesetz festgestellten.

In Betreff der Berechtigung der Apotheker, Gehülfen und Lehrlinge anzunehmen, bewendet es bei den Bestimmungen der Landesgesetze.

§. 41a. Soweit nach den Bestimmungen der §§. 105b bis 105h 75.
Gehülfen, Lehrlinge und Arbeiter im Handelsgewerbe an Sonn- und Festtagen nicht beschäftigt werden dürfen, darf in offenen Verkaufsstellen ein Gewerbebetrieb an diesen Tagen nicht stattfinden. Diese Bestimmung findet auf den Geschäftsbetrieb von Konsum- und anderen Vereinen entsprechende Anwendung.

Weitergehenden landesgesetzlichen Beschränkungen des Gewerbebetriebs an Sonn- und Festtagen steht diese Bestimmung nicht entgegen.

Strafbestimmung: §. 146a.

§. 41b. Auf Antrag von mindestens zwei Dritteln der betheiligten 76.
Gewerbetreibenden kann für eine Gemeinde oder mehrere örtlich zusammenhängende Gemeinden durch die höhere Verwaltungsbehörde vorgeschrieben werden, daß an Sonn- und Festtagen in bestimmten Gewerben, deren vollständige oder theilweise Ausübung zur Befriedigung täglicher oder an diesen Tagen besonders hervortretender Bedürfnisse der Bevölkerung erforderlich ist, ein Betrieb nur insoweit stattfinden darf, als Ausnahmen von den im §. 105b Abs. 1 getroffenen Bestimmungen zugelassen sind.

Der Bundesrath ist befugt, Bestimmungen darüber zu erlassen, welche Gewerbetreibende als betheiligt anzusehen sind und in welchem Verfahren die erforderliche Zahl von Gewerbetreibenden festzustellen ist.

Strafbestimmung: §. 146a.

§. 42. Wer zum selbständigen Betriebe eines stehenden Gewerbes 69.
befugt ist, darf dasselbe innerhalb und unbeschadet der Bestimmungen des dritten Titels auch außerhalb des Gemeindebezirkes seiner gewerblichen Niederlassung ausüben.

Eine gewerbliche Niederlassung gilt nicht als vorhanden, wenn der Gewerbetreibende im Inland ein zu dauerndem Gebrauch eingerichtetes, beständig oder doch in regelmäßiger Wiederkehr von ihm benutztes Lokal für den Betrieb seines Gewerbes nicht besitzt.

69. **§. 42a.** Gegenstände, welche von dem Ankauf oder Feilbieten im Umherziehen ausgeschlossen sind, dürfen auch innerhalb des Gemeindebezirkes des Wohnorts oder der gewerblichen Niederlassung von Haus zu Haus oder auf öffentlichen Wegen, Straßen, Plätzen oder an anderen öffentlichen Orten nicht feilgeboten, oder zum Wiederverkauf angekauft werden, mit Ausnahme von Bier und Wein in Fässern und Flaschen und vorbehaltlich des nach §. 33 erlaubten Gewerbebetriebs.

Die zuständige Landesregierung ist befugt, soweit ein Bedürfniß dazu obwaltet, anzuordnen, daß und inwiefern weitere Ausnahmen von diesem Verbote stattfinden sollen.

Das Feilbieten geistiger Getränke kann von der Ortspolizeibehörde im Falle besonderen Bedürfnisses vorübergehend gestattet werden.

Strafbestimmung: §. 148 Z. 5.

70. **§. 42b.** Durch die höhere Verwaltungsbehörde nach Anhörung der Gemeindebehörde oder durch Beschluß der Gemeindebehörde mit Genehmigung der höheren Verwaltungsbehörde kann für einzelne Gemeinden bestimmt werden, daß Personen, welche in dem Gemeindebezirk einen Wohnsitz oder eine gewerbliche Niederlassung besitzen und welche innerhalb des Gemeindebezirkes auf öffentlichen Wegen, Straßen, Plätzen oder an anderen öffentlichen Orten, oder ohne vorgängige Bestellung von Haus zu Haus

1. Waaren feilbieten, oder
2. Waaren bei anderen Personen als bei Kaufleuten oder solchen Personen, welche die Waaren produziren, oder an anderen Orten, als in offenen Verkaufsstellen zum Wiederverkauf ankaufen, oder Waarenbestellungen bei Personen, in deren Gewerbebetriebe Waaren der angebotenen Art keine Verwendung finden, aufsuchen, oder
3. gewerbliche Leistungen, hinsichtlich deren dies nicht Landesgebrauch ist, anbieten wollen,

der Erlaubniß bedürfen. Diese Bestimmung kann auf einzelne Theile des Gemeindebezirkes sowie auf gewisse Gattungen von Waaren und Leistungen beschränkt werden.

Auf die Ertheilung, Versagung und Zurücknahme der Erlaubniß finden die Vorschriften der §§. 57 bis 58 und des §. 63 Abs. 1, und auf die Ausübung des Gewerbebetriebs die Vorschriften der §§. 60b, 60c, des §. 60d Abs. 1, 2 und des §. 63 Abs. 2 entsprechende Anwendung.

In Betreff der im §. 59 Ziffer 1 und 2 bezeichneten Erzeugnisse und Waaren, auch wenn dieselben nicht zu den selbstgewonnenen oder selbstverfertigten gehören, ferner in Betreff der Druckschriften, anderen Schriften und Bildwerke, insoweit der Gewerbebetrieb hiermit von Haus zu Haus stattfindet, sowie in Betreff der vom Bundesrath in Gemäßheit des §. 44 Abs. 2 gestatteten Ausnahmen darf der betreffende Gewerbebetrieb in dem Gemeindebezirke des Wohnsitzes oder der gewerblichen Niederlassung von einer Erlaubniß nicht abhängig gemacht werden. In Betreff der im §. 59 Ziffer 1 und 2 bezeichneten Erzeugnisse und Waaren kann jedoch der Gewerbebetrieb unter den im §. 57 Ziffer 1 bis 4 erwähnten Voraussetzungen untersagt sowie nach Maßgabe des §. 60b

Abs. 2 und des §. 60c Abs. 2 beschränkt und gemäß §. 60b Abs. 3 verboten werden. Auf die Untersagung dieses Gewerbebetriebs finden die Vorschriften des §. 63 Abs. 1, auf die Beschränkung desselben die Vorschriften des §. 63 Abs. 2 entsprechende Anwendung.

Die höhere Verwaltungsbehörde ist befugt, die vom Bundesrathe gemäß §. 56d getroffenen Bestimmungen auf diejenigen Ausländer entsprechend anzuwenden, welche innerhalb des Gemeindebezirkes ihres Wohnorts oder ihrer gewerblichen Niederlassung auf öffentlichen Wegen, Straßen, Plätzen oder an anderen öffentlichen Orten oder ohne vorgängige Bestellung von Haus zu Haus eins der unter Ziffer 1 bis 3 bezeichneten Gewerbe betreiben wollen.

Kinder unter 14 Jahren dürfen, auch wenn eine Bestimmung nach 71.
Abs. 1 nicht getroffen ist, auf öffentlichen Wegen, Straßen, Plätzen oder an öffentlichen Orten oder ohne vorgängige Bestellung von Haus zu Haus Gegenstände nicht feilbieten. In Orten, wo ein derartiges Feilbieten durch Kinder herkömmlich ist, darf die Ortspolizeibehörde ein solches für bestimmte Zeitabschnitte, welche in einem Kalenderjahre zusammen vier Wochen nicht überschreiten dürfen, gestatten.

Strafbestimmung: §. 148 Z. 5 u. 7d.

§. 43. Wer gewerbsmäßig Druckschriften oder andere Schriften 78.
oder Bildwerke auf öffentlichen Wegen, Straßen, Plätzen oder an anderen öffentlichen Orten ausrufen, verkaufen, vertheilen, anheften oder anschlagen will, bedarf dazu einer Erlaubniß der Ortspolizeibehörde, und hat den über diese Erlaubniß auszustellenden, auf seinen Namen lautenden Legitimationsschein bei sich zu führen.

Auf die Ertheilung und Versagung der Erlaubniß finden die Vorschriften des §. 57 Ziffer 1, 2, 4, der §§. 57a, 57b Ziffer 1 und 2 und des §. 63 Abs. 1 entsprechende Anwendung. Auf das bloße Anheften und Anschlagen findet der Versagungsgrund der abschreckenden Entstellung keine Anwendung.

Zur Vertheilung von Stimmzetteln und Druckschriften zu Wahlzwecken bei der Wahl zu gesetzgebenden Körperschaften ist eine polizeiliche Erlaubniß in der Zeit von der amtlichen Bekanntmachung des Wahltags bis zur Beendigung des Wahlakts nicht erforderlich.

Dasselbe gilt auch bezüglich der nichtgewerbsmäßigen Vertheilung von Stimmzetteln und Druckschriften zu Wahlzwecken.

In geschlossenen Räumen ist zur nichtgewerbsmäßigen Vertheilung von Druckschriften oder anderen Schriften oder Bildwerken eine Erlaubniß nicht erforderlich.

An die Stelle des im §. 5 Abs. 1 des Preßgesetzes vom 7. Mai 1874 angezogenen §. 57 der Gewerbeordnung treten die Bestimmungen des §. 57 Ziffer 1, 2, 4, der §§. 57a, 57b Ziffer 1 und 2 des gegenwärtigen Gesetzes.

Strafbestimmungen: §§. 149 Z. 1, 148 Z. 5.

§. 44. Wer ein stehendes Gewerbe betreibt, ist befugt, auch außer- 69.
halb des Gemeindebezirkes seiner gewerblichen Niederlassung persönlich oder durch in seinem Dienste stehende Reisende für die Zwecke seines Gewerbebetriebs Waaren aufzukaufen und Bestellungen auf Waaren zu suchen.

70. Die aufgekauften Waaren dürfen nur behufs deren Beförderung nach dem Bestimmungsorte mitgeführt werden; von den Waaren, auf welche Bestellungen gesucht werden, dürfen nur Proben und Muster mitgeführt werden, soweit nicht der Bundesrath für bestimmte Waaren, welche im Verhältnisse zu ihrem Umfang einen hohen Werth haben und übungsgemäß an die Wiederverkäufer im Stücke abgesetzt werden, zum Zwecke des Absatzes an Personen, welche damit Handel treiben, Ausnahmen zuläßt.

71. Das Aufkaufen darf ferner nur bei Kaufleuten oder solchen Personen, welche die Waaren produziren, oder in offenen Verkaufsstellen erfolgen. Imgleichen darf das Aufsuchen von Bestellungen auf Waaren, mit Ausnahme von Druckschriften, anderen Schriften und Bildwerken und, soweit nicht der Bundesrath noch für andere Waaren oder Gegenden oder Gruppen von Gewerbetreibenden Ausnahmen zuläßt, ohne vorgängige ausdrückliche Aufforderung nur bei Kaufleuten in deren Geschäftsräumen, oder bei solchen Personen geschehen, in deren Geschäftsbetriebe Waaren der angebotenen Art Verwendung finden.

Hinsichtlich des Aufsuchens von Bestellungen auf Druckschriften, andere Schriften und Bildwerke finden die Vorschriften des §. 56 Abs. 3 entsprechende Anwendung.

Strafbestimmung: §. 148 Z. 1. — Vergl. die Ausführungsverordnung vom 27. November 1896 (R.G.Bl. S. 745) unter I.]

71. **§. 44a.** Wer in Gemäßheit des §. 44 Waarenbestellungen aufsucht oder Waaren aufkauft, bedarf hierzu einer Legitimationskarte, welche auf den Antrag des Inhabers des stehenden Gewerbebetriebs von der für dessen Niederlassungsort zuständigen Verwaltungsbehörde für die Dauer des Kalenderjahrs und den Umfang des Reichs ausgestellt wird. Die Legitimationskarte enthält den Namen des Inhabers derselben, den Namen der Person oder der Firma, in deren Diensten er handelt, und die nähere Bezeichnung des Gewerbebetriebs.

Der Inhaber der Legitimationskarte ist verpflichtet, dieselbe während der Ausübung des Gewerbebetriebs bei sich zu führen, auf Erfordern der zuständigen Behörden oder Beamten vorzuzeigen und, sofern er hierzu nicht im Stande ist, auf deren Geheiß den Betrieb bis zur Herbeischaffung der Legitimationskarte einzustellen.

Die Legitimationskarte ist zu versagen, wenn bei demjenigen, für welchen sie beantragt wird, eine der im §. 57 Ziffer 1 bis 4 bezeichneten Voraussetzungen zutrifft, außerdem darf sie nur dann versagt werden, wenn die im §. 57b Ziffer 2 bezeichnete Voraussetzung vorliegt.

Die Legitimationskarte kann durch die Behörde, welche sie ausgestellt hat, zurückgenommen werden, wenn sich ergiebt, daß eine der im §. 57 Ziffer 1 bis 4 bezeichneten Voraussetzungen zur Zeit der Ertheilung derselben vorhanden gewesen, der Behörde aber unbekannt geblieben, oder nach Ertheilung derselben eingetreten ist, oder wenn bei dem Geschäftsbetriebe die im §. 44 gezogenen Schranken überschritten werden.

Wegen des Verfahrens gelten die Vorschriften des §. 63 Abs. 1.

Einer Legitimationskarte bedürfen diejenigen Gewerbetreibenden nicht, welche durch die in den Zollvereins- oder Handelsverträgen vorgesehene

Gewerbelegitimationskarte bereits legitimirt sind. In Betreff dieser Gewerbetreibenden finden die vorstehenden Bestimmungen über die Verpflichtung zum Mitführen der Legitimationskarte, über die Folgen der Nichterfüllung dieser Verpflichtung, sowie über die Versagung und Zurücknahme der Karte entsprechende Anwendung.

Strafbestimmung: §. 148 Z. 5 und 6, §. 149 Z. 1.

§. 45. Die Befugnisse zum stehenden Gewerbebetriebe können durch 72.
Stellvertreter ausgeübt werden; diese müssen jedoch den für das in Rede stehende Gewerbe insbesondere vorgeschriebenen Erfordernissen genügen.

Vergl. §. 151.

§. 46. Nach dem Tode eines Gewerbetreibenden darf das Gewerbe 82.
für Rechnung der Wittwe während des Wittwenstandes, oder, wenn minderjährige Erben vorhanden sind, für deren Rechnung durch einen nach §. 45 qualifizirten Stellvertreter betrieben werden, insofern die über den Betrieb einzelner Gewerbe bestehenden besonderen Vorschriften nicht ein Anderes anordnen. Dasselbe gilt während der Dauer einer Kuratel oder Nachlaßregulirung.

§. 47. Inwiefern für die nach den §§. 34 und 36 konzessionirten 72.
oder angestellten Personen eine Stellvertretung zulässig ist, hat in jedem einzelnen Falle die Behörde zu bestimmen, welcher die Konzessionirung oder Anstellung zusteht.

Dasselbe gilt in Beziehung auf diejenigen Schornsteinfeger, denen ein Kehrbezirk zugewiesen ist (§. 39).

§. 48. Realgewerbeberechtigungen können auf jede, nach den Vor- 83.
schriften dieses Gesetzes zum Betriebe des Gewerbes befähigte Person in der Art übertragen werden, daß der Erwerber die Gewerbeberechtigung für eigene Rechnung ausüben darf.

§. 49. Bei Ertheilung der Genehmigung zu einer Anlage der in 54.
den §§. 16 und 24 bezeichneten Arten, imgleichen zur Anlegung von Privat-Kranken-, Privat-Entbindungs- und Privat-Irrenanstalten, zu Schauspielunternehmungen sowie zum Betriebe der im §. 33 gedachten Gewerbe kann von der genehmigenden Behörde den Umständen nach eine Frist festgesetzt werden, binnen welcher die Anlage oder das Unternehmen bei Vermeidung des Erlöschens der Genehmigung begonnen und ausgeführt, und der Gewerbebetrieb angefangen werden muß. Ist eine solche Frist nicht bestimmt, so erlischt die ertheilte Genehmigung, wenn der Inhaber nach Empfang derselben ein ganzes Jahr verstreichen läßt, ohne davon Gebrauch zu machen.

Eine Verlängerung der Frist kann von der Behörde bewilligt werden, sobald erhebliche Gründe nicht entgegenstehen.

Hat der Inhaber einer solchen Genehmigung seinen Gewerbebetrieb während eines Zeitraums von drei Jahren eingestellt, ohne eine Fristung nachgesucht und erhalten zu haben, so erlischt dieselbe.

Für die im §. 16 aufgeführten Anlagen darf die nachgesuchte Fristung so lange nicht versagt werden, als wegen einer durch Erbfall oder Konkurserklärung entstandenen Ungewißheit über das Eigenthum an einer Anlage oder, in Folge höherer Gewalt, der Betrieb entweder gar nicht oder nur mit erheblichem Nachtheile für den Inhaber oder Eigenthümer der Anlage stattfinden kann.

Das Verfahren für die Fristung ist dasselbe wie für die Genehmigung neuer Anlagen.

§. 50. Auf die Inhaber der bereits vor dem Erscheinen des gegenwärtigen Gesetzes ertheilten Genehmigungen finden die im §. 49 bestimmten Fristen ebenfalls Anwendung, jedoch mit der Maßgabe, daß diese Fristen von dem Tage der Verkündigung des Gesetzes an zu laufen anfangen.

79. **§. 51.** Wegen überwiegender Nachtheile und Gefahren für das Gemeinwohl kann die fernere Benutzung einer jeden gewerblichen Anlage durch die höhere Verwaltungsbehörde zu jeder Zeit untersagt werden. Doch muß dem Besitzer alsdann für den erweislichen Schaden Ersatz geleistet werden.

Gegen die untersagende Verfügung ist der Rekurs zulässig; wegen der Entschädigung steht der Rechtsweg offen.

79. **§. 52.** Die Bestimmung des §. 51 findet auch auf die zur Zeit der Verkündigung des gegenwärtigen Gesetzes bereits vorhandenen gewerblichen Anlagen Anwendung; doch entspringt aus der Untersagung der ferneren Benutzung kein Anspruch auf Entschädigung, wenn bei der früher ertheilten Genehmigung ausdrücklich vorbehalten worden ist, dieselbe ohne Entschädigung zu widerrufen.

79. **§. 53.** Die in dem §. 29 bezeichneten Approbationen können von
82. der Verwaltungsbehörde nur dann zurückgenommen werden, wenn die Unrichtigkeit der Nachweise dargethan wird, auf Grund deren solche ertheilt worden sind, oder wenn dem Inhaber der Approbation die bürgerlichen Ehrenrechte aberkannt sind, im letzteren Falle jedoch nur für die Dauer des Ehrenverlustes.

Außer aus diesen Gründen können die in den §§. 30, 30a, 32, 33, 34 und 36 bezeichneten Genehmigungen und Bestallungen in gleicher Weise zurückgenommen werden, wenn aus Handlungen oder Unterlassungen des Inhabers der Mangel derjenigen Eigenschaften, welche bei der Ertheilung der Genehmigung oder Bestallung nach der Vorschrift dieses Gesetzes vorausgesetzt werden mußten, klar erhellt. Inwiefern durch die Handlungen oder Unterlassungen eine Strafe verwirkt ist, bleibt der richterlichen Entscheidung vorbehalten.

Pfandleihern, welche vor dem Inkrafttreten des Gesetzes vom 23. Juli 1879 (Reichs-Gesetzbl. S. 267) den Gewerbebetrieb begonnen haben, sowie Pfandvermittlern, Gesindevermiethern und Stellenvermittlern, welche vor dem 1. Oktober 1900 den Gewerbebetrieb begonnen haben, kann derselbe untersagt werden, wenn Thatsachen vorliegen, welche die Unzuverlässigkeit des Gewerbetreibenden in Bezug auf den Gewerbebetrieb darthun. Ist die Untersagung erfolgt, so kann die Landes-Zentralbehörde oder eine andere von ihr zu bestimmende Behörde die Wiederaufnahme des Gewerbebetriebs gestatten, sofern seit der Untersagung mindestens ein Jahr verflossen ist.

§. 54. Wegen des Verfahrens und der Behörden, welche in Bezug 79.
auf die untersagte Benutzung einer gewerblichen Anlage (§. 51), auf die Untersagung eines Gewerbebetriebs (§. 35) und die Zurücknahme einer Approbation, Genehmigung oder Bestallung (§§. 33a, 53) maßgebend sind, gelten die Vorschriften der §§. 20 und 21.

Titel III.

Gewerbebetrieb im Umherziehen. 48.

§. 55. Wer außerhalb des Gemeindebezirkes seines Wohnorts oder 48.
der durch besondere Anordnung der höheren Verwaltungsbehörde dem Ge- 83.
meindebezirke des Wohnorts gleichgestellten nächsten Umgebung desselben ohne Begründung einer gewerblichen Niederlassung und ohne vorgängige Bestellung in eigener Person

1. Waaren feilbieten,
2. Waarenbestellungen aufsuchen oder Waaren bei anderen Personen als bei Kaufleuten, oder an anderen Orten als in offenen Verkaufsstellen zum Wiederverkauf ankaufen,
3. gewerbliche Leistungen anbieten,
4. Musikaufführungen, Schaustellungen, theatralische Vorstellungen oder sonstige Lustbarkeiten, ohne daß ein höheres Interesse der 58.
Kunst oder der Wissenschaft dabei obwaltet, darbieten will, 78.

bedarf eines Wandergewerbescheins, soweit nicht für die in Ziffer 2 bezeichneten Fälle in Gemäßheit des §. 44a eine Legitimationskarte genügt.

In dem Falle der Ziffer 4 ist auch für den Marktverkehr (§. 64) 47.
ein Wandergewerbeschein erforderlich. 48.

Strafbestimmung: §. 148 Z. 7. — Vergl. Ausführungsanweisung 100.
vom 22. März 1899.

§. 55a. An Sonn- und Festtagen (§. 105a Abs. 2) ist der Ge- 97.
werbebetrieb im Umherziehen, soweit er unter §. 55 Abs. 1 Ziffer 1 bis 3 fällt, sowie der Gewerbebetrieb der im §. 42b bezeichneten Personen verboten.

Ausnahmen können von der unteren Verwaltungsbehörde zugelassen werden. Der Bundesrath ist ermächtigt, über die Voraussetzungen und Bedingungen, unter denen Ausnahmen zugelassen werden dürfen, Bestimmungen zu erlassen.

Strafbestimmung: § 146a.

§. 56. Beschränkungen, vermöge deren gewisse Waaren von dem 84.
Feilhalten im stehenden Gewerbebetriebe ganz oder theilweise ausgeschlossen 91.
sind, gelten auch für deren Feilbieten im Umherziehen.

Ausgeschlossen vom Ankauf oder Feilbieten im Umherziehen sind:

1. geistige Getränke, soweit nicht das Feilbieten derselben von der Ortspolizeibehörde im Falle besonderen Bedürfnisses vorüber- 92.
gehend gestattet ist;
2. gebrauchte Kleider, gebrauchte Wäsche, gebrauchte Betten und

gebrauchte Bettstücke, insbesondere Bettfedern, Menschenhaare, Garnabfälle, Enden und Dräumen von Seide, Wolle, Leinen oder Baumwolle;

3. Gold- und Silberwaaren, Bruchgold und Bruchsilber, sowie Taschenuhren;
4. Spielkarten;
5. Staats- und sonstige Werthpapiere, Lotterieloose, Bezugs- und Antheilsscheine auf Werthpapiere und Lotterieloose;
6. explosive Stoffe, insbesondere Feuerwerkskörper, Schießpulver und Dynamit;
7. solche mineralische und andere Oele, welche leicht entzündlich sind, insbesondere Petroleum, sowie Spiritus;
8. Stoß-, Hieb- und Schußwaffen;
9. Gifte und gifthaltige Waaren, Arznei- und Geheimmittel, sowie Bruchbänder;

94. 10. Bäume aller Art, Sträucher, Schnitt-, Wurzel-Reben, Futtermittel und Sämereien, mit Ausnahme von Gemüse- und Blumensamen;

94. 11. Schmucksachen, Bijouterien, Brillen und optische Instrumente.

Ausgeschlossen vom Feilbieten und Aufsuchen von Bestellungen im Umherziehen sind ferner:

92. 12. Druckschriften, andere Schriften und Bildwerke, insofern sie in
94. sittlicher oder religiöser Beziehung Aergerniß zu geben geeignet sind, oder mittelst Zusicherung von Prämien oder Gewinnen vertrieben werden, oder in Lieferungen erscheinen, wenn nicht der Gesammtpreis auf jeder einzelnen Lieferung an einer in die Augen fallenden Stelle bestimmt verzeichnet ist.

Wer Druckschriften, andere Schriften oder Bildwerke im Umherziehen feilbieten will, hat ein Verzeichniß derselben der zuständigen Verwaltungsbehörde seines Wohnorts zur Genehmigung vorzulegen. Die Genehmigung ist nur zu versagen, soweit das Verzeichniß Druckschriften, andere Schriften oder Bildwerke der vorbezeichneten Art enthält. Der Gewerbetreibende darf nur die in dem genehmigten Verzeichniß enthaltenen Druckschriften, anderen Schriften oder Bildwerke bei sich führen, und ist verpflichtet, das Verzeichniß während der Ausübung des Gewerbebetriebs bei sich zu führen, auf Erfordern der zuständigen Behörden oder Beamten vorzuzeigen und, sofern er hierzu nicht im Stande ist, auf deren Geheiß den Betrieb bis zur Herbeischaffung des Verzeichnisses einzustellen.

Strafbestimmung: §. 148 Z. 7a, §. 146 Z. 4, §. 149 Z. 2.

84. **§. 56a.** Ausgeschlossen vom Gewerbebetrieb im Umherziehen
92. sind ferner:
93. 1. die Ausübung der Heilkunde, insoweit der Ausübende für dieselbe nicht approbirt ist;

2. das Aufsuchen sowie die Vermittelung von Darlehnsgeschäften und von Rückkaufsgeschäften ohne vorgängige Bestellung, ferner das Aufsuchen von Bestellungen auf Staats- und sonstige Werthpapiere, Lotterieloose und Bezugs- und Antheilsscheine auf Werthpapiere und Lotterieloose;

3. das Aufsuchen von Bestellungen auf Branntwein und Spiritus bei Personen, in deren Gewerbebetriebe dieselben keine Verwendung finden;
4. das Feilbieten von Waaren sowie das Aufsuchen von Bestellungen auf Waaren, wenn solche gegen Theilzahlungen unter dem Vorbehalte veräußert werden, daß der Veräußerer wegen Nichterfüllung der dem Erwerber obliegenden Verpflichtungen von dem Vertrage zurücktreten kann (§§. 1 und 6 des Gesetzes, betreffend die Abzahlungsgeschäfte, vom 16. Mai 1894). 95.

Strafbestimmung: §. 148 Z. 7a.

§. 56b. Der Bundesrath ist befugt, soweit ein Bedürfniß obwaltet, 84.
anzuordnen, daß und inwiefern der Ankauf oder das Feilbieten von einzelnen 92.
der im §. 56 Abs. 2 ausgeschlossenen Waaren im Umherziehen gestattet sein soll. Die gleiche Befugniß steht den Landesregierungen für ihr Gebiet oder Theile desselben hinsichtlich der im §. 56 Abs. 2 Ziffer 10 bezeichneten Gegenstände zu.

Aus Gründen der öffentlichen Sicherheit sowie zur Abwehr oder 92.
Unterdrückung von Seuchen kann durch Beschluß des Bundesraths und in dringenden Fällen durch Anordnung des Reichskanzlers nach Einvernehmen mit dem Ausschusse des Bundesraths für Handel und Verkehr für den Umfang des Reichs oder für Theile desselben bestimmt werden, daß und inwiefern außer den in den §§. 56 und 56a aufgeführten Gegenständen und Leistungen auch noch andere Gegenstände und Leistungen auf bestimmte Dauer von dem Gewerbebetriebe im Umherziehen ausgeschlossen sein sollen. Die Anordnung ist dem Reichstage sofort, oder, wenn derselbe nicht versammelt ist, bei seinem nächsten Zusammentritte mitzutheilen. Dieselbe ist außer Kraft zu setzen, wenn der Reichstag die Zustimmung nicht ertheilt.

Durch die Landesregierungen kann das Umherziehen mit Zuchthengsten 92.
zur Deckung von Stuten untersagt werden. Desgleichen kann zur Abwehr oder Unterdrückung von Seuchen der Handel mit Rindvieh, Schweinen, Schafen, Ziegen oder Geflügel im Umherziehen Beschränkungen unterworfen oder auf bestimmte Dauer untersagt werden.

Strafbestimmung: §. 148 Z. 7a.

§. 56c. Das Feilbieten von Waaren im Umherziehen in der Art, 84.
daß dieselben versteigert oder im Wege des Glücksspiels oder der Aus- 95.
spielung (Lotterie) abgesetzt werden, ist nicht gestattet. Ausnahmen von diesem Verbote dürfen von der zuständigen Behörde zugelassen werden, hinsichtlich der Wanderversteigerungen jedoch nur bei Waaren, welche dem raschen Verderben ausgesetzt sind.

Oeffentliche Ankündigungen des Gewerbebetriebs dürfen nur unter dem Namen des Gewerbetreibenden mit Hinzufügung seines Wohnorts erlassen werden. Wird für den Gewerbebetrieb eine Verkaufsstelle benutzt, so muß an derselben in einer für Jedermann erkennbaren Weise ein den Namen und Wohnort des Gewerbetreibenden angebender Aushang angebracht werden. Dies gilt insbesondere von den Wanderlagern.

Strafbestimmung: §. 148 Z. 7b.

46. **§. 56d.** Ausländern kann der Gewerbebetrieb im Umherziehen ge-
83. stattet werden. Der Bundesrath ist befugt, die deshalb nöthigen Be-
stimmungen zu treffen.

Vergl die Bekanntmachung, betreffend Ausführungsbestimmungen zur Gewerbeordnung, vom 27. November 1896. — Strafbestimmung: §. 148 Z. 7e.

84. **§. 57.** Der Wandergewerbeschein ist zu versagen:
86. 1. wenn der Nachsuchende mit einer abschreckenden oder ansteckenden Krankheit behaftet oder in einer abschreckenden Weise entstellt ist;
2. wenn er unter Polizeiaufsicht steht;
3. wenn er wegen strafbarer Handlungen aus Gewinnsucht, gegen das Eigenthum, gegen die Sittlichkeit, wegen vorsätzlicher Angriffe auf das Leben und die Gesundheit der Menschen, wegen Land- oder Hausfriedensbruchs, wegen Widerstandes gegen die Staatsgewalt, wegen vorsätzlicher Brandstiftung, wegen Zuwiderhandlungen gegen Verbote oder Sicherungsmaßregeln, betreffend Einführung oder Verbreitung ansteckender Krankheiten oder Viehseuchen, zu einer Freiheitsstrafe von mindestens drei Monaten verurtheilt ist, und seit Verbüßung der Strafe drei Jahre noch nicht verflossen sind;
4. wenn er wegen gewohnheitsmäßiger Arbeitsscheu, Bettelei, Landstreicherei, Trunksucht übel berüchtigt ist;
5. in dem Falle des §. 55 Ziffer 4, sobald der den Verhältnissen des Verwaltungsbezirkes der zuständigen Verwaltungsbehörde entsprechenden Anzahl von Personen Wandergewerbescheine ertheilt oder ausgedehnt sind (§. 60 Abs. 2).

Strafe für wissentlich unrichtige Angaben: §. 148 Z. 6.

84. **§. 57a.** Der Wandergewerbeschein ist in der Regel zu versagen:
86. 1. wenn der Nachsuchende das fünfundzwanzigste Lebensjahr noch nicht vollendet hat.

Im Falle der Ziffer 1 ist dem Nachsuchenden der Wandergewerbeschein zu ertheilen, wenn er der Ernährer einer Familie ist und bereits vier Jahre im Wandergewerbe thätig gewesen ist;

2. wenn er blind, taub oder stumm ist, oder an Geistesschwäche leidet.

Vergl. §. 148 Z. 6.

84. **§. 57b.** Der Wandergewerbeschein darf außerdem nur dann ver-
86. sagt werden:
1. wenn der Nachsuchende im Inland einen festen Wohnsitz nicht hat;
2. wenn er wegen strafbarer Handlungen aus Gewinnsucht, gegen das Eigenthum, gegen die Sittlichkeit, wegen vorsätzlicher Angriffe auf das Leben und die Gesundheit der Menschen, wegen Hausfriedensbruchs, wegen Widerstandes gegen die Staatsgewalt, wegen vorsätzlicher Brandstiftung, wegen Zuwiderhandlungen gegen Verbote oder Sicherungsmaßregeln, betreffend Einführung oder Verbreitung ansteckender Krankheiten oder Viehseuchen, zu einer Freiheitsstrafe von mindestens einer Woche verurtheilt ist, und seit der Verbüßung der Strafe fünf Jahre noch nicht verflossen sind;

3. wenn er wegen Verletzung der auf den Gewerbebetrieb im Umherziehen bezüglichen Vorschriften im Laufe der letzten drei Jahre wiederholt bestraft ist;
4. wenn er ein oder mehrere Kinder besitzt, für deren Unterhalt und, sofern sie im schulpflichtigen Alter stehen, für deren Unterricht nicht genügend gesorgt ist.

§. 58. Der Wandergewerbeschein kann zurückgenommen werden, 99.
wenn sich ergiebt, daß eine der im §. 57 Ziffer 1 bis 4, §. 57a oder §. 57b bezeichneten Voraussetzungen entweder zur Zeit der Ertheilung desselben bereits vorhanden gewesen, der Behörde aber unbekannt geblieben, oder erst nach Ertheilung des Scheines eingetreten ist.

§. 59. Eines Wandergewerbescheins bedarf nicht: 87.
1. wer selbstgewonnene oder rohe Erzeugnisse der Land- und Forst- 90.
wirthschaft, des Garten- und Obstbaues, der Geflügel- und Bienenzucht sowie selbstgewonnene Erzeugnisse der Jagd und Fischerei feilbietet;
2. wer in der Umgegend seines Wohnorts bis zu 15 Kilometer Entfernung von demselben selbstverfertigte Waaren, welche zu den Gegenständen des Wochenmarktverkehrs gehören, feilbietet oder gewerbliche Leistungen, hinsichtlich deren dies Landesgebrauch ist, anbietet;
3. wer selbstgewonnene Erzeugnisse oder selbstverfertigte Waaren, hinsichtlich deren dies Landesgebrauch ist, zu Wasser anfährt und von dem Fahrzeuge aus feilbietet;
4. wer bei öffentlichen Festen, Truppenzusammenziehungen oder anderen außergewöhnlichen Gelegenheiten mit Erlaubniß der Ortspolizeibehörde die von derselben zu bestimmenden Waaren feilbietet.

Die Landesregierungen können in weiterem Umfange den Gewerbebetrieb im Umherziehen mit Gegenständen des gemeinen Verbrauchs ohne Wandergewerbeschein innerhalb ihres Gebiets gestatten.

§. 59a. In den Fällen des §. 59 Ziffer 1 bis 3 kann der Ge- 99.
werbebetrieb untersagt werden, wenn die Voraussetzungen des §. 57 Ziffer 1 bis 4 vorliegen.

§. 60. Der Wandergewerbeschein wird für die Dauer des Kalender- 89.
jahrs ertheilt, er berechtigt den Inhaber, in dem ganzen Gebiete des Reichs das bezeichnete Gewerbe nach Entrichtung der darauf haftenden Landessteuern zu betreiben. Soweit nach §. 56 Ziffer 1 das Feilbieten von geistigen Getränken im Falle besonderen Bedürfnisses vorübergehend gestattet wird, ist die räumliche und zeitliche Beschränkung dieser Erlaubniß im Wandergewerbeschein anzugeben.

Ein Wandergewerbeschein für den Betrieb der im §. 55 Ziffer 4 85.
bezeichneten Gewerbe gewährt die Befugniß zum Gewerbebetrieb in einem 89.
anderen als dem Bezirke derjenigen Verwaltungsbehörde, welche ihn ausgestellt hat, nur dann, wenn er auf den anderen Bezirk von dessen Ver-

waltungsbehörde ausgedehnt ist. Sowohl die Ausstellung als auch die Ausdehnung eines derartigen Wandergewerbescheins kann für eine kürzere Dauer, als das Kalenderjahr, oder für bestimmte Tage während des Kalenderjahrs erfolgen. Die Ausdehnung ist zu versagen, sobald für die den Verhältnissen des Bezirkes entsprechende Anzahl von Personen Wandergewerbescheine bereits ausgestellt oder ausgedehnt sind.

Die Verwaltungsbehörde kann die von ihr bewilligte Ausdehnung nach Maßgabe des §. 58 zurücknehmen.

Der Wandergewerbeschein enthält die Personalbeschreibung des Inhabers und die nähere Bezeichnung des Geschäftsbetriebs. Das Formular der Wandergewerbescheine bestimmt der Bundesrath.

Vergl. die Ausführungsbestimmungen vom 27. November 1896, III.
Strafbestimmungen: §. 148 Z. 7 und 7c, § 149 Z. 3 und 4.

91. **§. 60 a.** Wer die im §. 55 Ziffer 4 bezeichneten Gewerbe an einem Orte von Haus zu Haus oder auf öffentlichen Wegen, Straßen, Plätzen oder an anderen öffentlichen Orten ausüben will, bedarf der vorgängigen Erlaubniß der Ortspolizeibehörde.

Strafbestimmung: §. 148 Z. 7b.

96. **§. 60 b.** Minderjährigen Personen kann in dem Wandergewerbescheine die Beschränkung auferlegt werden, daß sie das Gewerbe nicht nach Sonnenuntergang, und minderjährigen Personen weiblichen Geschlechts kann außerdem die Beschränkung auferlegt werden, daß sie dasselbe nur auf öffentlichen Wegen, Straßen und Plätzen, nicht aber von Haus zu Haus betreiben dürfen.

Desgleichen kann von der Ortspolizeibehörde minderjährigen Personen verboten werden, daß sie innerhalb des Polizeibezirkes die im §. 59 Ziffer 1 und 2 aufgeführten Gegenstände nach Sonnenuntergang, und minderjährigen Personen weiblichen Geschlechts, daß sie dieselben Gegenstände von Haus zu Haus feilbieten.

Das Feilbieten der im §. 59 Ziffer 1 und 2 bezeichneten Gegenstände durch Kinder unter 14 Jahren kann von der Ortspolizeibehörde verboten werden.

Strafbestimmung: §. 148 Z. 7c, 7b.

84. **§. 60 c.** Der Inhaber eines Wandergewerbescheins ist verpflichtet,
99. diesen während der Ausübung des Gewerbebetriebs bei sich zu führen, auf Erfordern der zuständigen Behörden oder Beamten vorzuzeigen und, sofern er hierzu nicht im Stande ist, auf deren Geheiß den Betrieb bis zur Herbeischaffung des Wandergewerbescheins einzustellen. Auf gleiches Erfordern hat er die von ihm geführten Waaren vorzulegen.

95. Zum Zwecke des Gewerbebetriebs ist ohne vorgängige Erlaubniß der
97. Eintritt in fremde Wohnungen sowie zur Nachtzeit das Betreten fremder Häuser und Gehöfte nicht gestattet.

Denselben Bestimmungen (Abs. 2) unterliegt das Feilbieten der im §. 59 Ziffer 1 und 2 aufgeführten Gegenstände.

Strafbestimmung: §. 149 Z. 2, §. 148 Z. 7b.

88. **§. 60 d.** Der Wandergewerbeschein darf einem Anderen nicht zur Benutzung überlassen werden.

Wer für einen Anderen ein Gewerbe im Umherziehen zu betreiben 96.
beabsichtigt, unterliegt für seine Person den Bestimmungen dieses Gesetzes.

Wenn mehrere Personen die im §. 55 Ziffer 4 bezeichneten Gewerbe 89.
in Gemeinschaft mit einander zu betreiben beabsichtigen, so kann auf ihren Antrag ein gemeinsamer Wandergewerbeschein für die Gesellschaft als solche ausgestellt werden, in welchem jedes einzelne Mitglied aufzuführen ist. Werden für die einzelnen Mitglieder besondere Wandergewerbescheine ausgestellt, so kann in die letzteren ein Vermerk aufgenommen werden, nach welchem dem Inhaber der Gewerbebetrieb nur im Verbande einer bestimmten Gesellschaft, oder einer Gesellschaft überhaupt, gestattet sein soll.

Umherziehenden Schauspielergesellschaften wird der Wandergewerbe- 59.
schein nur dann ertheilt, wenn der Unternehmer die im §. 32 vorgeschriebene 85.
Erlaubniß besitzt. In dem Wandergewerbescheine für den Unternehmer einer Schauspielergesellschaft ist ausdrücklich zu vermerken, daß der Gewerbetreibende als Unternehmer auftreten will.

Strafbestimmung: §. 148 Z. 5 u. 7c.

§. 61. Die Ertheilung des Wandergewerbescheins erfolgt durch 88.
die für den Wohnort oder Aufenthaltsort des Nachsuchenden zuständige höhere Verwaltungsbehörde. Die Verwaltungsbehörde des Aufenthaltsorts kann den Nachsuchenden an die Behörde seines Wohnorts verweisen.

In dem Falle des §. 55 Ziffer 4 erfolgt die Ertheilung des Wandergewerbescheins durch die höhere Verwaltungsbehörde, in deren Bezirke das Gewerbe betrieben werden soll.

Die Zurücknahme des Wandergewerbescheins erfolgt durch die für 99.
den Wohnort oder Aufenthaltsort des Inhabers zuständige höhere Verwaltungsbehörde.

§. 62. Wer beim Gewerbebetrieb im Umherziehen andere Personen 96.
von Ort zu Ort mit sich führen will, bedarf der Erlaubniß derjenigen Behörde, welche den Wandergewerbeschein ertheilt hat, oder in deren Bezirke sich der Nachsuchende befindet. Die Erlaubniß wird in dem Wandergewerbeschein unter näherer Bezeichnung dieser Personen vermerkt.

Die Erlaubniß ist zu versagen, insoweit bei ihnen eine der im §. 57 bezeichneten Voraussetzungen zutrifft; außerdem darf dieselbe nur dann versagt werden, insoweit eine der im §. 57a und §. 57b bezeichneten Voraussetzungen vorliegt. Die Zurücknahme der Erlaubniß erfolgt nach Maßgabe des §. 58 durch eine für deren Ertheilung zuständige Behörde.

Die Mitführung von Kindern unter vierzehn Jahren zu gewerblichen Zwecken ist verboten.

Die Erlaubniß zur Mitführung von Kindern, welche schulpflichtig sind, ist zu versagen, und die bereits ertheilte Erlaubniß zurückzunehmen, wenn nicht für einen ausreichenden Unterricht der Kinder gesorgt ist.

Die Erlaubniß zur Mitführung von Kindern unter vierzehn Jahren kann versagt und von der für die Ertheilung derselben zuständigen Behörde zurückgenommen werden. Dasselbe gilt von der Erlaubniß zur Mitführung von Personen anderen Geschlechts mit Ausnahme der Ehegatten und der über vierzehn Jahre alten eigenen Kinder und Enkel.

Strafbestimmungen: §§. 148 Z. 6, 149 Z. 5; 148 Z. 7d (Abs. 3).

99. **§. 63.** Wird der Wandergewerbeschein versagt oder zurückgenommen, oder wird die erfolgte Ausdehnung desselben zurückgenommen, so ist dies dem Betheiligten mittelst schriftlichen Bescheids unter Angabe der Gründe zu eröffnen. Gegen den Bescheid ist der Rekurs zulässig, jedoch ohne aufschiebende Wirkung. Wegen des Verfahrens und der Behörden gelten die Vorschriften der §§. 20 und 21. Dasselbe gilt von der Versagung der Genehmigung des Druckschriftenverzeichnisses (§. 56 Abs. 4), von der Untersagung des Gewerbebetriebs gemäß §. 59a und der Versagung oder Zurücknahme der Erlaubniß in den Fällen des §. 62 Abs. 2.

Die in Gemäßheit des §. 57 Ziffer 5 erfolgte Versagung des Wandergewerbescheins sowie die auf Grund des §. 60 Abs. 2, der §§. 60b und 62 Abs. 4, 5 getroffenen Verfügungen können nur im Wege der Beschwerde an die unmittelbar vorgesetzte Aufsichtsbehörde angefochten werden.

Titel IV.

47. ## Marktverkehr.

99. **§. 64.** Der Besuch der Messen, Jahr- und Wochenmärkte, sowie der Kauf und Verkauf auf denselben steht einem Jeden mit gleichen Befugnissen frei.

Wo jedoch nach der bisherigen Ortsgewohnheit gewisse Handwerkerwaaren, welche nicht zu den im §. 66 bezeichneten Gegenständen gehören, nur von Bewohnern des Marktorts auf dem Wochenmarkte verkauft werden durften, kann die höhere Verwaltungsbehörde, auf Antrag der Gemeindebehörde, den einheimischen Verkäufern die Fortsetzung des herkömmlichen Wochenmarktverkehrs mit jenen Handwerkerwaaren gestatten, ohne auswärtige Verkäufer derselben Waaren auf dem Wochenmarkte zuzulassen.

46. Beschränkungen des Marktverkehrs der Ausländer als Erwiderung der
100. im Auslande gegen Reichsangehörige angeordneten Beschränkungen bleiben dem Bundesrathe vorbehalten.

101. **§. 65.** Die Zahl, Zeit und Dauer der Messen, Jahr- und Wochenmärkte wird von der zuständigen Verwaltungsbehörde festgesetzt.

Dem Marktberechtigten steht gegen eine solche Anordnung kein Widerspruch zu; ein Entschädigungsanspruch gebührt demselben nur dann, wenn durch die Anordnung die Zahl der bis dahin abgehaltenen Märkte vermindert wird, und eine größere Zahl ausdrücklich und unwiderruflich verliehen war. Gemeinden, welche einen Entschädigungsanspruch geltend machen wollen, müssen außerdem nachweisen, daß ihr Recht auf einen speziellen lästigen Titel sich gründet.

100. **§. 66.** Gegenstände des Wochenmarktverkehrs sind:

1. rohe Naturerzeugnisse mit Ausschluß des größeren Viehes;
2. Fabrikate, deren Erzeugung mit der Land- und Forstwirthschaft, dem Garten- und Obstbau oder der Fischerei in unmittelbarer Verbindung steht, oder zu den Nebenbeschäftigungen der Landleute der Gegend gehört, oder durch Tagelöhnerarbeit bewirkt wird, mit Ausschluß der geistigen Getränke;
3. frische Lebensmittel aller Art.

Die zuständige Verwaltungsbehörde ist auf Antrag der Gemeindebehörde befugt, zu bestimmen, welche Gegenstände außerdem nach Ortsgewohnheit und Bedürfniß in ihrem Bezirke überhaupt, oder an gewissen Orten zu den Wochenmarktartikeln gehören.

Strafbestimmung: § 149 Z. 6.

§ 67. Auf Jahrmärkten dürfen außer den im §. 66 benannten Gegen- 100.
ständen Verzehrungsgegenstände und Fabrikate aller Art feilgehalten werden.

Zum Verkaufe von geistigen Getränken zum Genuß auf der Stelle 101.
bedarf es jedoch der Genehmigung der Ortspolizeibehörde.

Strafbestimmung: §. 149 Z. 6.

§. 68. Der Marktverkehr darf in keinem Falle mit anderen als 100.
solchen Abgaben belastet werden, welche eine Vergütung für den überlassenen Raum und den Gebrauch von Buden und Geräthschaften bilden. In den Bestimmungen darüber, ob und in welchem Umfange Abgaben dieser Art erhoben werden dürfen, wird durch gegenwärtiges Gesetz nichts geändert. Ein Unterschied zwischen Einheimischen und Fremden bezüglich der Zahlung der Abgaben darf nicht stattfinden.

§. 69. In den Grenzen der Bestimmungen der §§. 65 bis 68 kann 102.
die Ortspolizeibehörde, im Einverständnisse mit der Gemeindebehörde die Marktordnung nach dem örtlichen Bedürfnisse festsetzen, namentlich auch für das Feilbieten von gleichartigen Gegenständen den Platz, und für das Feilbieten im Umhertragen, mit oder ohne Ausruf, die Tageszeit und die Gattung der Waaren bestimmen.

Strafbestimmung: §. 149 Z. 6.

§. 70. In Betreff der Märkte, welche bei besonderen Gelegenheiten 48.
oder für bestimmte Gattungen von Gegenständen gehalten werden, bewendet 100.
es bei den bestehenden Anordnungen.

Erweiterungen dieses Marktverkehrs können von der zuständigen Behörde mit Zustimmung der Gemeindebehörde angeordnet werden.

§. 71. Beschränkungen des Verkehrs mit den zu Messen und 101.
Märkten gebrachten, aber unverkauft gebliebenen Gegenständen werden hierdurch aufgehoben. Der Einzelverkauf solcher Gegenstände außer der Marktzeit ist jedoch nur unter denselben Bedingungen zulässig, unter welchen derselbe statthaft sein würde, wenn die Gegenstände nicht auf den Markt gebracht wären.

Titel V.

Taxen. 50.

§. 72. Polizeiliche Taxen sollen, soweit nicht ein Anderes nachstehend 72.
angeordnet worden, künftig nicht vorgeschrieben werden; da, wo sie gegenwärtig bestehen, sind sie in einer von der Ortspolizeibehörde zu bestimmenden, höchstens einjährigen Frist aufzuheben.

§. 73. Die Bäcker und die Verkäufer von Backwaaren können durch 72.
die Ortspolizeibehörde angehalten werden, die Preise und das Gewicht ihrer

verschiedenen Backwaaren für gewisse von derselben zu bestimmende Zeiträume durch einen von außen sichtbaren Anschlag am Verkaufslokale zur Kenntniß des Publikums zu bringen.

Dieser Anschlag ist kostenfrei mit dem polizeilichen Stempel zu versehen und täglich während der Verkaufszeit auszuhängen.

Strafbestimmung: §. 148 Z. 8.

72. **§. 74.** Wo der Verkauf von Backwaaren nur nach den von den Bäckern und Verkäufern an ihren Verkaufslokalen angeschlagenen Preisen erlaubt ist, kann die Ortspolizeibehörde die Bäcker und Verkäufer zugleich anhalten, im Verkaufslokal eine Waage mit den erforderlichen geaichten Gewichten aufzustellen und die Benutzung derselben zum Nachwiegen der verkauften Backwaaren zu gestatten.

Strafbestimmung: §. 148 Z. 8 und St.G.B. §. 369 Z. 2.

72. **§. 75.** Die Gastwirthe können durch die Ortspolizeibehörde angehalten werden, das Verzeichniß der von ihnen gestellten Preise einzureichen und in den Gastzimmern anzuschlagen. Diese Preise dürfen zwar jederzeit abgeändert werden, bleiben aber solange in Kraft, bis die Abänderung der Polizeibehörde angezeigt und das abgeänderte Verzeichniß in den Gastzimmern angeschlagen ist. Auf Beschwerden Reisender wegen Ueberschreitung der verzeichneten Preise steht der Ortspolizeibehörde eine vorläufige Entscheidung vorbehaltlich des Rechtswegs zu.

Strafbestimmung: §. 148 Z. 8.

65. **§. 75a.** Die Gesindevermiether und Stellenvermittler sind ver-
72. pflichtet, das Verzeichniß der von ihnen für ihre gewerblichen Leistungen aufgestellten Taxen der Ortspolizeibehörde einzureichen und in ihren Geschäftsräumen an einer in die Augen fallenden Stelle anzuschlagen. Diese Taxen dürfen zwar jederzeit abgeändert werden, bleiben aber solange in Kraft, bis die Abänderung der Polizeibehörde angezeigt und das abgeänderte Verzeichniß in den Geschäftsräumen angeschlagen ist.

Die Gesindevermiether und Stellenvermittler sind ferner verpflichtet, dem Stellesuchenden vor Abschluß des Vermittelungsgeschäfts die für ihn zur Anwendung kommende Taxe mitzutheilen.

Strafbestimmung: §. 148 Z. 8.

50. **§. 76.** Die Ortspolizeibehörde ist in Uebereinstimmung mit der
72. Gemeindebehörde befugt, für Lohnbediente und andere Personen, welche auf öffentlichen Straßen und Plätzen oder in Wirthshäusern ihre Dienste anbieten (§. 37), sowie für die Benutzung von Wagen, Pferden, Sänften, Gondeln und anderen Transportmitteln, welche öffentlich zum Gebrauch aufgestellt sind, Taxen festzusetzen.

Strafbestimmung: §. 148 Z. 8.

72. **§. 77.** Ebenso können für Schornsteinfeger, wenn ihnen Bezirke ausschließlich zugewiesen sind, von der Ortspolizeibehörde, im Einverständnisse mit der Gemeindebehörde, oder, wenn der zugewiesene Bezirk mehr als eine Ortschaft umfaßt, von der unteren Verwaltungsbehörde Taxen aufgestellt werden.

Strafbestimmung: §. 148 Z. 8.

§. 78. Hinsichtlich der Taxen für solche gewerbetreibende Personen, welche nach den Bestimmungen im §. 36 von den Behörden zu beeidigen und anzustellen sind, wird durch das gegenwärtige Gesetz nichts geändert. Die nach §. 36 zuständigen Behörden sind befugt, für diese Personen auch da Taxen einzuführen, wo dergleichen bisher nicht bestanden. 72.

Strafbestimmung: §. 148 Z. 8.

§. 79. Die in den §§. 73 bis 78 genannten Gewerbetreibenden sind berechtigt, die festgestellten Preise und Taxen zu ermäßigen. 72.

§. 80. Die Taxen für die Apotheker können durch die Zentralbehörden festgesetzt werden, Ermäßigungen derselben durch freie Vereinbarungen sind jedoch zulässig. 72.

Die Bezahlung der approbirten Aerzte u. s. w. (§. 29 Abs. 1) bleibt der Vereinbarung überlassen. Als Norm für streitige Fälle im Mangel einer Vereinbarung können jedoch für dieselben Taxen von den Zentralbehörden festgesetzt werden.

Strafbestimmung: §. 148 Z. 8. — Pr. Gebührenordnung für Aerzte und Zahnärzte vom 15. Mai 1896.

Titel VI.

Innungen, Innungsausschüsse, Handwerkskammern, Innungsverbände. 102ff.

I. Innungen.

a. Allgemeine Vorschriften.

§. 81. Diejenigen, welche ein Gewerbe selbständig betreiben, können zur Förderung der gemeinsamen gewerblichen Interessen zu einer Innung zusammentreten.

§. 81a. Aufgabe der Innungen ist: 109.

1. die Pflege des Gemeingeistes sowie die Aufrechterhaltung und Stärkung der Standesehre unter den Innungsmitgliedern;
2. die Förderung eines gedeihlichen Verhältnisses zwischen Meistern und Gesellen (Gehülfen) sowie die Fürsorge für das Herbergswesen und den Arbeitsnachweis;
3. die nähere Regelung des Lehrlingswesens und die Fürsorge für die technische, gewerbliche und sittliche Ausbildung der Lehrlinge, vorbehaltlich der Bestimmungen der §§. 103e, 126 bis 132a;
4. die Entscheidung von Streitigkeiten der im §. 3 des Gewerbegerichtsgesetzes vom 29. Juli 1890 (Reichs-Gesetzbl. S. 141) und im §. 53a des Krankenversicherungsgesetzes (Reichs-Gesetzbl. 1892 S. 379) bezeichneten Art zwischen den Innungsmitgliedern und ihren Lehrlingen.

§. 81b. Die Innungen sind befugt, ihre Wirksamkeit auf andere, den Innungsmitgliedern gemeinsame gewerbliche Interessen als die im §. 81a bezeichneten auszudehnen. Insbesondere steht ihnen zu: 109.

1. Veranstaltungen zur Förderung der gewerblichen, technischen und sittlichen Ausbildung der Meister, Gesellen (Gehülfen) und Lehrlinge zu treffen, insbesondere Schulen zu unterstützen, zu errichten und zu leiten, sowie über die Benutzung und den Besuch der von ihnen errichteten Schulen Vorschriften zu erlassen;
2. Gesellen- und Meisterprüfungen zu veranstalten und über die Prüfungen Zeugnisse auszustellen;
3. zur Unterstützung ihrer Mitglieder und deren Angehörigen, ihrer Gesellen (Gehülfen), Lehrlinge und Arbeiter in Fällen der Krankheit, des Todes, der Arbeitsunfähigkeit oder sonstiger Bedürftigkeit Kassen zu errichten;
4. Schiedsgerichte zu errichten, welche berufen sind, Streitigkeiten der im §. 3 des Gewerbegerichtsgesetzes und im §. 53a des Krankenversicherungsgesetzes bezeichneten Art zwischen den Innungsmitgliedern und ihren Gesellen (Gehülfen) und Arbeitern an Stelle der sonst zuständigen Behörden zu entscheiden;
5. zur Förderung des Gewerbebetriebs der Innungsmitglieder einen gemeinschaftlichen Geschäftsbetrieb einzurichten.

109. **§. 82.** Der Bezirk, für welchen eine Innung errichtet wird, soll in der Regel nicht über den Bezirk der höheren Verwaltungsbehörde, in welchem die Innung ihren Sitz nimmt, hinausgehen. Ausnahmen bedürfen der Genehmigung der Landes-Zentralbehörde.

Soll der Bezirk, für welchen eine Innung errichtet wird, über das Gebiet eines Bundesstaats hinaus erstreckt werden, so ist hierzu die Genehmigung der betheiligten Landes-Zentralbehörden erforderlich. Wird die Genehmigung ertheilt, so sind die den Behörden übertragenen Befugnisse, soweit nicht eine anderweite Vereinbarung getroffen wird, von den Behörden desjenigen Bundesstaats wahrzunehmen, in welchem die Innung ihren Sitz hat.

Bei der Errichtung ist der Innung ein Name zu geben, welcher von dem aller anderen, an demselben Orte oder in derselben Gemeinde befindlichen Innungen verschieden ist. Die landesüblichen Benennungen (Aemter, Gilden und dergleichen) können beibehalten werden.

109. **§. 83.** Die Aufgaben der Innung, die Einrichtung ihrer Verwaltung und die Rechtsverhältnisse ihrer Mitglieder sind, soweit das Gesetz nicht darüber bestimmt, durch das Statut zu regeln.

Dasselbe muß Bestimmung treffen über:

1. Namen, Sitz und Bezirk der Innung sowie die Gewerbszweige, für welche die Innung errichtet ist;
2. die Aufgaben der Innung sowie die dauernden Einrichtungen zur Erfüllung dieser Aufgaben, insbesondere hinsichtlich der Regelung des Lehrlingswesens;
3. Aufnahme, Austritt und Ausschließung der Mitglieder;
4. die Rechte und Pflichten der Mitglieder, insbesondere den Maßstab, nach welchem die Mitgliederbeiträge erhoben werden;
5. die Bildung des Vorstandes, den Umfang seiner Befugnisse und die Formen seiner Geschäftsführung;

6. die Zusammensetzung und Berufung der Innungsversammlung, das Stimmrecht in derselben, die Art der Beschlußfassung und, sofern die Innungsversammlung aus Vertretern besteht (§. 92 Abs. 3), die Zahl und die Wahl der Vertreter;
7. die Beurkundung der Beschlüsse der Innungsversammlung und des Vorstandes;
8. die Aufstellung und Prüfung der Jahresrechnung;
9. die Bildung und die Geschäftsführung des Gesellenausschusses;
10. die Ueberwachung der Beobachtung der für die Beschäftigung der Gesellen (Gehülfen), Lehrlinge und Arbeiter, den Besuch der Fortbildungs- oder Fachschule und die Regelung des Lehrlingswesens erlassenen Bestimmungen;
11. die Bildung des Organs und das Verfahren zur Entscheidung der im §. 81a Ziffer 4 bezeichneten Streitigkeiten;
12. die Voraussetzungen und die Form der Verhängung von Ordnungsstrafen;
13. die Voraussetzungen und die Form einer Abänderung des Statuts und den Erlaß und die Abänderung der Nebenstatuten;
14. die Voraussetzungen und die Form der Auflösung der Innung;
15. die öffentlichen Blätter, in welchen die Bekanntmachungen der Innung zu erfolgen haben.

Das Statut darf keine Bestimmung enthalten, welche mit den in diesem Gesetze bezeichneten Aufgaben der Innung nicht in Verbindung steht oder gesetzlichen Vorschriften zuwiderläuft.

Bestimmungen über Einrichtungen zur Erfüllung der im §. 81b Ziffer 3, 4 und 5 bezeichneten Aufgaben dürfen nicht in das Innungsstatut aufgenommen werden.

Vergl. die Ausf.-Anw. vom 1. März 1898.

§. 84. Das Innungsstatut bedarf der Genehmigung durch die höhere Verwaltungsbehörde desjenigen Bezirkes, in welchem die Innung ihren Sitz nimmt. Die Einreichung geschieht durch die Aufsichtsbehörde (§. 96). 109.

Die Genehmigung ist zu versagen:

1. wenn das Innungsstatut den gesetzlichen Anforderungen nicht entspricht;
2. wenn die durch das Innungsstatut vorgesehene Begrenzung des Innungsbezirkes die nach §. 82 Abs. 1 oder Abs. 2 erforderliche Genehmigung nicht erhalten hat.

Außerdem darf die Genehmigung nur versagt werden, wenn in dem durch das Innungsstatut vorgesehenen Innungsbezirke für die gleichen Gewerbe eine Innung bereits besteht.

In dem die Genehmigung versagenden Bescheide sind die Gründe anzugeben; gegen denselben findet der Rekurs statt; wegen des Verfahrens und der Behörden gelten die Vorschriften der §§. 20 und 21, soweit nicht landesgesetzlich das Verfahren in streitigen Verwaltungssachen Platz greift.

Abänderungen des Innungsstatuts unterliegen den gleichen Vorschriften.

110. **§. 85.** Soll in der Innung eine Einrichtung der im §. 81b Ziffer 3, 4 und 5 vorgesehenen Art getroffen werden, so sind die dafür erforderlichen Bestimmungen in Nebenstatuten zusammenzufassen. Dieselben bedürfen der Genehmigung der höheren Verwaltungsbehörde. Vor der Genehmigung ist die Gemeindebehörde des Ortes, an welchem die Innung ihren Sitz hat, sowie die Aufsichtsbehörde zu hören. Die Genehmigung kann nach Ermessen unter Angabe der Gründe versagt werden. Gegen die Verfügung der höheren Verwaltungsbehörde steht den Betheiligten binnen vier Wochen die Beschwerde an die Landes-Zentralbehörde zu. Abänderungen der Nebenstatuten unterliegen den gleichen Vorschriften.

Ueber die Einnahmen und Ausgaben der im §. 81b Ziffer 3 und 5 bezeichneten Einrichtungen ist getrennt Rechnung zu führen und das hierfür bestimmte Vermögen gesondert von dem übrigen Innungsvermögen zu verwalten. Verwendungen für andere Zwecke dürfen aus demselben nicht gemacht werden. Die Gläubiger haben das Recht auf gesonderte Befriedigung aus dem getrennt verwalteten Vermögen.

109. **§. 86.** Die Innungen können unter ihrem Namen Rechte erwerben und Verbindlichkeiten eingehen, vor Gericht klagen und verklagt werden. Für ihre Verbindlichkeiten haftet den Gläubigern nur ihr Vermögen.

110. **§. 87.** Als Innungsmitglieder können nur aufgenommen werden:

1. diejenigen, welche ein Gewerbe, für welches die Innung errichtet ist, in dem Innungsbezirke selbständig betreiben;
2. diejenigen, welche in einem dem Gewerbe angehörenden Großbetrieb als Werkmeister oder in ähnlicher Stellung beschäftigt sind;
3. diejenigen, welche in dem Gewerbe als selbständige Gewerbetreibende oder als Werkmeister oder in ähnlicher Stellung thätig gewesen sind, diese Thätigkeit aber aufgegeben haben und eine andere gewerbliche Thätigkeit nicht ausüben;
4. die in landwirthschaftlichen oder gewerblichen Betrieben gegen Entgelt beschäftigten Handwerker.

Andere Personen können als Ehrenmitglieder aufgenommen werden.

Von der Ablegung einer Prüfung kann die Aufnahme nur abhängig gemacht werden, wenn Art und Umfang derselben durch das Statut geregelt sind; die Prüfung darf nur den Nachweis der Befähigung zur selbständigen Ausführung der gewöhnlichen Arbeiten des Gewerbes bezwecken.

Ist die Aufnahme von der Zurücklegung einer Lehrlings- oder Gesellenzeit oder von der Ablegung einer Prüfung abhängig gemacht, so ist eine Ausnahme von der Erfüllung dieser Anforderungen nur unter bestimmten, im Statute festgestellten Voraussetzungen zulässig. Von einem Aufnahmesuchenden, welcher bereits vor einer anderen Innung desselben Gewerbes eine Aufnahmeprüfung bestanden hat, kann eine solche nicht nochmals verlangt werden.

Gewerbetreibenden, welche den gesetzlichen und statutarischen Anforderungen entsprechen, darf die Aufnahme in die Innung nicht versagt werden.

Von der Erfüllung der gesetzlichen und statutarischen Bedingungen kann zu Gunsten Einzelner nicht abgesehen werden.

§. 87a. Der Austritt aus der Innung ist, wenn das Innungs- 110.
statut eine vorherige Anzeige darüber nicht verlangt, am Schlusse jedes Rechnungsjahrs gestattet. Eine Anzeige über den Austritt kann frühestens sechs Monate vor dem letzteren verlangt werden.

Ausscheidende Mitglieder verlieren alle Ansprüche an das Innungsvermögen und, soweit nicht statutarisch abweichende Bestimmungen getroffen sind, an die von der Innung errichteten Nebenkassen; sie bleiben zur Zahlung derjenigen Beiträge verpflichtet, deren Umlegung am Tage ihres Austritts bereits erfolgt war. Vertragsmäßige Verbindlichkeiten, welche sie der Innung gegenüber eingegangen sind, werden durch den Austritt nicht berührt.

Wird nach dem Tode eines Innungsmitglieds dessen Gewerbe für Rechnung der Wittwe oder minderjähriger Erben fortgesetzt, so gehen die Befugnisse und Obliegenheiten des Verstorbenen mit Ausnahme des Stimmrechts auf die Wittwe während des Wittwenstandes beziehungsweise auf die minderjährigen Erben für die Dauer der Minderjährigkeit über. Durch das Statut kann der Wittwe oder dem Stellvertreter das Stimmrecht eingeräumt werden.

§. 88. Den Innungsmitgliedern darf die Verpflichtung zu Handlungen oder Unterlassungen, welche mit den Aufgaben der Innung in keiner Verbindung stehen, nicht auferlegt werden.

Zu anderen Zwecken als der Erfüllung der statutarisch oder durch das Gesetz bestimmten Aufgaben der Innung sowie der Deckung der Kosten der Innungsverwaltung dürfen weder Beiträge von den Innungsmitgliedern oder von den Gesellen derselben erhoben werden, noch Verwendungen aus dem Vermögen der Innung erfolgen.

Die Innungen sind befugt, für die Benutzung der von ihnen ge- 110.
troffenen Einrichtungen, Fachschulen, Herbergen, Arbeitsnachweis und dergleichen Gebühren zu erheben.

§. 89. Die aus der Errichtung und der Thätigkeit der Innung 110.
und ihres Gesellenausschusses (§. 95) erwachsenden Kosten sind, soweit sie aus den Erträgen des vorhandenen Vermögens oder aus sonstigen Einnahmen keine Deckung finden, von den Innungsmitgliedern aufzubringen.

Die Verpflichtung zur Zahlung von Beiträgen beginnt mit dem Anfange des auf den Eintritt folgenden Monats.

Die auf Grund des Statuts oder der Nebenstatuten umgelegten Beiträge sowie die für die Benutzung der Innungseinrichtungen zu entrichtenden Gebühren (§. 88 Abs. 3) werden auf Antrag des Innungsvorstandes auf dem für die Beitreibung der Gemeindeabgaben landesrechtlich vorgesehenen Wege zwangsweise eingezogen. Das Gleiche gilt für die Einziehung von Ordnungsstrafen (§. 92c).

Streitigkeiten wegen Entrichtung von Beiträgen und Gebühren entscheidet die Aufsichtsbehörde. Die Entscheidung kann binnen zwei Wochen durch Beschwerde bei der höheren Verwaltungsbehörde angefochten werden; diese entscheidet endgültig.

§. 89a. Die Einnahmen und Ausgaben der Innung sind von allen ihren Zwecken fremden Vereinnahmungen und Verausgabungen getrennt festzustellen; ihre Bestände sind gesondert zu verwahren.

Die Bestände müssen in der durch die §§. 1807 und 1808 des Bürgerlichen Gesetzbuchs bezeichneten Weise angelegt werden. Sofern der Bezirk der Innung sich nicht über das Gebiet eines Bundesstaats hinaus erstreckt, kann die Anlegung auch in der nach Artikel 212 des Einführungsgesetzes zum Bürgerlichen Gesetzbuche zugelassenen Weise erfolgen.

Zeitweilig verfügbare Gelder dürfen mit Genehmigung der Aufsichtsbehörde auch in anderer als der durch die §§. 1807 und 1808 des Bürgerlichen Gesetzbuchs bezeichneten Weise vorübergehend angelegt werden.

Ueber die Aufbewahrung von Werthpapieren trifft die Aufsichtsbehörde Bestimmung.

111. **§. 89b.** Die Innung bedarf der Genehmigung der Aufsichtsbehörde bei:

1. dem Erwerbe, der Veräußerung oder der dinglichen Belastung von Grundeigenthum;
2. Anleihen, sofern ihr Betrag nicht nur zur vorübergehenden Aushülfe dient und aus den Ueberschüssen der laufenden Einnahmen über die Ausgaben einer Voranschlagsperiode zurückerstattet werden kann;
3. der Veräußerung von Gegenständen, welche einen geschichtlichen, wissenschaftlichen oder Kunstwerth haben.

§. 90. Auf Innungs-Krankenkassen finden außer den Vorschriften des §. 73 des Krankenversicherungsgesetzes auch die §§. 34 bis 38, 45 Abs. 5, 47 Abs. 3 bis 6 des letzteren entsprechende Anwendung. Jedoch kann die Kassenverwaltung ausschließlich den Gesellen (Gehülfen) und Arbeitern übertragen, und unter der Voraussetzung, daß die Innungsmitglieder die Hälfte der Kassenbeiträge aus eigenen Mitteln bestreiten, beschlossen werden, daß der Vorsitzende sowie die Hälfte der Mitglieder des Vorstandes und der Generalversammlung von der Innung zu bestellen sind.

110. **§. 91.** Die auf Grund des §. 81b Ziffer 4 errichteten Innungsschiedsgerichte müssen mindestens aus einem Vorsitzenden und zwei Beisitzern bestehen.

Die Beisitzer und deren Stellvertreter sind zur Hälfte aus den Innungsmitgliedern, zur Hälfte aus den bei ihnen beschäftigten Gesellen (Gehülfen) und Arbeitern zu entnehmen. Die ersteren sind von der Innungsversammlung, die letzteren von den Gesellen (Gehülfen) und Arbeitern zu wählen. Auf das Wahlrecht finden die Vorschriften der §§. 10, 13 Abs. 1, §. 14 Abs. 1 des Gewerbegerichtsgesetzes Anwendung.

Der Vorsitzende wird von der Aufsichtsbehörde bestimmt; er braucht der Innung nicht anzugehören.

Die Beisitzer erhalten für jede Sitzung, welcher sie beigewohnt haben, Vergütung der baaren Auslagen und eine Entschädigung für Zeitversäumniß; die Höhe der letzteren und der Betrag der dem Vorsitzenden zu gewährenden Vergütung sind im Nebenstatute festzusetzen.

Sind Wahlen nicht zu Stande gekommen, oder verweigern die Gewählten die Dienstleistung, so hat die Aufsichtsbehörde die Beisitzer aus der Zahl der wählbaren Innungsmitglieder, Gesellen (Gehülfen) und Arbeiter zu ernennen.

Die Anberaumung des ersten Termins soll innerhalb acht Tagen nach Eingang der Klage erfolgen und die Entscheidung nach Möglichkeit beschleunigt werden. Wird die achttägige Frist nicht innegehalten, so kann der Kläger verlangen, daß statt des Innungsschiedsgerichts an den Orten, wo Gewerbegerichte bestehen, diese und, wo solche nicht bestehen, die ordentlichen Gerichte entscheiden. Dies Verlangen ist dem darnach zuständigen Gewerbegericht oder ordentlichen Gericht und dem Innungsschiedsgerichte schriftlich mitzutheilen.

§. 91a. Erfolgt durch das Innungsschiedsgericht eine Verurtheilung 110.
auf Vornahme einer Handlung, so ist der Beklagte zugleich auf Antrag des Klägers für den Fall, daß die Handlung nicht binnen einer zu bestimmenden Frist vorgenommen wird, zur Zahlung einer nach dem Ermessen des Gerichts festzusetzenden Entschädigung zu verurtheilen. In diesem Falle ist die Zwangsvollstreckung gemäß §§. 887 und 888 der Civilprozeßordnung ausgeschlossen.

§. 91b. Die Entscheidungen der Innung (§. 81a Ziffer 4) und 110.
der Innungsschiedsgerichte (§. 81b Ziffer 4) sind schriftlich abzufassen; sie gehen in Rechtskraft über, wenn nicht binnen einer Nothfrist von einem Monat eine Partei Klage bei dem ordentlichen Gericht erhebt. Die Frist beginnt gegen eine bei der Verkündigung nicht anwesende Partei mit der Behändigung der Entscheidung.

Aus Vergleichen, welche nach Erhebung der Klage vor der Innung oder dem Innungsschiedsgerichte geschlossen sind, findet die Zwangsvollstreckung statt.

Die Entscheidungen können von Amtswegen für vorläufig vollstreckbar erklärt werden, wenn sie die im §. 3 Ziffer 1 des Gewerbegerichtsgesetzes bezeichneten Streitigkeiten betreffen, oder der Gegenstand der Verurtheilung an Geld oder Geldeswerth die Summe von einhundert Mark nicht übersteigt.

Die vorläufige Vollstreckbarkeit ist nicht auszusprechen, wenn glaubhaft gemacht wird, daß die Vollstreckung dem Schuldner einen nicht zu ersetzenden Nachtheil bringen würde; auch kann sie von einer vorläufigen Sicherheitsleistung abhängig gemacht werden.

Die Vollstreckung erfolgt, sofern die Partei dies beantragt, auf Ersuchen der Innung oder des Innungsschiedsgerichts durch die Polizeibehörde nach Maßgabe der Vorschriften über das Verwaltungszwangsverfahren; wo ein solches Verfahren nicht besteht, finden die Bestimmungen über die Zwangsvollstreckung in bürgerlichen Rechtsstreitigkeiten Anwendung. Ein unmittelbarer Zwang zur Vornahme einer Handlung ist nur im Falle des §. 127d zulässig.

Ist rechtzeitig Klage erhoben, so findet der §. 707 der Civilprozeßordnung entsprechende Anwendung.

§. 92. Die Angelegenheiten der Innung werden von der Innungs- 111.
versammlung und dem Vorstande wahrgenommen.

Zur Wahrnehmung einzelner Angelegenheiten können Ausschüsse gebildet werden.

Die Innungsversammlung besteht nach Bestimmung des Statuts entweder aus allen Innungsmitgliedern oder aus Vertretern, welche von jenen aus ihrer Mitte gewählt werden.

Der Vorstand wird von der Innungsversammlung auf bestimmte Zeit mittelst geheimer Wahl gewählt. Die Wahl durch Zuruf ist zulässig, wenn Niemand widerspricht.

Die Wahlen der Vertreter und des Innungsvorstandes finden unter Leitung des Innungsvorstandes statt. Die erste Wahl nach Errichtung der Innung, sowie spätere Wahlen, bei denen ein Vorstand nicht vorhanden ist, werden von einem Beauftragten der Aufsichtsbehörde geleitet. Ueber die Wahlhandlung ist ein Protokoll aufzunehmen.

111. **§. 92a.** Der Vorstand hat nach näherer Bestimmung des Statuts die laufende Verwaltung zu führen.

Er hat über jede Aenderung in seiner Zusammensetzung und über das Ergebniß jeder Wahl der Aufsichtsbehörde binnen einer Woche Anzeige zu erstatten. Ist die Anzeige nicht erfolgt, so kann die Aenderung dritten Personen nur dann entgegengehalten werden, wenn bewiesen wird, daß sie letzteren bekannt war.

111. **§. 92b.** Die Innungen werden durch ihren Vorstand gerichtlich und außergerichtlich vertreten. Die Vertretung erstreckt sich auch auf diejenigen Geschäfte und Rechtshandlungen, für welche nach den Gesetzen eine Spezialvollmacht erforderlich ist. Durch das Statut kann einem Mitglied oder mehreren Mitgliedern des Vorstandes die Vertretung nach außen übertragen werden.

Zur Legitimation des Vorstandes genügt bei allen Rechtsgeschäften die Bescheinigung der Aufsichtsbehörde, daß die darin bezeichneten Personen zur Zeit den Vorstand bilden.

Die Mitglieder des Vorstandes haften für pflichtmäßige Verwaltung wie Vormünder ihren Mündeln.

110. **§. 92c.** Der Vorstand ist berechtigt, über Innungsmitglieder bei Verstößen gegen statutarische Vorschriften Ordnungsstrafen, insbesondere Geldstrafen bis zum Betrage von zwanzig Mark zu verhängen. Ueber Beschwerden entscheidet die Aufsichtsbehörde. Der Betrag der Geldstrafen fließt in die Innungskasse.

111. **§. 93.** Die Innungsversammlung beschließt über alle Angelegenheiten der Innung, deren Wahrnehmung nicht nach Vorschrift des Gesetzes oder des Statuts dem Vorstand obliegt.

Der Innungsversammlung muß vorbehalten bleiben:

1. die Feststellung des Haushaltsplans;
2. die Prüfung und Abnahme der Jahresrechnung;
3. die Bewilligung von Ausgaben, welche im Haushaltsplane nicht vorgesehen sind;
4. die Verfolgung von Ansprüchen, welche der Innung gegen

Vorstandsmitglieder aus deren Amtsführung erwachsen, durch Beauftragte;

5. der Erlaß von Vorschriften zur näheren Regelung des Lehrlingswesens;
6. die Beschlußfassung über:
   a) den Erwerb, die Veräußerung oder die dingliche Belastung von Grundeigenthum;
   b) die Veräußerung von Gegenständen, welche einen geschichtlichen, wissenschaftlichen oder Kunstwerth haben;
   c) die Aufnahme von Anleihen;
7. die Wahl der Mitglieder der Organe zur Entscheidung der im §. 81a Ziffer 4 und §. 81b Ziffer 4 bezeichneten Streitigkeiten, soweit sie aus der Zahl der Innungsmitglieder zu entnehmen sind;
8. die Wahl der Mitglieder der Prüfungsausschüsse, soweit sie aus der Zahl der Innungsmitglieder zu entnehmen sind (§. 131a);
9. die Beschlußfassung über Abänderung des Statuts sowie über Errichtung und Abänderung von Nebenstatuten;
10. die Beschlußfassung über die Auflösung der Innung.

§. 93a. Berechtigt zur Wahl der Vertreter zur Innungsversamm- 111.
lung und stimmberechtigt in der Innungsversammlung sind nur die volljährigen Innungsmitglieder mit Ausnahme derjenigen, welche sich nicht im Besitze der bürgerlichen Ehrenrechte befinden oder durch gerichtliche Anordnung in der Verfügung über ihr Vermögen beschränkt sind.

Wählbar zu Mitgliedern des Vorstandes und der Ausschüsse sowie zu Mitgliedern des im §. 83 Abs. 2 Ziffer 11 bezeichneten Organs sind nur solche wahlberechtigte Innungsmitglieder, welche zum Amte eines Schöffen fähig sind (§§. 31, 32 des Gerichtsverfassungsgesetzes).

Durch das Statut kann bestimmt werden, daß Innungsmitglieder, welche mit der Zahlung der Beiträge wiederholt im Rückstande geblieben sind, weder wahlberechtigt noch wählbar und von der Theilnahme an den Geschäften der Innung für gewisse Zeit ausgeschlossen sind.

In gleicher Weise kann bestimmt werden, daß Innungsmitglieder, welche sich nicht im Besitze der bürgerlichen Ehrenrechte befinden, oder durch gerichtliche Anordnung in der Verfügung über ihr Vermögen beschränkt sind, von der Theilnahme an den Geschäften der Innung ausgeschlossen sind.

§. 94. Beschwerden gegen die Rechtsgültigkeit der Wahlen sind nur 111.
binnen vier Wochen nach der Wahl zulässig. Sie werden durch die Aufsichtsbehörde endgültig entschieden. Dieselbe hat auf erhobene Beschwerde Wahlen, welche gegen das Gesetz oder auf Grund des Gesetzes erlassene Wahlvorschriften verstoßen, für ungültig zu erklären.

§. 94a. Die Mitglieder der Innungsvorstände, Prüfungsausschüsse 111.
und Gesellenausschüsse sowie der Organe zur Entscheidung der im §. 81a Ziffer 4 bezeichneten Streitigkeiten verwalten ihr Amt als Ehrenamt unentgeltlich, doch kann ihnen nach näherer Bestimmung des Statuts Ersatz baarer Auslagen und eine Entschädigung für Zeitversäumniß gewährt werden.

Die Annahme der Wahl kann nur aus Gründen verweigert werden, aus denen die Wahl zum Beisitzer eines Gewerbegerichts (§. 18 des Gewerbegerichtsgesetzes) abgelehnt werden kann. Ablehnungsgründe des Gewählten sind nur zu berücksichtigen, wenn sie binnen zwei Wochen, nachdem der Gewählte von seiner Wahl in Kenntniß gesetzt ist, schriftlich geltend gemacht werden. Ueber den Ablehnungsantrag entscheidet die Aufsichtsbehörde endgültig. Diese Bestimmungen finden auf die Mitglieder der Innungsschiedsgerichte entsprechende Anwendung.

111. **§. 94b.** Mitglieder der Innungsvorstände, der Ausschüsse der Innungen, der Gesellenausschüsse sowie der Organe zur Entscheidung der in §§. 81a Ziffer 4 und 81b Ziffer 4 bezeichneten Streitigkeiten, hinsichtlich deren Umstände eintreten oder bekannt werden, welche die Wählbarkeit ausschließen, haben aus dem Amte auszuscheiden. Im Falle der Weigerung erfolgt die Enthebung des Betheiligten vom Amte durch die Aufsichtsbehörde nach Anhörung des Betheiligten und der Körperschaft, welcher er angehört. Gegen die Verfügung der Aufsichtsbehörde ist binnen vier Wochen die Beschwerde zulässig. Die Entscheidung über die Beschwerde ist endgültig.

111. **§. 94c.** Die Innungen sind befugt, durch Beauftragte die Befolgung der gesetzlichen und statutarischen Vorschriften in den zur Innung gehörigen Betrieben zu überwachen und von der Einrichtung der Betriebsräume und der für die Unterkunft der Lehrlinge bestimmten Räume Kenntniß zu nehmen.

Die Verpflichteten haben den als solchen legitimirten Beauftragten der betheiligten Innungen auf Erfordern während der Betriebszeit den Zutritt zu den Werkstätten und Unterkunftsräumen sowie zu den sonst in Betracht kommenden Räumlichkeiten zu gestatten und ihnen Auskunft über alle Gegenstände zu geben, welche für die Erfüllung ihres Auftrags von Bedeutung sind; sie können hierzu auf Antrag der Beauftragten von der Ortspolizeibehörde angehalten werden.

Namen und Wohnsitz der Beauftragten sind von der Innung der Aufsichtsbehörde anzuzeigen.

Die Beauftragten sind verpflichtet, den im §. 139b bezeichneten Beamten auf Erfordern über ihre Ueberwachungsthätigkeit und deren Ergebnisse Mittheilung zu machen.

Befürchtet der Betriebsunternehmer von der Besichtigung des Betriebs durch den Beauftragten der Innung eine Schädignng seiner Geschäftsinteressen, so kann er die Besichtigung durch einen anderen Sachverständigen beanspruchen. In diesem Falle hat er dem Vorstande der Innung, sobald er den Namen des Beauftragten erfährt, eine entsprechende Mittheilung zu machen und einige geeignete Personen zu bezeichnen, welche auf seine Kosten die erforderlichen Besichtigungen vorzunehmen und dem Vorstande die erforderliche Auskunft über die vorgefundenen Verhältnisse zu geben bereit sind. In Ermangelung einer Verständigung zwischen dem Betriebsunternehmer und dem Vorstand entscheidet auf Ansuchen des letzteren die Aufsichtsbehörde.

Auf Räume, welche Bestandtheile landwirthschaftlicher oder fabrikmäßiger Betriebe sind, finden die vorstehenden Bestimmungen keine Anwendung.

§. 95. Die bei den Innungsmitgliedern beschäftigten Gesellen 110.
(Gehülfen) nehmen an der Erfüllung der Aufgaben der Innung und an ihrer Verwaltung Theil, soweit dies durch Gesetz oder Statut bestimmt ist. Sie wählen zu diesem Zwecke den Gesellenausschuß.

Der Gesellenausschuß ist bei der Regelung des Lehrlingswesens und bei der Gesellenprüfung sowie bei der Begründung und Verwaltung aller Einrichtungen zu betheiligen, für welche die Gesellen (Gehülfen) Beiträge entrichten oder eine besondere Mühewaltung übernehmen, oder welche zu ihrer Unterstützung bestimmt sind.

Die nähere Regelung dieser Betheiligung hat durch das Statut mit der Maßgabe zu erfolgen, daß

1. bei der Berathung und Beschlußfassung des Innungsvorstandes mindestens ein Mitglied des Gesellenausschusses mit vollem Stimmrechte zuzulassen ist;
2. bei der Berathung und Beschlußfassung der Innungsversammlung seine sämmtlichen Mitglieder mit vollem Stimmrechte zuzulassen sind;
3. bei der Verwaltung von Einrichtungen, für welche die Gesellen (Gehülfen) Aufwendungen zu machen haben, abgesehen von der Person des Vorsitzenden, Gesellen, welche vom Gesellenausschusse gewählt werden, in gleicher Zahl zu betheiligen sind wie die Innungsmitglieder.

Die Ausführung von Beschlüssen der Innungsversammlung in den im Abs. 2 bezeichneten Angelegenheiten darf nur mit Zustimmung des Gesellenausschusses erfolgen. Wird die Zustimmung versagt, so kann sie durch die Aufsichtsbehörde ergänzt werden.

§. 95a. Zur Theilnahme an der Wahl des Gesellenausschusses sind 110.
die bei einem Innungsmitgliede beschäftigten volljährigen Gesellen (Gehülfen) berechtigt, welche sich im Besitze der bürgerlichen Ehrenrechte befinden.

Wählbar ist jeder wahlberechtigte Geselle, welcher zum Amte eines Schöffen fähig ist (§§. 31, 32 des Gerichtsverfassungsgesetzes).

Die Wahl zum Gesellenausschusse leitet ein Mitglied des Innungsvorstandes, wenn ein solches nicht vorhanden ist, ein Vertreter der Aufsichtsbehörde.

§. 95b. Für die Mitglieder des Gesellenausschusses sind Ersatz- 110.
männer zu wählen, welche für dieselben in Behinderungsfällen oder im Falle des Ausscheidens für den Rest der Wahlperiode in der Reihenfolge der Wahl einzutreten haben. Wird dessen ungeachtet der Gesellenausschuß nicht vollzählig, so hat er sich für den Rest der Wahlzeit durch Zuwahl zu ergänzen.

§. 95c. Mitglieder des Gesellenausschusses behalten, auch wenn sie 110.
nicht mehr bei Innungsmitgliedern beschäftigt sind, solange sie im Bezirke der Innung verbleiben, die Mitgliedschaft noch während dreier Monate seit dem Austritt aus der Beschäftigung bei Innungsmitgliedern.

§. 96. Die Innungen unterliegen der Aufsicht der unteren Ver- 111.
waltungsbehörde, in deren Bezirke sie ihren Sitz haben.

Die Aufsichtsbehörde überwacht insbesondere die Befolgung der gesetzlichen und statutarischen Vorschriften und kann sie durch Androhung, Festsetzung und Vollstreckung von Ordnungsstrafen gegen die Inhaber der Innungsämter, gegen die Innungsmitglieder und gegen deren Gesellen, soweit diese an den Geschäften der Innung Theil nehmen, erzwingen. Die Geldstrafen fließen in die Innungskasse.

Die Aufsichtsbehörde ist befugt, der Innung, wenn sie es unterläßt, ihr zustehende Ansprüche geltend zu machen, einen Vertreter zur gerichtlichen Verfolgung der Angelegenheit zu bestellen.

Sie entscheidet Streitigkeiten über die Aufnahme und Ausschließung der Mitglieder, über die Wahlen zu den Innungsämtern sowie unbeschadet der Rechte Dritter über die Rechte und Pflichten der Inhaber dieser Aemter.

Sie hat das Recht, einen Vertreter zu den Prüfungen zu entsenden. Sie beruft und leitet die Innungsversammlung, wenn der Innungsvorstand dieselbe zu berufen sich weigert.

Ueber Abänderungen des Innungsstatuts oder der Nebenstatuten und über die Auflösung der Innung kann von der Innungsversammlung nur im Beisein eines Vertreters der Aufsichtsbehörde beschlossen werden.

Gegen die Anordnungen und Entscheidungen der Aufsichtsbehörde ist binnen vier Wochen die Beschwerde zulässig. Die Entscheidung über die Beschwerde ist endgültig.

111. **§. 97.** Die Schließung einer Innung kann erfolgen:

1. wenn sich ergiebt, daß nach §. 84 die Genehmigung hätte versagt werden müssen und die erforderliche Aenderung des Statuts innerhalb einer zu setzenden Frist nicht bewirkt wird;
2. wenn die Innung wiederholter Aufforderung der Aufsichtsbehörde ungeachtet die Erfüllung der ihr durch §. 81a gesetzten Aufgaben vernachlässigt;
3. wenn die Innung sich gesetzwidriger Handlungen oder Unterlassungen schuldig macht, durch welche das Gemeinwohl gefährdet wird, oder wenn sie andere als die gesetzlich zulässigen Zwecke verfolgt;
4. wenn die Zahl ihrer Mitglieder so weit zurückgeht, daß die Erfüllung ihrer gesetzlichen Aufgaben dauernd gefährdet erscheint.

Die Schließung wird durch die höhere Verwaltungsbehörde ausgesprochen.

Gegen die die Schließung aussprechende Verfügung findet der Rekurs statt; wegen des Verfahrens und der Behörden gelten die Vorschriften der §§. 20 und 21, soweit nicht landesgesetzlich das Verfahren in streitigen Verwaltungssachen Platz greift.

Die Eröffnung des Konkursverfahrens über das Vermögen einer Innung hat die Schließung kraft Gesetzes zur Folge.

111. **§. 98.** Bei der Auflösung einer Innung wird die Abwickelung der Geschäfte, sofern die Innungsversammlung nicht anderweitig beschließt, durch den Vorstand unter Aufsicht der Aufsichtsbehörde vollzogen. Genügt

der Vorstand seiner Verpflichtung nicht, oder tritt die Schließung der Innung ein, so erfolgt die Abwickelung der Geschäfte durch die Aufsichtsbehörde oder Beauftragte derselben.

Von dem Zeitpunkte der Auflösung oder Schließung ab bleiben die Innungsmitglieder noch für diejenigen Zahlungen verhaftet, zu welchen sie für den Fall eigenen Ausscheidens aus den Innungsverhältnissen verpflichtet sind.

Die höhere Verwaltungsbehörde ist befugt, den bisher mit der Innung verbunden gewesenen, nicht unter §. 73 des Krankenversicherungsgesetzes fallenden Unterstützungskassen nach der Auflösung oder Schließung der Innung Korporationsrechte zu verleihen; in diesem Falle verbleiben den Kassen ihre bisherigen Bestände.

§. 98a. Das bei der Auflösung oder Schließung vorhandene Ver- 111.
mögen ist zunächst zur Berichtigung der vorhandenen Schulden und zur Erfüllung der sonstigen Verpflichtungen der Innung zu verwenden.

Eine Vertheilung des hiernach verbleibenden Reinvermögens unter die Mitglieder kann die Innung nur soweit beschließen, als dasselbe aus Beiträgen dieser Mitglieder entstanden ist. Keinem Anspruchsberechtigten darf mehr als der Gesammtbetrag der von ihm geleisteten Beiträge ausgezahlt werden.

Der Rest des Vermögens wird, sofern in dem Statut oder in den Landesgesetzen nicht ein Anderes ausdrücklich bestimmt ist, der Gemeinde, in welcher die Innung ihren Sitz hatte, zur Benutzung für gewerbliche Zwecke überwiesen.

Streitigkeiten zwischen der Gemeinde und der Innung, welche bei der Ausführung der vorstehenden Bestimmungen entstehen, entscheidet die höhere Verwaltungsbehörde.

§. 99. Die Statuten und Nebenstatuten der Innungen, die Bescheinigung über die Legitimation der Vorstände sowie die Ausfertigung der Vollmachten der Beauftragten sind kosten- und stempelfrei.

b. Zwangsinnungen. 112ff.

§. 100. Zur Wahrung der gemeinsamen gewerblichen Interessen der 113.
Handwerke gleicher oder verwandter Art ist durch die höhere Verwaltungsbehörde auf Antrag Betheiligter (§. 100f Abs. 1) anzuordnen, daß innerhalb eines bestimmten Bezirkes sämmtliche Gewerbetreibende, welche das gleiche Handwerk oder verwandte Handwerke ausüben, einer neu zu errichtenden Innung (Zwangsinnung) als Mitglieder anzugehören haben, wenn

1. die Mehrheit der betheiligten Gewerbetreibenden der Einführung des Beitrittszwanges zustimmt,
2. der Bezirk der Innung so abgegrenzt ist, daß kein Mitglied durch die Entfernung seines Wohnorts vom Sitze der Innung behindert wird, am Genossenschaftsleben Theil zu nehmen und die Innungseinrichtungen zu benutzen, und
3. die Zahl der im Bezirke vorhandenen betheiligten Handwerker zur Bildung einer leistungsfähigen Innung ausreicht.

114. Der Antrag kann auch darauf gerichtet werden, die im Abs. 1 bezeichnete Anordnung nur für diejenigen daselbst bezeichneten Gewerbetreibenden zu erlassen, welche der Regel nach Gesellen oder Lehrlinge halten.

Der Antrag kann von einer für das betreffende Handwerk bestehenden Innung oder von Handwerkern gestellt werden, welche zu einer neuen Innung zusammentreten wollen.

Ohne Herbeiführung einer Abstimmung (§. 100a) kann der Antrag abgelehnt werden, wenn die Antragsteller einen verhältnißmäßig nur kleinen Bruchtheil der betheiligten Handwerker bilden, oder ein gleicher Antrag bei einer innerhalb der letzten drei Jahre stattgefundenen Abstimmung von der Mehrheit der Betheiligten abgelehnt worden ist, oder durch andere Einrichtungen als diejenige einer Innung für die Wahrnehmung der gemeinsamen gewerblichen Interessen der betheiligten Handwerke ausreichende Fürsorge getroffen ist.

Vergl. Ausf.-Anw. vom 1. März 1898.

113. **§. 100a.** Um festzustellen, ob die Mehrheit zustimmt (§. 100 Abs. 1 Ziffer 1), hat die höhere Verwaltungsbehörde die betheiligten Gewerbetreibenden durch ortsübliche Bekanntmachung oder besondere Mittheilung zu einer Aeußerung für oder gegen die Einführung des Beitrittszwanges aufzufordern. Bei der Abstimmung entscheidet die Mehrheit derjenigen, welche sich an derselben betheiligt haben.

113. **§. 100b.** Die Verfügung, durch welche die im §. 100 Abs. 1 bezeichnete Anordnung getroffen wird, muß den Zeitpunkt des Eintritts ihrer Wirksamkeit bezeichnen und den Namen und den Sitz der Innung, die Abgrenzung ihres Bezirkes und die Bezeichnung derjenigen Gewerbe enthalten, für welche sie errichtet wird.

Die höhere Verwaltungsbehörde hat die Verfügung durch das zu ihren amtlichen Bekanntmachungen bestimmte Blatt zu veröffentlichen.

Gegen den Erlaß der Anordnung oder deren Versagung steht den betheiligten Gewerbetreibenden binnen vier Wochen die Beschwerde an die Landes-Zentralbehörde zu, welche endgültig entscheidet. Die Frist läuft im Falle des Erlasses der Anordnung vom Tage der Veröffentlichung, im Falle der Versagung vom Tage der Eröffnung des Bescheids ab.

114. Nach Erlaß der Anordnung sind die für die gleichen Gewerbszweige bestehenden Innungen, deren Sitz sich im Bezirke der Zwangsinnung befindet, zu schließen.

Innungen, welche außer diesen noch andere Gewerbszweige umfassen, bleiben bestehen. Diejenigen Mitglieder welche der Zwangsinnung anzugehören haben, scheiden kraft Gesetzes aus der bisherigen Innung aus.

114. **§. 100c.** Auf Innungen, für welche die im §. 100 bezeichnete Anordnung getroffen ist, finden die Vorschriften der §§. 81a bis 99 mit den aus den §§. 100d bis 100u sich ergebenden Aenderungen Anwendung.

§. 100d. Gegen die Versagung der Genehmigung des Innungsstatuts und seiner Abänderungen ist binnen vier Wochen die Beschwerde an die Landes-Zentralbehörde zulässig; diese entscheidet endgültig.

Wird die Genehmigung des Statuts wiederholt versagt, so hat die höhere Verwaltungsbehörde dasselbe mit rechtsverbindlicher Kraft zu erlassen.

Ergiebt sich, daß dem Statut oder seinen Abänderungen die Genehmigung hätte versagt werden müssen, so hat die höhere Verwaltungsbehörde die erforderliche Abänderung anzuordnen; der die Abänderung anordnende Bescheid kann auf dem im Abs. 1 bezeichneten Wege angefochten werden. Unterläßt die Innung, die endgültig angeordnete Abänderung zu beschließen, so hat die Aufsichtsbehörde die Beschlußfassung anzuordnen und, falls dieser Anordnung keine Folge gegeben wird, die erforderliche Abänderung des Statuts von Amtswegen mit rechtsverbindlicher Wirkung zu vollziehen.

§. 100e. Das Statut ist in geeigneter Weise zur Kenntniß der Betheiligten zu bringen.

§. 100f. Als Mitglieder gehören der Innung alle diejenigen an, 114. welche das Gewerbe, wofür die Innung errichtet ist, als stehendes Gewerbe selbständig betreiben. Ausgenommen sind:

1. diejenigen, welche das Gewerbe fabrikmäßig betreiben;
2. im Falle die im §. 100 Abs. 1 bezeichnete Anordnung nur für solche Gewerbetreibende getroffen worden ist, welche der Regel nach Gesellen oder Lehrlinge halten, diejenigen, welche der Regel nach weder Gesellen noch Lehrlinge halten.

Inwieweit Handwerker, welche in landwirthschaftlichen oder gewerblichen Betrieben gegen Entgelt beschäftigt sind und der Regel nach Gesellen oder Lehrlinge halten, sowie Hausgewerbetreibende der Innung anzugehören haben, wird mit Genehmigung der höheren Verwaltungsbehörde durch das Statut bestimmt. Vor der Genehmigung ist den bezeichneten Personen Gelegenheit zur Aeußerung zu geben.

Gewerbetreibende, welche mehrere Gewerbe betreiben, gehören derjenigen Innung als Mitglieder an, welche für das hauptsächlich von ihnen betriebene Gewerbe errichtet ist.

Die Mitgliedschaft beginnt für diejenigen, welche zur Zeit der Errichtung der Innung das Gewerbe betreiben, mit diesem Zeitpunkte, für diejenigen, welche den Betrieb des Gewerbes später beginnen, mit dem Zeitpunkte der Eröffnung des Betriebs.

§. 100g. Berechtigt, der für ihr Gewerbe errichteten Innung für 114. ihre Person beizutreten, sind:

1. die im §. 87 Abs. 1 Ziffer 2 und 3 bezeichneten Personen sowie die in landwirthschaftlichen oder gewerblichen Betrieben gegen Entgelt beschäftigten Handwerker, welche der Regel nach weder Gesellen noch Lehrlinge halten;
2. mit Zustimmung der Innungsversammlung diejenigen, welche das Gewerbe fabrikmäßig betreiben;
3. in dem Falle des §. 100f Abs. 1 Ziffer 2 diejenigen, Gewerbetreibenden, welche der Regel nach weder Gesellen noch Lehrlinge halten.

Die nähere Regelung der Rechte dieser Personen erfolgt durch das Statut.

Diesen Personen ist der Austritt aus der Innung am Schlusse jedes Rechnungsjahres gestattet. Eine vorherige Anzeige kann frühestens sechs Monate vor dem Austritte verlangt werden.

§. 100h. Streitigkeiten darüber, ob Jemand der Innung als Mitglied angehört, sowie darüber, ob Jemand der Innung beizutreten berechtigt ist, entscheidet die Aufsichtsbehörde. Die Entscheidung kann binnen zwei Wochen durch Beschwerde bei der höheren Verwaltungsbehörde angefochten werden; diese entscheidet endgültig.

§. 100i. Die durch Errichtung der Innung erwachsenden Kosten sind auf Antrag der Betheiligten von der Landes-Zentralbehörde vorzuschießen.

114. **§. 100k.** Wird in Folge der Errichtung einer Zwangsinnung eine Innung geschlossen (§. 100b Abs. 4), so geht das Vermögen dieser Innung, vorbehaltlich der Bestimmungen der §§. 100l bis 100n, mit Rechten und Pflichten auf die Zwangsinnung mit der Maßgabe über, daß die letztere die daran zu machenden Forderungen nur soweit zu vertreten hat, als das Vermögen reicht.

Scheidet in Folge der Errichtung einer Zwangsinnung aus einer bestehenden Innung ein Theil der Mitglieder aus (§. 100b Abs. 5), so ist der Zwangsinnung ein entsprechender Theil des Vermögens zu überweisen. Dabei ist das Verhältniß der Zahl der ausscheidenden zu der Zahl der in der Innung verbleibenden Mitglieder zu berücksichtigen. Kommt hierüber eine Einigung unter den Innungen nicht zu Stande, so entscheidet die höhere Verwaltungsbehörde, welcher die bestehende Innung untersteht. Gegen die Entscheidung steht den Betheiligten binnen vier Wochen die Beschwerde an die Landes-Zentralbehörde zu. Diese entscheidet endgültig.

114. **§. 100l.** Wird in Folge der Errichtung einer Zwangsinnung eine Innung geschlossen (§. 100b Abs. 4), mit welcher eine Innungs-Krankenkasse (§. 73 des Krankenversicherungsgesetzes) verbunden ist, so geht die letztere mit ihren Rechten und Verbindlichkeiten auf die Zwangsinnung über.

Die Innungs-Krankenkasse kann jedoch von der höheren Verwaltungsbehörde geschlossen werden, wenn die Zwangsinnung einen anderen Bezirk oder andere Gewerbszweige umfaßt als diejenige Innung, für welche die Innungs-Krankenkasse errichtet war, oder in Folge der Errichtung der Zwangsinnung mehrere Innungen geschlossen werden, mit welchen Innungs-Krankenkassen verbunden sind. Gegen die Verfügung, durch welche die Kasse geschlossen wird, ist binnen vier Wochen die Beschwerde an die Landes-Zentralbehörde zulässig; diese entscheidet endgültig.

Wenn die Innungs-Krankenkasse auf die Zwangsinnung übergegangen ist, so werden die erforderlichen Abänderungen des Kassenstatuts bis zur anderweiten Beschlußfassung der Innungsversammlung von der höheren Verwaltungsbehörde mit rechtsverbindlicher Kraft vollzogen. Solange diese Abänderungen nicht vollzogen sind, haben die bisherigen Kassenorgane die Verwaltung fortzuführen.

Sind mit der Innung, welche in Folge der Errichtung einer Zwangsinnung geschlossen wird, sonstige Unterstützungskassen verbunden, so finden die §§. 98 und 98a Anwendung. Sofern nicht statutarische oder landesgesetzliche Bestimmungen entgegenstehen, kann die Zwangsinnung mit Zustimmung der Vertretung der Unterstützungskasse diese Kasse mit allen Rechten und Verbindlichkeiten übernehmen. In letzterem Falle bleiben die bisherigen Mitglieder dieser Kasse berechtigt, ihnen anzugehören, auch wenn sie der Zwangsinnung nicht angehören.

§. 100m. Scheidet in Folge der Errichtung einer Zwangsinnung aus einer bestehenden Innung, mit welcher eine Innungskrankenkasse (§. 73 des Krankenversicherungsgesetzes) verbunden ist, ein Theil der Mitglieder aus (§. 100b Abs. 5), so kann, wenn eine anderweite Einigung unter den Betheiligten nicht zu Stande kommt, derjenigen Krankenkasse oder Gemeinde-Krankenversicherung, welcher die bei den Ausscheidenden beschäftigten Personen künftig anzugehören haben, ein entsprechender Theil des Vermögens durch die höhere Verwaltungsbehörde überwiesen werden; dabei ist das Verhältniß der Zahl der Ausscheidenden zu der Zahl der in der Innung verbleibenden Mitglieder zu berücksichtigen. Gegen die Entscheidung steht den Betheiligten binnen vier Wochen die Beschwerde an die Landes-Zentralbehörde zu; diese entscheidet endgültig. Sonstigen Unterstützungskassen können die aus der Innung ausscheidenden Mitglieder auch ferner angehören. 114.

§. 100n. Zur Theilnahme an Unterstützungskassen, auf welche die Vorschriften des §. 73 des Krankenversicherungsgesetzes keine Anwendung finden, dürfen Innungsmitglieder gegen ihren Willen nicht verpflichtet werden. 115.

Gemeinsame Geschäftsbetriebe (§. 81b Ziffer 5) dürfen von der Innung nicht errichtet werden; dagegen ist dieselbe befugt, Veranstaltungen zur Förderung der gemeinsamen, gewerblichen und wirthschaftlichen Interessen ihrer Mitglieder, wie die Errichtung von Vorschußkassen, gemeinsamen Ein- und Verkaufsgeschäften und dergleichen anzuregen und durch Aufwendungen aus dem angesammelten Vermögen zu unterstützen. Beiträge dürfen zu diesem Zwecke nicht erhoben werden.

Werden bei der Errichtung einer Zwangsinnung gemeinschaftliche Geschäftsbetriebe einer nach §. 100b Abs. 4 geschlossenen Innung binnen sechs Monaten nach der Veröffentlichung der im §. 100 Abs. 1 bezeichneten Anordnung in Erwerbs- und Wirthschaftsgenossenschaften nach Maßgabe des Gesetzes vom 1. Mai 1889 (Reichs-Gesetzbl. S. 55ff.) umgewandelt, so geht der für sie ausgesonderte Theil des Innungsvermögens auf die Genossenschaften mit Rechten und Pflichten über. Gemeinsame Geschäftsbetriebe, deren Erhaltung im öffentlichen Interesse wünschenswerth ist, können von der Zwangsinnung mit Genehmigung der höheren Verwaltungsbehörde beibehalten werden. Im Uebrigen sind solche Betriebe durch die höhere Verwaltungsbehörde aufzulösen; mit dem Vermögen ist nach Maßgabe der statutarischen Vorschriften zu verfahren.

§. 100o. Die Innung hat über den zur Erfüllung ihrer gesetzlichen und statutarischen Aufgaben erforderlichen Kostenaufwand alljährlich einen Haushaltsplan aufzustellen. Der Haushaltsplan ist der Aufsichtsbehörde einzureichen. Dasselbe gilt von Beschlüssen über Aufwendungen für solche Zwecke, welche im Haushaltsplan nicht vorgesehen sind. Wird dem Haus- 115.

haltsplan oder den bezeichneten Beschlüssen von einem Viertel der Innungsmitglieder widersprochen, so ist die Entscheidung der Aufsichtsbehörde einzuholen.

Die Jahresrechnungen sind der Aufsichtsbehörde einzureichen.

§. 100p. Die von der Innung gemäß §. 93 Abs. 2 Ziffer 5 erlassenen Vorschriften zur näheren Regelung des Lehrlingswesens bedürfen der Genehmigung der höheren Verwaltungsbehörde. Diese hat vor der Beschlußfassung die Handwerkskammer zu hören.

115. **§. 100q.** Die Innung darf ihre Mitglieder in der Festsetzung der Preise ihrer Waaren oder Leistungen oder in der Annahme von Kunden nicht beschränken.

Entgegenstehende Beschlüsse sind ungültig.

§. 100r. Von den Mitgliedern des Vorstandes und der Ausschüsse müssen mindestens zwei Drittel das Recht zur Anleitung von Lehrlingen besitzen und der Regel nach Gesellen (Gehülfen) oder Lehrlinge beschäftigen. Die Mitglieder derjenigen Ausschüsse, welchen die Fürsorge für die Durchführung der auf die Regelung des Lehrlingswesens bezüglichen Bestimmungen obliegt, müssen sämmtlich diesen Anforderungen genügen.

Zur Theilnahme an den Geschäften der Innung, welche die Regelung des Lehrlingswesens und die Durchführung der hierüber erlassenen Bestimmungen zum Gegenstande haben, können nur solche Gesellen (Gehülfen) herangezogen werden, welche den Anforderungen des §. 129 entsprechen, jedoch auch dann, wenn sie das vierundzwanzigste Lebensjahr noch nicht vollendet haben. Während der ersten sechs Jahre nach dem Inkrafttreten dieser Bestimmungen können auch Gesellen (Gehülfen), welche diesen Anforderungen nicht entsprechen, gewählt werden, wenn sie eine Lehrzeit von mindestens zwei Jahren zurückgelegt haben.

115. **§. 100s.** Für die Aufbringung der aus der Errichtung und Thätigkeit der Innung und des Gesellenausschusses erwachsenden Kosten (§. 89) ist der Beitragsfuß in der Weise im Statute festzusetzen, daß die Heranziehung der einzelnen Betriebe unter Berücksichtigung ihrer Leistungsfähigkeit zu erfolgen hat. Wo eine Gewerbesteuer erhoben wird, kann die Landes-Zentralbehörde genehmigen, daß die Beiträge durch Zuschläge zu dieser Steuer erhoben werden.

Durch Statut kann bestimmt werden, daß Innungsmitglieder, welche der Regel nach weder Gesellen noch Lehrlinge beschäftigen, von der Verpflichtung zur Zahlung von Beiträgen befreit oder mit geringeren Beiträgen, und Personen, welche der Innung freiwillig beitreten, nach festen Sätzen zu Beiträgen heranzuziehen sind.

Gewerbetreibende, welche neben dem Handwerke, hinsichtlich dessen sie der Innung angehören, noch ein anderes Handwerk oder ein Handelsgeschäft betreiben, sind zu den Beiträgen an die Innung nur nach dem Verhältnisse der Einnahmen aus dem zu der Innung gehörenden Handwerksbetrieb, und soweit die Beiträge durch Zuschläge zu der Gewerbesteuer erhoben werden, nur nach dem Verhältnisse der auf diesen Handwerksbetrieb treffenden Steuer heranzuziehen.

Den Gewerbesteuern im Sinne der Abs. 1, 3 stehen die Steuern auf das Einkommen aus Gewerben gleich.

Eintrittsgelder dürfen nicht erhoben werden.

Die Erhebung von Gebühren für die Benutzung der von der Innung getroffenen Einrichtungen (§. 88 Abs. 3) unterliegt der Genehmigung der Aufsichtsbehörde.

§. 100t. Die im §. 100 Abs. 1 bezeichnete Anordnung ist von 115.
der höheren Verwaltungsbehörde zurückzunehmen, wenn dies auf Grund eines Beschlusses der Innungsversammlung beantragt wird. Zur Gültigkeit dieses Beschlusses ist erforderlich:

1. daß er von einem Viertel derjenigen Innungsmitglieder, welche der Innung anzugehören verpflichtet sind, bei dem Vorstande beantragt worden ist,
2. daß die Einladung zu der Innungsversammlung, in der die Abstimmung über den Antrag erfolgen soll, mindestens vier Wochen vorher ordnungsmäßig ergangen ist,
3. daß drei Viertel der in Ziffer 1 bezeichneten Innungsmitglieder dem Antrage zustimmen.

Waren in der Innungsversammlung, in welcher die Abstimmung über den Antrag erfolgen soll, weniger als drei Viertel der im Abs. 1 Ziffer 1 bezeichneten Innungsmitglieder erschienen, so ist zur Abstimmung über den Antrag binnen vier Wochen eine zweite Innungsversammlung einzuberufen, in welcher die Zurücknahme von drei Viertel der im Abs. 1 Ziffer 1 bezeichneten und erschienenen Mitglieder beschlossen werden kann. Auf diese Folge ist bei der Einberufung hinzuweisen.

Wird die Zurücknahme der Anordnung auf Grund eines gültigen Beschlusses beantragt, so ist die Innung spätestens mit dem Ablaufe des Rechnungsjahrs von der höheren Verwaltungsbehörde zu schließen.

Auf die Schließung finden die Bestimmungen der §§. 98 und 98a mit der Maßgabe entsprechende Anwendung, daß eine Vertheilung von Reinvermögen unter die bisherigen Mitglieder unstatthaft ist, und der Rest des Vermögens nach Bestimmung der Aufsichtsbehörde entweder den bei der Innung bisher vorhandenen Unterstützungskassen oder einer freien Innung, welche für die an der bisherigen Zwangsinnung betheiligten Gewerbszweige errichtet wird, oder der Handwerkskammer zu überweisen ist. Die Handwerkskammer hat über das Vermögen in einer den bisherigen Zwecken am meisten entsprechenden Weise zu verfügen. Die Verfügung bedarf der Genehmigung der höheren Verwaltungsbehörde.

Gegen die Verfügung der höheren Verwaltungsbehörde ist binnen zwei Wochen die Beschwerde an die Landes-Zentralbehörde zulässig. Diese entscheidet endgültig.

Wird die Innung aus einem der im §. 97 bezeichneten Gründe geschlossen, so tritt die Anordnung außer Kraft.

§. 100u. Die Ausdehnung einer Zwangsinnung auf einen größeren 115.
Bezirk oder auf andere, als die bereits einbezogenen, verwandte Gewerbszweige oder auf die Handwerker, die der Regel nach weder Gesellen noch

Lehrlinge halten, ist von der höheren Verwaltungsbehörde anzuordnen, wenn die Innungsversammlung sie beschließt, die Mehrheit der in die Innung einzubeziehenden Gewerbetreibenden zustimmt, und die im §. 100 Abs. 1 Ziffer 2 bezeichnete Voraussetzung im Falle dieser Ausdehnung noch zutrifft. Hierbei finden die §§. 100a, 100b, 100d, 100e, 100k bis 100n entsprechende Anwendung.

Die Ausscheidung eines Theiles des Bezirkes einer Zwangsinnung oder eines in diese einbezogenen Gewerbszweigs kann durch die höhere Verwaltungsbehörde verfügt werden, wenn die Ausscheidung zum Zwecke der Zuweisung der Auszuscheidenden zu einer anderen Zwangsinnung erfolgt, außerdem nur dann, wenn die Innungsversammlung oder die Mehrheit der auszuscheidenden Innungsmitglieder es beantragt. In letzterem Falle ist vor Erlaß der Verfügung die Innungsversammlung zu hören. Werden die Ausscheidenden Mitglieder einer anderen Innung, so finden hinsichtlich der vermögensrechtlichen Wirkungen der §. 100k Abs. 2 und der §. 100m entsprechende Anwendung.

Auf die nach Abs. 1 oder 2 ergehenden Verfügungen der höheren Verwaltungsbehörde finden die Bestimmungen des §. 100b entsprechende Anwendung. Die erforderlichen Abänderungen des Status können von der höheren Verwaltungsbehörde angeordnet werden. In diesem Falle findet §. 100d Abs. 3 Anwendung.

II. Innungsausschüsse.

117. **§. 101.** Für alle oder mehrere derselben Aufsichtsbehörde unterstehende Innungen kann ein gemeinsamer Innungsausschuß gebildet werden. Diesem liegt die Vertretung der gemeinsamen Interessen der betheiligten Innungen ob. Außerdem können ihm Rechte und Pflichten der betheiligten Innungen übertragen werden.

Die Errichtung des Innungsausschusses erfolgt durch ein Statut, welches von den Innungsversammlungen der betheiligten Innungen zu beschließen ist. Das Statut bedarf der Genehmigung der höheren Verwaltungsbehörde. In dem die Genehmigung versagenden Bescheide sind die Gründe anzugeben. Gegen die Versagung kann binnen vier Wochen Beschwerde an die Landes-Zentralbehörde eingelegt werden. Abänderungen des Statuts unterliegen den gleichen Vorschriften.

Durch die Landes-Zentralbehörde kann dem Innungsausschusse die Fähigkeit beigelegt werden, unter seinem Namen Rechte zu erwerben, Verbindlichkeiten einzugehen, vor Gericht zu klagen und verklagt zu werden. In solchem Falle haftet den Gläubigern für alle Verbindlichkeiten des Innungsausschusses nur das Vermögen desselben.

Auf die Beaufsichtigung der Innungsausschüsse finden die Bestimmungen des §. 96 entsprechende Anwendung.

Vergl. die Ausf.-Anw. vom 1. März 1898.

117. **§. 102.** Die Schließung eines Innungsausschusses kann erfolgen, wenn der Ausschuß seinen statutarischen Verpflichtungen nicht nachkommt oder wenn er Beschlüsse faßt, welche über seine statutarischen Rechte hinausgehen.

Die Schließung wird durch die höhere Verwaltungsbehörde ausgesprochen.

Gegen die die Schließung aussprechende Verfügung findet der Rekurs statt. Wegen des Verfahrens und der Behörden gelten die entsprechenden Bestimmungen des §. 97 Abs. 3.

Die Eröffnung des Konkursverfahrens über das Vermögen eines Innungsausschusses hat die Schließung kraft Gesetzes zur Folge.

Vom Zeitpunkte der Auflösung oder Schließung eines Innungsausschusses ab bleiben die betheiligten Innungen noch für diejenigen Zahlungen verhaftet, zu welchen sie statutarisch für den Fall eigenen Ausscheidens aus dem Innungsausschusse verpflichtet sind.

Auf die Verwendung des Vermögens finden die Vorschriften des §. 98 Abs. 1 und des §. 98a entsprechende Anwendung.

Soweit das Statut nicht ein Anderes bestimmt, ist der Austritt aus dem Innungsausschusse jeder Innung mit Ablauf des Rechnungsjahres gestattet, sofern die Anzeige des Austritts mindestens drei Monate vorher erfolgt.

III. Handwerkskammern. 121ff.

§. 103. Zur Vertretung der Interessen des Handwerkes ihres Be- 122.
zirkes sind Handwerkskammern zu errichten.

Die Errichtung erfolgt durch eine Verfügung der Landes-Zentralbehörde, in welcher der Bezirk der Handwerkskammer zu bestimmen ist. Dabei kann die Bildung von Abtheilungen für einzelne Theile des Bezirkes oder für Gewerbegruppen angeordnet werden.

Durch Verfügung der Landes-Zentralbehörde kann der Bezirk der Handwerkskammer abgeändert werden. In diesem Falle hat eine Vermögensauseinandersetzung unter entsprechender Anwendung des §. 100k Abs. 2 zu erfolgen.

Mehrere Bundesstaaten können sich zur Errichtung gemeinsamer Handwerkskammern vereinigen. In diesem Falle sind die den Behörden übertragenen Befugnisse, soweit nicht eine anderweite Vereinbarung getroffen wird, von den Behörden desjenigen Bundesstaats wahrzunehmen, in welchem die Handwerkskammer ihren Sitz hat.

§. 103a. Die Zahl der Mitglieder der Handwerkskammer wird 122.
durch das Statut bestimmt.

Für die Mitglieder sind Ersatzmänner zu wählen, welche für dieselben in Behinderungsfällen und im Falle des Ausscheidens für den Rest der Wahlperiode in der Reihenfolge der Wahl einzutreten haben.

Die Mitglieder werden gewählt:

1. von den Handwerkerinnungen, welche im Bezirke der Handwerkskammer ihren Sitz haben, aus der Zahl der Innungsmitglieder;
2. von denjenigen Gewerbevereinen und sonstigen Vereinigungen, welche die Förderung der gewerblichen Interessen des Handwerkes verfolgen, mindestens zur Hälfte ihrer Mitglieder aus Handwerkern bestehen und im Bezirke der Handwerkskammer

ihren Sitz haben, aus der Zahl ihrer Mitglieder, soweit denselben nach den Bestimmungen dieses Gesetzes die Wählbarkeit zusteht. Mitglieder, welche einer Innung angehören oder nicht Handwerker sind, dürfen an der Wahl nicht betheiligt werden. Die Vertheilung der zu wählenden Mitglieder auf die Wahlkörper, sowie das Wahlverfahren werden durch die von der Landes-Zentralbehörde zu erlassende Wahlordnung geregelt.

122. **§. 103b.** Wählbar sind nur solche Personen, welche

1. zum Amte eines Schöffen fähig sind (§§. 31, 32 des Gerichtsverfassungsgesetzes);
2. das 30. Lebensjahr zurückgelegt haben;
3. im Bezirke der Handwerkskammer ein Handwerk mindestens seit drei Jahren selbständig betreiben;
4. die Befugniß zur Anleitung von Lehrlingen besitzen.

122. **§. 103c.** Die Wahlen zu den Handwerkskammern und ihren Organen erfolgen auf sechs Jahre. Alle drei Jahre scheidet die Hälfte der Gewählten aus; eine Wiederwahl ist zulässig.

Die Bestimmungen der §§. 94 bis 94b finden entsprechende Anwendung.

124. **§. 103d.** Die Handwerkskammer kann sich nach näherer Bestimmung des Statuts bis zu einem Fünftel ihrer Mitgliederzahl durch Zuwahl von sachverständigen Personen ergänzen und zu ihren Verhandlungen Sachverständige mit berathender Stimme zuziehen.

Die Handwerkskammer ist berechtigt, aus ihrer Mitte Ausschüsse zu bilden und mit besonderen regelmäßigen oder vorübergehenden Aufgaben zu betrauen. Die Ausschüsse können zu ihren Verhandlungen Sachverständige mit berathender Stimme zuziehen.

123. **§. 103e.** Der Handwerkskammer liegt insbesondere ob:

1. die nähere Regelung des Lehrlingswesens;
2. die Durchführung der für das Lehrlingswesen geltenden Vorschriften zu überwachen;
3. die Staats- und Gemeindebehörden in der Förderung des Handwerkes durch thatsächliche Mittheilungen und Erstattung von Gutachten über Fragen zu unterstützen, welche die Verhältnisse des Handwerkes berühren;
4. Wünsche und Anträge, welche die Verhältnisse des Handwerkes berühren, zu berathen und den Behörden vorzulegen, sowie Jahresberichte über ihre die Verhältnisse des Handwerkes betreffenden Wahrnehmungen zu erstatten;
5. die Bildung von Prüfungsausschüssen zur Abnahme der Gesellenprüfung (§. 131 Abs. 2);
6. die Bildung von Ausschüssen zur Entscheidung über Beanstandungen von Beschlüssen der Prüfungsausschüsse (§. 132).

Die Handwerkskammer soll in allen wichtigen, die Gesammtinteressen des Handwerkes oder die Interessen einzelner Zweige desselben berührenden Angelegenheiten gehört werden.

Sie ist befugt, Veranstaltungen zur Förderung der gewerblichen, technischen und sittlichen Ausbildung der Meister, Gesellen (Gehülfen) und Lehrlinge zu treffen, sowie Fachschulen zu errichten und zu unterstützen.

Strafbestimmung: §. 150 Z 4a.

§. 103f. Die Innungen und Innungsausschüsse sind verpflichtet, 124. den von der Handwerkskammer innerhalb ihrer Zuständigkeit erlassenen Anordnungen Folge zu leisten.

Soweit die Bestimmungen des Statuts der Innungen und der Innungsausschüsse oder die von der Innungsversammlung zur näheren Regelung des Lehrlingswesens erlassenen Vorschriften (§. 93 Abs. 2 Ziffer 5) mit den Anordnungen, welche von der Handwerkskammer in Ausübung ihrer gesetzlichen Befugnisse getroffen werden, in Widerspruch treten, sind sie unverbindlich.

§. 103g. Die Handwerkskammer hat aus ihrer Mitte einen Vor- 124. stand zu wählen, welchem nach näherer Bestimmung des Statuts die laufende Verwaltung und Geschäftsführung obliegt.

Auf den Vorstand finden die Bestimmungen der §§. 92a Abs. 2 und 92b entsprechende Anwendung.

Der Beschlußfassung der Gesammtheit der Handwerkskammer bleibt mindestens vorbehalten:

1. die Wahl des Vorstandes und der Ausschüsse;
2. die Feststellung des Haushaltsplans, die Prüfung und Abnahme der Jahresrechnung, die Bewilligung von Ausgaben, welche im Haushaltsplane nicht vorgesehen sind, sowie die Aufnahme von Anleihen;
3. die Abgabe von Gutachten und Anbringung von Anträgen bei den Behörden und gesetzgebenden Körperschaften über Gegenstände, welche die Gesammtinteressen, insbesondere die Gesetzgebung über die Verhältnisse des Handwerkes, betreffen;
4. der Erlaß von Vorschriften zur Regelung des Lehrlingswesens;
5. die Wahl des Sekretärs. Soll die Anstellung für mehr als sechs Jahre erfolgen, so ist die Genehmigung der Aufsichtsbehörde erforderlich.

Die Vorschriften zur Regelung des Lehrlingswesens bedürfen der Genehmigung der Landes-Zentralbehörde und sind zu veröffentlichen.

§. 103h. Bei der Handwerkskammer ist von der Aufsichtsbehörde 123. (§. 103o) ein Kommissar zu bestellen. Derselbe ist zu jeder Sitzung der Handwerkskammer, ihres Vorstandes und der Ausschüsse einzuladen und muß auf Verlangen jederzeit gehört werden.

Der Kommissar kann jederzeit von den Schriftstücken der Handwerkskammer Einsicht nehmen, Gegenstände zur Berathung stellen und die Einberufung der Handwerkskammer und ihrer Organe verlangen. Er kann Beschlüsse der Handwerkskammer und ihrer Organe, welche deren Befugnisse überschreiten oder die Gesetze verletzen, mit aufschiebender Wirkung beanstanden; über die Beanstandung entscheidet nach Anhörung der Handwerkskammer oder ihrer Organe die Aufsichtsbehörde.

123. **§. 103i.** Bei der Handwerkskammer ist ein Gesellenausschuß zu bilden. Die Zahl seiner Mitglieder und ihre Vertheilung auf die einzelnen Gesellenausschüsse des Bezirkes wird durch das Statut der Handwerkskammer bestimmt.

Für die Mitglieder sind Ersatzmänner zu wählen, welche für dieselben in Behinderungsfällen und im Falle des Ausscheidens für den Rest der Wahlzeit in der Reihenfolge ihrer Wahl einzutreten haben.

Die Mitglieder und Stellvertreter werden unter Leitung der Aufsichtsbehörde mittelst schriftlicher Abstimmung von den Gesellenausschüssen der Innungen gewählt.

Durch die Landes-Zentralbehörde kann angeordnet werden, daß und in welcher Zahl dem Gesellenausschuß auch Vertreter derjenigen Gesellen angehören sollen, welche von den nach §. 103a Abs. 3 Ziffer 2 wahlberechtigten Mitgliedern der dort bezeichneten Gewerbevereine und sonstigen Vereinigungen beschäftigt werden. In diesem Falle ist von der Landes-Zentralbehörde auch die Wahl dieser Vertreter zu regeln.

Auf die Wahlberechtigung und die Wählbarkeit finden die Vorschriften der §§. 95a Abs. 1 und 2 und 95c entsprechende Anwendung.

123. **§. 103k.** Der Gesellenausschuß muß mitwirken:

1. beim Erlasse von Vorschriften, welche die Regelung des Lehrlingswesens zum Gegenstande haben;
2. bei Abgabe von Gutachten und Erstattung von Berichten über Angelegenheiten, welche die Verhältnisse der Gesellen (Gehülfen) und Lehrlinge berühren;
3. bei der Entscheidung über Beanstandungen von Beschlüssen der Prüfungsausschüsse (§. 132).

Mit dieser Maßgabe finden die Vorschriften des § 95 Abs. 3 entsprechende Anwendung; im Falle der Ziffer 2 ist der Gesellenausschuß berechtigt, ein besonderes Gutachten abzugeben oder einen besonderen Bericht zu erstatten.

124. **§. 103l.** Die aus der Errichtung und Thätigkeit der Handwerkskammern erwachsenden Kosten werden, soweit sie nicht anderweit Deckung finden, von den Gemeinden des Handwerkskammerbezirkes nach näherer Bestimmung der höheren Verwaltungsbehörde getragen. Die Gemeinden sind ermächtigt, die auf sie entfallenden Antheile nach einem von der höheren Verwaltungsbehörde zu bestimmenden Vertheilungsmaßstab auf die einzelnen Handwerksbetriebe umzulegen. Werden Veranstaltungen der im §. 103e Abs. 3 bezeichneten Art für einzelne Gewerbszweige getroffen, so können die hieraus entstehenden Kostenantheile von den Gemeinden nur auf solche Betriebe umgelegt werden, welche diesen Gewerbszweigen angehören.

Die Landes-Zentralbehörde kann bestimmen, daß die Kosten der Handwerkskammer von weiteren Kommunalverbänden statt von den Gemeinden aufgebracht werden. Die Kommunalverbände sind ermächtigt, die Kosten der auf Grund des §. 103e Abs. 3 für einzelne Gewerbszweige getroffenen Veranstaltungen nach einem von der höheren Verwaltungsbehörde zu bestimmenden Vertheilungsmaßstab auf die diesen Gewerbszweigen angehörenden Handwerksbetriebe umzulegen.

Bei der Umlegung der Kosten kann bestimmt werden, daß Personen, welche der Regel nach weder Gesellen noch Lehrlinge halten, von der Verpflichtung zur Zahlung von Beiträgen befreit sind.

§. 103 m. Für die Handwerkskammer ist von der Landes-Zentral- 124.
behörde ein Statut zu erlassen. Ueber Abänderung des Statuts beschließt die Handwerkskammer. Der Beschluß bedarf der Genehmigung der Landes-Zentralbehörde.

Das Statut muß Bestimmung treffen über:

1. Namen, Sitz und Bezirk der Handwerkskammer;
2. die Zahl der Mitglieder der Handwerkskammer;
3. die Ergänzung der Handwerkskammer durch Zuwahl;
4. die Form der Beschlußfassung;
5. die Wahl und die Befugnisse des Vorstandes;
6. die Formen und die Voraussetzungen für die Zusammenberufung der Hanwerkskammer und ihrer Organe;
7. die Beurkundung der Beschlüsse der Handwerkskammer und des Vorstandes;
8. die Aufstellung und Genehmigung des Haushaltsplans;
9. die Aufstellung und Abnahme der Jahresrechnung;
10. die Voraussetzungen und die Form einer Abänderung des Statuts;
11. die Bildung von Prüfungsausschüssen;
12. die öffentlichen Blätter, durch welche die Bekanntmachungen der Handwerkskammer zu erfolgen haben.

Die Vorschriften des §. 83 Abs. 3 und des §. 100 d Abs. 3 finden entsprechende Anwendung.

Das Statut und seine Abänderungen sind in den Blättern bekannt zu machen, welche für die amtlichen Veröffentlichungen der höheren Verwaltungsbehörden bestimmt sind, über deren Bezirke sich der Bezirk der Handwerkskammer erstreckt.

§. 103 n. Auf die Handwerkskammern finden die Bestimmungen 124.
der §§. 86, 88, 89 Abs. 3, 4 und der §§. 89 a, 89 b, 94 c, 99 entsprechende Anwendung.

Die Handwerkskammer ist befugt, Zuwiderhandlungen gegen die von ihr innerhalb ihrer Zuständigkeit erlassenen Vorschriften mit Geldstrafen bis zu zwanzig Mark zu bedrohen. Die Festsetzung dieser Geldstrafen erfolgt auf Antrag des Vorstandes oder eines Beauftragten (§. 94 c) der Handwerkskammer von der unteren Verwaltungsbehörde. Gegen die Festsetzung steht dem Verurtheilten binnen zwei Wochen die Beschwerde an die unmittelbar vorgesetzte Aufsichtsbehörde zu. Diese entscheidet endgültig.

Der Haushaltsplan der Handwerkskammer bedarf der Genehmigung der Aufsichtsbehörde.

Die durch die Errichtung der Handwerkskammer erwachsenden Kosten sind von der Landes-Zentralbehörde vorzuschießen.

§. 103 o. Die Handwerkskammer unterliegt der Aufsicht der höheren 123.
Verwaltungsbehörde, in deren Bezirke sie ihren Sitz hat, soweit nicht im Falle der Ausdehnung des Handwerkskammerbezirkes über die Bezirke

mehrerer höheren Verwaltungsbehörden durch die Landes-Zentralbehörde eine abweichende Bestimmung getroffen wird.

Die Vorschriften des §. 96 Abs. 2 bis 7 finden mit der Maßgabe entsprechende Anwendung, daß über Beschwerden gegen Anordnungen und Entscheidungen der Aufsichtsbehörde die Landes-Zentralbehörde entscheidet.

Wenn die Handwerkskammer wiederholter Aufforderung der Aufsichtsbehörde ungeachtet die Erfüllung ihrer Aufgaben vernachlässigt oder sich gesetzwidriger Handlungen oder Unterlassungen schuldig macht, durch welche das Gemeinwohl gefährdet wird, oder andere als die gesetzlich zulässigen Zwecke verfolgt, so kann die Aufsichtsbehörde sie auflösen und Neuwahlen anordnen. Von den bisherigen Mitgliedern kann gegen die Verfügung der Aufsichtsbehörde binnen zwei Wochen Beschwerde an die Landes-Zentralbehörde eingelegt werden, welche endgültig entscheidet.

124. **§. 103p.** Die Behörden sind innerhalb ihrer Zuständigkeit verpflichtet, den im Vollzuge dieses Gesetzes an sie ergehenden Ersuchen der Handwerkskammern und ihrer Organe zu entsprechen. Die gleiche Verpflichtung liegt den Organen der Handwerkskammern unter einander ob. Die höhere Verwaltungsbehörde kann bestimmen, inwieweit die durch die Erfüllung dieser Verpflichtung entstehenden Kosten von der Handwerkskammer als eigene Verwaltungskosten zu erstatten sind.

124. **§. 103q.** Die Landes-Zentralbehörden derjenigen Bundesstaaten, in welchen andere gesetzliche Einrichtungen (Handels- und Gewerbekammern, Gewerbekammern) zur Vertretung der Interessen des Handwerkes vorhanden sind, können diesen Körperschaften die Wahrnehmung der Rechte und Pflichten der Handwerkskammer übertragen, wenn ihre Mitglieder, soweit sie mit der Vertretung der Interessen des Handwerkes betraut sind, aus Wahlen von Handwerkern des Kammerbezirkes hervorgehen und eine gesonderte Abstimmung der dem Handwerk angehörenden Mitglieder gesichert ist.

118ff.

IV. Innungsverbände.

118. **§. 104.** Innungen, welche nicht derselben Aufsichtsbehörde unterstehen, können zu Verbänden zusammentreten; der Beitritt ist durch die Innungsversammlung zu beschließen.

120. Die Innungsverbände haben die Aufgabe, zur Wahrnehmung der Interessen der in ihnen vertretenen Gewerbe die Innungen, Innungsausschüsse und Handwerkskammern in der Verfolgung ihrer gesetzlichen Aufgaben, sowie die Behörden durch Vorschläge und Anregungen zu unterstützen; sie sind befugt, den Arbeitsnachweis zu regeln sowie Fachschulen zu errichten und zu unterstützen.

118. **§. 104a.** Für den Innungsverband ist ein Statut zu errichten, welches Bestimmungen enthalten muß:

a) über Namen, Zweck und Bezirk des Verbandes;
b) über die Bedingungen der Aufnahme in den Verband und des Ausscheidens aus demselben;
c) über Bildung, Sitz und Befugnisse des Vorstandes;

d) über die Vertretung des Verbandes und ihre Befugnisse;
e) über die Beiträge zu den Ausgaben des Innungsverbandes;
f) über die Voraussetzungen und die Formen einer Abänderung des Statuts;
g) über die Voraussetzungen und die Formen einer Auflösung des Verbandes.

Durch Statut kann bestimmt werden, daß einzelne Gewerbetreibende dem Innungsverband ihres Gewerbes mit den Rechten und Pflichten der Mitglieder der ihm angehörenden Innungen beizutreten berechtigt sind.

Das Statut darf keine Bestimmung enthalten, welche mit den gesetzlichen Zwecken des Verbandes nicht in Verbindung steht oder gesetzlichen Vorschriften zuwiderläuft.

§. 104b. Das Verbandsstatut bedarf der Genehmigung, und zwar: 118.
a) für Innungsverbände, deren Bezirk nicht über den Bezirk einer höheren Verwaltungsbehörde hinausgreift, durch die letztere;
b) für Innungsverbände, deren Bezirk in die Bezirke mehrerer höherer Verwaltungsbehörden desselben Bundesstaats sich erstreckt, durch die Landes-Zentralbehörde;
c) für Innungsverbände, deren Bezirk sich auf mehrere Bundesstaaten erstreckt, durch den Reichskanzler.

Die Genehmigung ist zu versagen:
1. wenn die Zwecke des Verbandes sich nicht in den gesetzlichen Grenzen halten;
2. wenn das Verbandsstatut den gesetzlichen Anforderungen nicht entspricht.

Außerdem darf die Genehmigung nur versagt werden, wenn die Zahl der dem Verbande beigetretenen Innungen nicht hinreichend erscheint, um die Zwecke des Verbandes wirksam zu verfolgen.

Gegen die Versagung der Genehmigung ist, sofern sie durch eine höhere Verwaltungsbehörde erfolgt, die Beschwerde zulässig.

Aenderungen des Statuts unterliegen den gleichen Vorschriften.

§. 104c. Der Verbandsvorstand hat alljährlich im Monat Januar 118.
ein Verzeichniß derjenigen Innungen, welche dem Verband angehören, der höheren Verwaltungsbehörde, in deren Bezirk er seinen Sitz hat, einzureichen.

Die Zusammensetzung des Vorstandes und Veränderungen in derselben sind dieser Behörde anzuzeigen. Eine gleiche Anzeige hat zu erfolgen, wenn der Sitz des Vorstandes an einen anderen Ort verlegt wird. Liegt letzterer nicht in dem Bezirke der vorbezeichneten Behörde, so ist die Anzeige an diese und an die höhere Verwaltungsbehörde, in deren Bezirke der Sitz verlegt wird, gleichzeitig zu richten.

§. 104d. Versammlungen des Verbandsvorstandes und der Ver- 118.
tretung des Verbandes dürfen nur innerhalb des Verbandsbezirkes abgehalten werden.

Sie sind der höheren Verwaltungsbehörde, in deren Bezirke der Vorstand seinen Sitz hat, sowie der höheren Verwaltungsbehörde, in deren Bezirke die Versammlung abgehalten werden soll, unter Einreichung der

Tagesordnung mindestens eine Woche vorher anzuzeigen. Der letzteren steht das Recht zu,

a) die Versammlung zu untersagen, wenn die Tagesordnung Gegenstände umfaßt, welche zu den Zwecken des Verbandes nicht in Beziehung stehen;

b) in die Versammlung einen Vertreter zu entsenden, und durch diesen die Versammlung zu schließen, wenn die Verhandlungen auf Gegenstände sich erstrecken, welche zu den Zwecken des Verbandes nicht in Beziehung stehen, oder wenn Anträge oder Vorschläge erörtert werden, welche eine Aufforderung oder Anreizung zu strafbaren Handlungen enthalten.

118. **§. 104e.** Die Verbandsvorstände sind befugt, in Betreff der Verhältnisse der in dem Verbande vertretenen Gewerbe an die für die Genehmigung des Verbandsstatuts zuständige Stelle Bericht zu erstatten und Anträge zu richten.

Sie sind verpflichtet, auf Erfordern dieser Stelle Gutachten über gewerbliche Fragen abzugeben.

118. **§. 104f.** Die Innungsverbände können geschlossen werden,
120. 1) wenn sich ergiebt, daß nach §. 104b Ziffer 1 und 2 die Genehmigung hätte versagt werden müssen und die erforderliche Aenderung des Statuts innerhalb einer zu setzenden Frist nicht bewirkt wird;

2) wenn den auf Grund des §. 104d erlassenen Verfügungen nicht Folge geleistet ist;

3) wenn der Verbandsvorstand oder die Vertretung des Verbandes sich gesetzwidriger Handlungen schuldig machen, welche das Gemeinwohl gefährden, oder wenn sie andere als die gesetzlich zuläßigen Zwecke verfolgen.

Die Schließung erfolgt durch Beschluß der für die Genehmigung des Verbandsstatuts zuständigen Stelle.

Gegen den Beschluß der höheren Verwaltungsbehörde ist die Beschwerde zuläßig.

119. **§. 104g.** Durch Beschluß des Bundesraths kann Innungsverbänden die Fähigkeit beigelegt werden, unter ihrem Namen Rechte zu erwerben, Verbindlichkeiten einzugehen, vor Gericht zu klagen oder verklagt zu werden. In solchem Falle haftet dem Gläubiger für alle Verbindlichkeiten des Innungsverbandes nur das Vermögen desselben.

Der Beschluß des Bundesraths ist durch den Reichsanzeiger zu veröffentlichen. Auf diejenigen Innungsverbände, welchen die gedachte Fähigkeit beigelegt ist, finden die Bestimmungen der §§. 104h bis 104n Anwendung.

119. **§. 104h.** Der Innungsverband wird bei gerichtlichen wie bei außergerichtlichen Verhandlungen durch seinen Vorstand vertreten. Die Befugniß zur Vertretung erstreckt sich auch auf diejenigen Geschäfte und Rechtshandlungen, für welche nach den Gesetzen eine Spezialvollmacht erforderlich ist. Durch das Statut kann einem Mitglied oder mehreren Mitgliedern des Vorstandes die Vertretung des Innungsverbandes nach außen übertragen werden.

Zur Legitimation der Vertreter des Innungsverbandes genügt bei allen Rechtsgeschäften die Bescheinigung der höheren Verwaltungsbehörde, in deren Bezirke der Vorstand seinen Sitz hat, daß die bezeichneten Personen zur Vertretung des Verbandes befugt sind.

§. 104 i. Der Innungsverband ist befugt, für die Mitglieder der 120.
ihm angeschlossenen Innungen und deren Angehörige zur Unterstützung in Fällen der Krankheit, des Todes, der Arbeitsunfähigkeit oder sonstiger Bedürftigkeit Kassen zu errichten. Die dafür erforderlichen Bestimmungen sind in Nebenstatuten zusammenzufassen; diese sowie Abänderungen derselben bedürfen der Genehmigung durch den Reichskanzler.

Auf die von dem Innungsverband errichteten Unterstützungskassen finden dieselben Vorschriften Anwendung, welche für gleichartige von einer Zwangsinnung errichtete Kassen gelten.

§. 104 k. Der Innungsverband unterliegt, vorbehaltlich der Vor- 118.
schrift des §. 104 d, der Aufsicht der höheren Verwaltungsbehörde, in deren 120.
Bezirke der Vorstand seinen Sitz hat.

Die Aufsichtsbehörde überwacht die Befolgung der gesetzlichen und statutarischen Vorschriften und kann dieselben durch Androhung, Festsetzung und Vollstreckung von Ordnungsstrafen gegen die Inhaber der Aemter des Verbandes erzwingen.

Sie entscheidet Streitigkeiten über die Aufnahme und Ausschließung von Verbandsmitgliedern, die Beiträge zu den Ausgaben des Innungsverbandes, die Wahlen zu den Verbandsämtern sowie, unbeschadet der Rechte Dritter, über die Rechte und Pflichten der Inhaber derselben.

Der Aufsichtsbehörde ist jährlich ein Rechnungsabschluß nebst Vermögensausweis vorzulegen.

§. 104 l. Die Eröffnung des Konkursverfahrens über das Vermögen 120.
des Innungsverbandes hat die Schließung des letzteren kraft Gesetzes zur Folge. Der Vorstand des Innungsverbandes hat jedoch die während des Konkursverfahrens dem Gemeinschuldner zustehenden Rechte wahrzunehmen.

§. 104 m. Bei der statutmäßig beschlossenen Auflösung eines 120.
Innungsverbandes wird die Abwickelung der Geschäfte, sofern die Verbandsvertretung nicht anderweitig beschließt, durch den Vorstand unter Aufsicht der im §. 104 k bezeichneten Behörde vollzogen. Genügt der Vorstand seiner Verpflichtung nicht oder tritt die Schließung auf Grund des §. 104 f oder des §. 104 l ein, so erfolgt die Abwickelung der Geschäfte durch einen Beauftragten der Aufsichtsbehörde.

Von dem Zeitpunkte der Auflösung oder Schließung ab bleiben die Verbandsmitglieder noch für diejenigen Zahlungen verhaftet, zu welchen sie statutarisch für den Fall eigenen Ausscheidens aus den Verbandsverhältnissen verpflichtet sind. Das Recht, diese Beiträge auszuschreiben und einzuziehen, steht dem mit Abwickelung der Geschäfte Beauftragten zu.

§. 104 n. Im Falle der Auflösung oder Schließung des Innungs- 120.
verbandes muß sein Vermögen zuvörderst zur Berichtigung seiner Schulden und zur Erfüllung seiner sonstigen Verbindlichkeiten verwendet werden.

War dasselbe bisher ganz oder theilweise zur Fundirung von Unterrichtsanstalten oder zu anderen öffentlichen Zwecken bestimmt, so darf der nach Berichtigung der Schulden übrig bleibende Theil des Vermögens dieser Bestimmung nicht entzogen werden; über seine fernere Verwendung wird von der im §. 104b Abs. 1 bezeichneten Behörde Anordnung getroffen.

Bedarf es zum Fortbestande der von dem Innungsverband errichteten Unterrichtsanstalten oder Unterstützungskassen als selbständiger Anstalten der Genehmigung des Landesherrn oder einer Behörde des Staates, in welchem die fernere Verwaltung der Anstalt stattfinden soll, so hat die im vorstehenden Absatze bezeichnete Behörde diese Genehmigung herbeizuführen.

Das hiernach verbleibende Reinvermögen des Innungsverbandes wird, soweit die Verbandsvertretung nicht anders beschließt, unter die Innungen, welche dem Verbande zur Zeit der Auflösung oder Schließung angehört haben, nach dem Verhältnisse der von ihnen an den Verband in dem der Auflösung oder Schließung vorgegangenen Jahre geleisteten Beiträge vertheilt. Streitigkeiten hierüber werden von der im §. 104k bezeichneten Stelle endgültig entschieden.

Titel VII.

44. 127 ff. Gewerbliche Arbeiter (Gesellen, Gehülfen, Lehrlinge, Betriebsbeamte, Werkmeister, Techniker, Fabrikarbeiter).

I. Allgemeine Verhältnisse.

130. **§. 105.** Die Festsetzung der Verhältnisse zwischen den selbständigen Gewerbetreibenden und den gewerblichen Arbeitern ist, vorbehaltlich der durch Reichsgesetz begründeten Beschränkungen, Gegenstand freier Uebereinkunft.

Die Bestimmungen der §§. 105—133e (und der §§. 139c—m) finden gemäß §. 154 Abs. 1 auf Gehülfen und Lehrlinge in Apotheken, die §§ 104, 106—119b, sowie (vorbehaltlich des §. 139g Abs. 1 und der §§. 139h, 139l, 139m) die Bestimmungen der §§. 120a—133e auf Gehülfen und Lehrlinge in Handelsgeschäften **keine Anwendung.**

145. **§. 105a.** Zum Arbeiten an Sonn- und Festtagen können die Ge-
169. werbetreibenden die Arbeiter nicht verpflichten. Arbeiten, welche nach den Bestimmungen dieses Gesetzes auch an Sonn- und Festtagen vorgenommen werden dürfen, fallen unter die vorstehende Bestimmung nicht.

Welche Tage als Festtage gelten, bestimmen unter Berücksichtigung der örtlichen und konfessionellen Verhältnisse die Landesregierungen.

Vergl. Min.-Anw. vom 10. Juni 1892 (Min.Bl. S. 199).

146. **§. 105b.** Im Betriebe von Bergwerken, Salinen, Aufbereitungsanstalten, Brüchen und Gruben, von Hüttenwerken, Fabriken und Werkstätten, von Zimmerplätzen und anderen Bauhöfen, von Werften und Ziegeleien sowie bei Bauten aller Art dürfen Arbeiter an Sonn- und Festtagen nicht beschäftigt werden. Die den Arbeitern zu gewährende Ruhe hat mindestens für jeden Sonn- und Festtag vierundzwanzig, für zwei aufeinander folgende Sonn- und Festtage sechsunddreißig, für das Weihnachts-, Oster- und Pfingstfest achtundvierzig Stunden zu dauern. Die

Ruhezeit ist von zwölf Uhr Nachts zu rechnen und muß bei zwei aufeinander folgenden Sonn- und Festtagen bis sechs Uhr Abends des zweiten Tages dauern. In Betrieben mit regelmäßiger Tag- und Nachtschicht kann die Ruhezeit frühestens um sechs Uhr Abends des vorhergehenden Werktags, spätestens um sechs Uhr Morgens des Sonn- oder Festtags beginnen, wenn für die auf den Beginn der Ruhezeit folgenden vierundzwanzig Stunden der Betrieb ruht.

Im Handelsgewerbe dürfen Gehülfen, Lehrlinge und Arbeiter am 147. ersten Weihnachts-, Oster- und Pfingsttag überhaupt nicht, im Uebrigen an Sonn- und Festtagen nicht länger als fünf Stunden beschäftigt werden. Durch statutarische Bestimmung einer Gemeinde oder eines weiteren Kommunalverbandes (§. 142) kann diese Beschäftigung für alle oder einzelne Zweige des Handelsgewerbes auf kürzere Zeit eingeschränkt oder ganz untersagt werden. Für die letzten vier Wochen vor Weihnachten sowie für einzelne Sonn- und Festtage, an welchen örtliche Verhältnisse einen erweiterten Geschäftsverkehr erforderlich machen, kann die Polizeibehörde eine Vermehrung der Stunden, während welcher die Beschäftigung stattfinden darf, bis auf zehn Stunden zulassen. Die Stunden, während welcher die Beschäftigung stattfinden darf, werden unter Berücksichtigung der für den öffentlichen Gottesdienst bestimmten Zeit, sofern die Beschäftigungszeit durch statutarische Bestimmungen eingeschränkt worden ist, durch letztere, im Uebrigen von der Polizeibehörde festgestellt. Die Feststellung kann für verschiedene Zweige des Handelsgewerbes verschieden erfolgen.

Die Bestimmungen des Abs. 2 finden auf die Beschäftigung von Gehülfen, Lehrlingen und Arbeitern im Geschäftsbetriebe von Konsum- und anderen Vereinen entsprechende Anwendung.

Strafbestimmung: § 146a. — Wegen der Staatsbetriebe vergl. §. 156 A. 3.

§. 105c. Die Bestimmungen des §. 105b finden keine Anwendung: 147.

1. auf Arbeiten, welche in Nothfällen oder im öffentlichen Interesse unverzüglich vorgenommen werden müssen;
2. für einen Sonntag auf Arbeiten zur Durchführung einer gesetzlich vorgeschriebenen Inventur;
3. auf die Bewachung der Betriebsanlagen, auf Arbeiten zur Reinigung und Instandhaltung, durch welche der regelmäßige Fortgang des eigenen oder eines fremden Betriebs bedingt ist, sowie auf Arbeiten, von welchen die Wiederaufnahme des vollen werktägigen Betriebs abhängig ist, sofern nicht diese Arbeiten an Werktagen vorgenommen werden können;
4. auf Arbeiten, welche zur Verhütung des Verderbens von Rohstoffen oder des Mißlingens von Arbeitserzeugnissen erforderlich sind, sofern nicht diese Arbeiten an Werktagen vorgenommen werden können;
5. auf die Beaufsichtigung des Betriebs, soweit er nach Ziffer 1 bis 4 an Sonn- und Festtagen stattfindet.

Gewerbetreibende, welche Arbeiter an Sonn- und Festtagen mit Arbeiten der unter Ziffer 1 bis 5 erwähnten Art beschäftigen, sind verpflichtet, ein Verzeichniß anzulegen, in welches für jeden einzelnen Sonn- und Festtag die Zahl der beschäftigten Arbeiter, die Dauer ihrer Beschäftigung sowie die Art der vorgenommenen Arbeiten einzutragen sind. Das Verzeichniß ist auf Erfordern der Ortspolizeibehörde sowie dem im §. 139b bezeichneten Beamten jederzeit zur Einsicht vorzulegen.

148. Bei den unter Ziffer 3 und 4 bezeichneten Arbeiten, sofern dieselben länger als drei Stunden dauern, oder die Arbeiter am Besuche des Gottesdienstes hindern, sind die Gewerbetreibenden verpflichtet, jeden Arbeiter entweder an jedem dritten Sonntage volle sechsunddreißig Stunden, oder an jedem zweiten Sonntage mindestens in der Zeit von sechs Uhr Morgens bis sechs Uhr Abends von der Arbeit frei zu lassen.

Ausnahmen von den Vorschriften des vorstehenden Absatzes darf die untere Verwaltungsbehörde gestatten, wenn die Arbeiter am Besuche des sonntäglichen Gottesdienstes nicht gehindert werden und ihnen an Stelle des Sonntags eine vierundzwanzigstündige Ruhezeit an einem Wochentage gewährt wird.

Strafbestimmungen: §§. 146a, 149 Z. 7.

147. **§. 105d.** Für bestimmte Gewerbe, insbesondere für Betriebe, in denen Arbeiten vorkommen, welche ihrer Natur nach eine Unterbrechung oder einen Aufschub nicht gestatten, sowie für Betriebe, welche ihrer Natur nach auf bestimmte Jahreszeiten beschränkt sind, oder welche in gewissen Zeiten des Jahres zu einer außergewöhnlich verstärkten Thätigkeit genöthigt sind, können durch Beschluß des Bundesraths Ausnahmen von der Bestimmung des §. 105 Abs. 1 zugelassen werden.

Die Regelung der an Sonn- und Festtagen in diesen Betrieben gestatteten Arbeiten und der Bedingungen, unter welchen sie gestattet sind, erfolgt für alle Betriebe derselben Art gleichmäßig und unter Berücksichtigung der Bestimmung des §. 105c Abs. 3.

Die vom Bundesrathe getroffenen Bestimmungen sind durch das Reichs-Gesetzblatt zu veröffentlichen und dem Reichstage bei seinem nächsten Zusammentritte zur Kenntnißnahme vorzulegen.

Strafbestimmung: §. 146a.
Vergl. Bekanntm, betr. Ausnahmen von dem Verbote der Sonntagsarbeit im Gewerbebetriebe, vom 5. Februar 1895 (R.G.Bl. S. 12) und Abänderungen vom 25. Oktober 1895, 20. April 1896, 26. Juni 1896, 14. Juli 1896, 27. November 1896, 16. Oktober 1897, 3. November 1898, 26. April 1899, 15. Juli 1899.

148. **§. 105e.** Für Gewerbe, deren vollständige oder theilweise Ausübung an Sonn- und Festtagen zur Befriedigung täglicher oder an diesen Tagen besonders hervortretender Bedürfnisse der Bevölkerung erforderlich ist, sowie für Betriebe, welche ausschließlich oder vorwiegend mit durch Wind oder unregelmäßige Wasserkraft bewegten Triebwerken arbeiten, können durch Verfügung der höheren Verwaltungsbehörde Ausnahmen von den im §. 105b getroffenen Bestimmungen zugelassen werden. Die Regelung dieser Ausnahmen hat unter Berücksichtigung der Bestimmungen des §. 105c Abs. 3 zu erfolgen.

Der Bundesrath trifft über die Voraussetzungen und Bedingungen der Zulassung von Ausnahmen nähere Bestimmungen; dieselben sind dem Reichstage bei seinem nächsten Zusammentritte zur Kenntnißnahme mitzutheilen.

Das Verfahren auf Anträge wegen Zulassung von Ausnahmen für Betriebe, welche ausschließlich oder vorwiegend mit durch Wind oder unregelmäßige Wasserkraft bewegten Triebwerken arbeiten, unterliegt den Vorschriften der §§. 20 und 21.

Strafbestimmung: §. 146a. — Vergl. Min.-Erl vom 11. März 1895 (Min.-Bl. S. 46).

§. 105f. Wenn zur Verhütung eines unverhältnißmäßigen Schadens 148.
ein nicht vorherzusehendes Bedürfniß der Beschäftigung von Arbeitern an Sonn- und Festtagen eintritt, so können durch die untere Verwaltungsbehörde Ausnahmen von der Bestimmung des §. 105b Abs. 1 für bestimmte Zeit zugelassen werden.

Die Verfügung der unteren Verwaltungsbehörde ist schriftlich zu erlassen und muß von dem Unternehmer auf Erfordern dem für die Revision zuständigen Beamten an der Betriebsstelle zur Einsicht vorgelegt werden. Eine Abschrift der Verfügung ist innerhalb der Betriebsstätte an einer den Arbeitern leicht zugänglichen Stelle auszuhängen.

Die untere Verwaltungsbehörde hat über die von ihr gestatteten Ausnahmen ein Verzeichniß zu führen, in welchem die Betriebsstätte, die gestatteten Arbeiten, die Zahl der in dem Betriebe beschäftigten und der an den betreffenden Sonn- und Festtagen thätig gewesenen Arbeiter, die Dauer ihrer Beschäftigung sowie die Dauer und die Gründe der Erlaubniß einzutragen sind.

Strafbestimmung: §. 146a.

§. 105g. Das Verbot der Beschäftigung von Arbeitern an Sonn- 146.
und Festtagen kann durch Kaiserliche Verordnung mit Zustimmung des Bundesraths auf andere Gewerbe ausgedehnt werden. Diese Verordnungen sind dem Reichstage bei seinem nächsten Zusammentritte zur Kenntnißnahme vorzulegen. Auf die von dem Verbote zuzulassenden Ausnahmen finden die Bestimmungen der §§. 105c bis 105f entsprechende Anwendung.

Strafbestimmung: §. 146a.

§. 105h. Die Bestimmungen der §§. 105a bis 105g stehen weiter- 150.
gehenden landesgesetzlichen Beschränkungen der Arbeit an Sonn- und Festtagen nicht entgegen.

Den Landes-Zentralbehörden bleibt vorbehalten, für einzelne Festtage, welche nicht auf einen Sonntag fallen, Abweichungen von der Vorschrift des §. 105b Abs. 1 zu gestatten. Auf das Weihnachts-, Neujahrs-, Oster-, Himmelfahrts- und Pfingstfest findet diese Bestimmung keine Anwendung.

§. 105i. Der §. 105a Abs. 1 und die §§. 105b bis 105g finden 75.
auf Gast- und Schankwirthschaftsgewerbe, Musikaufführungen, Schaustellungen, 150.
theatralische Vorstellungen oder sonstige Lustbarkeiten sowie auf Verkehrsgewerbe keine Anwendung.

Die Gewerbetreibenden können die Arbeiter in diesen Gewerben nur zu solchen Arbeiten an Sonn- und Festtagen verpflichten, welche nach der Natur des Gewerbebetriebs einen Aufschub oder eine Unterbrechung nicht gestatten.

72. **§. 106.** Gewerbetreibende, welchen die bürgerlichen Ehrenrechte aberkannt sind, dürfen, solange ihnen diese Rechte entzogen bleiben, mit der Anleitung von Arbeitern unter achtzehn Jahren sich nicht befassen.

Die Entlassung der dem vorstehenden Verbote zuwider beschäftigten Arbeiter kann polizeilich erzwungen werden.

Strafbestimmung: §. 150 Z. 1.

131. **§. 107.** Minderjährige Personen dürfen, soweit reichsgesetzlich nicht ein Anderes zugelassen ist, als Arbeiter nur beschäftigt werden, wenn sie mit einem Arbeitsbuche versehen sind. Bei der Annahme solcher Arbeiter hat der Arbeitgeber das Arbeitsbuch einzufordern. Er ist verpflichtet, dasselbe zu verwahren, auf amtliches Verlangen vorzulegen und nach rechtmäßiger Lösung des Arbeitsverhältnisses wieder auszuhändigen. Die Aushändigung erfolgt an den gesetzlichen Vertreter, sofern dieser es verlangt, oder der Arbeiter das sechzehnte Lebensjahr noch nicht vollendet hat, anderenfalls an den Arbeiter selbst. Mit Genehmigung der Gemeindebehörde des im §. 108 bezeichneten Ortes kann die Aushändigung des Arbeitsbuchs auch an die zur gesetzlichen Vertretung nicht berechtigte Mutter oder einen sonstigen Angehörigen oder unmittelbar an den Arbeiter erfolgen.

Auf Kinder, welche zum Besuche der Volksschule verpflichtet sind, finden vorstehende Bestimmungen keine Anwendung.

Strafbestimmung: §. 150 Z. 1.

131. **§. 108.** Das Arbeitsbuch wird dem Arbeiter durch die Polizeibehörde desjenigen Ortes, an welchem er zuletzt seinen dauernden Aufenthalt gehabt hat, wenn aber ein solcher im Gebiete des Deutschen Reichs nicht stattgefunden hat, von der Polizeibehörde des von ihm zuerst erwählten deutschen Arbeitsorts kosten- und stempelfrei ausgestellt. Die Ausstellung erfolgt auf Antrag oder mit Zustimmung des gesetzlichen Vertreters. Ist die Erklärung des gesetzlichen Vertreters nicht zu beschaffen oder verweigert dieser die Zustimmung ohne genügenden Grund und zum Nachtheile des Arbeiters, so kann die Gemeindebehörde die Zustimmung ergänzen. Vor der Ausstellung ist nachzuweisen, daß der Arbeiter zum Besuche der Volksschule nicht mehr verpflichtet ist, und glaubhaft zu machen, daß bisher ein Arbeitsbuch für ihn noch nicht ausgestellt war.

Strafbestimmung: §. 150 Z. 1.

131. **§. 109.** Wenn das Arbeitsbuch vollständig ausgefüllt oder nicht mehr brauchbar, oder wenn es verloren gegangen oder vernichtet ist, so wird an Stelle desselben ein neues Arbeitsbuch ausgestellt. Die Ausstellung erfolgt durch die Polizeibehörde desjenigen Ortes, an welchem der Inhaber des Arbeitsbuchs zuletzt seinen dauernden Aufenthalt gehabt hat. Das ausgefüllte oder nicht mehr brauchbare Arbeitsbuch ist durch einen amtlichen Vermerk zu schließen.

Wird das neue Arbeitsbuch an Stelle eines nicht mehr brauchbaren, eines verloren gegangenen oder vernichteten Arbeitsbuchs ausgestellt, so ist dies darin zu vermerken. Für die Ausstellung kann in diesem Falle eine Gebühr bis zu fünfzig Pfennig erhoben werden.

Strafbestimmung: §. 150 Z. 1 und 3.

§. 110. Das Arbeitsbuch (§. 108) muß den Namen des Arbeiters, Ort, Jahr und Tag seiner Geburt, Namen und letzten Wohnort seines gesetzlichen Vertreters und die Unterschrift des Arbeiters enthalten. Die Ausstellung erfolgt unter dem Siegel und der Unterschrift der Behörde. Letztere hat über die von ihr ausgestellten Arbeitsbücher ein Verzeichniß zu führen. 131.

Die Einrichtung der Arbeitsbücher wird durch den Reichskanzler bestimmt.

Strafbestimmung: §. 150 Z. 1.

§. 111. Bei dem Eintritte des Arbeiters in das Arbeitsverhältniß hat der Arbeitgeber an der dafür bestimmten Stelle des Arbeitsbuchs die Zeit des Eintritts und die Art der Beschäftigung, am Ende des Arbeitsverhältnisses die Zeit des Austritts und, wenn die Beschäftigung Aenderungen erfahren hat, die Art der letzten Beschäftigung des Arbeiters einzutragen. 131.

Die Eintragungen sind mit Tinte zu bewirken und von dem Arbeitgeber oder dem dazu bevollmächtigten Betriebsleiter zu unterzeichnen.

Die Eintragungen dürfen nicht mit einem Merkmale versehen sein, welches den Inhaber des Arbeitsbuchs günstig oder nachtheilig zu kennzeichnen bezweckt.

Die Eintragung eines Urtheils über die Führung oder die Leistungen des Arbeiters und sonstige durch dieses Gesetz nicht vorgesehene Eintragungen oder Vermerke in oder an dem Arbeitsbuche sind unzulässig.

Strafbestimmungen: §§. 150 Z. 1, 146 Z. 3 (Absatz 3), 150 Z. 2.

§. 112. Ist das Arbeitsbuch bei dem Arbeitgeber unbrauchbar geworden, verloren gegangen oder vernichtet, oder sind von dem Arbeitgeber unzulässige Merkmale, Eintragungen oder Vermerke in oder an dem Arbeitsbuche gemacht, oder wird von dem Arbeitgeber ohne rechtmäßigen Grund die Aushändigung des Arbeitsbuchs verweigert, so kann die Ausstellung eines neuen Arbeitsbuchs auf Kosten des Arbeitgebers beansprucht werden. 131.

Ein Arbeitgeber, welcher das Arbeitsbuch seiner gesetzlichen Verpflichtung zuwider nicht rechtzeitig ausgehändigt oder die vorschriftsmäßigen Eintragungen zu machen unterlassen oder unzulässige Merkmale, Eintragungen oder Vermerke gemacht hat, ist dem Arbeiter entschädigungspflichtig. Der Anspruch auf Entschädigung erlischt, wenn er nicht innerhalb vier Wochen nach seiner Entstehung im Wege der Klage oder Einrede geltend gemacht ist.

Strafbestimmung: §. 150 Z. 1, 2 und 3.

§. 113. Beim Abgange können die Arbeiter ein Zeugniß über die Art und Dauer ihrer Beschäftigung fordern. 162.

Dieses Zeugniß ist auf Verlangen der Arbeiter auch auf ihre Führung und ihre Leistungen auszudehnen.

Den Arbeitgebern ist untersagt, die Zeugnisse mit Merkmalen zu versehen, welche den Zweck haben, den Arbeiter in einer aus dem Wortlaute des Zeugnisses nicht ersichtlichen Weise zu kennzeichnen.

Ist der Arbeiter minderjährig, so kann das Zeugniß von dem gesetzlichen Vertreter gefordert werden. Dieser kann verlangen, daß das Zeugniß an ihn, nicht an den Minderjährigen ausgehändigt werde. Mit Genehmigung der Gemeindebehörde des im §. 108 bezeichneten Ortes kann auch gegen den Willen des gesetzlichen Vertreters die Aushändigung unmittelbar an den Arbeiter erfolgen.

Strafbestimmung: §. 146 Z. 3.

§. 114. Auf Antrag des Arbeiters hat die Ortspolizeibehörde die Eintragung in das Arbeitsbuch und das dem Arbeiter etwa ausgestellte Zeugniß kosten- und stempelfrei zu beglaubigen.

154. **§. 114a.** Für bestimmte Gewerbe kann der Bundesrath Lohnbücher oder Arbeitszettel vorschreiben. In diese sind von dem Arbeitgeber oder dem dazu Bevollmächtigten einzutragen:

1. Art und Umfang der übertragenen Arbeit, bei Akkordarbeit die Stückzahl;
2. die Lohnsätze;
3. die Bedingungen für die Lieferung von Werkzeugen und Stoffen zu den übertragenen Arbeiten.

Der Bundesrath kann bestimmen, daß in die Lohnbücher oder Arbeitszettel auch die Bedingungen für die Gewährung von Kost und Wohnung einzutragen sind, sofern Kost oder Wohnung als Lohn oder Theil des Lohnes gewährt werden sollen.

Auf die Eintragungen finden die Vorschriften des §. 111 Abs. 2 bis 4 entsprechende Anwendung.

Das Lohnbuch oder der Arbeitszettel ist von dem Arbeitgeber auf seine Kosten zu beschaffen und dem Arbeiter nach Vollziehung der vorgeschriebenen Eintragungen vor oder bei der Uebergabe der Arbeit kostenfrei auszuhändigen.

Die Lohnbücher sind mit einem Abdrucke der Bestimmungen der §§. 115 bis 119a Abs. 1 und des §. 119b zu versehen. Im Uebrigen wird die Einrichtung der Lohnbücher durch den Reichskanzler bestimmt.

Auf die von dem Bundesrathe getroffenen Anordnungen findet die Bestimmung im §. 120e Abs. 4 Anwendung.

Strafbestimmung: §. 150 Z. 2 und, betr. Abs. 3, §. 146 Z. 3.

151. **§. 115.** Die Gewerbetreibenden sind verpflichtet, die Löhne ihrer Arbeiter in Reichswährung zu berechnen und baar auszuzahlen.

152. Sie dürfen den Arbeitern keine Waaren kreditiren. Doch ist es gestattet, den Arbeitern Lebensmittel für den Betrag der Anschaffungskosten, Wohnung und Landnutzung gegen die ortsüblichen Mieth- und Pachtpreise, Feuerung, Beleuchtung, regelmäßige Beköstigung, Arzneien und ärztliche Hülfe sowie Werkzeuge und Stoffe zu den ihnen übertragenen Arbeiten für den Betrag der durchschnittlichen Selbstkosten unter Anrechnung bei der Lohnzahlung zu verabfolgen. Zu einem höheren Preise ist die Verabfolgung von Werkzeugen und Stoffen für Akkordarbeiten zulässig, wenn derselbe den ortsüblichen nicht übersteigt und im Voraus vereinbart ist.

Vergl. §. 154a. — Strafbestimmung: §. 146 Z. 1.

153. **§. 115a.** Lohn- und Abschlagszahlungen dürfen in Gast- und Schankwirthschaften oder Verkaufsstellen nicht ohne Genehmigung der unteren Verwaltungsbehörde erfolgen; sie dürfen an Dritte nicht erfolgen auf Grund von Rechtsgeschäften oder Urkunden über Rechtsgeschäfte, welche nach §. 2 des Gesetzes, betreffend die Beschlagnahme des Arbeits- oder Dienstlohns, vom 21. Juni 1869 (Bundes-Gesetzbl. S. 242) rechtlich unwirksam sind.

Strafbestimmung: §. 148 Z. 13.

§. 116. Arbeiter, deren Forderungen in einer dem §. 115 zuwider- 152.
laufenden Weise berichtigt worden sind, können zu jeder Zeit Zahlung nach Maßgabe des §. 115 verlangen, ohne daß ihnen eine Einrede aus dem an Zahlungsstatt Gegebenen entgegengesetzt werden kann. Letzteres fällt, soweit es noch bei dem Empfänger vorhanden oder dieser daraus bereichert ist, derjenigen Hülfskasse zu, welcher der Arbeiter angehört, in Ermangelung einer solchen einer anderen zum Besten der Arbeiter an dem Orte bestehenden, von der Gemeindebehörde zu bestimmenden Kasse und in deren Ermangelung der Ortsarmenkasse.

§. 117. Verträge, welche dem §. 115 zuwiderlaufen, sind nichtig. 152.
Dasselbe gilt von Verabredungen zwischen den Gewerbetreibenden 155.
und den von ihnen beschäftigten Arbeitern über die Entnahme der Bedürfnisse der letzteren aus gewissen Verkaufsstellen sowie überhaupt über die Verwendung des Verdienstes derselben zu einem anderen Zwecke als zur Betheiligung an Einrichtungen zur Verbesserung der Lage der Arbeiter oder ihrer Familien.

§. 118. Forderungen für Waaren, welche dem §. 115 zuwider 152.
kreditirt worden sind, können von dem Gläubiger weder eingeklagt, noch durch Anrechnung oder sonst geltend gemacht werden, ohne Unterschied, ob sie zwischen den Betheiligten unmittelbar entstanden oder mittelbar erworben sind. Dagegen fallen dergleichen Forderungen der im §. 116 bezeichneten Kasse zu.

§. 119. Den Gewerbetreibenden im Sinne der §§. 115 bis 118 sind 152.
gleich zu achten deren Familienglieder, Gehülfen, Beauftragte, Geschäftsführer, Aufseher und Faktoren sowie andere Gewerbetreibende, bei deren Geschäft eine der hier erwähnten Personen unmittelbar oder mittelbar betheiligt ist.

§. 119a. Lohneinbehaltungen, welche von Gewerbeunternehmern zur 135.
Sicherung des Ersatzes eines ihnen aus der widerrechtlichen Auflösung des 161.
Arbeitsverhältnisses erwachsenden Schadens oder einer für diesen Fall verabredeten Strafe ausbedungen werden, dürfen bei den einzelnen Lohnzahlungen ein Viertel des fälligen Lohnes, im Gesammtbetrage den Betrag eines durchschnittlichen Wochenlohns nicht übersteigen.

Durch statutarische Bestimmung einer Gemeinde oder eines weiteren Kommunalverbandes (§. 142) kann für alle Gewerbebetriebe oder gewisse Arten derselben festgesetzt werden:

1. daß Lohn- und Abschlagszahlungen in festen Fristen erfolgen müssen, welche nicht länger als einen Monat und nicht kürzer als eine Woche sein dürfen;
2. daß der von minderjährigen Arbeitern verdiente Lohn an die Eltern oder Vormünder und nur mit deren schriftlicher Zustimmung oder nach deren Bescheinigung über den Empfang der letzten Lohnzahlung unmittelbar an die Minderjährigen gezahlt wird;
3. daß die Gewerbetreibenden den Eltern oder Vormündern innerhalb gewisser Fristen Mittheilung von den an minderjährige Arbeiter gezahlten Lohnbeträgen zu machen haben.

Strafbestimmung: §. 148 Z. 13.

14. **§. 119b.** Unter den in §§. 114a bis 119a bezeichneten Arbeitern werden auch diejenigen Personen verstanden, welche für bestimmte Gewerbetreibende außerhalb der Arbeitsstätten der letzteren mit der Anfertigung gewerblicher Erzeugnisse beschäftigt sind, und zwar auch dann, wenn sie die Roh- und Hülfsstoffe selbst beschaffen.

164. **§. 120.** Die Gewerbeunternehmer sind verpflichtet, ihren Arbeitern unter achtzehn Jahren, welche eine von der Gemeindebehörde oder vom Staate als Fortbildungsschule anerkannte Unterrichtsanstalt besuchen, hierzu die erforderlichen Falles von der zuständigen Behörde festzusetzende Zeit zu gewähren. Am Sonntage darf der Unterricht nur stattfinden, wenn die Unterrichtsstunden so gelegt werden, daß die Schüler nicht gehindert werden, den Hauptgottesdienst oder einen mit Genehmigung der kirchlichen Behörden für sie eingerichteten besonderen Gottesdienst ihrer Konfession zu besuchen. Ausnahmen von dieser Bestimmung kann die Zentralbehörde für bestehende Fortbildungsschulen, zu deren Besuche keine Verpflichtung besteht, bis zum 1. Oktober 1894 gestatten.

166. Als Fortbildungsschulen im Sinne dieser Bestimmung gelten auch Anstalten, in welchen Unterricht in weiblichen Hand- und Hausarbeiten ertheilt wird.

166. Durch statutarische Bestimmung einer Gemeinde oder eines weiteren Kommunalverbandes (§. 142) kann für männliche Arbeiter unter achtzehn Jahren sowie für weibliche Handlungsgehülfen und -Lehrlinge unter achtzehn Jahren die Verpflichtung zum Besuche einer Fortbildungsschule, soweit diese Verpflichtung nicht landesgesetzlich besteht, begründet werden. Auf demselben Wege können die zur Durchführung dieser Verpflichtung erforderlichen Bestimmungen getroffen werden. Insbesondere können durch statutarische Bestimmung die zur Sicherung eines regelmäßigen Schulbesuchs den Schulpflichtigen sowie deren Eltern, Vormündern und Arbeitgebern obliegenden Verpflichtungen bestimmt und diejenigen Vorschriften erlassen werden, durch welche die Ordnung in der Fortbildungsschule und ein gebührliches Verhalten der Schüler gesichert wird. Von der durch statutarische Bestimmung begründeten Verpflichtung zum Besuch einer Fortbildungsschule sind diejenigen befreit, welche eine Innungs- oder andere Fortbildungs- oder Fachschule besuchen, sofern der Unterricht dieser Schule von der höheren Verwaltungsbehörde als ein ausreichender Ersatz des allgemeinen Fortbildungsschulunterrichts anerkannt wird.

Strafbestimmung: §. 150 Z. 4.

68.
139. **§. 120a.** Die Gewerbeunternehmer sind verpflichtet, die Arbeitsräume, Betriebsvorrichtungen, Maschinen und Geräthschaften so einzurichten und zu unterhalten und den Betrieb so zu regeln, daß die Arbeiter gegen Gefahren für Leben und Gesundheit soweit geschützt sind, wie es die Natur des Betriebs gestattet.

Insbesondere ist für genügendes Licht, ausreichenden Luftraum und Luftwechsel, Beseitigung des bei dem Betrieb entstehenden Staubes, der dabei entwickelten Dünste und Gase sowie der dabei entstehenden Abfälle Sorge zu tragen.

Ebenso sind diejenigen Vorrichtungen herzustellen, welche zum Schutze der Arbeiter gegen gefährliche Berührungen mit Maschinen oder Maschinentheilen oder gegen andere in der Natur der Betriebsstätte oder des Betriebs liegende Gefahren, namentlich auch gegen die Gefahren, welche aus Fabrikbränden erwachsen können, erforderlich sind.

Endlich sind diejenigen Vorschriften über die Ordnung des Betriebs und das Verhalten der Arbeiter zu erlassen, welche zur Sicherung eines gefahrlosen Betriebs erforderlich sind.

§. 120b. Die Gewerbeunternehmer sind verpflichtet, diejenigen Ein- 68.
richtungen zu treffen und zu unterhalten und diejenigen Vorschriften über das Verhalten der Arbeiter im Betriebe zu erlassen, welche erforderlich sind, um die Aufrechterhaltung der guten Sitten und des Anstandes zu sichern.

Insbesondere muß, soweit es die Natur des Betriebs zuläßt, bei der Arbeit die Trennung der Geschlechter durchgeführt werden, sofern nicht die Aufrechterhaltung der guten Sitten und des Anstandes durch die Einrichtung des Betriebs ohnehin gesichert ist.

In Anlagen, deren Betrieb es mit sich bringt, daß die Arbeiter sich umkleiden und nach der Arbeit sich reinigen, müssen ausreichende, nach Geschlechtern getrennte Ankleide- und Waschräume vorhanden sein.

Die Bedürfnißanstalten müssen so eingerichtet sein, daß sie für die Zahl der Arbeiter ausreichen, daß den Anforderungen der Gesundheitspflege entsprochen wird und daß ihre Benutzung ohne Verletzung von Sitte und Anstand erfolgen kann.

§. 120c. Gewerbeunternehmer, welche Arbeiter unter achtzehn Jahren 68.
beschäftigen, sind verpflichtet, bei der Einrichtung der Betriebsstätte und bei der Regelung des Betriebs diejenigen besonderen Rücksichten auf Gesundheit und Sittlichkeit zu nehmen, welche durch das Alter dieser Arbeiter geboten sind.

§. 120d. Die zuständigen Polizeibehörden sind befugt, im Wege 68.
der Verfügung für einzelne Anlagen die Ausführung derjenigen Maßnahmen anzuordnen, welche zur Durchführung der in §§. 120a bis 120c enthaltenen Grundsätze erforderlich und nach der Beschaffenheit der Anlage ausführbar erscheinen. Sie können anordnen, daß den Arbeitern zur Einnahme von Mahlzeiten außerhalb der Arbeitsräume angemessene, in der kalten Jahreszeit geheizte Räume unentgeltlich zur Verfügung gestellt werden.

Soweit die angeordneten Maßregeln nicht die Beseitigung einer dringenden, das Leben oder die Gesundheit bedrohenden Gefahr bezwecken, muß für die Ausführung eine angemessene Frist gelassen werden.

Den bei Erlaß dieses Gesetzes bereits bestehenden Anlagen gegenüber können, solange nicht eine Erweiterung oder ein Umbau eintritt, nur Anforderungen gestellt werden, welche zur Beseitigung erheblicher, das Leben, die Gesundheit oder die Sittlichkeit der Arbeiter gefährdender Mißstände erforderlich oder ohne unverhältnißmäßige Aufwendungen ausführbar erscheinen.

Gegen die Verfügung der Polizeibehörde steht dem Gewerbeunternehmer binnen zwei Wochen die Beschwerde an die höhere Verwaltungsbehörde zu. Gegen die Entscheidung der höheren Verwaltungsbehörde ist binnen vier Wochen die Beschwerde an die Zentralbehörde zulässig; diese entscheidet endgültig. Widerspricht die Verfügung den von der zuständigen Berufsgenossenschaft erlassenen Vorschriften zur Verhütung von Unfällen, so ist zur Einlegung der vorstehend bezeichneten Rechtsmittel binnen der dem Gewerbeunternehmer zustehenden Frist auch der Vorstand der Berufsgenossenschaft befugt.

Strafbestimmung: §. 147 Z. 4.

68. **§. 120e.** Durch Beschluß des Bundesraths können Vorschriften darüber erlassen werden, welchen Anforderungen in bestimmten Arten von Anlagen zur Durchführung der in den §§. 120a bis 120c enthaltenen Grundsätze zu genügen ist.

Soweit solche Vorschriften durch Beschluß des Bundesraths nicht erlassen sind, können dieselben durch Anordnung der Landes-Zentralbehörden oder durch Polizeiverordnungen der zum Erlasse solcher berechtigten Behörden erlassen werden. Vor dem Erlasse solcher Anordnungen und Polizeiverordnungen ist den Vorständen der betheiligten Berufsgenossenschaften oder Berufsgenossenschafts-Sektionen Gelegenheit zu einer gutachtlichen Aeußerung zu geben. Auf diese finden die Bestimmungen des §. 113 Abs. 2, 4 und des §. 115 Abs. 4 Satz 1 des Gewerbe-Unfallversicherungsgesetzes (Reichs-Gesetzbl. 1900 S. 573, 585) Anwendung.

139. Durch Beschluß des Bundesraths können für solche Gewerbe, in welchen durch übermäßige Dauer der täglichen Arbeitszeit die Gesundheit der Arbeiter gefährdet wird, Dauer, Beginn und Ende der zulässigen täglichen Arbeitszeit und der zu gewährenden Pausen vorgeschrieben und die zur Durchführung dieser Vorschriften erforderlichen Anordnungen erlassen werden.

Die durch Beschluß des Bundesraths erlassenen Vorschriften sind durch das Reichs-Gesetzblatt zu veröffentlichen und dem Reichstage bei seinem nächsten Zusammentritte zur Kenntnißnahme vorzulegen.

Strafbestimmung: §. 147 Z. 4. — Vergl. die Anmerkungen zu §. 139a.

II. Verhältnisse der Gesellen und Gehülfen.

132. **§. 121.** Gesellen und Gehülfen sind verpflichtet, den Anordnungen der Arbeitgeber in Beziehung auf die ihnen übertragenen Arbeiten und auf die häuslichen Einrichtungen Folge zu leisten; zu häuslichen Arbeiten sind sie nicht verbunden.

156. **§. 122.** Das Arbeitsverhältniß zwischen den Gesellen oder Gehülfen und ihren Arbeitgebern kann, wenn nicht ein Anderes verabredet ist, durch eine jedem Theile freistehende, vierzehn Tage vorher erklärte Aufkündigung gelöst werden. Werden andere Aufkündigungsfristen vereinbart, so müssen sie für beide Theile gleich sein. Vereinbarungen, welche dieser Bestimmung zuwiderlaufen, sind nichtig.

Vergl. §§. 124b, 125. Binnenschiffahrtsgesetz vom 15. Juni 1895 §. 25.

156. **§. 123.** Vor Ablauf der vertragsmäßigen Zeit und ohne Aufkündigung können Gesellen und Gehülfen entlassen werden:

1. wenn sie bei Abschluß des Arbeitsvertrags den Arbeitgeber durch Vorzeigung falscher oder verfälschter Arbeitsbücher oder Zeugnisse hintergangen oder ihn über das Bestehen eines anderen, sie gleichzeitig verpflichtenden Arbeitsverhältnisses in einen Irrthum versetzt haben;

2. wenn sie eines Diebstahls, einer Entwendung, einer Unterschlagung, eines Betrugs oder eines liederlichen Lebenswandels sich schuldig machen;
3. wenn sie die Arbeit unbefugt verlassen haben oder sonst den nach dem Arbeitsvertrag ihnen obliegenden Verpflichtungen nachzukommen beharrlich verweigern;
4. wenn sie der Verwarnung ungeachtet mit Feuer und Licht unvorsichtig umgehen;
5. wenn sie sich Thätlichkeiten oder grobe Beleidigungen gegen den Arbeitgeber oder seine Vertreter oder gegen die Familienangehörigen des Arbeitgebers oder seiner Vertreter zu Schulden kommen lassen;
6. wenn sie einer vorsätzlichen und rechtswidrigen Sachbeschädigung zum Nachtheile des Arbeitgebers oder eines Mitarbeiters sich schuldig machen;
7. wenn sie Familienangehörige des Arbeitgebers oder seiner Vertreter oder Mitarbeiter zu Handlungen verleiten oder zu verleiten versuchen oder mit Familienangehörigen des Arbeitgebers oder seiner Vertreter Handlungen begehen, welche wider die Gesetze oder die guten Sitten verstoßen;
8. wenn sie zur Fortsetzung der Arbeit unfähig oder mit einer abschreckenden Krankheit behaftet sind.

In den unter Ziffer 1 bis 7 gedachten Fällen ist die Entlassung nicht mehr zulässig, wenn die zu Grunde liegenden Thatsachen dem Arbeitgeber länger als eine Woche bekannt sind.

Inwiefern in den unter Ziffer 8 gedachten Fällen dem Entlassenen ein Anspruch auf Entschädigung zustehe, ist nach dem Inhalte des Vertrags und nach den allgemeinen gesetzlichen Vorschriften zu beurtheilen.

§. 124. Vor Ablauf der vertragsmäßigen Zeit und ohne Auf- 156.
kündigung können Gesellen und Gehülfen die Arbeit verlassen:

1. wenn sie zur Fortsetzung der Arbeit unfähig werden;
2. wenn der Arbeitgeber oder seine Vertreter sich Thätlichkeiten oder grobe Beleidigungen gegen die Arbeiter oder gegen ihre Familienangehörigen zu Schulden kommen lassen;
3. wenn der Arbeitgeber oder seine Vertreter oder Familienangehörige derselben die Arbeiter oder deren Familienangehörige zu Handlungen verleiten oder zu verleiten versuchen oder mit den Familienangehörigen der Arbeiter Handlungen begehen, welche wider die Gesetze oder die guten Sitten laufen;
4. wenn der Arbeitgeber den Arbeitern den schuldigen Lohn nicht in der bedungenen Weise auszahlt, bei Stücklohn nicht für ihre ausreichende Beschäftigung sorgt, oder wenn er sich widerrechtlicher Uebervortheilungen gegen sie schuldig macht;
5. wenn bei Fortsetzung der Arbeit das Leben oder die Gesundheit der Arbeiter einer erweislichen Gefahr ausgesetzt sein würde, welche bei Eingehung des Arbeitsvertrages nicht zu erkennen war.

In den unter Ziffer 2 gedachten Fällen ist der Austritt aus der Arbeit nicht mehr zulässig, wenn die zu Grunde liegenden Thatsachen dem Arbeiter länger als eine Woche bekannt sind.

157. **§. 124a.** Außer den in §§. 123 und 124 bezeichneten Fällen kann jeder der beiden Theile aus wichtigen Gründen vor Ablauf der vertragsmäßigen Zeit und ohne Innehaltung einer Kündigungsfrist die Aufhebung des Arbeitsverhältnisses verlangen, wenn dasselbe mindestens auf vier Wochen oder wenn eine längere als vierzehntägige Kündigungsfrist vereinbart ist.

162. **§. 124b.** Hat ein Geselle oder Gehülfe rechtswidrig die Arbeit verlassen, so kann der Arbeitgeber als Entschädigung für den Tag des Vertragsbruchs und jeden folgenden Tag der vertragsmäßigen oder gesetzlichen Arbeitszeit, höchstens aber für eine Woche, den Betrag des ortsüblichen Tagelohns (§. 8 des Krankenversicherungsgesetzes vom 15. Juli 1883, Reichs-Gesetzbl. S. 73) fordern. Diese Forderung ist an den Nachweis eines Schadens nicht gebunden. Durch ihre Geltendmachung wird der Anspruch auf Erfüllung des Vertrags und auf weiteren Schadensersatz ausgeschlossen. Dasselbe Recht steht dem Gesellen oder Gehülfen gegen den Arbeitgeber zu, wenn er von diesem vor rechtmäßiger Beendigung des Arbeitsverhältnisses entlassen worden ist.

Vergl. §. 133e.

161. **§. 125.** Ein Arbeitgeber, welcher einen Gesellen oder Gehülfen verleitet, vor rechtmäßiger Beendigung des Arbeitsverhältnisses die Arbeit zu verlassen, ist dem früheren Arbeitgeber für den entstandenen Schaden oder den nach §. 124b an die Stelle des Schadensersatzes tretenden Betrag als Selbstschuldner mitverhaftet. In gleicher Weise haftet ein Arbeitgeber, welcher einen Gesellen oder Gehülfen annimmt, von dem er weiß, daß derselbe einem anderen Arbeitgeber zur Arbeit noch verpflichtet ist.

In dem im vorstehenden Absatze bezeichneten Umfang ist auch derjenige Arbeitgeber mitverhaftet, welcher einen Gesellen oder Gehülfen, von dem er weiß, daß derselbe einem anderen Arbeitgeber zur Arbeit noch verpflichtet ist, während der Dauer dieser Verpflichtung in der Beschäftigung behält, sofern nicht seit der unrechtmäßigen Lösung des Arbeitsverhältnisses bereits vierzehn Tage verflossen sind.

Den Gesellen und Gehülfen stehen im Sinne der vorstehenden Bestimmungen die im §. 119b bezeichneten Personen gleich.

Vergl. §. 133e.

III. Lehrlingsverhältnisse.

A. Allgemeine Bestimmungen.

72. **§. 126.** Die Befugniß zum Halten oder zur Anleitung von Lehr-
133. lingen steht Personen, welche sich nicht im Besitze der bürgerlichen Ehrenrechte befinden, nicht zu.

Vergl. §. 154. — Strafbestimmung: §. 148 Z. 9a.

72. **§. 126a.** Die Befugniß zum Halten und zur Anleitung von
133. Lehrlingen kann solchen Personen ganz oder auf Zeit entzogen werden, welche sich wiederholt grober Pflichtverletzungen gegen die ihnen anvertrauten

Lehrlinge schuldig gemacht haben, oder gegen welche Thatsachen vorliegen, die sie in sittlicher Beziehung zum Halten oder zur Anleitung von Lehrlingen ungeeignet erscheinen lassen.

Die Befugniß zur Anleitung von Lehrlingen kann ferner solchen Personen entzogen werden, welche wegen geistiger oder körperlicher Gebrechen zur sachgemäßen Anleitung eines Lehrlinges nicht geeignet sind.

Die Entziehung erfolgt durch Verfügung der unteren Verwaltungsbehörde; gegen die Verfügung findet der Rekurs statt. Wegen des Verfahrens und der Behörden gelten die Vorschriften der §§. 20 und 21, soweit nicht landesgesetzlich das Verfahren in streitigen Verwaltungssachen Platz greift.

Durch die höhere Verwaltungsbehörde kann die entzogene Befugniß nach Ablauf eines Jahres wieder eingeräumt werden.

Strafbestimmung: §. 148 Z. 9a.

§. 126b. Der Lehrvertrag ist binnen vier Wochen nach Beginn 133.
der Lehre schriftlich abzuschließen. Derselbe muß enthalten:

1. die Bezeichnung des Gewerbes oder des Zweiges der gewerblichen Thätigkeit, in welchem die Ausbildung erfolgen soll;
2. die Angabe der Dauer der Lehrzeit;
3. die Angabe der gegenseitigen Leistungen;
4. die gesetzlichen und sonstigen Voraussetzungen, unter welchen die einseitige Auflösung des Vertrags zulässig ist.

Der Lehrvertrag ist von dem Gewerbetreibenden oder seinem Stellvertreter, dem Lehrling und dem gesetzlichen Vertreter des Lehrlinges zu unterschreiben und in einem Exemplare dem gesetzlichen Vertreter des Lehrlinges auszuhändigen. Der Lehrherr ist verpflichtet, der Ortspolizeibehörde auf Erfordern den Lehrvertrag einzureichen.

Auf Lehrlinge in staatlich anerkannten Lehrwerkstätten finden diese Bestimmungen keine Anwendung.

Der Lehrvertrag ist kosten- und stempelfrei.

Strafbestimmung: §. 150 Z. 4a.

§. 127. Der Lehrherr ist verpflichtet, den Lehrling in den bei 134.
seinem Betriebe vorkommenden Arbeiten des Gewerbes dem Zwecke der Ausbildung entsprechend zu unterweisen, ihn zum Besuche der Fortbildungs- oder Fachschule anzuhalten und den Schulbesuch zu überwachen. Er muß entweder selbst oder durch einen geeigneten, ausdrücklich dazu bestimmten Vertreter die Ausbildung des Lehrlinges leiten, den Lehrling zur Arbeitsamkeit und zu guten Sitten anhalten und vor Ausschweifungen bewahren, er hat ihn gegen Mißhandlungen seitens der Arbeits- und Hausgenossen zu schützen und dafür Sorge zu tragen, daß dem Lehrlinge nicht Arbeitsverrichtungen zugewiesen werden, welche seinen körperlichen Kräften nicht angemessen sind.

Er darf dem Lehrlinge die zu seiner Ausbildung und zum Besuche 133.
des Gottesdienstes an Sonn- und Festtagen erforderliche Zeit und Gelegenheit nicht entziehen. Zu häuslichen Dienstleistungen dürfen Lehrlinge, welche im Hause des Lehrherrn weder Kost noch Wohnung erhalten, nicht herangezogen werden.

Strafbestimmung: §. 148 Z. 9

134. **§. 127 a.** Der Lehrling ist der väterlichen Zucht des Lehrherrn unterworfen und dem Lehrherrn sowie demjenigen, welcher an Stelle des Lehrherrn die Ausbildung zu leiten hat, zur Folgsamkeit und Treue, zu Fleiß und anständigem Betragen verpflichtet.

Uebermäßige und unanständige Züchtigungen sowie jede die Gesundheit des Lehrlinges gefährdende Behandlung sind verboten.

157. **§. 127 b.** Das Lehrverhältniß kann, wenn eine längere Frist nicht vereinbart ist, während der ersten vier Wochen nach Beginn der Lehrzeit durch einseitigen Rücktritt aufgelöst werden. Eine Vereinbarung, wonach diese Probezeit mehr als drei Monate betragen soll, ist nichtig.

Nach Ablauf der Probezeit kann der Lehrling vor Beendigung der verabredeten Lehrzeit entlassen werden, wenn einer der im §. 123 vorgesehenen Fälle auf ihn Anwendung findet oder wenn er die ihm im §. 127 a auferlegten Pflichten wiederholt verletzt oder den Besuch der Fortbildungs- oder Fachschule vernachlässigt.

Von Seiten des Lehrlings kann das Lehrverhältniß nach Ablauf der Probezeit aufgelöst werden, wenn:

1. einer der im §. 124 unter Ziffer 1, 3 bis 5 vorgesehenen Fälle vorliegt;
2. der Lehrherr seine gesetzlichen Verpflichtungen gegen den Lehrling in einer die Gesundheit, die Sittlichkeit oder die Ausbildung des Lehrlinges gefährdenden Weise vernachlässigt, oder das Recht der väterlichen Zucht mißbraucht, oder zur Erfüllung der ihm vertragsmäßig obliegenden Verpflichtungen unfähig wird.

Der Lehrvertrag wird durch den Tod des Lehrlinges aufgehoben. Durch den Tod des Lehrherrn gilt der Lehrvertrag als aufgehoben, sofern die Aufhebung binnen vier Wochen geltend gemacht wird.

163. **§. 127 c.** Bei Beendigung des Lehrverhältnisses hat der Lehrherr dem Lehrling unter Angabe des Gewerbes, in welchem der Lehrling unterwiesen worden ist, über die Dauer der Lehrzeit und die während derselben erworbenen Kenntnisse und Fertigkeiten, sowie über sein Betragen ein Zeugniß auszustellen, welches von der Gemeindebehörde kosten- und stempelfrei zu beglaubigen ist.

An Stelle dieser Zeugnisse treten, wo Innungen oder andere Vertretungen der Gewerbetreibenden bestehen, die von diesen ausgestellten Lehrbriefe.

Strafbestimmung: §. 148 Z. 9.

62. **§. 127 d.** Verläßt der Lehrling in einem durch dies Gesetz nicht vorgesehenen Falle ohne Zustimmung des Lehrherrn die Lehre, so kann letzterer den Anspruch auf Rückkehr des Lehrlinges nur geltend machen, wenn der Lehrvertrag schriftlich geschlossen ist. Die Polizeibehörde kann in diesem Falle auf Antrag des Lehrherrn den Lehrling anhalten, solange in der Lehre zu verbleiben, als durch gerichtliches Urtheil das Lehrverhältniß nicht für aufgelöst erklärt ist, oder dem Lehrlinge durch einstweilige Verfügung eines Gerichts gestattet ist, der Lehre fern zu bleiben. Der Antrag ist nur zuläßig, wenn er binnen einer Woche nach dem Austritte des Lehrlinges gestellt ist. Im Falle unbegründeter Weigerung der Rückkehr

hat die Polizeibehörde den Lehrling zwangsweise zurückführen zu lassen oder durch Androhung von Geldstrafe bis zu fünfzig Mark oder Haft bis zu fünf Tagen zur Rückkehr anzuhalten.

§. 127e. Wird von dem gesetzlichen Vertreter für den Lehrling 158.
oder, sofern der letztere volljährig ist, von ihm selbst dem Lehrherrn die schriftliche Erklärung abgegeben, daß der Lehrling zu einem anderen Gewerbe oder anderen Beruf übergehen werde, so gilt das Lehrverhältniß, wenn der Lehrling nicht früher entlassen wird, nach Ablauf von vier Wochen als aufgelöst. Den Grund der Auflösung hat der Lehrherr in dem Arbeitsbuche zu vermerken.

Binnen neun Monaten nach der Auflösung darf der Lehrling in demselben Gewerbe von einem anderen Arbeitgeber ohne Zustimmung des früheren Lehrherrn nicht beschäftigt werden.

Strafbestimmung: §. 148 Z. 10.

§. 127f. Erreicht das Lehrverhältniß vor Ablauf der verabredeten 157.
Lehrzeit sein Ende, so kann von dem Lehrherrn oder von dem Lehrling ein Anspruch auf Entschädigung nur geltend gemacht werden, wenn der Lehrvertrag schriftlich geschlossen ist. In den Fällen des §. 127b Abs. 1, 4 kann der Anspruch nur geltend gemacht werden, wenn dieses in dem Lehrvertrag unter Festsetzung der Art und Höhe der Entschädigung vereinbart ist.

Der Anspruch der Entschädigung erlischt, wenn er nicht innerhalb vier Wochen nach Auflösung des Lehrverhältnisses im Wege der Klage oder Einrede geltend gemacht ist.

§. 127g. Ist von dem Lehrherrn das Lehrverhältniß aufgelöst 157.
worden, weil der Lehrling die Lehre unbefugt verlassen hat, so ist die von 162.
dem Lehrherrn beanspruchte Entschädigung, wenn in dem Lehrvertrage nicht ein geringerer Betrag ausbedungen ist, auf einen Betrag festzusetzen, welcher für jeden auf den Tag des Vertragsbruchs folgenden Tag der Lehrzeit, höchstens aber für sechs Monate, bis auf die Hälfte des in dem Gewerbe des Lehrherrn den Gesellen oder Gehülfen ortsüblich gezahlten Lohnes sich belaufen darf.

Für die Zahlung der Entschädigung sind als Selbstschuldner mit- 161.
verhaftet der Vater des Lehrlinges, sofern er die Sorge für die Person des Lehrlinges hat, sowie derjenige Arbeitgeber, welcher den Lehrling zum Verlassen der Lehre verleitet oder welcher ihn in Arbeit genommen hat, obwohl er wußte, daß der Lehrling zur Fortsetzung eines Lehrverhältnisses noch verpflichtet war. Hat der Entschädigungsberechtigte erst nach Auflösung des Lehrverhältnisses von der Person des Arbeitgebers, welcher den Lehrling verleitet oder in Arbeit genommen hat, Kenntniß erhalten, so erlischt gegen diese der Entschädigungsanspruch erst, wenn derselbe nicht innerhalb vier Wochen nach erhaltener Kenntniß geltend gemacht ist.

§. 128. Wenn der Lehrherr eine im Mißverhältnisse zu dem Umfang 73.
oder der Art seines Gewerbebetriebs stehende Zahl von Lehrlingen hält und dadurch die Ausbildung der Lehrlinge gefährdet erscheint, so kann dem Lehrherrn von der unteren Verwaltungsbehörde die Entlassung eines

entsprechenden Theiles der Lehrlinge auferlegt und die Annahme von Lehrlingen über eine bestimmte Zahl hinaus untersagt werden. Die Bestimmungen des §. 126a Abs. 3 finden hierbei entsprechende Anwendung.

Unbeschadet der vorstehenden Bestimmung können durch Beschluß des Bundesraths für einzelne Gewerbszweige Vorschriften über die höchste Zahl der Lehrlinge erlassen werden, welche in Betrieben dieser Gewerbszweige gehalten werden darf. Soweit solche Vorschriften nicht erlassen sind, können sie durch Anordnung der Landes-Zentralbehörde erlassen werden.

Strafbestimmung: §. 148 Z. 9b.

B. Besondere Bestimmungen für Handwerker.

73. **§. 129.** In Handwerksbetrieben steht die Befugniß zur Anleitung von Lehrlingen nur denjenigen Personen zu, welche das vierundzwanzigste Lebensjahr vollendet haben und in dem Gewerbe oder in dem Zweige des Gewerbes, in welchem die Anleitung der Lehrlinge erfolgen soll,

entweder die von der Handwerkskammer vorgeschriebene Lehrzeit, oder solange die Handwerkskammer eine Vorschrift über die Dauer der Lehrzeit nicht erlassen hat, mindestens eine dreijährige Lehrzeit zurückgelegt und die Gesellenprüfung bestanden haben,

oder fünf Jahre hindurch persönlich das Handwerk selbständig ausgeübt haben oder als Werkmeister oder in ähnlicher Stellung thätig gewesen sind.

Die höhere Verwaltungsbehörde kann Personen, welche diesen Anforderungen nicht entsprechen, die Befugniß zur Anleitung von Lehrlingen verleihen. Gehört die Person einer Innung an oder besteht an ihrem Wohnorte für den Gewerbszweig, welchem sie angehört, eine Innung, so ist die letztere vor der Entscheidung von der höheren Verwaltungsbehörde zu hören.

Die Unterweisung des Lehrlinges in einzelnen technischen Handgriffen und Fertigkeiten durch einen Gesellen fällt nicht unter die im Abs. 1 vorgesehenen Bestimmungen.

Die Zurücklegung der Lehrzeit kann auch in einem dem Gewerbe angehörenden Großbetrieb erfolgen und durch den Besuch einer Lehrwerkstätte oder sonstigen gewerblichen Unterrichtsanstalt ersetzt werden. Die Landes-Zentralbehörden können den Prüfungszeugnissen von Lehrwerkstätten, gewerblichen Unterrichtsanstalten oder von Prüfungsbehörden, welche vom Staate für einzelne Gewerbe oder zum Nachweise der Befähigung zur Anstellung in staatlichen Betrieben eingesetzt sind, die Wirkung der Verleihung der im Abs. 1 bezeichneten Befugniß für bestimmte Gewerbszweige beilegen.

Der Bundesrath ist befugt, für einzelne Gewerbe Ausnahmen von den Bestimmungen im Abs. 1 zuzulassen.

Erzwingung der Entlassung: §. 144a Abs. 2. — Strafbestimmung: §. 148 Z. 9b.

73. **§. 129a.** Der Unternehmer eines Betriebs, in welchem mehrere Gewerbe vereinigt sind, ist befugt, in allen zu dem Betriebe vereinigten Gewerben Lehrlinge anzuleiten, wenn er für eines dieser Gewerbe den Voraussetzungen des §. 129 entspricht.

Wer für einen gesondert betriebenen Zweig eines Gewerbes den Voraussetzungen des §. 129 entspricht, ist berechtigt, auch in den übrigen Zweigen dieses Gewerbes Lehrlinge einzuleiten.

Wer für ein Gewerbe den Voraussetzungen des §. 129 entspricht, ist berechtigt, auch in den diesem verwandten Gewerben Lehrlinge anzuleiten. Welche Gewerbe als verwandte Gewerbe im Sinne dieser Bestimmung anzusehen sind, bestimmt die Handwerkskammer.

Das gemäß §. 131c Abs. 2 dem Prüfungsausschusse vorzulegende Lehrzeugniß darf nur für dasjenige Gewerbe ausgestellt werden, für welches der Lehrherr oder sein Vertreter (§. 127 Abs. 1) zur Anleitung von Lehrlingen befugt ist.

§. 129b. Gehört der Lehrherr einer Innung an, so ist er ver- 134.
pflichtet, eine Abschrift des Lehrvertrags binnen vierzehn Tagen nach Abschluß desselben der Innung einzureichen; er kann hierzu durch die Ortspolizeibehörde angehalten werden.

Die Innungen können bestimmen, daß der Abschluß des Lehrvertrags vor der Innung erfolgen soll. In diesem Falle ist dem Lehrherrn und dem Vater oder Vormunde des Lehrlinges eine Abschrift des Lehrvertrags auszuhändigen.

§. 130. Soweit durch den Bundesrath oder die Landes-Zentral- 134.
behörde auf Grund des §. 128 Abs. 2 Vorschriften über die zulässige Zahl von Lehrlingen nicht erlassen sind, ist die Handwerkskammer und die Innung zum Erlasse solcher Vorschriften befugt.

Strafbestimmung: §. 148 Z. 9b.

§. 130a. Die Lehrzeit soll in der Regel drei Jahre dauern, sie 134.
darf den Zeitraum von vier Jahren nicht übersteigen.

Von der Handwerkskammer kann mit Genehmigung der höheren Verwaltungsbehörde die Dauer der Lehrzeit für die einzelnen Gewerbe oder Gewerbszweige nach Anhörung der betheiligten Innungen und der im §. 103a Abs. 3 Ziffer 2 bezeichneten Vereinigungen festgesetzt werden.

Die Handwerkskammer ist befugt, Lehrlinge in Einzelfällen von der Innehaltung der festgesetzten Lehrzeit zu entbinden.

§. 131. Den Lehrlingen ist Gelegenheit zu geben, sich nach Ablauf 134.
der Lehrzeit der Gesellenprüfung (§. 129 Abs. 1) zu unterziehen.

Die Abnahme der Prüfung erfolgt durch Prüfungsausschüsse. Bei jeder Zwangsinnung wird ein Prüfungsausschuß gebildet, bei anderen Innungen nur dann, wenn ihnen die Ermächtigung zur Abnahme der Prüfungen von der Handwerkskammer ertheilt ist. Soweit für die Abnahme der Prüfungen für die einzelnen Gewerbe nicht durch Prüfungsausschüsse der Innungen und die im §. 129 Abs. 4 bezeichneten Lehrwerkstätten, gewerblichen Unterrichtsanstalten und Prüfungsbehörden gesorgt ist, hat die Handwerkskammer die erforderlichen Prüfungsausschüsse zu errichten.

§. 131a. Die Prüfungsausschüsse bestehen aus einem Vorsitzenden 134.
und mindestens zwei Beisitzern.

Der Vorsitzende des Prüfungsausschusses wird von der Handwerkskammer bestellt. Von den Beisitzern wird bei dem Prüfungsausschuß einer Innung die Hälfte durch diese, die andere Hälfte aus der Zahl der Gesellen, welche eine Gesellenprüfung bestanden haben, durch den Gesellenausschuß bestellt. Bei den von der Handwerkskammer errichteten Prüfungsausschüssen werden auch die Beisitzer von der Handwerkskammer bestellt; die Hälfte der Beisitzer muß aus Gesellen bestehen.

Die Bestellung der Mitglieder der Prüfungsausschüsse erfolgt in der Regel auf drei Jahre.

Während der ersten sechs Jahre nach dem Inkrafttreten dieser Bestimmungen können auch Gesellen (Gehülfen), welche die Gesellenprüfung nicht abgelegt haben, gewählt werden, wenn sie eine Lehrzeit von mindestens zwei Jahren zurückgelegt haben.

135. **§. 131 b.** Die Prüfung hat den Nachweis zu erbringen, daß der Lehrling die in seinem Gewerbe gebräuchlichen Handgriffe und Fertigkeiten mit genügender Sicherheit ausübt und sowohl über den Werth, die Beschaffung, Aufbewahrung und Behandlung der zu verarbeitenden Rohmaterialien, als auch über die Kennzeichen ihrer guten oder schlechten Beschaffenheit unterrichtet ist.

Im Uebrigen werden das Verfahren vor dem Prüfungsausschusse, der Gang der Prüfung und die Höhe der Prüfungsgebühren durch eine Prüfungsordnung geregelt, welche von der höheren Verwaltungsbehörde im Einvernehmen mit der Handwerkskammer erlassen wird. Kommt ein Einvernehmen nicht zu Stande, so entscheidet die Landes-Zentralbehörde.

Durch die Prüfungsordnung kann bestimmt werden, daß die Prüfung auch in der Buch- und Rechnungsführung zu erfolgen hat. In diesem Falle ist der Prüfungsausschuß befugt, einen besonderen Sachverständigen zuzuziehen, welcher an der Prüfung mit vollem Stimmrechte Theil nimmt. Bei Stimmengleichheit giebt die Stimme des Vorsitzenden den Ausschlag.

Die Kosten der Prüfung werden, sofern diese von dem Prüfungsausschuß einer Innung abgehalten wird, von letzterer, im Uebrigen von der Handwerkskammer getragen. Diesen fließen die Prüfungsgebühren zu.

135. **§. 131 c.** Die Innung und der Lehrherr sollen den Lehrling anhalten, sich nach Ablauf der Lehrzeit der Gesellenprüfung (§. 129 Abs. 1) zu unterziehen.

Das Gesuch um Zulassung zur Prüfung hat der Lehrling an den Prüfungsausschuß zu richten. Dem Gesuche sind das Lehrzeugniß (§. 127 c) und, sofern der Prüfling während der Lehrzeit zum Besuch einer Fortbildungs- oder Fachschule verpflichtet war, die Zeugnisse über den Schulbesuch beizufügen.

Der Prüfungsausschuß hat das Ergebniß der Prüfung auf dem Lehrzeugniß oder Lehrbriefe zu beurkunden. Wird die Prüfung nicht bestanden, so hat der Prüfungsausschuß den Zeitraum zu bestimmen, vor dessen Ablaufe die Prüfung nicht wiederholt werden darf.

Die Prüfungszeugnisse sind kosten- und stempelfrei.

§. 132. Der Vorsitzende ist berechtigt, Beschlüsse des Prüfungsausschusses mit aufschiebender Wirkung zu beanstanden. Ueber die Beanstandung entscheidet die Handwerkskammer (§. 103 e Ziffer 6).

§. 132a. Die Landes-Zentralbehörden sind befugt, die Bestellung der Prüfungsausschüsse, das Verfahren bei der Prüfung, die Gegenstände der Prüfung sowie die Prüfungsgebühren abweichend von den Vorschriften der §§. 131 bis 132 zu regeln, dabei darf jedoch hinsichtlich der bei der Prüfung zu stellenden Anforderungen nicht unter das im §. 131b Abs. 1 bestimmte Maß herabgegangen werden.

IIIa. Meistertitel.

§. 133. Den Meistertitel in Verbindung mit der Bezeichnung eines 66.
Handwerkers dürfen nur Handwerker führen, wenn sie in ihrem Gewerbe die Befugniß zur Anleitung von Lehrlingen erworben (§. 129) und die Meisterprüfung bestanden haben. Zu letzterer sind sie in der Regel nur zuzulassen, wenn sie mindestens drei Jahre als Geselle (Gehülfe) in ihrem Gewerbe thätig gewesen sind. Die Abnahme der Prüfung erfolgt durch Prüfungskommissionen, welche aus einem Vorsitzenden und vier Beisitzern bestehen.

Die Errichtung der Prüfungskommissionen erfolgt nach Anhörung der Handwerkskammer durch Verfügung der höheren Verwaltungsbehörde, welche auch die Mitglieder ernennt; die Ernennung erfolgt auf drei Jahre.

Die Prüfung hat den Nachweis der Befähigung zur selbständigen Ausführung und Kostenberechnung der gewöhnlichen Arbeiten des Gewerbes sowie der zu dem selbständigen Betriebe desselben sonst nothwendigen Kenntnisse, insbesondere auch der Buch- und Rechnungsführung, zu erbringen.

Das Verfahren vor der Prüfungskommission, der Gang der Prüfung und die Höhe der Prüfungsgebühren werden durch eine von der Handwerkskammer mit Genehmigung der Landes-Zentralbehörde zu erlassende Prüfungsordnung geregelt.

Die Kosten der Prüfungskommissionen fallen der Handwerkskammer zur Last, welcher die Prüfungsgebühren zufließen.

Die Prüfungszeugnisse sind kosten- und stempelfrei.

Der Meisterprüfung im Sinne der vorstehenden Bestimmungen können von der Landes-Zentralbehörde die von ihr angeordneten Prüfungen bei Anstalten und Einrichtungen der im §. 129 Abs. 4 bezeichneten Art gleichgestellt werden, sofern bei denselben mindestens die gleichen Anforderungen gestellt werden wie bei den im Abs. 1 vorgesehenen Prüfungen.

Strafbestimmung: §. 148 Z. 9c. — Vergl. Art. 8 des Ges. vom 26. Juli 1897.

IIIb. Verhältnisse der Betriebsbeamten, Werkmeister, Techniker. 158ff.

§. 133a. Das Dienstverhältniß der von Gewerbeunternehmern gegen 159.
feste Bezüge beschäftigten Personen, welche nicht lediglich vorübergehend mit der Leitung oder Beaufsichtigung des Betriebs oder einer Abtheilung desselben beauftragt (Betriebsbeamte, Werkmeister und ähnliche Angestellte) oder mit höheren technischen Dienstleistungen betraut sind (Maschinentechniker, Bautechniker, Chemiker, Zeichner und dergleichen), kann, wenn nicht etwas Anderes verabredet ist, von jedem Theile mit Ablauf jedes Kalendervierteljahrs nach sechs Wochen vorher erklärter Aufkündigung aufgehoben werden.

159. **§. 133 aa.** Wird durch Vertrag eine kürzere oder längere Kündigungsfrist bedungen, so muß sie für beide Theile gleich sein; sie darf nicht weniger als einen Monat betragen.

Die Kündigung kann nur für den Schluß eines Kalendermonats zugelassen werden.

Die Vorschriften des Abs. 1 finden auch in dem Falle Anwendung, wenn das Dienstverhältniß für bestimmte Zeit mit der Vereinbarung eingegangen wird, daß es in Ermangelung einer vor dem Ablaufe der Vertragszeit erfolgten Kündigung als verlängert gelten soll.

Eine Vereinbarung, die diesen Vorschriften zuwiderläuft, ist nichtig.

159. **§. 133 ab.** Die Vorschriften des §. 133 aa finden keine Anwendung, wenn der Angestellte ein Gehalt von mindestens fünftausend Mark für das Jahr bezieht.

Sie bleiben ferner außer Anwendung, wenn der Angestellte für eine außereuropäische Niederlassung angenommen ist und nach dem Vertrage der Arbeitgeber für den Fall, daß er das Dienstverhältniß kündigt, die Kosten der Rückreise des Angestellten zu tragen hat.

160. **§. 133 ac.** Wird ein Angestellter nur zur vorübergehenden Aushülfe genommen, so finden die Vorschriften des §. 133 aa keine Anwendung, es sei denn, daß das Dienstverhältniß über die Zeit von drei Monaten hinaus fortgesetzt wird. Die Kündigungsfrist muß jedoch auch in einem solchen Falle für beide Theile gleich sein.

159. **§. 133 b.** Jeder der beiden Theile kann vor Ablauf der vertragsmäßigen Zeit und ohne Innehaltung einer Kündigungsfrist die Aufhebung des Dienstverhältnisses verlangen, wenn ein wichtiger, nach den Umständen des Falles die Aufhebung rechtfertigender Grund vorliegt.

159. **§. 133 c.** Gegenüber den im §. 133 a bezeichneten Personen kann die Aufhebung des Dienstverhältnisses insbesondere verlangt werden:

1. wenn sie beim Abschlusse des Dienstvertrags den Arbeitgeber durch Vorbringung falscher oder verfälschter Zeugnisse hintergangen oder ihn über das Bestehen eines anderen, sie gleichzeitig verpflichtenden Dienstverhältnisses in einen Irrthum versetzt haben;
2. wenn sie im Dienste untreu sind oder das Vertrauen mißbrauchen;
3. wenn sie ihren Dienst unbefugt verlassen oder den nach dem Dienstvertrag ihnen obliegenden Verpflichtungen nachzukommen, beharrlich verweigern;
4. wenn sie durch anhaltende Krankheit oder durch eine längere Freiheitsstrafe oder Abwesenheit an der Verrichtung ihrer Dienste verhindert werden;
5. wenn sie sich Thätlichkeiten oder Ehrverletzungen gegen den Arbeitgeber oder seinen Vertreter zu Schulden kommen lassen;
6. wenn sie sich einem unsittlichen Lebenswandel ergeben.

In dem Falle zu 4 bleibt der Anspruch auf die vertragsmäßigen Leistungen des Arbeitgebers für die Dauer von sechs Wochen in Kraft, wenn die Verrichtung der Dienste durch unverschuldetes Unglück verhindert worden ist. Jedoch mindern sich die Ansprüche in diesem Falle um denjenigen Betrag, welcher dem Berechtigten aus einer auf Grund gesetzlicher Verpflichtung bestehenden Krankenversicherung oder Unfallversicherung zukommt.

§. 133d. Die im §. 133a bezeichneten Personen können die Auf- 159.
lösung des Dienstverhältnisses insbesondere verlangen:

1. wenn der Arbeitgeber oder seine Vertreter sich Thätlichkeiten oder Ehrverletzungen gegen sie zu Schulden kommen lassen;
2. wenn der Arbeitgeber die vertragsmäßigen Leistungen nicht gewährt;
3. wenn bei Fortsetzung des Dienstverhältnisses ihr Leben oder ihre Gesundheit einer erweislichen Gefahr ausgesetzt sein würde, welche bei Eingehung des Dienstverhältnisses nicht zu erkennen war.

§. 133e. Auf die im §. 133a bezeichneten Personen finden die 159.
Bestimmungen der §§. 124b und 125 Anwendung, dagegen nicht die Bestimmungen des §. 119a.

§. 133f. Eine Vereinbarung zwischen dem Gewerbeunternehmer 160.
und einem der im §. 133a bezeichneten Angestellten, durch die der Angestellte für die Zeit nach der Beendigung des Dienstverhältnisses in seiner gewerblichen Thätigkeit beschränkt wird, ist für den Angestellten nur insoweit verbindlich, als die Beschränkung nach Zeit, Ort und Gegenstand nicht die Grenzen überschreitet, durch welche eine unbillige Erschwerung seines Fortkommens ausgeschlossen wird.

Die Vereinbarung ist nichtig, wenn der Angestellte zur Zeit des Abschlusses minderjährig ist.

IV. Verhältnisse der Fabrikarbeiter. 128.

§. 134. Auf Fabrikarbeiter finden die Bestimmungen der §§. 121 135.
bis 125 oder, wenn die Fabrikarbeiter als Lehrlinge anzusehen sind, die 155.
Bestimmungen der §§. 126 bis 128 Anwendung.

Den Unternehmern von Fabriken, in welchen in der Regel mindestens 161.
zwanzig Arbeiter beschäftigt werden, ist untersagt, für den Fall der rechtswidrigen Auflösung des Arbeitsverhältnisses durch den Arbeiter die Verwirkung des rückständigen Lohnes über den Betrag des durchschnittlichen Wochenlohns hinaus auszubedingen. Auf die Arbeitgeber und Arbeiter in solchen Fabriken finden die Bestimmungen des §. 124b keine Anwendung.

In Fabriken, für welche besondere Bestimmungen auf Grund des 154.
§. 114a Abs. 1 nicht erlassen sind, ist auf Kosten des Arbeitgebers für jeden minderjährigen Arbeiter ein Lohnzahlungsbuch einzurichten. In das Lohnzahlungsbuch ist bei jeder Lohnzahlung der Betrag des verdienten Lohnes einzutragen; es ist bei der Lohnzahlung dem Minderjährigen oder seinem gesetzlichen Vertreter auszuhändigen und von dem Empfänger vor der nächsten Lohnzahlung zurückzureichen. Auf das Lohnzahlungsbuch finden die Bestimmungen des §. 110 Satz 1 und des §. 111 Abs. 2 bis 4 Anwendung.

Strafbestimmung: §. 150 Z. 2. Vergl. §. 154.

§. 134a. Für jede Fabrik, in welcher in der Regel mindestens 136.
zwanzig Arbeiter beschäftigt werden, ist innerhalb vier Wochen nach In-

krafttreten dieses Gesetzes oder nach der Eröffnung des Betriebs eine Arbeitsordnung zu erlassen. Für die einzelnen Abtheilungen des Betriebs oder für die einzelnen Gruppen der Arbeiter können besondere Arbeitsordnungen erlassen werden. Der Erlaß erfolgt durch Aushang (§. 134e Abs. 2).

Die Arbeitsordnung muß den Zeitpunkt, mit welchem sie in Wirksamkeit treten soll, angeben und von demjenigen, welcher sie erläßt, unter Angabe des Datums unterzeichnet sein.

Abänderungen ihres Inhalts können nur durch den Erlaß von Nachträgen oder in der Weise erfolgen, daß an Stelle der bestehenden eine neue Arbeitsordnung erlassen wird.

Die Arbeitsordnungen und Nachträge zu denselben treten frühestens zwei Wochen nach ihrem Erlaß in Geltung.

Strafbestimmung: §. 147 Z. 5.

136. **§. 134b.** Die Arbeitsordnung muß Bestimmungen enthalten:

137. 1. über Anfang und Ende der regelmäßigen täglichen Arbeitszeit, sowie der für die erwachsenen Arbeiter vorgesehenen Pausen;
2. über Zeit und Art der Abrechnung und Lohnzahlung mit der Maßgabe, daß die regelmäßige Lohnzahlung nicht am Sonntage stattfinden darf. Ausnahmen können von der unteren Verwaltungsbehörde zugelassen werden;
3. sofern es nicht bei den gesetzlichen Bestimmungen bewenden soll, über die Frist der zulässigen Aufkündigung, sowie über die Gründe, aus welchen die Entlassung und der Austritt aus der Arbeit ohne Aufkündigung erfolgen darf;
4. sofern Strafen vorgesehen werden, über die Art und Höhe derselben, über die Art ihrer Festsetzung und, wenn sie in Geld bestehen, über deren Einziehung und über den Zweck, für welchen sie verwendet werden sollen;
5. sofern die Verwirkung von Lohnbeträgen nach Maßgabe der Bestimmung des §. 134 Abs. 2 durch Arbeitsordnung oder Arbeitsvertrag ausbedungen wird, über die Verwendung der verwirkten Beträge.

Strafbestimmungen, welche das Ehrgefühl oder die guten Sitten verletzen, dürfen in die Arbeitsordnung nicht aufgenommen werden. Geldstrafen dürfen die Hälfte des durchschnittlichen Tagesarbeitsverdienstes nicht übersteigen; jedoch können Thätlichkeiten gegen Mitarbeiter, erhebliche Verstöße gegen die guten Sitten, sowie gegen die zur Aufrechthaltung der Ordnung des Betriebs, zur Sicherung eines gefahrlosen Betriebs oder zur Durchführung der Bestimmungen der Gewerbeordnung erlassenen Vorschriften mit Geldstrafen bis zum vollen Betrage des durchschnittlichen Tagesarbeitsverdienstes belegt werden. Alle Strafgelder müssen zum Besten der Arbeiter der Fabrik verwendet werden. Das Recht des Arbeitgebers, Schadensersatz zu fordern, wird durch diese Bestimmung nicht berührt.

137. Dem Besitzer der Fabrik bleibt überlassen, neben den im Abs. 1 unter 1 bis 5 bezeichneten, noch weitere die Ordnung des Betriebs und das Verhalten der Arbeiter im Betriebe betreffende Bestimmungen in die Arbeitsordnung aufzunehmen. Mit Zustimmung eines ständigen Arbeiterausschusses können in die Arbeitsordnung Vorschriften über das Verhalten

der Arbeiter bei Benutzung der zu ihrem Besten getroffenen mit der Fabrik verbundenen Einrichtungen sowie Vorschriften über das Verhalten der minderjährigen Arbeiter außerhalb des Betriebs aufgenommen werden.

Strafbestimmung: §. 148 Z. 11.

§. 134c. Der Inhalt der Arbeitsordnung ist, soweit er den Ge- 136.
setzen nicht zuwiderläuft, für die Arbeitgeber und Arbeiter rechtsverbindlich.

Andere als die in der Arbeitsordnung oder in den §§. 123 und 124 vorgesehenen Gründe der Entlassung und des Austritts aus der Arbeit dürfen im Arbeitsvertrage nicht vereinbart werden. Andere als die in der Arbeitsordnung vorgesehenen Strafen dürfen über den Arbeiter nicht verhängt werden. Die Strafen müssen ohne Verzug festgesetzt und dem Arbeiter zur Kenntniß gebracht werden.

Die verhängten Geldstrafen sind in ein Verzeichniß einzutragen, welches den Namen des Bestraften, den Tag der Bestrafung sowie den Grund und die Höhe der Strafe ergeben und auf Erfordern den im §. 139b bezeichneten Beamten jederzeit zur Einsicht vorgelegt werden muß.

Strafbestimmung: §. 148 Z. 11 u. §. 150 Z. 5.

§. 134d. Vor dem Erlasse der Arbeitsordnung oder eines Nachtrags 136.
zu derselben ist den in der Fabrik oder in den betreffenden Abtheilungen des Betriebs beschäftigten großjährigen Arbeitern Gelegenheit zu geben, sich über den Inhalt derselben zu äußern.

Für Fabriken, für welche ein ständiger Arbeiterausschuß besteht, wird dieser Vorschrift durch Anhörung des Ausschusses über den Inhalt der Arbeitsordnung genügt.

§. 134e. Die Arbeitsordnung sowie jeder Nachtrag zu derselben 136.
ist unter Mittheilung der seitens der Arbeiter geäußerten Bedenken, soweit die Aeußerungen schriftlich oder zu Protokoll erfolgt sind, binnen drei Tagen nach dem Erlaß in zwei Ausfertigungen unter Beifügung der Erklärung, daß und in welcher Weise der Vorschrift des §. 134d genügt ist, der unteren Verwaltungsbehörde einzureichen.

Die Arbeitsordnung ist an geeigneter, allen betheiligten Arbeitern zugänglicher Stelle auszuhängen. Der Aushang muß stets in lesbarem Zustande erhalten werden. Die Arbeitsordnung ist jedem Arbeiter bei seinem Eintritt in die Beschäftigung zu behändigen.

Strafbestimmung: §. 148 Z. 12 u. §. 149 Z. 7.

§. 134f. Arbeitsordnungen und Nachträge zu denselben, welche 136.
nicht vorschriftsmäßig erlassen sind, oder deren Inhalt den gesetzlichen Bestimmungen zuwiderläuft, sind auf Anordnung der unteren Verwaltungsbehörde durch gesetzmäßige Arbeitsordnungen zu ersetzen oder den gesetzlichen Vorschriften entsprechend abzuändern.

Gegen diese Anordnung findet binnen zwei Wochen die Beschwerde an die höhere Verwaltungsbehörde statt.

Strafbestimmung: §. 147 Z. 5.

§. 134g. Arbeitsordnungen, welche vor dem Inkrafttreten dieses 136.
Gesetzes erlassen worden sind, unterliegen den Bestimmungen der §§. 134a bis

134c, 134e Abs. 2, und des §. 134f und sind binnen vier Wochen der unteren Verwaltungsbehörde in zwei Ausfertigungen einzureichen. Auf spätere Abänderungen dieser Arbeitsordnungen und auf die seit dem 1. Januar 1891 erstmalig erlassenen Arbeitsordnungen finden die §§. 134d und 134e Abs. 1 Anwendung.

Strafbestimmung: §. 148 Z. 12.

137. **§. 134h.** Als ständige Arbeiterausschüsse im Sinne des §. 134b Abs. 3 und des §. 134d gelten nur:

1. diejenigen Vorstände der Betriebs- (Fabrik-) Krankenkassen oder anderer für die Arbeiter der Fabrik bestehender Kasseneinrichtungen, deren Mitglieder in ihrer Mehrheit von den Arbeitern aus ihrer Mitte zu wählen sind, sofern sie als ständige Arbeiterausschüsse bestellt werden;
2. die Knappschaftsältesten von Knappschaftsvereinen, welche die nicht den Bestimmungen der Berggesetze unterstehenden Betriebe eines Unternehmers umfassen, sofern sie als ständige Arbeiterausschüsse bestellt werden;
3. die bereits vor dem 1. Januar 1891 errichteten ständigen Arbeiterausschüsse, deren Mitglieder in ihrer Mehrzahl von den Arbeitern aus ihrer Mitte gewählt werden;
4. solche Vertretungen, deren Mitglieder in ihrer Mehrzahl von den volljährigen Arbeitern der Fabrik oder der betreffenden Betriebsabtheilung aus ihrer Mitte in unmittelbarer und geheimer Wahl gewählt werden. Die Wahl der Vertreter kann auch nach Arbeiterklassen oder nach besonderen Abtheilungen des Betriebs erfolgen.

45. **§. 135.** Kinder unter dreizehn Jahren dürfen in Fabriken nicht
135. beschäftigt werden. Kinder über dreizehn Jahre dürfen in Fabriken nur
137. beschäftigt werden, wenn sie nicht mehr zum Besuche der Volksschule verpflichtet sind.

140. Die Beschäftigung von Kindern unter vierzehn Jahren darf die Dauer von sechs Stunden täglich nicht überschreiten.

140. Junge Leute zwischen vierzehn und sechzehn Jahren dürfen in Fabriken nicht länger als zehn Stunden täglich beschäftigt werden.

Strafbestimmung: §. 146 Z. 2. — Vergl. §§. 139, 139a Z. 2, 154 A. 3, 154 u. 154a.

135. **§. 136.** Die Arbeitsstunden der jugendlichen Arbeiter (§. 135)
140. dürfen nicht vor fünfeinhalb Uhr Morgens beginnen und nicht über achteinhalb Uhr Abends dauern. Zwischen den Arbeitsstunden müssen an jedem Arbeitstage regelmäßige Pausen gewährt werden. Für jugendliche Arbeiter, welche nur sechs Stunden täglich beschäftigt werden, muß die Pause mindestens eine halbe Stunde betragen. Den übrigen jugendlichen Arbeitern muß mindestens Mittags eine einstündige sowie Vormittags und Nachmittags je eine halbstündige Pause gewährt werden. Eine Vor- und Nachmittags-
141. pause braucht nicht gewährt zu werden, sofern die jugendlichen Arbeiter täglich nicht länger als acht Stunden beschäftigt werden, und die Dauer ihrer

durch eine Pause nicht unterbrochenen Arbeitszeit am Vor- und Nachmittage je vier Stunden nicht übersteigt.

Während der Pausen darf den jugendlichen Arbeitern eine Beschäftigung in dem Fabrikbetrieb überhaupt nicht und der Aufenthalt in den Arbeitsräumen nur dann gestattet werden, wenn in denselben diejenigen Theile des Betriebs, in welchen jugendliche Arbeiter beschäftigt sind, für die Zeit der Pausen völlig eingestellt werden oder wenn der Aufenthalt im Freien nicht thunlich und andere geeignete Aufenthaltsräume ohne unverhältnißmäßige Schwierigkeiten nicht beschafft werden können.

An Sonn- und Festtagen sowie während der von dem ordentlichen Seelsorger für den Katechumenen- und Konfirmanden-, Beicht- und Kommunionunterricht bestimmten Stunden dürfen jugendliche Arbeiter nicht beschäftigt werden.

Strafbestimmung: §. 146 Z. 2.

§. 137. Arbeiterinnen dürfen in Fabriken nicht in der Nachtzeit 140.
von achteinhalb Uhr Abends bis fünfeinhalb Uhr Morgens und am Sonnabend sowie an Vorabenden der Festtage nicht nach fünfeinhalb Uhr Nachmittags beschäftigt werden.

Die Beschäftigung von Arbeiterinnen über sechzehn Jahre darf die Dauer von elf Stunden täglich, an den Vorabenden der Sonn- und Festtage von zehn Stunden, nicht überschreiten.

Zwischen den Arbeitsstunden muß den Arbeiterinnen eine mindestens einstündige Mittagspause gewährt werden.

Arbeiterinnen über sechzehn Jahre, welche ein Hauswesen zu besorgen haben, sind auf ihren Antrag eine halbe Stunde vor der Mittagspause zu entlassen, sofern diese nicht mindestens ein und eine halbe Stunde beträgt.

Wöchnerinnen dürfen während vier Wochen nach ihrer Niederkunft 140.
überhaupt nicht und während der folgenden zwei Wochen nur beschäftigt 141.
werden, wenn das Zeugniß eines approbirten Arztes dies für zulässig erklärt.

Strafbestimmung: §. 146 Z. 2.

§. 138. Sollen Arbeiterinnen oder jugendliche Arbeiter in Fabriken 136.
beschäftigt werden, so hat der Arbeitgeber vor dem Beginne der Beschäftigung 138.
der Ortspolizeibehörde eine schriftliche Anzeige zu machen.

In der Anzeige sind die Fabrik, die Wochentage, an welchen die Beschäftigung stattfinden soll, Beginn und Ende der Arbeitszeit und der Pausen sowie die Art der Beschäftigung anzugeben. Eine Aenderung hierin darf, abgesehen von Verschiebungen, welche durch Ersetzung behinderter Arbeiter für einzelne Arbeitsschichten nothwendig werden, nicht erfolgen, bevor eine entsprechende weitere Anzeige der Behörde gemacht ist.

In jeder Fabrik hat der Arbeitgeber dafür zu sorgen, daß in den Fabrikräumen, in welchen jugendliche Arbeiter beschäftigt werden, an einer in die Augen fallenden Stelle ein Verzeichniß der jugendlichen Arbeiter unter Angabe ihrer Arbeitstage sowie des Beginns und Endes ihrer Arbeitszeit und der Pausen ausgehängt ist. Ebenso hat er dafür zu sorgen, daß in den betreffenden Räumen eine Tafel ausgehängt ist, welche in der von der Zentralbehörde zu bestimmenden Fassung und in deutlicher Schrift einen Auszug aus den Bestimmungen über die Beschäftigung von Arbeiterinnen und jugendlichen Arbeitern enthält.

Strafbestimmung: §. 149 Z. 7. — Vergl. §. 139 b.

141. **§. 138a.** Wegen außergewöhnlicher Häufung der Arbeit kann auf Antrag des Arbeitgebers die untere Verwaltungsbehörde auf die Dauer von zwei Wochen die Beschäftigung von Arbeiterinnen über sechzehn Jahre bis zehn Uhr Abends an den Wochentagen außer Sonnabend unter der Voraussetzung gestatten, daß die tägliche Arbeitszeit dreizehn Stunden nicht überschreitet. Innerhalb eines Kalenderjahrs darf die Erlaubniß einem Arbeitgeber für seinen Betrieb oder für eine Abtheilung seines Betriebs auf mehr als vierzig Tage nicht ertheilt werden.

Für eine zwei Wochen überschreitende Dauer kann die gleiche Erlaubniß nur von der höheren Verwaltungsbehörde und auch von dieser für mehr als vierzig Tage im Jahre nur dann ertheilt werden, wenn die Arbeitszeit für den Betrieb oder die betreffende Abtheilung des Betriebs so geregelt wird, daß ihre tägliche Dauer im Durchschnitte der Betriebstage des Jahres die regelmäßige gesetzliche Arbeitszeit nicht überschreitet.

Der Antrag ist schriftlich zu stellen und muß den Grund, aus welchem die Erlaubniß beantragt wird, die Zahl der in Betracht kommenden Arbeiterinnen, das Maß der längeren Beschäftigung sowie den Zeitraum angeben, für welchen dieselbe stattfinden soll. Der Bescheid der unteren Verwaltungsbehörde auf den Antrag ist binnen drei Tagen schriftlich zu ertheilen. Gegen die Versagung der Erlaubniß steht die Beschwerde an die vorgesetzte Behörde zu.

Die untere Verwaltungsbehörde hat über die Fälle, in welchen die Erlaubniß ertheilt worden ist, ein Verzeichniß zu führen, in welches der Name des Arbeitgebers und die für den schriftlichen Antrag vorgeschriebenen Angaben einzutragen sind.

142. Die untere Verwaltungsbehörde kann die Beschäftigung von Arbeiterinnen über sechzehn Jahre, welche kein Hauswesen zu besorgen haben und eine Fortbildungsschule nicht besuchen, bei den im §. 105c Abs. 1 unter Ziffer 3 und 4 bezeichneten Arbeiten an Sonnabenden und Vorabenden von Festtagen Nachmittags nach fünfeinhalb Uhr, jedoch nicht über achteinhalb Uhr Abends hinaus, gestatten. Die Erlaubniß ist schriftlich zu ertheilen. Eine Abschrift derselben ist in den Fabrikräumen, in welchen die Arbeiterinnen beschäftigt werden, an einer in die Augen fallenden Stelle auszuhängen.

Strafbestimmung: §. 149 Z. 7.

141. **§. 139.** Wenn Naturereignisse oder Unglücksfälle den regelmäßigen Betrieb einer Fabrik unterbrochen haben, so können Ausnahmen von den im §. 135 Abs. 2 und 3, in §§. 136, 137 Abs. 1 bis 3 vorgesehenen Beschränkungen auf die Dauer von vier Wochen durch die höhere Verwaltungsbehörde, auf längere Zeit durch den Reichskanzler zugelassen werden. In dringenden Fällen solcher Art sowie zur Verhütung von Unglücksfällen kann die untere Verwaltungsbehörde, jedoch höchstens auf die Dauer von vierzehn Tagen, solche Ausnahmen gestatten.

Wenn die Natur des Betriebs oder Rücksichten auf die Arbeiter in einzelnen Fabriken es erwünscht erscheinen lassen, daß die Arbeitszeit der Arbeiterinnen oder jugendlichen Arbeiter in einer anderen als der durch §§. 136 und 137 Abs. 1, 3 vorgesehenen Weise geregelt wird, so kann auf besonderen Antrag eine anderweite Regelung hinsichtlich der Pausen durch die höhere Verwaltungsbehörde, im Uebrigen durch den Reichskanzler gestattet werden. Jedoch dürfen in solchen Fällen die jugendlichen Arbeiter nicht länger als sechs Stunden beschäftigt werden, wenn zwischen den Arbeitsstunden nicht Pausen von zusammen mindestens einstündiger Dauer gewährt werden.

Die auf Grund vorstehender Bestimmungen zu treffenden Verfügungen müssen schriftlich erlassen werden.

Strafbestimmung: §. 146 Z. 2.

§. 139a. Der Bundesrath ist ermächtigt: 141.

1. die Verwendung von Arbeiterinnen sowie von jugendlichen Arbeitern für gewisse Fabrikationszweige, welche mit besonderen Gefahren für Gesundheit oder Sittlichkeit verbunden sind, gänzlich zu untersagen oder von besonderen Bedingungen abhängig zu machen;
2. für Fabriken, welche mit ununterbrochenem Feuer betrieben werden, oder welche sonst durch die Art des Betriebs auf eine regelmäßige Tag- und Nachtarbeit angewiesen sind, sowie für solche Fabriken, deren Betrieb eine Eintheilung in regelmäßige Arbeitsschichten von gleicher Dauer nicht gestattet oder seiner Natur nach auf bestimmte Jahreszeiten beschränkt ist, Ausnahmen von den im §. 135 Abs. 2, 3, in §§. 136, 137 Abs. 1 bis 3 vorgesehenen Bestimmungen nachzulassen;
3. für gewisse Fabrikationszweige, soweit die Natur des Betriebs oder die Rücksicht auf die Arbeiter es erwünscht erscheinen lassen, die Abkürzung oder den Wegfall der für jugendliche Arbeiter vorgeschriebenen Pausen zu gestatten;
4. für Fabrikationszweige, in denen regelmäßig zu gewissen Zeiten des Jahres ein vermehrtes Arbeitsbedürfniß eintritt, Ausnahmen von den Bestimmungen des §. 137 Abs. 1, 2 mit der Maßgabe zuzulassen, daß die tägliche Arbeitszeit dreizehn Stunden, an Sonnabenden zehn Stunden nicht überschreitet.

In den Fällen zu 2 darf die Dauer der wöchentlichen Arbeitszeit für Kinder sechsunddreißig Stunden, für junge Leute sechzig, für Arbeiterinnen fünfundsechzig, in Ziegeleien für junge Leute und Arbeiterinnen siebzig Stunden nicht überschreiten. Die Nachtarbeit darf in vierundzwanzig Stunden die Dauer von zehn Stunden nicht überschreiten und muß in jeder Schicht durch eine oder mehrere Pausen in der Gesammtdauer von mindestens einer Stunde unterbrochen sein. Die Tagschichten und Nachtschichten müssen wöchentlich wechseln.

In den Fällen zu 3 dürfen die jugendlichen Arbeiter nicht länger als sechs Stunden beschäftigt werden, wenn zwischen den Arbeitsstunden nicht eine oder mehrere Pausen von zusammen mindestens einstündiger Dauer gewährt werden.

In den Fällen zu 4 darf die Erlaubniß zur Ueberarbeit für mehr als vierzig Tage im Jahre nur dann ertheilt werden, wenn die Arbeitszeit so geregelt wird, daß ihre tägliche Dauer im Durchschnitte der Betriebstage des Jahres die regelmäßige gesetzliche Arbeitszeit nicht überschreitet.

Die durch Beschluß des Bundesraths getroffenen Bestimmungen sind zeitlich zu begrenzen und können auch für bestimmte Bezirke erlassen werden. Sie sind durch das Reichs-Gesetzblatt zu veröffentlichen und dem Reichstage bei seinem nächsten Zusammentritte zur Kenntnißnahme vorzulegen.

In Gemäßheit des §. 139a, bezw. des §. 120e sind nach Pannier („Gewerbeordnung") Bestimmungen erlassen:

a) für Glashütten (Bekanntmachung vom 11. März 1892),
b) für Drahtziehereien mit Wasserbetrieb (Bekanntmachung vom 11 März 1892),
c) für Cichorienfabriken (Bek. vom 17. März 1892),
— hinsichtlich der Arbeiterinnen und jugendl. Arbeiter —,
d) für Steinkohlenbergwerke (Bek. vom 1. Febr. 1895),
e) für Steinkohlenbergwerke, Zink- und Bleierzbergwerke und Kokereien im Regierungsbezirk Oppeln (Bekanntmachung vom 24 März 1892 und Ergänzungsbekanntmachung vom 11. März 1897),
f) für Meiereien (Molkereien) und Betriebe zur Sterilisirung von Milch (Bek. vom 17. Juni 1895),
— d für jugendliche Arbeiter, e und f für Arbeiterinnen —,
g) für Rohzuckerfabriken und Zuckerraffinerien (Bekanntmachung vom 24. März 1892),
h) für Walz- und Hammerwerke (Bekanntmachung vom 29. April 1892 und Ergänzungsbekanntmachung vom 1. Februar 1895),
— f bis h für Arbeiterinnen und jugendliche Arbeiter —,
i) für Hechelräume und dergl. (Bekanntmachung vom 29. April 1892), (für jugendliche Arbeiter),
k) für Ziegeleien (Bekanntmachung vom 18. Oktober 1898),
— für Arbeiterinnen und jugendliche Arbeiter —,
l) für Konservenfabriken (Bekanntmachung vom 11. März 1898),
— für Arbeiterinnen —
m) durch die Bekanntmachung, betr. die Einrichtung und den Betrieb von Anlagen zur Anfertigung von Zündhölzern unter Anwendung von weißem Phosphor, vom 8. Juni 1893,
n) durch die Bekanntmachung, betr. die Einrichtung und den Betrieb der Bleifarben- und Bleizuckerfabriken, vom 8. Juli 1893,
o) durch die Bekanntmachung, betr. die Einrichtung und den Betrieb der zur Anfertigung von Cigarren bestimmten Anlagen, vom 8. Juli 1893,
p) durch die Bekanntmachung, betr. die Nachmittagspausen der in Spinnereien beschäftigten jugendlichen Arbeiter, vom 8. Dezember 1893,
q) durch die Bekanntmachung, betr. den Betrieb von Bäckereien und Konditoreien, vom 4. März 1896,
r) durch die Bekanntmachung, betr. die Einrichtung und den Betrieb von Anlagen zur Herstellung von Alkali-Chromaten vom 2 Februar 1897,
s) durch die Bekanntmachung, betr. die Einrichtung und den Betrieb der Buchdruckereien und Schriftgießereien, vom 31. Juli 1897,
t) durch die Bekanntmachung, betr. die Einrichtung und den Betrieb von Anlagen zur Herstellung elektrischer Akkumulatoren aus Blei oder Bleiverbindungen, vom 11. Mai 1898,
u) durch die Bekanntmachung, betr. die Einrichtung und den Betrieb der Roßhaarspinnereien, Haar- und Borstenzurichtereien, sowie der Bürsten- und Pinselmachereien, vom 28 Januar 1899,
v) durch die Bekanntmachung, betr. die Einrichtung und den Betrieb gewerblicher Anlagen, in denen Thomasschlacke gemahlen oder Thomasschlackenmehl gelagert wird, vom 25. April 1899,

w) durch die Bekanntmachung, betr. die Einrichtung und den Betrieb von Zinkhütten, vom 6. Februar 1900 — sämmtlich im R.G.Bl.

Vergl. noch die Bekanntmachung, betr. die Beschäftigung von Arbeiterinnen und jugendlichen Arbeitern in Gummiwaarenfabriken, vom 21. Juli 1888 (im R.G.Bl.) und Reichsgesetz, betr. die Anfertigung und Verzollung von Zündhölzern, vom 18. Mai 1884 (Anmerkung zu §. 135).

Strafbestimmung: §. 146 Z. 2.

V. Aufsicht.

§. 139b. Die Aufsicht über die Ausführung der Bestimmungen der §§. 105a, 105b Abs. 1, der §§. 105c bis 105h, 120a bis 120e, 134 bis 139a ist ausschließlich oder neben den ordentlichen Polizeibehörden besonderen von den Landesregierungen zu ernennenden Beamten zu übertragen. Denselben stehen bei Ausübung dieser Aufsicht alle amtlichen Befugnisse der Ortspolizeibehörden, insbesondere das Recht zur jederzeitigen Revision der Anlagen zu. Sie sind, vorbehaltlich der Anzeige von Gesetzwidrigkeiten, zur Geheimhaltung der amtlich zu ihrer Kenntniß gelangenden Geschäfts- und Betriebsverhältnisse der ihrer Revision unterliegenden Anlagen zu verpflichten. 168.

Die Ordnung der Zuständigkeitsverhältnisse zwischen diesen Beamten und den ordentlichen Polizeibehörden bleibt der verfassungsmäßigen Regelung in den einzelnen Bundesstaaten vorbehalten.

Die erwähnten Beamten haben Jahresberichte über ihre amtliche Thätigkeit zu erstatten. Diese Jahresberichte oder Auszüge aus denselben sind dem Bundesrath und dem Reichstage vorzulegen. 169.

Die auf Grund der Bestimmungen der §§. 105a bis 105h, 120a bis 120e, 134 bis 139a auszuführenden amtlichen Revisionen müssen die Arbeitgeber zu jeder Zeit, namentlich auch in der Nacht, während des Betriebes gestatten. 168.

Die Arbeitgeber sind ferner verpflichtet, den genannten Beamten oder der Polizeibehörde diejenigen statistischen Mittheilungen über die Verhältnisse ihrer Arbeiter zu machen, welche vom Bundesrath oder von der Landes-Zentralbehörde unter Festsetzung der dabei zu beobachtenden Fristen und Formen vorgeschrieben werden. 169.

Strafbestimmung: §. 149 Z. 7.

VI. Gehülfen, Lehrlinge und Arbeiter in offenen Verkaufsstellen. 142 ff.

§. 139c. In offenen Verkaufsstellen und den dazu gehörenden Schreibstuben (Komtore) und Lagerräumen ist den Gehülfen, Lehrlingen und Arbeitern nach Beendigung der täglichen Arbeitszeit eine ununterbrochene Ruhezeit von mindestens zehn Stunden zu gewähren. 143.

In Gemeinden, welche nach der jeweilig letzten Volkszählung mehr als zwanzigtausend Einwohner haben, muß die Ruhezeit in offenen Verkaufsstellen, in denen zwei oder mehr Gehülfen und Lehrlinge beschäftigt werden, für diese mindestens elf Stunden betragen; für kleinere Ortschaften kann diese Ruhezeit durch Ortsstatut vorgeschrieben werden.

Innerhalb der Arbeitszeit muß den Gehülfen, Lehrlingen und Arbeitern eine angemessene Mittagspause gewährt werden. Für Gehülfen, Lehrlinge und Arbeiter, die ihre Hauptmahlzeit außerhalb des die Verkaufsstelle enthaltenden Gebäudes einnehmen, muß diese Pause mindestens ein und eine halbe Stunde betragen.

Strafbestimmung: §. 146 Z. 2.

144. **§. 139d.** Die Bestimmungen des §. 139c finden keine Anwendung
1. auf Arbeiten, die zur Verhütung des Verderbens von Waaren unverzüglich vorgenommen werden müssen,
2. für die Aufnahme der gesetzlich vorgeschriebenen Inventur sowie bei Neueinrichtungen und Umzügen,
3. außerdem an jährlich höchstens dreißig von der Ortspolizeibehörde allgemein oder für einzelne Geschäftszweige zu bestimmenden Tagen.

76. **§. 139e.** Von neun Uhr Abends bis fünf Uhr Morgens müssen offene Verkaufsstellen für den geschäftlichen Verkehr geschlossen sein. Die beim Ladenschluß im Laden schon anwesenden Kunden dürfen noch bedient werden.

Ueber neun Uhr Abends dürfen Verkaufsstellen für den geschäftlichen Verkehr geöffnet sein
1. für unvorhergesehene Nothfälle,
2. an höchstens vierzig von der Ortspolizeibehörde zu bestimmenden Tagen, jedoch bis spätestens zehn Uhr Abends,
3. nach näherer Bestimmung der höheren Verwaltungsbehörde in Städten, welche nach der jeweilig letzten Volkszählung weniger als zweitausend Einwohner haben, sowie in ländlichen Gemeinden, sofern in denselben der Geschäftsverkehr sich vornehmlich auf einzelne Tage der Woche oder auf einzelne Stunden des Tages beschränkt.

Die Bestimmungen der §§. 139c und 139d werden durch die vorstehenden Bestimmungen nicht berührt.

98. Während der Zeit, wo die Verkaufsstellen geschlossen sein müssen, ist das Feilbieten von Waaren auf öffentlichen Wegen, Straßen, Plätzen oder an anderen öffentlichen Orten oder ohne vorherige Bestellung von Haus zu Haus im stehenden Gewerbebetriebe (§. 42b Abs. 1 Ziffer 1) sowie im Gewerbebetrieb im Umherziehen (§. 55 Abs. 1 Ziffer 1) verboten. Ausnahmen können von der Ortspolizeibehörde zugelassen werden. Die Bestimmung des §. 55a Abs. 2 Satz 2 findet Anwendung.

Strafbestimmung: §. 146a.

77. **§. 139f.** Auf Antrag von mindestens zwei Dritteln der betheiligten Geschäftsinhaber kann für eine Gemeinde oder mehrere örtlich unmittelbar zusammenhängende Gemeinden durch Anordnung der höheren Verwaltungsbehörde nach Anhörung der Gemeindebörden für alle oder einzelne Geschäftszweige angeordnet werden, daß die offenen Verkaufsstellen während bestimmter Zeiträume oder während des ganzen Jahres auch in der Zeit zwischen acht und neun Uhr Abends und zwischen fünf und sieben Uhr Morgens für den geschäftlichen Verkehr geschlossen sein müssen. Die Bestimmungen der §§. 139c und 139d werden hierdurch nicht berührt.

Auf Antrag von mindestens einem Drittel der betheiligten Geschäftsinhaber hat die höhere Verwaltungsbehörde die betheiligten Geschäftsinhaber durch ortsübliche Bekanntmachung oder besondere Mittheilung zu einer Aeußerung für oder gegen die Einführung des Ladenschlusses im Sinne des vorstehenden Absatzes aufzufordern. Erklären sich zwei Drittel der Abstimmenden für die Einführung, so kann die höhere Verwaltungsbehörde die entsprechende Anordnung treffen.

Der Bundesrath ist befugt, Bestimmungen darüber zu erlassen, in welchem Verfahren die erforderliche Zahl von Geschäftsinhabern festzustellen ist.

Während der Zeit, wo Verkaufsstellen auf Grund des Abs. 1 ge- 98.
schlossen sein müssen, ist der Verkauf von Waaren der in diesen Verkaufsstellen geführten Art sowie das Feilbieten von solchen Waaren auf öffentlichen Wegen, Straßen, Plätzen oder an anderen öffentlichen Orten oder ohne vorherige Bestellung von Haus zu Haus im stehenden Gewerbebetriebe (§. 42b Abs. 1 Ziffer 1) sowie im Gewerbebetrieb im Umherziehen (§. 55 Abs. 1 Ziffer 1) verboten. Ausnahmen können von der Ortspolizeibehörde zugelassen werden. Die Bestimmung des §. 55a Abs. 2 Satz 2 findet Anwendung.

Abs. 1. Strafbestimmung: §. 146a.

§. 139g. Die Polizeibehörden sind befugt, im Wege der Verfügung für einzelne offene Verkaufsstellen diejenigen Maßnahmen anzuordnen, welche zur Durchführung der im §. 62 Abs. 1 des Handelsgesetzbuchs enthaltenen Grundsätze in Ansehung der Einrichtung und Unterhaltung der Geschäftsräume und der für den Geschäftsbetrieb bestimmten Vorrichtungen und Geräthschaften sowie in Ansehung der Regelung des Geschäftsbetriebs erforderlich und nach der Beschaffenheit der Anlage ausführbar erscheinen.

Die Bestimmungen im §. 120d Abs. 2 bis 4 finden entsprechende Anwendung.

Strafbestimmung: §. 147 Z. 4.

§. 139h. Durch Beschluß des Bundesraths können Vorschriften darüber erlassen werden, welchen Anforderungen die Laden-, Arbeits- und Lagerräume und deren Einrichtung sowie die Maschinen und Geräthschaften zum Zwecke der Durchführung der im §. 62 Abs. 1 des Handelsgesetzbuchs enthaltenen Grundsätze zu genügen haben. Die Bestimmung im §. 120e Abs. 4 findet Anwendung.

Soweit solche Vorschriften durch Beschluß des Bundesraths nicht erlassen sind, können sie durch Anordnung der im §. 120e Abs. 2 bezeichneten Behörden erlassen werden.

Strafbestimmung: §. 147 Z. 4.

§. 139i. Die durch §. 76 Abs. 4 des Handelsgesetzbuchs sowie durch 166.
§. 120 Abs. 1 begründete Verpflichtung des Geschäftsinhabers findet an Orten, wo eine vom Staate oder der Gemeindebehörde anerkannte Fachschule besteht, hinsichtlich des Besuchs dieser Schule entsprechende Anwendung.

Der Geschäftsinhaber hat die Gehülfen und Lehrlinge unter achtzehn Jahren zum Besuche der Fortbildungs- und Fachschule anzuhalten und den Schulbesuch zu überwachen.

Strafbestimmung: §. 150 Z. 4.

135. **§. 139k.** Für jede offene Verkaufsstelle, in welcher in der Regel mindestens zwanzig Gehülfen und Lehrlinge beschäftigt werden, ist innerhalb vier Wochen nach Inkrafttreten dieses Gesetzes oder nach der Eröffnung des Betriebs eine Arbeitsordnung zu erlassen.

Auf die Arbeitsordnung finden die Vorschriften der §§. 134a, 134b Abs. 1 Ziffer 1 bis 4, Abs. 2, Abs. 3 Satz 1, des §. 134c Abs. 1, Abs. 2 Satz 2 und 3, des §. 134d Abs. 1 und der §§. 134e, 134f entsprechende Anwendung.

Andere als die in der Arbeitsordnung oder in den §§. 71 und 72 des Handelsgesetzbuchs vorgesehenen Gründe der Entlassung und des Austritts aus der Arbeit dürfen im Arbeitsvertrage nicht vereinbart werden.

Die verhängten Geldstrafen sind in ein Verzeichniß einzutragen, welches den Namen des Bestraften, den Tag der Bestrafung sowie den Grund und die Höhe der Strafe ergeben und auf Erfordern der Ortspolizeibehörde jederzeit zur Einsicht vorgelegt werden muß.

Auf Arbeitsordnungen, welche vor dem Inkrafttreten dieses Gesetzes erlassen worden sind, finden die Bestimmungen der §§. 134a, 134b Abs. 1 Ziffer 1 bis 4, Abs. 2, Abs. 3 Satz 1, des §. 134c Abs. 1, Abs. 2 Satz 2 und 3, des §. 134e Abs. 2 und des §. 134f entsprechende Anwendung. Dieselben sind binnen vier Wochen der unteren Verwaltungsbehörde in zwei Ausfertigungen einzureichen. Auf spätere Abänderungen dieser Arbeitsordnungen und auf die seit dem 1. Oktober 1899 erstmalig erlassenen Arbeitsordnungen finden der §. 134d Abs. 1 und der §. 134e Abs. 1 entsprechende Anwendung.

Strafbestimmungen: §§. 147 Z. 5, 148 Z. 12, 150 Z. 5.

74. **§. 139l.** Auf das Halten von Lehrlingen in offenen Verkaufsstellen sowie in anderen Betrieben des Handelsgewerbes findet die Bestimmung des §. 128 Anwendung.

§. 139m. Die Bestimmungen der §§. 139c bis 139i finden auf den Geschäftsbetrieb der Konsum- und anderer Vereine entsprechende Anwendung.

Titel VIII.

Gewerbliche Hülfskassen.

125. **§. 140.** Die durch Ortsstatut oder Anordnung der Verwaltungsbehörde begründete Verpflichtung der selbständigen Gewerbetreibenden, einer mit einer Innung verbundenen oder außerhalb derselben bestehenden Kranken-, Hülfs- oder Sterbekasse für selbständige Gewerbetreibende beizutreten, wird aufgehoben. Im Uebrigen wird in den Verhältnissen dieser Kassen durch gegenwärtiges Gesetz nichts geändert.

Neue Kassen der selbständigen Gewerbetreibenden für die erwähnten Zwecke erhalten durch die Genehmigung der höheren Verwaltungsbehörde die Rechte juristischer Personen, soweit es zur Erlangung dieser Rechte einer besonderen staatlichen Genehmigung bedarf.

Titel IX.

Statutarische Bestimmungen.

§. 142.*) Statutarische Bestimmungen einer Gemeinde oder eines 167.
weiteren Kommunalverbandes können die ihnen durch das Gesetz überwiesenen gewerblichen Gegenstände mit verbindlicher Kraft ordnen. Dieselben werden nach Anhörung betheiligter Gewerbetreibender und Arbeiter abgefaßt, bedürfen der Genehmigung der höheren Verwaltungsbehörde und sind in der für Bekanntmachungen der Gemeinde oder des weiteren Kommunalverbandes vorgeschriebenen oder üblichen Form zu veröffentlichen.

Die Zentralbehörde ist befugt, statutarische Bestimmungen, welche mit den Gesetzen oder den statutarischen Bestimmungen des weiteren Kommunalverbandes in Widerspruch stehen, außer Kraft zu setzen.

Titel X.

Strafbestimmungen. 167ff.

§. 143. Die Berechtigung zum Gewerbebetriebe kann, abgesehen 170.
von den in den Reichsgesetzen vorgesehenen Fällen ihrer Entziehung, weder durch richterliche, noch administrative Entscheidung entzogen werden.

Ausnahmen von diesem Grundsatze, welche durch die Steuergesetze begründet sind, bleiben solange aufrecht erhalten, als diese Steuergesetze in Kraft bleiben.

Die Bestimmungen der Landesgesetze, nach welchen die Befugniß zur Herausgabe von Druckschriften und zum Vertriebe derselben innerhalb des Reichsgebiets im Verwaltungsweg entzogen werden darf, werden hierdurch aufgehoben.

§. 144. Inwiefern, abgesehen von den Vorschriften über die Entziehung 170.
des Gewerbebetriebs (§. 143), Zuwiderhandlungen der Gewerbetreibenden gegen ihre Berufspflichten außer den in diesem Gesetz erwähnten Fällen einer Strafe unterliegen, ist nach den darüber bestehenden Gesetzen zu beurtheilen.

Jedoch werden aufgehoben die für Medizinalpersonen bestehenden besonderen Bestimmungen, welche ihnen unter Androhung von Strafen einen Zwang zu ärztlicher Hülfe auferlegen.

§. 144a. Personen, welche den Bestimmungen der §§. 126, 126a und 129 entgegen Lehrlinge halten, anleiten oder anleiten lassen, können von der Ortspolizeibehörde durch Zwangsstrafen zur Entlassung der Lehrlinge angehalten werden.

In gleicher Weise kann die Entlassung derjenigen Lehrlinge, welche den auf Grund des §. 81a Ziffer 3, des §. 128 Abs. 2 und des §. 130 erlassenen Vorschriften entgegen angenommen sind, verfügt werden.

§. 145. Für das Mindestmaß der Strafen, das Verhältniß von 170.
Geldstrafe zur Freiheitsstrafe sowie für die Verjährung der in den

---

*) Die §§. 141 bis 141f sind aufgehoben. §. 87 Gesetz vom 15. Juni 1883, 126.
Reichs-Gesetzbl. S. 73.

§§. 145a, 146 und 153 verzeichneten Vergehen sind die Bestimmungen des Strafgesetzbuchs für das Deutsche Reich maßgebend.

Die übrigen in diesem Titel mit Strafe bedrohten Handlungen verjähren binnen drei Monaten, von dem Tage an gerechnet, an welchem sie begangen sind.

§. 145a. Die in den Fällen der §§. 16, 24 und 25 gemäß §. 21 Ziffer 1 zugezogenen Sachverständigen werden bestraft,

1. wenn sie unbefugt Betriebsgeheimnisse offenbaren, welche durch das Verfahren zu ihrer Kenntniß gelangt sind, mit Geldstrafe bis zu eintausendfünfhundert Mark oder mit Gefängniß bis zu drei Monaten;
2. wenn sie absichtlich zum Nachtheile der Betriebsunternehmer Betriebsgeheimnisse, welche durch das Verfahren zu ihrer Kenntniß gelangt sind, offenbaren oder geheim gehaltene Betriebseinrichtungen oder Betriebsweisen, welche durch das Verfahren zu ihrer Kenntniß gelangt sind, solange als diese Betriebsgeheimnisse sind, nachahmen, mit Gefängniß, neben welchem auf Verlust der bürgerlichen Ehrenrechte erkannt werden kann. Thun sie dies, um sich oder einem Anderen einen Vermögensvortheil zu verschaffen, so kann neben der Gefängnißstrafe auf Geldstrafe bis zu dreitausend Mark erkannt werden.

Im Falle der Ziffer 1 tritt die Verfolgung nur auf Antrag des Betriebsunternehmers ein.

§. 146. Mit Geldstrafe bis zu zweitausend Mark und im Unvermögensfalle mit Gefängniß bis zu sechs Monaten werden bestraft:

1. Gewerbetreibende, welche dem §. 115 zuwiderhandeln;
2. Gewerbetreibende, welche den §§. 135 bis 137, 139c oder den auf Grund der §§. 139, 139a getroffenen Verfügungen zuwiderhandeln;

163. 3. Gewerbetreibende, welche dem §. 111 Abs. 3, §. 113 Abs. 3 oder dem §. 114a Abs. 3, soweit daselbst die Bestimmungen des §. 111 Abs. 3 für anwendbar erklärt worden sind, zuwiderhandeln;
4. wer dem §. 56 Ziffer 6 zuwiderhandelt.

Die Geldstrafen fließen der im §. 116 bezeichneten Kasse zu.

Der §. 75 des Gerichtsverfassungsgesetzes findet Anwendung.

§. 146a. Mit Geldstrafe bis zu sechshundert Mark, im Unvermögensfalle mit Haft wird bestraft, wer den §§. 105b bis 105g oder den auf Grund derselben erlassenen Anordnungen zuwider Arbeitern an Sonn- und Festtagen Beschäftigung giebt oder den §§. 41a, 55a, 139e, §. 139f Abs. 4 oder den auf Grund des §. 105b Abs. 2 erlassenen statutarischen Bestimmungen oder den auf Grund des §. 41b oder des §. 139f Abs. 1 getroffenen Anordnungen zuwiderhandelt.

§. 147. Mit Geldstrafe bis zu dreihundert Mark und im Unvermögensfalle mit Haft wird bestraft:

1. wer den selbständigen Betrieb eines stehenden Gewerbes, zu dessen Beginn eine besondere polizeiliche Genehmigung (Kon-

zession, Approbation, Bestallung) erforderlich ist, ohne die vorschriftsmäßige Genehmigung unternimmt oder fortsetzt, oder von den in der Genehmigung festgesetzten Bestimmungen abweicht;

2. wer eine gewerbliche Anlage, zu der mit Rücksicht auf die Lage oder Beschaffenheit der Betriebsstätte oder des Lokals eine besondere Genehmigung erforderlich ist (§§. 16 und 24), ohne diese Genehmigung errichtet, oder die wesentlichen Bedingungen, unter welchen die Genehmigung ertheilt worden, nicht innehält, oder ohne neue Genehmigung eine wesentliche Veränderung der Betriebsstätte oder eine Verlegung des Lokals oder eine wesentliche Veränderung in dem Betriebe der Anlage vornimmt;

3. wer, ohne hierzu approbirt zu sein, sich als Arzt (Wundarzt, Augenarzt, Geburtshelfer, Zahnarzt, Thierarzt) bezeichnet oder sich einen ähnlichen Titel beilegt, durch den der Glauben erweckt wird, der Inhaber desselben sei eine geprüfte Medizinalperson;

4. wer den auf Grund der §§. 120d, 139g endgültig erlassenen Verfügungen oder den auf Grund der §§. 120e, 139h erlassenen Vorschriften zuwiderhandelt;

5. wer eine Fabrik betreibt oder eine offene Verkaufsstelle hält, für welche eine Arbeitsordnung (§§. 134a, 139k) nicht besteht, oder wer der endgültigen Anordnung der Behörde wegen Ersetzung oder Abänderung der Arbeitsordnung nicht nachkommt.

Enthält die Handlung zugleich eine Zuwiderhandlung gegen die 170.
Steuergesetze, so soll nicht außerdem noch auf eine Steuerstrafe erkannt werden, es ist aber darauf bei Zumessung der Strafe Rücksicht zu nehmen.

In dem Falle zu 2 kann die Polizeibehörde die Wegschaffung der Anlage oder die Herstellung des den Bedingungen entsprechenden Zustandes derselben anordnen.

In dem Falle zu 4 kann die Polizeibehörde bis zur Herstellung des der Verfügung oder der Vorschrift entsprechenden Zustandes die Einstellung des Betriebs, soweit derselbe durch die Verfügung oder die Vorschrift getroffen wird, anordnen, falls dessen Fortsetzung erhebliche Nachtheile oder Gefahren herbeizuführen geeignet sein würde.

§. 148. Mit Geldstrafe bis zu einhundertfünfzig Mark und im Unvermögensfalle mit Haft bis zu vier Wochen wird bestraft:

1. wer außer den im §. 147 vorgesehenen Fällen ein stehendes Gewerbe beginnt, ohne dasselbe vorschriftsmäßig anzuzeigen;

2. wer die im §. 14 erforderte An- oder Abmeldung einer übernommenen Feuerversicherungsagentur unterläßt;

3. wer die im §. 14 erforderten Anzeigen über das Betriebslokal unterläßt;

4. wer der nach §. 35 gegen ihn ergangenen Untersagung eines Gewerbebetriebs zuwiderhandelt, oder die im §. 35 vorgeschriebene Anzeige unterläßt;

4a. wer außer den Fällen des §. 360 Nr. 12, §. 367 Nr. 16 des Strafgesetzbuchs den auf Grund des §. 38 erlassenen Vorschriften zuwiderhandelt;

5. wer dem §. 33b oder außer den im §. 149 Ziffer 1 vorgesehenen Fällen den §§. 42a bis 44a zuwiderhandelt, oder seine Legitimationskarte (§. 44a) oder seinen Wandergewerbeschein (§. 55) einem Anderen zur Benutzung überläßt;
6. wer zum Zwecke der Erlangung einer Legitimationskarte, eines Wandergewerbescheins oder der im §. 62 vorgesehenen Erlaubniß in Bezug auf seine Person, oder die Personen, die er mit sich zu führen beabsichtigt, wissentlich unrichtige Angaben macht;
7. wer ein Gewerbe im Umherziehen ohne den gesetzlich erforderlichen Wandergewerbeschein, imgleichen wer eines der im §. 59 Ziffer 1 bis 3 bezeichneten Gewerbe der nach §. 59a ergangenen Untersagung zuwider betreibt;

7a. wer dem §. 56 Abs. 1, Abs. 2 Ziffer 1 bis 5, 7 bis 11 Abs. 3, den §§. 56a oder 56b zuwiderhandelt;

7b. wer den Vorschriften der §§. 56c, 60a, 60b Abs. 2, 3 oder des §. 60c Abs. 2, 3 zuwiderhandelt;

7c. wer einer ihm in Gemäßheit des §. 60 Abs. 1, §. 60b Abs. 1 oder des §. 60d Abs. 3 in dem Wandergewerbeschein auferlegten Beschränkung zuwiderhandelt;

7d. wer bei dem Gewerbebetrieb im Umherziehen Kinder unter vierzehn Jahren zu gewerblichen Zwecken mit sich führt, oder zu dem nach §. 42b Abs. 5 verbotenen Gewerbebetriebe Kinder unter vierzehn Jahren anleitet oder ausschickt;

7e. ein Ausländer, welcher bei dem Gewerbebetrieb im Umherziehen den in Gemäßheit des §. 56d vom Bundesrathe getroffenen Bestimmungen zuwiderhandelt;

8. wer bei dem Betriebe seines Gewerbes die durch die Obrigkeit oder durch Anzeige bei derselben festgelegten Taxen überschreitet oder es unterläßt, das gemäß §. 75 oder §. 75a vorgeschriebene Verzeichniß einzureichen;
9. wer die gesetzlichen Pflichten gegen die ihm anvertrauten Lehrlinge verletzt;

9a. wer den §§. 126 und 126a zuwider Lehrlinge hält, anleitet oder anleiten läßt;

9b. wer dem §. 129 oder den auf Grund der §§. 128 und 130 erlassenen Vorschriften zuwider Lehrlinge hält, anleitet oder anleiten läßt;

9c. wer unbefugt den Meistertitel führt;

10. wer wissentlich der Bestimmung im §. 127e Abs. 2 zuwider einen Lehrling beschäftigt;
11. wer der Bestimmung des §. 134c Abs. 2 zuwider gegen Arbeiter Strafen verhängt, welche in der Arbeitsordnung nicht vorgesehen sind oder den gesetzlich zulässigen Betrag übersteigen, oder wer Strafgelder oder die im §. 134b Ziffer 5 bezeichneten Beträge in einer in der Arbeitsordnung nicht vorgesehenen Weise verwendet;
12. wer es unterläßt, der durch §. 134e Abs. 1, §§. 134g, 139k Abs. 5 für ihn begründeten Verpflichtung zur Ein-

reichung der Arbeitsordnung, ihrer Abänderungen und Nachträge nachzukommen;

13. wer dem §. 115a oder den auf Grund des §. 119a erlassenen statutarischen Bestimmungen zuwiderhandelt;
14. wer den Vorschriften des §. 15a zuwiderhandelt.

In allen diesen Fällen bleibt die Strafe ausgeschlossen, wenn die straf- 170.
bare Handlung zugleich eine Zuwiderhandlung gegen die Steuergesetze enthält.

§. 149. Mit Geldstrafe bis zu dreißig Mark und im Unvermögensfalle mit Haft bis zu acht Tagen wird bestraft:

1. wer den im §. 42b vorgesehenen Erlaubnißschein oder den im §. 43 vorgesehenen Legitimationsschein während der Ausübung des Gewerbebetriebs nicht bei sich führt, oder den Bestimmungen des §. 44a Abs. 2 zuwiderhandelt;
2. wer bei dem Gewerbebetrieb im Umherziehen dem letzten Absatze des §. 56 oder dem §. 60c Abs. 1 zuwiderhandelt;
3. wer ein Gewerbe im Umherziehen, für welches ihm ein auf einen bestimmten Bezirk lautender Wandergwerbeschein ertheilt ist, unbefugt in einem anderen Bezirke betreibt;
4. wer ein Gewerbe im Umherziehen mit anderen Waarengattungen oder unter Darbietung anderer Leistungen betreibt, als sein Wandergewerbeschein angiebt;
5. wer bei dem Gewerbebetrieb im Umherziehen unbefugt Personen mit sich führt, oder einen Gewerbetreibenden, zu welchem er nicht in dem Verhältniß eines Ehegatten, Kindes oder Enkels steht, unbefugt begleitet;
6. wer den polizeilichen Anordnungen wegen des Marktverkehrs zuwiderhandelt;
7. wer es unterläßt, den durch §. 105c Abs. 2, §. 134e Abs. 2, 168.
§§. 138, 138a Abs. 5, §. 139b für ihn begründeten Verpflichtungen nachzukommen;

7a. wer es unterläßt, gemäß §§. 75, 75a das Verzeichniß anzuschlagen oder dem Stellesuchenden vor Abschluß des Vermittelungsgeschäfts die für ihn zur Anwendung kommende Taxe mitzutheilen.

In allen diesen Fällen bleibt die Strafe ausgeschlossen, wenn die strafbare Handlung zugleich eine Zuwiderhandlung gegen die Steuergesetze enthält.

§. 150. Mit Geldstrafe bis zu zwanzig Mark und im Unvermögensfalle mit Haft bis zu drei Tagen für jeden Fall der Verletzung des Gesetzes wird bestraft:

1. wer den Bestimmungen der §§. 106 bis 112 zuwider einen Arbeiter in Beschäftigung nimmt oder behält;
2. wer außer dem im §. 146 Ziffer 3 vorgesehenen Falle den Bestimmungen dieses Gesetzes in Ansehung der Arbeitsbücher, Lohnbücher oder Arbeitszettel zuwiderhandelt;
3. wer vorsätzlich ein auf seinen Namen ausgestelltes Arbeitsbuch unbrauchbar macht oder vernichtet;
4. wer den Bestimmungen des §. 120 Abs. 1, des §. 139i oder 166.

einer auf Grund des §. 120 Abs. 3 erlassenen statutarischen Bestimmung zuwiderhandelt;

4a. Der Lehrherr, welcher den Lehrvertrag nicht ordnungsmäßig abschließt (§. 103e Abs. 1 Ziffer 1 und §. 126b);

5. wer es unterläßt, den durch §. 134c Abs. 3, §. 139k Abs. 4 für ihn begründeten Verpflichtungen nachzukommen.

Landesgesetzliche Vorschriften gegen die Verletzung der Schulpflicht, nach welchen eine höhere Strafe eintritt, werden durch die Bestimmung unter Ziffer 4 nicht berührt.

82. **§. 151.** Sind bei der Ausübung des Gewerbes polizeiliche Vorschriften von Personen übertreten worden, welche der Gewerbetreibende zur Leitung des Betriebs oder eines Theils desselben oder zur Beaufsichtigung bestellt hatte, so trifft die Strafe diese letzteren. Der Gewerbetreibende ist neben denselben strafbar, wenn die Uebertretung mit seinem Vorwissen begangen ist oder wenn er bei der nach den Verhältnissen möglichen eigenen Beaufsichtigung des Betriebs, oder bei der Auswahl oder der Beaufsichtigung der Betriebsleiter oder Aufsichtspersonen es an der erforderlichen Sorgfalt hat fehlen lassen.

Ist an eine solche Uebertretung der Verlust der Konzession, Approbation oder Bestallung geknüpft, so findet derselbe auch als Folge der von dem Stellvertreter begangenen Uebertretung statt, wenn diese mit Vorwissen des verfügungsfähigen Vertretenen begangen worden. Ist dies nicht der Fall, so ist der Vertretene bei Verlust der Konzession, Approbation u. s. w. verpflichtet, den Stellvertreter zu entlassen.

130. **§. 152.** Alle Verbote und Strafbestimmungen gegen Gewerbetreibende, gewerbliche Gehülfen, Gesellen oder Fabrikarbeiter wegen Verabredungen und Vereinigungen zum Behufe der Erlangung günstiger Lohn- und Arbeitsbedingungen, insbesondere mittelst Einstellung der Arbeit oder Entlassung der Arbeiter, werden aufgehoben.

Jedem Theilnehmer steht der Rücktritt von solchen Vereinigungen und Verabredungen frei, und es findet aus letzteren weder Klage noch Einrede statt.

130. **§. 153.** Wer Andere durch Anwendung körperlichen Zwanges, durch Drohungen, durch Ehrverletzung oder durch Verrufserklärung bestimmt oder zu bestimmen versucht, an solchen Verabredungen (§. 152) Theil zu nehmen, oder ihnen Folge zu leisten, oder andere durch gleiche Mittel hindert oder zu hindern versucht, von solchen Verabredungen zurückzutreten, wird mit Gefängniß bis zu drei Monaten bestraft, sofern nach dem allgemeinen Strafgesetze nicht eine härtere Strafe eintritt.

Schlußbestimmungen.

127. **§. 154.** Die Bestimmungen der §§. 105 bis 133e, 139c bis 139m
166. finden auf Gehülfen und Lehrlinge in Apotheken, die Bestimmungen der §§. 105, 106 bis 119b sowie, vorbehaltlich des §. 139g Abs. 1 und der §§. 139h, 139l, 139m, die Bestimmungen der §§. 120a bis 133e auf Gehülfen und Lehrlinge in Handelsgeschäften keine Anwendung.

Die Bestimmungen der §§. 134 bis 139b finden auf Arbeitgeber und Arbeiter in Hüttenwerken, in Zimmerplätzen und anderen Bauhöfen, in Werften, sowie in solchen Ziegeleien, über Tage betriebenen Brüchen und Gruben, welche nicht blos vorübergehend oder in geringem Umfange betrieben werden, entsprechende Anwendung. Darüber, ob die Anlage vorübergehend oder in geringem Umfange betrieben wird, entscheidet die Verwaltungsbehörde endgültig.

Die Bestimmungen der §§. 135 bis 139b finden auf Arbeitgeber und 128.
Arbeiter in Werkstätten, in welchen durch elementare Kraft (Dampf, Wind, Wasser, Gas, Luft, Elektrizität u. s. w.) bewegte Triebwerke nicht blos vorübergehend zur Verwendung kommen, mit der Maßgabe entsprechende Anwendung, daß der Bundesrath für gewisse Arten von Betrieben Ausnahmen von den im §. 135 Abs. 2, 3, §§. 136, 137 Abs. 1 bis 3 und §. 138 vorgesehenen Bestimmungen nachlassen kann.

Auf andere Werkstätten sowie auf Bauten können durch Kaiserliche Verordnung mit Zustimmung des Bundesraths die Bestimmungen der §§. 135 bis 139b ganz oder theilweise ausgedehnt werden. Werkstätten, in welchen der Arbeitgeber ausschließlich zu seiner Familie gehörige Personen beschäftigt, fallen unter diese Bestimmungen nicht.

Die Kaiserlichen Verordnungen sowie die Ausnahmebestimmungen des Bundesraths können auch für bestimmte Bezirke erlassen werden. Sie sind durch das Reichs-Gesetzblatt zu veröffentlichen und dem Reichstage bei seinem nächsten Zusammentritte zur Kenntnißnahme vorzulegen.

§. 154a. Die Bestimmungen der §§. 115 bis 119a, 135 bis 139b, 152 und 153 finden auf die Besitzer und Arbeiter von Bergwerken, Salinen, Aufbereitungsanstalten und unterirdisch betriebenen Brüchen oder Gruben entsprechende Anwendung.

Arbeiterinnen dürfen in Anlagen der vorbezeichneten Art nicht unter 140.
Tage beschäftigt werden. Zuwiderhandlungen unterliegen der Strafbestimmung des §. 146.

§. 155. Wo in diesem Gesetz auf die Landesgesetze verwiesen ist, sind unter dem letzteren auch die verfassungs- oder gesetzmäßig erlassenen Verordnungen verstanden.

Welche Behörden in jedem Bundesstaat unter der Bezeichnung: höhere Verwaltungsbehörde, untere Verwaltungsbehörde, Gemeindebehörde, Ortsbehörde, Unterbehörde, Polizeibehörde, Ortspolizeibehörde und welche Verbände unter der Bezeichnung weitere Kommunalverbände zu verstehen sind, wird von der Zentralbehörde des Bundesstaats bekannt gemacht.

Für die unter Reichs- und Staatsverwaltung stehenden Betriebe können die den Polizeibehörden, unteren und höheren Verwaltungsbehörden durch §. 105b Abs. 2, §. 105c Abs. 2, §§. 105e, 105f, 115a, 120d, 134e bis 134g, 138 Abs. 1, §§. 138a, 139, 139b übertragenen Befugnisse und Obliegenheiten auf die der Verwaltung dieser Betriebe vorgesetzten Dienstbehörden übertragen werden.

Sachregister.

Die (großen) Zahlen vor dem Strich (|) bezeichnen die Seiten des systematischen Teiles, die (kleineren) nach dem Strich die §§. der Gewerbeordnung.

C s. auch K. und Z.

G.

R.

V.

W.

Abkürzungen.

B.G.B. = Bürgerliches Gesetzbuch.
G.S. = Gesetz-Sammlung.
Min.Bl. = Ministerialblatt.
R.A. d. B.R. = Rechtsausführungen des Bundesraths.
R.G.O. = Reichs-Gewerbeordnung.
R.G.Bl. = Reichs-Gesetzblatt.
R.St.G.B.
St.G.B. } = Reichs-Strafgesetzbuch.

Druckfehler.

S. 155 Zeile 8 von unten lies Materie anstatt Motive.

Herrosé & Ziemsen, Wittenberg.

Papier | Fördert gute Waldnutzung
FSC® C083411

Kolibri 360 GmbH
Ferdinand-Jühlke-Straße 7
99095 Erfurt, Deutschland
produktsicherheit@kolibri360.de